CMV

Copyright der deutschen Ausgabe:
CMV · Christlicher Medienvertrieb Hagedorn
Postfach 30 04 30 · 40404 Düsseldorf
www.cmv-duesseldorf.de
info@cmv-video.de

1. Auflage 2021

Übersetzung: Christiane Jurik
Layout und Satz: CMV
Druck: AALEXX, Burgwedel
ISBN 978-3-96190-070-1

Das Buch Josua

Arnold G. Fruchtenbaum

Christlicher Medienvertrieb Hagedorn
Postfach 30 04 30 · 40404 Düsseldorf

Widmung:

Dieser Kommentar ist zwei der engagiertesten Korrekturleserinnen von Ariel Ministries gewidmet:

Dr. Pauline Ilsen aus Kalifornien, die sich seit Jahrzehnten für die Verlagsabteilung des Missionswerks einsetzt, und Udaya Thangasamy aus Australien, die die uns gemeinsam mit ihrem Mann David unterstützt. Pauline und Udaya haben ehrenamtlich viele unserer Manuskripte in Vorbereitung auf die Veröffentlichung Korrektur gelesen und dazu beigetragen, dass viele unserer Bücher Wirklichkeit wurden. Dafür sind wir dem Herrn und den treuen Dienern, die er gebraucht hat, dankbar.

Inhalt

3. Kapitel
Die Eroberung des Landes

4. Kapitel
Die Besiedlung des Landes

5. Kapitel
Abschließende Ansprachen und Ermahnungen

Nachwort und Danksagung

Anhang

Abkürzungen

Altes Testament

1Mo	1. Mose
2Mo	2. Mose
3Mo	3. Mose
4Mo	4. Mose
5Mo	5. Mose
Jos	Josua
Rich	Richter
Ru	Rut
1Sam	1. Samuel
2Sam	2. Samuel
1Kön	1. Könige
2Kön	2. Könige
1Chr	1. Chronik
2Chr	2. Chronik
Esr	Esra
Neh	Nehemia
Est	Ester
Hi	Hiob
Ps	Psalmen
Spr	Sprüche
Pred	Prediger
Hld	Hohelied
Jes	Jesaja
Jer	Jeremia
Klgl	Klagelieder
Hes	Hesekiel
Dan	Daniel
Hos	Hosea
Joel	Joel
Am	Amos
Obd	Obadja
Jon	Jona
Mi	Micha
Nah	Nahum
Hab	Habakuk
Zeph	Zefanja
Hag	Haggai
Sach	Sacharja
Mal	Maleachi

Neues Testament

Mt	Matthäus
Mk	Markus
Lk	Lukas
Joh	Johannes
Apg	Apostelgeschichte
Röm	Römer
1Kor	1. Korinther
2Kor	2. Korinther
Gal	Galater
Eph	Epheser
Phil	Philipper
Kol	Kolosser
1Thess	1. Thessalonicher
2Thess	2. Thessalonicher
1Tim	1. Timotheus
2Tim	2. Timotheus
Tit	Titus
Phlm	Philemon
Heb	Hebräer
Jak	Jakobus
1Pet	1. Petrus
2Pet	2. Petrus
1Joh	1. Johannes
2Joh	2. Johannes
3Joh	3. Johannes
Jud	Judas
Offb	Offenbarung

Rabbinische Werke

bT.	Babylonischer Talmud
m.	Midrasch

Kapitel 1

Einleitung

Das Ziel von Ariel Ministries ist es, viele Bibelkommentare zu veröffentlichen, die das Studium von Gottes Wort aus einer jüdischen Perspektive angehen. Der Kommentar zu Josua ist das jüngste Werk zur Erreichung dieses Ziels. Weitere werden bald folgen.

Bevor wir die sich schnell entwickelnde historische Erzählung von Josua detailliert beschreiben und das kommentieren, was nach dem Tod von Mose geschah (Jos 1,1), müssen einige einleitende Fragen beantwortet werden, z.B. wer das Buch verfasst hat, wann und für welche Zwecke es geschrieben wurde und was einige seiner Merkmale sind.

A. Titel

Der hebräische Titel des Buches Josua ist יְהוֹשֻׁעַ (Jehoschua). Das Buch wurde nicht so sehr nach dem Autor benannt, als vielmehr nach seiner Hauptfigur, Josua. Josuas ursprünglicher Name war Hoschea, was „Rettung" bedeutet (4Mo 13,8, 16; 5Mo 32,44). Mose änderte jedoch den Namen Hoschea in Jehoschua, und das änderte die Bedeutung von „Rettung" zu „JHWH ist Rettung" (4Mo 13,16). Im Deutschen wird Josua immer gleich geschrieben, aber in der hebräischen Bibel erscheint der Name in mehr als einer Form und Schreibweise. In Josua 1,1 und 5. Mose 3,21 findet man Jehoschua aber in zwei verschiedenen Schreibweisen.1 Die Schreibweise in 5. Mose 32,44 ist wiederum anders, und der Name wird Hoschea ausgesprochen. In Nehemia 8,17 lautet er Jeschua, was ihn mit der hebräischen Ver-

1 In Josua 1,1 findet sich der Name als יְהוֹשֻׁעַ (*Yehoshua* in der sogenannten fehlerhaften Schreibweise). In 5. Mose 3,21 findet man ihn als יְהוֹשׁוּעַ (*Yehoshua* in der sogenannten vollständigen Schreibweise).

sion des Namens Jesus im Neuen Testament identisch macht. Alle Formen kommen von der gleichen Wurzel, jascha, was „retten“ bedeutet. Josua sollte sein Volk retten, indem er das Land eroberte und es unter den zwölf Stämmen aufteilte.

Im Griechischen ist Josuas Name Ἰησοῦς (*Iēsous*), welches ins Lateinische als *Iesus* transliteriert wurde. Aus dem Lateinischen nahm der deutsche Name die Form *Jesus* an. In der Septuaginta[2] lautet der griechische Titel für dieses Buch *Iesous Naus*, was „Josua, der Sohn von Nun“ bedeutet. In den lateinischen Bibeln lautete der Titel entweder *Liber Josue* oder *Liber Iosue*. Beides bedeutet „Buch Josua“.

Das Buch ist nach seiner Hauptfigur benannt, und über den Mann Josua lässt sich rein aus dem Studium der Tora, also des Pentateuchs oder der fünf Bücher Mose, Folgendes festhalten. Josua wird insgesamt 27 Mal erwähnt. Er muss im Land Ägypten geboren worden sein, denn er gehörte zu denjenigen, die am Exodus teilgenommen haben. Sein Großvater war Elischama, der Anführer des Stammes Ephraim während der Wüstenwanderung (4Mo 1,10; 7,48; 1Chr 7,26-27). Josua wird zum ersten Mal in der Bibel im zweiten Buch Mose erwähnt, wo er als militärischer Held in der Schlacht gegen Amalek erscheint (2Mo 17,9). Damit ist die Bühne für seine Rolle im Buch Josua bereitet. Als Mose auf den Berg Sinai ging, um die beiden Gesetzestafeln zu empfangen, kam Josua mit ihm (2Mo 24,13). Josua war auch dabei, als Mose vom Berg wieder herunterkam (2Mo 32,6.17). Nach 2. Mose 33,11 verließ er die Stiftshütte nicht. In 4. Mose 11,28-29 steht, dass er um Mose willen eiferte. Er war einer der zwölf Kundschafter von Kadesch-Barnea (4Mo 13-14). Nach 4. Mose 32,11-12 betraten von den zwölf Kundschaftern nur er und Kaleb das Gelobte Land. In 4. Mose 34,17 wird erwähnt, dass Josua zu denjenigen gehören würde, die das Land aufteilen sollten, eine Aussage, die in 5. Mose 1,38 und 3,21 bestätigt wird. In 5. Mose 27,18-22 geht es um die Ordination von Josua als Nachfolger von Mose. In 5. Mose 31,7-8 wurden die letzten Befehle von Mose an Josua aufgezeichnet. Schließlich wurde in 5. Mose 34,9 vermerkt, dass Josua seine Berufung erfüllte und der Anführer des Volkes Israel wurde.

2 Griechische Übersetzung der hebräischen Bibel, die von Rabbinern um 250 v.Chr. angefertigt wurde.

B. Autor

Um zu bestimmen, wer das Buch Josua geschrieben hat, sollte man sich auf mehrere Hinweise im Text konzentrieren. Einer der Haupthinweise ist, dass der Autor ein Augenzeuge der im Buch beschriebenen Ereignisse gewesen sein muss. In Josua 5,1 verwendete er das Personalpronomen „wir“, und in 5,6 sprach er von „uns“. Diese persönlichen Fürwörter zeigen, dass der Autor ein Zeitgenosse der Geschehnisse war.

Diese Schlussfolgerung lässt mindestens zwei Möglichkeiten zu, wer das Buch geschrieben hat. Eine Option ist, dass der Verfasser Josua selbst war. Tatsächlich macht die jüdische Tradition ihn zum Autor, und man kann diese Ansicht im Talmud und in den Schriften wichtiger Rabbiner wie Raschi und David Kimchi finden. Zu den biblischen Beweisen gehört auch die Tatsache, dass Josua zumindest die Bedingungen des Bundes geschrieben hat, wenn nicht sogar das ganze Buch (Jos 24,26). Außerdem gibt es Details, die nur Josua gekannt haben kann, es sei denn, er hat die Informationen an jemand anderen weitergegeben. Eine zweite Möglichkeit ist, dass Pinhas das Buch geschrieben hat. Er war der Hohepriester während der Zeit Josuas (4Mo 25,7-13; 31,6-8) und war die letzte Person, die in diesem Buch erwähnt wird (Jos 22,30-34; 24,33).

Josua und Pinhas sind sehr gute Optionen, aber der tatsächliche Autor ist unbekannt. Aller Wahrscheinlichkeit nach wurde das Buch in erster Linie von Josua geschrieben, mit ergänzendem Material, das vom Hohepriester Eleasar und/oder seinem Sohn Pinhas hinzugefügt wurde.

C. Entstehungsdatum

Es gibt vier Kategorien von Hinweisen, um das Entstehungsdatum des Buches zu bestimmen: interne Beweise, externe Beweise, die Chronologie von 1. Könige 6,1 und andere chronologische Details.

1. Interne Beweise

Der erste Anhaltspunkt ist der innere Beweis, also das, was das Buch über sich selbst offenbart. Wie im vorherigen Punkt erwähnt, muss das Buch von einem Augenzeugen geschrieben worden sein (Jos 5,1.6). Außerdem hatten die Kanaaniter noch die Kontrolle über bestimmte Städte, die erst später israelitisch wurden. Ein Beispiel ist Gezer (Jos 10,33). Zur Zeit der Niederschrift von Josua kontrollierten die Kanaaniter diese Stadt noch. Diese

Tatsache bedeutet, dass das Buch vor der Zeit Salomos geschrieben worden sein muss, denn Gezer wurde erst unter Salomo eine jüdische Stadt. Diese Schlussfolgerung ergibt sich aus dem Vergleich von Josua 16,10 mit 1. Könige 9,16. Außerdem hatten die Jebusiter immer noch die Kontrolle über Jerusalem (Jos 15,63), und das macht Josua zu einem vor-davidischen Buch (2Sam 5,5-9).

Ein weiterer interner Beweis ist die Tatsache, dass bestimmte Städte zur Zeit der Niederschrift von Josua noch kanaanäische Namen hatten. Zum Beispiel wird in Josua 15,9 Baala erwähnt. Später wurde diese Stadt unter ihrem hebräischen Namen *Kiriath Jearim* bekannt. In Josua 15,13 erscheint der kanaanäische Name *Kiriath Arba* für Hebron, und in Josua 15,49 wird Debir noch *Kiriath Sannah* genannt.[3]

Aus Josua 8,32 und 24,26 geht hervor, dass Josua zumindest bestimmte Teile des Buches geschrieben hat. Gleichzeitig wurden andere Teile nach Josuas Ableben verfasst, weil sein Tod im Buch vermerkt ist (Jos 24,29).

Gemäß Josua 6,25 lebte Rahab noch, als das Buch geschrieben wurde, und so muss das Buch Josua vor ihrem Tod verfasst worden sein.

In Josua 13,4-6 und 19,28 heißt es, dass Sidon der wichtigste Stadtstaat von Phönizien war. Das bedeutet, dass das Buch vor dem zwölften Jahrhundert v.Chr. geschrieben wurde, denn zu diesem Zeitpunkt gewann Tyrus Vorrang vor Sidon.

In Josua 9,27 steht, dass die Gibeoniter immer noch als Holzhauer und Wasserschöpfer an den Vorgängen der Stiftshütte mitwirkten, was nicht mehr stimmte, als Salomo den Tempel baute, um die Stiftshütte zu ersetzen. Schon zu Zeiten Sauls traf dies nicht mehr zu, da er versuchte, die Gibeoniter zu zerstören (2Sam 21,1-9).

Interne Beweise zeigen auch, dass das Buch vor dem Jahr 1200 v.Chr. geschrieben worden sein muss, weil die Philister zur Zeit Josuas noch kein Problem darstellten. Erst nach 1200 v.Chr. wurden sie zu einem Problem für Israel.

Ein letzter Punkt, den es zu beachten gilt, ist die Formulierung „bis zum heutigen Tag", die mehrmals in Josua erscheint (Jos 4,9; 5,9; 6,25; 7,26; 8,28-29; 9,27; 13,13; 14,14; 15,63; 16,10). Der Ausdruck zeigt, dass bestimmte Begebenheiten nicht genau zeitgleich mit anderen im Buch beschriebenen Ereignissen stattfanden. Aber das bedeutet nicht, dass Josua Jahrhunderte später geschrieben wurde, denn die Formulierung bezieht sich auf dieselbe Generation, die an der Eroberung teilnahm. Sie

3 Anm. der Übersetzerin: Dies trifft auf die englischen Bibelübersetzungen zu. Die Elberfelder Bibel weicht hier vom hebräischen Text ab.

zeigt, dass das Buch nur zehn bis fünfzehn Jahre nach den Ereignissen geschrieben wurde.[4]

2. Externe Beweise

Der zweite Hinweis auf das Entstehungsdatum des Buches Josua kommt von externen Indizien, von denen hier einige aufgeführt werden sollen.

Zu den archäologischen Beweisen gehören die Amarna-Briefe, eine Sammlung von Texten aus Ägypten, die üblicherweise in zwei inhaltliche Kategorien unterteilt werden: in Korrespondenz mit Großmächten und unabhängigen Reichen sowie in Korrespondenz mit Vasallen. Die Briefe stammen aus dem letzten Teil der 18. Dynastie (14. Jahrhundert v. Chr.). Sie beschreiben Kanaan als ein Land, welches aus Stadtstaaten besteht und von einer Invasion durch eine Volksgruppe namens Habiru oder ‚Apiru bedroht wird, was gut zu dem passt, was in Josua beschrieben wird.[5]

Auch die Beschreibung des Landes und seiner Grenzen, die in Josua 1,4 zu finden ist, entspricht ägyptischen Texten aus dem zweiten Jahrtausend v. Chr.[6] Außerdem stimmt die im Buch beschriebene Kultur mit dem ägyptischen Verständnis von Kanaan in dieser Zeitperiode überein. Zu denken ist hier zum Beispiel an bestimmte Siedlungsmuster.[7]

In Josua 3,10 gibt es eine Liste von Stämmen, die aus dem Land vertrieben werden sollten. Drei davon waren die Hewiter, Perisiter und Girgaschiter. Diese Stämme werden der gleichen Zeitperiode zugeordnet, dem zweiten Jahrtausend v. Chr. Die Hewiter und möglicherweise die Perisiter können mit den Hurritern in Verbindung gebracht werden. Laut Richard S. Hess, Professor für alttestamentliche Studien am Denver Seminary, gehörten die Hurriter im vierzehnten Jahrhundert v. Chr. zu den Stadtoberhäuptern in Kanaan.[8] In einem Kapitel, das Hess für die Buchreihe *Tyndale Old Testament Commentaries* schrieb, bemerkte er: „Die Verbindung

4 Für eine detaillierte Analyse mehrerer Stellen, an denen dieser Ausdruck in Josua erscheint, siehe: C. F. Keil, F. Delitzsch, *Biblical Commentary on The Old Testament: Joshua, Judges, Ruth* (Grand Rapids, MI: Eerdmans, 1970), S. 16-17.

5 Für Details siehe: William L. Moran, *Amarna Studies: Collected Writings* (Winona Lake, IN: Eisenbrauns, 2003).

6 Für Details siehe: Richard S. Hess, „West Semitic Texts and the Book of Joshua", *Bulletin for Biblical Research 7* (1997), S. 63-76; Benjamin Mazar, The Early Biblical Period: Historical Studies (Jerusalem, Israel: Israel Exploration Society, 1986), S. 192-193.

7 Für Details zu den Siedlungsmustern siehe: Eero Junkkaala, *The Conquests of Canaan: A Comparative Study of Two Egyptian Military Campaigns and Joshua 10-12 in the Light of Recent Archaeological Evidence* (Åbo, Finnland: Åbo Akademi University Press, 2006).

8 Siehe: Richard S. Hess, *Tyndale Old Testament Commentaries, Vol. 6 - Joshua: An Introduction and Commentary* (Downers Grove, IL: InterVarsity Press, 1996), S. 29.

von Hewitern und Perisitern mit Hurritern ist wichtig für die Datierung. Hurritische Völker und Namen blühten in der späten Bronzezeit (1550-1200 v.Chr.). Ihre Präsenz verringerte sich in den folgenden zwei Jahrhunderten und verschwand schließlich komplett zu Beginn des ersten Jahrtausends v.Chr."[9] Was die Girgaschiter betrifft, so werden sie in ägyptischen und ugaritischen Quellen aus dieser Zeit erwähnt.

Außerdem werden in Josua 10 und 11 die Namen mehrerer Könige aufgeführt, die in denselben Zeitraum passen. In Josua 10,3 werden Hoham und Piram erwähnt. Dies sind nicht-semitische Namen mit ugaritischen Wurzeln und hurritischen Einflüssen.[10] Das hebräische Wort *Anak* und seine Pluralform *Anakim*[11] findet sich nicht nur im Buch Josua (11,22; 14,12.15; 15,13-14; 21,11), sondern auch in ägyptischen Ächtungstexten aus der Zeit des Mittleren Reiches (ca. 2055-1650 v.Chr.). Josua 15,14 erwähnt die drei Söhne Anaks: Scheschai, Ahiman und Talmai. Scheschai und Talmai sind hurritische Namen, die im Land zwischen den Jahren 1500 und 1200 v.Chr. bekannt waren. Ahiman ist ein „westsemitischer kanaanitischer Name"[12] aus der gleichen Zeit.

In Josua 24,2-27 geht es um einen Bund, der in Inhalt und Form stark den Verträgen ähnelt, die aus der alten hethitischen Gesellschaft der Zeit zwischen 1500 und 1200 v.Chr. bekannt und einzigartig sind.[13]

Schließlich geht aus den Amarna-Briefen hervor, dass der damalige Pharao Amenophis III. (ca. 1386-1353 v.Chr.) nicht daran interessiert war, die ägyptische Oberhoheit über das Land Kanaan wiederherzustellen.

Diese äußeren Anhaltspunkte müssen bei der Bestimmung des Entstehungszeitpunkts des Buches berücksichtigt werden.

3. Die Chronologie von 1. Könige 6,1

Der dritte Bereich von Hinweisen kommt aus der Chronologie von 1. Könige 6,1, einem Vers, der besagt: *Und es geschah im 480. Jahr nach dem Auszug der Söhne Israel aus dem Land Ägypten, im vierten Jahr der Regierung Salomos über Israel, im Monat Siw, das ist der zweite Monat, da baute er das Haus für den Herrn.* Salomo begann seine Herrschaft im Jahr

9 Ebd., S. 29-30.

10 Siehe: Ebd., S. 32; Richard S. Hess, „Non-Israelite Names in Joshua", *The Catholic Biblical Quarterly*, Vol. 58, No. 2 (April 1996), S. 205-214.

11 Die Elberfelder Bibel übersetzt dies mit „Enakiter", die Lutherbibel von 2017 mit „Anakiter".

12 Hess, *Tyndale Old Testament Commentaries, Vol. 6 - Joshua*, S. 33.

13 Für zusätzliche Informationen siehe: George E. Mendenhall, Law and Covenant in Israel and the Ancient Near East (Presbyterian Board of Colportage of Western Pennsylvania, 1955).

970 v.Chr., und somit war sein viertes Regierungsjahr 966 v.Chr. Der Vers besagt, dass der Exodus 480 Jahre vor dem Beginn der Bauarbeiten am salomonischen Tempel stattfand. Wenn man diese 480 Jahre zu 966 v.Chr. addiert, dann bedeutet das, dass der Auszug aus Ägypten im Jahr 1446 v.Chr. begann. Zieht man die vierzig Jahre der Wüstenwanderung ab, fällt der Beginn der Eroberung Kanaans auf das Jahr 1406 v.Chr.

Nach Richter 11,26 waren die Israeliten zur Zeit Jeftahs schon dreihundert Jahre im Lande: *Während Israel in Heschbon wohnte und in seinen Tochterstädten und in Aroër und in seinen Tochterstädten und in all den Städten, die längs des Arnon liegen, dreihundert Jahre lang – warum habt ihr sie uns denn nicht in jener Zeit entrissen?* Die Einnahme von Heschbon markiert Israels Eroberung der Ostseite des Jordans und erfolgte kurz vor der eigentlichen siebenjährigen Eroberung des Landes. Die Erwähnung von 300 Jahren zeigt, dass die Zeit der Richter Israels insgesamt etwa 350 Jahre umfasste (300 Jahre bis zur Zeit Jeftahs und 50 Jahre von Jeftah bis Samuel). Wenn man die 144 Jahre, die den Zeitraum vom zweiten Jahr Jeftahs bis zum vierten Jahr Salomos abdecken, zu den 38 Jahren vom Exodus bis zur Eroberung von Heschbon und zu den 300 Jahren, die in Richter 11,26 erwähnt werden, hinzufügt, ergibt sich eine Gesamtzeit von 482 Jahren. Dies stimmt mit den oben erwähnten 480 Jahren aus 1. Könige 6,1 überein. Die 300 Jahre sind also sehr nahe an den Zahlen, die im Buch der Richter für die Richterämter und Jahre der Unterdrückung bis zu diesem Zeitpunkt angegeben sind.[14]

14 Die tatsächliche Gesamtzahl der Zeit vom Einzug Israels in Kanaan bis zu den Ereignissen in Richter 11,26 beträgt 319 Jahre. Für weitere Informationen siehe: Arnold G. Fruchtenbaum, *Ariel's Bible Commentary: Judges & Ruth* (San Antonio, TX: Ariel Ministries, 2015).

Die folgende Tabelle bestätigt den Einzug Israels ins Land Kanaan im Jahre 1406 v.Chr.:

Tabelle 1: Authentifizierung des Eintritts in das Land um 1406 v. Chr.		
Chronologische Ereignisse	Jahre	Datum v.Chr.
Exodus		1446
Vom Exodus bis zur Eroberung von Heschbon durch Israel	38	1408
Von der Eroberung von Heschbon bis Richter 11,26	300	1408–1108
Von Jeftahs zweitem Jahr als Richter bis zu Salomos viertem Jahr als König	144	1108–964
Gesamt	482	1446–964
Verglichen mit 1. Könige 6,1	480	1446–966

Die 144 Jahre von Jeftahs zweitem Jahr als Richter bis zu Salomos viertem Jahr als König können wie folgt aufgeteilt werden:

Tabelle 2: Jahre zwischen Jeftahs zweitem Jahr als Richter und Salomos viertem Jahr als König	
Chronologische Ereignisse	Jahre
Jeftahs verbleibende Jahre als Richter	5
Die Jahre des Samson	40
Die Jahre des Eli	20
Die Jahre des Samuel	20
Die Jahre des Saul	15[15]
Die Jahre von David	40
Die ersten Jahre Salomos vor dem Bau des Tempels	4
Gesamt	144

15 Die Anzahl der Jahre der Regierungszeit Sauls fehlt im hebräischen Text, sodass verschiedene Übersetzungen unterschiedliche Zahlen in Kursivschrift in den Text einfügen. Aber wenn man die Gesamtzahl von 144 Jahren nimmt und alle anderen aufgelisteten Jahre abzieht, die bekannt sind, kommt man auf 15 Jahre, und so ist das die Zeitspanne, in der Saul regierte.

4. Andere chronologische Details

Der vierte Anhaltspunkt bezüglich des Erscheinungsdatums des Buches Josua ergibt sich aus einigen anderen chronologischen Details. So starb Mose im März oder April 1405 v.Chr. (5Mo 34,1-7). Am 10. April 1405 v.Chr. überquerten die Israeliten den Jordan (Jos 4,19)[16]

Zudem dauerte die Eroberung des Landes sieben Jahre: von April 1405 bis 1398 v.Chr. (Jos 6,1-13,7). Die Dauer der Eroberung lässt sich aus der biblischen Beschreibung von Kaleb ableiten. Bei Kadesch-Barnea war er 40 Jahre alt (Jos 14,7). Zum Zeitpunkt des Abschlusses der Eroberung Kanaans war er 85 Jahre alt (Jos 14,10). Wenn man 38 Jahre[17] von 45 Jahren abzieht, erhält man sieben Jahre, und so lange dauerte die Eroberung.

Schließlich erwähnt Josua 13,8-23 eine achtjährige Periode, die mit der Teilung des Landes im Jahr 1398 oder 1397 v.Chr. begann (Jos 14,7-10) und bis 1390 v.Chr. dauerte, dem Jahr, in dem Josua im Alter von 110 Jahren starb (Jos 24,29).

5. Fazit

Nimmt man diese vier Kategorien von Hinweisen zusammen, so zeigt sich, dass der größte Teil des Buches zu der Zeit geschrieben wurde, als Josua im Jahr 1390 v.Chr. starb. Dazu kommen Ergänzungen bezüglich seines Dahinscheidens, die möglicherweise von Eleasar und Pinhas Ende 1375 bis 1370 v.Chr. verfasst wurden. Die endgültige Form des Buches muss nach dem Tod von Pinhas zusammengestellt worden sein. Im Großen und Ganzen wurde der größte Teil des Buches jedoch bis zum Tod Josuas im Jahr 1390 v.Chr. geschrieben.

D. Der Platz im Kanon

In der hebräischen Bibel ist Josua das erste Buch des zweiten Teils des *Tanach* (Altes Testament). Der erste Teil ist die *Tora* oder das Gesetz. Der dritte Teil wird *Ketuvim* oder Schriften genannt. Aber der zweite Teil, zu dem auch Josua gehört, besteht aus den *Nevi'im* oder Propheten. Jüdische Gelehrte unterteilen die Bücher der Propheten in *Nevi'im Rishonim*, was „Erste oder frühere Propheten" bedeutet, und *Nevi'im Aharonim*, „Späte Propheten".

16 Katherine Harris, *Nelson's Foundational Bible Dictionary with the New King James Version Bible* (Nashville, TN: Thomas Nelson, 2004), S. 404.

17 Wie erwähnt, fand die Eroberung von Heschbon 38 Jahre nach dem Exodus statt.

Nevi'im Rishonim umfasst die historischen Erzählungen von Josua, Richter, 1. und 2. Samuel und 1. und 2. Könige. Diese sechs Bücher wurden von anonymen Autoren geschrieben. Als erstes Buch in dieser Kategorie setzt Josua historisch gesehen dort an, wo das 5. Buch Mose aufhört.

In der deutschen Bibel (und in allen christlichen Versionen) ist Josua das erste von zwölf historischen Büchern, welche mit dem Buch Esther enden. Erst dann geht die deutsche Bibel zu den poetischen und prophetischen Büchern über.

E. Historischer Hintergrund

Der historische Hintergrund des Buches Josua wird durch archäologische Funde wie die bereits erwähnten Amarna-Briefe unterstützt. Diese Briefe zeigen das politische Umfeld der damaligen Zeit und stellen Kanaan als ein Land dar, welches aus Stadtstaaten bestand, die sich von einer Invasion bedroht sahen. Ein sehr ähnliches Bild erscheint im Buch Josua.

Ein weiteres archäologisches Beweisstück sind Texte aus Ugarit. Im Jahr 1929 entdeckte ein Bauer beim Pflügen seines Feldes in Ras Schamra, einem Tell („Hügel") in Syrien, der als die antike phönizische Stadt Ugarit identifiziert wurde, eine Steinplatte. Ausgrabungen am Tell brachten architektonische Überreste, Artefakte und eine ganze Bibliothek von Tafeln zutage. Ein Großteil des Materials, einschließlich der Tafeln, wurde auf 1400-1200 v.Chr. datiert. Die meisten der in Keilschrift geschriebenen Texte wurden inzwischen von Wissenschaftlern entziffert. Sie sind wichtig für das Studium des Buches Josua, da sie zum ersten Mal außerhalb der Bibel den kanaanitischen Baals-Kult mit seinem Fokus auf Fruchtbarkeit und Sex beschreiben. Sie beschreiben auch die religiösen Praktiken der Tempelprostitution und der Kinderopfer. Diese heidnischen Praktiken hätten das Volk Israel korrumpiert, was erklärt, warum Gott die totale Ausrottung der Kanaaniter befahl.

Eine weitere archäologische Entdeckung, die den historischen Hintergrund von Josua offenbart und die Historizität des Buches unterstützt, sind die Schriftrollen vom Toten Meer. Teile des Buches Josua wurden in der Qumran-Höhle 4 gefunden und werden heute als 4QJosa und 4QJosb bezeichnet.

F. Stil und Aufbau

Das Buch Josua zeigt eine grundsätzliche Einheitlichkeit im Schreibstil, die auf einen Autor hinweist. Dann gibt es drei spätere Ergänzungen, nämlich die Eroberung von Kiriath Sepher durch Otniël in Josua 15,13-19, die Wanderung von Dan in Josua 19,47 und den Tod Josuas in Josua 24,29-33.

Was den Aufbau betrifft, so hat das Buch vier grundlegende Teile. Der erste Teil umfasst die Kapitel 1-5 und beschreibt den Einzug in das Land. Der zweite Teil umfasst die Kapitel 5-12 und beschreibt die Eroberung des Landes. Der dritte Teil besteht aus den Kapiteln 13-21 und handelt von der Aufteilung des Landes. Der vierte Teil umfasst die Kapitel 22-24 und enthält mehrere Abschiedsreden.

G. Der geographische Rahmen

Es gibt drei grundlegende geographische „Kulissen", also drei geographische Regionen, die den Rahmen des Buches bilden. In den Kapiteln 1-5 befinden sich die Israeliten auf der Ostseite des Jordans. In Josua 6,1-13,7 befinden sie sich im Land Kanaan auf der Westseite des Jordans. Josua 13,8-24,33 beschreibt die Besiedlung auf beiden Seiten des Jordans. Im Anhang dieses Kommentars befindet sich eine Reihe von Karten, die den geographischen Rahmen zu Josua illustrieren. Auf sie wird im Text an gegebener Stelle hingewiesen.

H. Die Theologie des Buches Josua

Obwohl das Buch Josua nicht zu allen Bereichen der systematischen Theologie beiträgt, leistet es doch einen Beitrag zu den Lehren der Bibliologie, der eigentlichen Theologie, der Christologie, der Hamartiologie, der Soteriologie und der Israelologie.

1. Bibliologie – Die Lehre von der Heiligen Schrift

Das Buch Josua leistet zwei Beiträge zur Bibliologie. Erstens betont es die Bedeutung des Wortes Gottes, indem es erklärt, dass die Tora, d.h. die fünf Bücher Mose, die maßgebliche Schrift ist, über die die Menschen Tag und Nacht nachdenken sollten. Offensichtlich war die Tora zur Zeit Josuas die gesamte damals existierende Heilige Schrift (Jos 1,7-8; 8,32-35; 23,6-16; 24,26-27).

Eine zweite Beobachtung ist, dass es keinen Appell und keinen Verweis auf lokale Bräuche oder mündliche Überlieferungen gibt. Weder Traditionen noch menschliche Lehre werden als maßgebend angesehen. Allein Gottes Wort ist von grundlegender Bedeutung für den Menschen.

2. Die Lehre von Gott selbst

Auf dem Gebiet der Lehre von Gott selbst finden sich im Buch Josua folgende Wahrheiten:

1. Die Existenz Gottes wird vorausgesetzt. Der Autor hat nicht versucht, diese zu beweisen, sondern nahm sie als eine grundlegende Tatsache an.
2. Das Buch betont die Heiligkeit und das Gericht Gottes. Wenn die Israeliten gegen Gottes Heiligkeit handelten, konnte Gott sie genauso richten, wie er die Kanaaniter richtete.
3. Gott teilte Josua seinen Willen mit, wie er es zuvor schon bei Mose getan hatte.
4. Gott vollbringt Wunder und beherrscht die Natur.
5. Gott belohnt Gehorsam und bestraft Ungehorsam.
6. Gott ist zwar in erster Linie der Gott Israels, aber er ist auch der Gott der ganzen Welt.
7. Das Buch Josua lehrt das Konzept dessen, was einen heiligen Krieg ausmacht. Es tut dies in dem Befehl, die Kanaaniter völlig zu vernichten.

3. Christologie – Die Lehre vom Sohn

Das Buch Josua liefert zwei Beiträge zur Christologie. Erstens erscheint in der Theophanie von Josua 5,13-15 anstelle des normalen Engels des HERRN der Fürst über das Heer des HERRN. Zweitens legt der Bericht über Rahab den Grundstein für eine weibliche heidnische Vorfahrin des Messias (Jos 2,1-3; 6,17-25).

4. Hamartiologie – Die Lehre von der Sünde

Was die Hamartiologie betrifft, lehrt das Buch Josua zwei Dinge. Erstens hatte die Sünde Achans, welche in Josua 7,1-24 und 22,20 beschrieben ist, Auswirkungen auf das ganze Haus Israel, und so zeigt der Bericht, wie manchmal die Sünde des Einzelnen die ganze Gemeinschaft betreffen kann.

Zweitens lehrt das Buch Josua die Folgen von *cherem*. Dieses hebräische Wort wird mehrmals im Buch verwendet, wo Städte wie Jericho und Ai unter *cherem* kamen. So wie es im *Tanach* verwendet wird, bedeutet *cherem* „völlig widmen" oder „völlig zerstören". *Cherem* konnte sowohl Menschen als auch Tiere oder Besitztümer treffen, die für die Stiftshütte oder später den Tempel bestimmt waren. Aufgrund des Ortes, an dem sie verwendet wurden, wurden diese Personen oder Dinge heilig (3Mo 27,28). Der Begriff beschreibt aber auch etwas Abscheuliches (5Mo 7,26) oder etwas, das zerstört werden sollte (Jes 34,2.5). In diesem Fall könnte es mit „Fluch" oder „Bann" übersetzt werden. Die Grundbedeutung oder das Konzept von *cherem* ist also, dass jemand oder etwas beiseitegelegt oder gewidmet wird, und zwar entweder ganz für Gottes Gebrauch oder für die totale Zerstörung. Während Menschen, die unter dem *Cherem*-Fluch standen, normalerweise getötet werden mussten, wurden Gegenstände manchmal zerstört und andere Male für den heiligen Gebrauch geweiht (4Mo 18,14). Im Buch Josua kommt *cherem* mehrere Male vor (Jos 6,17-18; 7,1, 11-15; 22,20).

5. Soteriologie – Die Lehre von der Erlösung

Vier Dinge können in Bezug auf die Soteriologie festgehalten werden. Erstens zeigt die Geschichte von Rahab Gottes Bereitschaft, Heiden auch in diesem Zeitalter oder dieser Dispensation zu retten. Zweitens lehrt das Buch, dass aktiver Glaube zu aktivem Gehorsam führt, und das bringt die Segnungen Gottes mit sich. Drittens kommt im Buch Josua militärischer Sieg durch den Glauben an Gott im Gehorsam gegenüber seinen Geboten. Dieser Punkt wird durch die drei großen Feldzüge und Siege, die Israel über dreißig Armeen erringen konnte, bewiesen. Viertens führt das Nachsinnen über das Wort Gottes zu geistlicher Stärke.

6. Israelologie – Die Lehre von Israel

Das Buch Josua leistet einen großen Beitrag zur Israelologie in zwei Bereichen: den Bündnissen und dem Gelobten Land.

Was die Bündnisse betrifft, so kommen sie in Josua 1,7-8; 22,5; 23,6.16 und 24,25 zur Sprache. Diese Abschnitte zeigen den Einfluss des abrahamitischen Bundes, des mosaischen Bundes und des Landesbundes auf die Geschichte Israels. Was den abrahamitischen Bund betrifft, so berichtet Josua von den Anfängen der Erfüllung der Landverheißung. Außerdem wurde, als die Israeliten den Jordan überquerten, eine Massenbeschneidung angeordnet, was ein Gebot des Abrahams-Bundes ist (1Mo 17,9-14).

In Bezug auf den mosaischen Bund können sechs spezifische Punkte angeführt werden:

1. Der Befehl, die Kanaaniter zu beseitigen und das Land zu erobern, begann sich im Buch Josua zu erfüllen.
2. Das Prinzip der Bedingtheit des mosaischen Bundes zeigt sich darin, dass es Segnungen für Gehorsam, aber Flüche für Ungehorsam gab.

Jericho ist ein Beispiel für Segen für Gehorsam. Ai wäre ein Beispiel für einen Fluch für Ungehorsam.
3. Das Buch Josua beschreibt ausführlich die Rolle der Bundeslade, die auf mindestens vier verschiedene Arten bezeichnet wird: als *Lade des Bundes des Herrschers der ganzen Erde* (Jos 3,11), als *Lade des Herrn, des Herrn der ganzen Erde* (Jos 3,13), als *Bundeslade* (Jos 3,14) und als *Lade des Bundes des Herrn* (Jos 3,17).
4. Josua berichtete von zwei Zeremonien, in denen der mosaische Bund erneuert wurde. Die erste Erneuerungszeremonie fand auf dem Berg Ebal statt (Jos 8,30-35) und die zweite in Sichem (Jos 24).
5. Das Buch spricht von der Einhaltung des Passahfestes nach dem Überqueren des Jordans. Dies war Teil des mosaischen Gesetzes.
6. Die Stiftshütte wurde an einem dauerhafteren Ort, nämlich in Silo, errichtet.

Was schließlich den Landesbund (5Mo 29-30) betrifft, so sind zwei Dinge zu beachten. Erstens war die Nutzung des Landes vom Gehorsam des Volkes gegenüber Gott abhängig. Zweitens waren weder Josuas Generation noch die nachfolgenden Generationen in der Lage, das ganze verheißene Land zu erobern, weil sie Gott eben nicht durch und durch gehorsam waren.

Zusammenfassend lässt sich feststellen, dass das Buch Josua wichtige Beiträge zur Israelologie im Bereich der Bündnisse leistet, indem es Gott als einen bundestreuen Gott hervorhebt.

Der zweite Bereich des Beitrags betrifft das Gelobte Land. Sechs Dinge können festgehalten werden:

1. Das Buch Josua zeichnet die Anfänge der Landnahme auf, und in diesem einen Text wird über fünfzig Mal gesagt, dass es Gott war, der Israel das Land gab.
2. Während Gott Israel das Land gab, mussten die Israeliten immer noch kämpfen, um das Land mit militärischen Anstrengungen zu erobern.
3. Die Aufteilung des Landes durch das Los zeigt, dass es Gott und nicht den Menschen gehört.
4. Die Eroberung und Beibehaltung des Landes basierte auf Gehorsam (Jos 10,40; 11,20.23; 23,9-16).
5. Dies war der Anfang der Erfüllung der Landverheißungen, aber es ist nicht die Gesamtheit der Erfüllung. Erst im messianischen Königreich, wenn Israel ein gehorsames Volk sein wird, werden die Juden das gesamte verheißene Land besitzen.
6. Das Land wird als eine Ruhe angesehen, und dieses Konzept hat zwei

Aspekte. Erstens ist das Land selbst eine Ruhe und erfüllt so eine Verheißung, die im mosaischen Gesetz gegeben wurde (2Mo 33,14; 4Mo 32,20-22; 5Mo 3,18-20; 12,10; 25,19). Diese Ruhe wird in Josua 1,13.15; 11,23; 14,15; 21,44; 22,4 und 23,1 als erfüllt angesehen. Doch in Hebräer 3-4 steht, dass dies nicht die Gesamtheit der von Gott beabsichtigten Ruhe war. Der zweite Aspekt bezieht sich auf das Land als Ort der Ruhe, welcher im Kontrast zu der Auseinandersetzung mit dem Feind steht.

I. Zweck

Das Buch Josua wurde aus vier grundlegenden Gründen geschrieben. Erstens sollte es die Eroberung des Landes dokumentieren. Zweitens sollte es die Geschichte vom Tod des Mose bis zum Tod Josuas nachzeichnen. Drittens sollte es die Geschichte dort fortsetzen, wo 5. Mose aufgehört hatte, und die Zeitspanne von der Eroberung bis zur Besiedlung, von Mose bis zu den Richtern, abdecken. Viertens demonstriert das Buch die Treue des bundestreuen Gottes zu Israel. Es zeichnet nicht nur die Taten eines Mannes oder die Geschichte vom Tod des Mose bis zum Tod Josuas nach, sondern zeigt, wie nach dem Tod des Mose der bundestreue Gott die Verheißungen erfüllte, die er den Patriarchen gegeben hatte. Es wird detailliert beschrieben, wie Gott den Kanaanitern das Recht auf das Land entzog und es durch Josua, den er zum Nachfolger von Mose ernannt hatte, den Stämmen Israels gab.

J. Zentrales Kapitel

Das zentrale Kapitel des Buches ist Josua 24, welches die Erneuerung des Bundes aufzeichnet.

K. Schlüsselverse

Es gibt zwei Schlüsselverse im Buch, nämlich Josua 1,8 und 11,23:

> [1,8]*Dieses Buch des Gesetzes soll nicht von deinem Mund weichen, und du sollst Tag und Nacht darüber nachsinnen, damit du darauf achtest, nach alledem zu handeln, was darin geschrieben ist; denn dann wirst du auf deinen Wegen zum Ziel gelangen, und dann wirst du Erfolg haben.*

[11,23] Und so nahm Josua das ganze Land ein, ganz wie der HERR zu Mose geredet hatte. Und Josua gab es Israel zum Erbteil, nach ihren Abteilungen, entsprechend ihren Stämmen. Und das Land hatte Ruhe vom Krieg.

L. Schlüsselwort

Das Schlüsselwort in diesem Buch ist „Eroberung", und es findet sich in einer Vielzahl von Formen.

M. Josua und das Neue Testament

Es gibt sechs grundlegende Hinweise auf Josua im Neuen Testament:

1. In Apostelgeschichte 7,45 heißt es, dass Israel das Land unter Josua betreten hat.
2. Jakobus 2,25 spricht davon, dass Rahab ihren Glauben rechtfertigte, indem sie die Spione versteckte.
3. Nach Hebräer 4,8 hat Josua nicht die Gesamtheit der von Gott beabsichtigten Ruhe geschaffen.
4. Hebräer 11,30 stellt fest, dass die Mauern von Jericho aufgrund von Glauben gefallen sind.
5. In Hebräer 11,31 steht, dass Rahab durch Glauben verschont wurde.
6. In Hebräer 3-4 geht es um die Typologie der Ruhe, und der Autor stellt einen Kontrast zwischen der gegenwärtigen Ruhe und der zukünftigen Ruhe her. Die gegenwärtige Ruhe ist die Ruhe der Errettung, die Ruhe der geistlichen Reife in diesem Leben und die Ruhe der gegenwärtigen Stellung des Gläubigen im Messias. Die zukünftige Ruhe wird sich im messianischen Königreich erfüllen, wo Israel ein Land der Ruhe sein wird, ein Land des Triumphes und ein Land des Reichtums, in dem Milch und Honig fließen werden. Es wird auch eine Ruhe in der Ewigkeit im Himmel geben.

N. Thema

Das Thema des Buches ist die Eroberung und der Besitz des Gelobten Landes, wie in Josua 1,3 zu sehen ist.

O. Josua und das rabbinische Judentum

In der rabbinischen Literatur gilt Josua als einer der treuesten und weisesten Anführer Israels. Die Rabbiner wendeten Verse auf ihn an, die von diesen Qualitäten sprechen, sich aber nicht wirklich auf Josua beziehen. Ein Beispiel dafür findet sich in *Bamidbar Rabbah* („Die große Zahl"), einem Midrasch, der eine Sammlung homiletischer Interpretationen des 4. Mose enthält. In Kapitel 21 von *Bamidbar Rabbah* wird Gott in einer Diskussion mit Mose über dessen Nachfolger dargestellt:

> (4Mo 27,16) „Der HERR, der Gott des Lebensgeistes allen Fleisches, setze einen Mann über die Gemeinde ein."– Welchen Grund hatte (Mose), dieses Bedürfnis nach der Anordnung des Erbes zu verlangen? Es ist einfach so, dass Mose, da er sah, dass die Töchter von Zelophehad den Besitz ihres Vaters erbten, sprach: „Siehe, es ist Zeit für mich, meine eigenen Bedürfnisse einzufordern. Wenn die Töchter erben, dann ist es (auch) angemessen, dass meine Söhne meine Herrlichkeit erben." Der Heilige, gepriesen sei Er, sagte zu ihm (in Sprüche 27,18): „‚Wer den Feigenbaum hütet, wird seine Frucht essen.' Deine Söhne saßen (mit) ihren eigenen (Sorgen) und waren nicht mit dem Studium der Tora beschäftigt. (Wohingegen) Josua dir viel diente und dir viel Ehre erwies. Und er stand früh auf und ging zu eurem Haus der Versammlung. Erst spät kehrte er nach Hause zurück. Er stellte die Bänke auf und breitete die Matten aus. Weil er dir mit all seinem Können gedient hat, ist er würdig, Israel zu dienen, damit er seine Entschädigung nicht verliert." (4Mo 27,18) „Und der HERR sprach zu Mose: Nimm dir Josua, den Sohn des Nun[...]", um zu erfüllen, was (in Sprüche 27,18) gesagt wird: „Wer den Feigenbaum hütet, wird seine Frucht essen."[18]

Gemäß dieser Auslegung von 4. Mose 27,16-18 hoffte Mose, der sich seines bevorstehenden Todes bewusst war, dass Gott einen seiner Söhne als Nachfolger einsetzen würde. Doch Gott hatte andere Pläne. In der rabbinischen Erklärung von Gottes Entscheidung wurde Sprüche 27,18 so inter-

18 *Bamidbar Rabbah* 21:15. *Sefaria*, www.sefaria.org/Bamidbar_Rabbah.21.15?lang =bi. Abgerufen am 13. Oktober 2020. (Die Formatierung des Online-Textes wurde geändert.)

pretiert, dass sich der Vers auf Josua bezieht.[19] Wie Rabbi Reuven Drucker jedoch betont, zeigt das obige Gespräch zwischen Gott und Mose auch, dass „selbst Josua nicht sofort in die Fußstapfen von Mose treten konnte. Mose musste ihn segnen und ihn mit seiner eigenen Autorität ausstatten."[20]

Wie bereits erwähnt, ist Josua das erste Buch der *Nevi'im* (Propheten), und Maleachi ist das letzte Buch in diesem Abschnitt des *Tanach*. Aber warum hörte der Dienst der Propheten auf, und was ersetzte ihn? Die Rabbiner beantworteten diese Fragen auf die folgende Weise:

> Mit der Beseitigung des Götzendienstes als ernstzunehmender Einfluss auf das jüdische Leben musste auch die Prophetie beseitigt werden. So wurde das Gleichgewicht bewahrt. Zweifellos war dies ein heftiger Preis, aber seine Gerechtigkeit wurde von dem bestimmt, der den menschlichen Intellekt und die Neigung ausbalanciert.
>
> Die Propheten sind nicht bei uns, auch nicht ihre Jünger, die, von Gottes Gegenwart berührt, ihre Worte interpretierten. Aber, wie die Weisen lehren […] *Seit der Zerstörung des Tempels wurde zwar die Prophetie von den Propheten entfernt, aber nicht von den Toragelehrten* (*Bava Basra* 12a).
>
> So wie die Prophetie eine Gabe Gottes ist, so ist auch der richtige Gebrauch des Intellekts eine Gabe. Die Welt leidet schmerzlich unter Menschen, die zwar brillant, aber nicht weise sind. Indem Gott den Weisen Israels erlaubte, die Wunder seiner Tora zu erblicken und ihre Lehren zu sammeln, füllte er das Vakuum, das durch das Fehlen der Prophetie in ihrer alten Form entstanden war. Das Gleichgewicht ist intakt, denn die Menschheit hat eine beliebige Anzahl von Philosophen und Gelehrten, die mit der Lehre der Tora um unsere Aufmerksamkeit ringen. Aber wir haben die Heilige Schrift und die mündliche Tora, und wir haben unsere Weisen der Vergangenheit und Gegenwart, um ihre Bedeutung zu erhellen.[21]

Die Rabbiner brachten Josua auch mit der Abfassung der Tora in Verbindung und behaupteten, dass Josua ein Autor der Tora war – „natürlich nicht in demselben Maße wie Mose, aber zu sehr, um zuzulassen, dass seine Prophezeiungen und Lehren in Frage gestellt werden."[22]

---

19 Für ein weiteres Beispiel dieser rabbinischen Interpretation siehe: Reuven Drucker, *Yehoshua / Joshua: A New Translation with a Commentary Anthologized from Talmudic, Midrashic, and Rabbinic Sources* (ArtScroll Tanach Series; Brooklyn, NY: Mesorah, 1982), S. xlvi-vii.

20 Ebd., S. xlviii.

21 Ebd., S. xiii.

22 Ebd., S. liv.

Einige Rabbiner glaubten, dass Josua zumindest die letzten acht Verse der Tora und Gottes Befehl bezüglich der sechs Zufluchtsstädte aufgezeichnet hat:

> Die Gemara zitiert einen weiteren Streitfall in Bezug auf den Teil bezüglich der Zufluchtsstädte im Buch Josua. Es steht geschrieben: „Und Josua schrieb diese Worte in das Buch des Gesetzes Gottes" (Jos 24,26). Rabbi Yehuda und Rabbi Neḥemya sind sich in dieser Angelegenheit nicht einig. Der eine sagt: Der Hinweis bezieht sich auf die letzten acht Verse in der Tora, die den Tod von Mose aufzeichnen und von Josua in der Torarolle aufgezeichnet wurden, zusätzlich zu dem Rest der Tora, der von Mose geschrieben wurde (siehe *Bava Batra* 15a). Der andere sagt: Gemeint ist der Teil mit den Zufluchtsstädten, der im Buch Josua erscheint.
>
> Die Gemara erörtert diese beiden Meinungen: Zugegeben, gemäß dem, der sagt, dass sich die Worte auf die letzten acht Verse in der Tora beziehen, das ist der Grund, dass geschrieben steht: „Und Josua schrieb diese Worte in der Schriftrolle der Tora Gottes", da er diese Verse schrieb und sie in die Tora aufgenommen wurden. Aber gemäß demjenigen, der sagt, dass sich die Worte auf den Teil im Buch Josua beziehen, der sich mit den Zufluchtsstädten befasst, was ist die Bedeutung des Ausdrucks „in der Schriftrolle der Tora Gottes"? Die Zufluchtsstädte werden im Buch Josua behandelt, nicht in der Tora. Die Gemara antwortet: Das ist es, was der Vers sagt: Und Josua schrieb in sein Buch diese Dinge, die auch in der Schriftrolle der Tora Gottes geschrieben sind.[23]

Im Babylonischen Talmud gibt es ein Traktat namens *Nedarim* 22b. Das Traktat zitiert Rav Adda, den Sohn von Rabbi Ḥanina, und besagt: „Hätte Israel in früheren Zeiten nicht gesündigt, wären dem Volk nur die Tora und das Buch Josua gegeben worden. Sie brauchten das Buch Josua, weil es die Aufteilung von *Eretz Israel* [das Land Israel] enthält."[24] Eine etwas andere Übersetzung desselben hebräischen Textes gibt die talmudische Passage folgendermaßen wieder: „Hätte Israel nicht gesündigt, wären ihnen nur die fünf Bücher Mose und das Buch Josua gegeben worden, (letzteres) weil es die Aufzeichnung der Einteilung des Landes Israel ist."[25] Der Punkt ist,

23 *bT. Makkot* 11a. Wenn nicht anders vermerkt, werden Zitate aus dem Babylonischen Talmud der folgenden Webseite entnommen: https://www.sefaria.org.

24 *bT. Nedarim* 22b.

25 Ronald L. Eisenberg, *What the Rabbis Said: 250 Topics from the Talmud* (Santa Barbara, CA: Praeger, 2010), S. 28.

dass Josua das einzige Buch außerhalb der Tora ist, welches Israel gegeben wurde, ohne an Bedingungen geknüpft zu sein. Alle anderen Schriftrollen nach Josua waren eine göttliche Antwort auf die Sünden Israels. Aber selbst wenn Israel nie gesündigt hätte, wäre das Buch Josua immer noch der Tora hinzugefügt worden, weil es aus drei Gründen notwendig war: erstens, um die Erfüllung der Verheißung an Abraham, Isaak und Jakob aufzuzeichnen, dass Gott ihren Nachkommen das Land geben wird; zweitens, damit die Israeliten die Wunder, die Gott für die Generation Josuas getan hat, nicht vergessen würden; und drittens, um die Aufteilung des Landes unter den Stämmen aufzuzeichnen (diese Aufzeichnungen dienten dann als Urkunde für die Stammesgebiete, damit nicht etwa ein anderer Stamm das Gebiet für sich beanspruchen konnte).

Um zusammenzufassen, was die obigen Zitate aus den diversen rabbinischen Schriften bisher ergeben haben, kann festgehalten werden, dass Josua zwar nie das gleiche hohe Ansehen wie Mose genoss, aber er wurde und wird immer noch als „in Moses Kategorie" angesehen.[26]

Gemäß dem Talmud erließ Josua zehn Gesetze oder Vorschriften:

> Die Weisen lehrten in einer *Baraita*: Josua stellte zehn Bedingungen, als er Eretz Israel unter den Stämmen aufteilte: Die Bedingungen sind, dass die Menschen das Recht haben sollen, ihre Tiere in Wäldern zu weiden, auch wenn diese Privatgrundstücke sind; und dass sie das Recht haben sollen, Holz von den Feldern anderer zu sammeln, um es als Tierfutter zu verwenden; und dass sie das Recht haben sollen, wilde Vegetation für Tierfutter an jedem Ort zu sammeln, mit Ausnahme eines Feldes mit Bockshornklee; und dass sie das Recht haben sollen, überall einen Trieb zur Vermehrung und Bepflanzung abzupflücken, ausgenommen Oliventriebe; und dass die Leute der Stadt das Recht haben sollen, Wasser aus Quellen zu schöpfen, die sich auf privatem Grund befinden, auch wenn diese Quelle ganz neu ist; und dass sie das Recht haben sollen, im See von Tiberias, d.h. dem See Genezareth zu fischen, vorausgesetzt, dass der Fischer nicht einen Unterwasserzaun baut, um Fische zu fangen, und dadurch ein Hindernis für Boote verursacht.
>
> Die *Baraita* setzt die Liste von Josuas zehn Bedingungen fort: Und die Menschen sollen das Recht haben, sich im Freien hinter einem Zaun zu erleichtern, auch auf einem Feld, das voller Safran [*karkom*] ist; und sie sollen das Recht haben, auf erlaubten Wegen zu gehen, d.h.

26 Drucker, *Yehoshua*, S. liv.

auf Wegen, die ein privates Feld durchschneiden, den ganzen Sommer hindurch bis zum zweiten Regen, wenn das Getreide zu sprießen beginnt; und sie sollen das Recht haben, wegen unüberwindbarer Erhebungen [*yeteidot*] des Weges seitlich von den Straßen auf private Grundstücke auszuweichen; und jemand, der sich in den Weinbergen verirrt, soll das Recht haben, Zweige abzuschneiden und ein Gebiet des Weinbergs zu betreten, oder Zweige abzuschneiden und ein Gebiet des Weinbergs zu verlassen, bis er den Weg zur Straße zurückfindet; und dass ein Leichnam, den niemand zum Begräbnis abholt [*met mitzva*], seinen Platz erhält und dort begraben wird, wo er gefunden wurde.[27]

Moderner ausgedrückt lassen sich die zehn Gesetze Josuas wie folgt zusammenfassen:

1. Es ist erlaubt, seine Herden in Privatwäldern zu weiden.
2. Man darf zur Fütterung des Viehs Gras von Feldern, die in privater Hand sind, sammeln. Von dieser Regel ausgenommen sind Felder von *Tiltan* (oder Bockshornklee), welches eine Art von Hülsenfrucht ist.
3. Abgesehen von den unteren zwei Handbreiten eines Olivenbaums, darf man von jeder Pflanze Triebe abbrechen, um sie auf seinem Grundstück zu pflanzen oder zu veredeln.
4. Eine neu entspringende Quelle kann von den Bewohnern der Stadt genutzt werden.
5. Alle Stämme haben Fischereirechte im See Genezareth, solange sie keine Netze auswerfen, die die Durchfahrt von Schiffen behindern.
6. Man darf hinter einem Zaun defäkieren – sogar in Safranfeldern.
7. Man darf bis zur zweiten Regenzeit des Jahres, wenn neue Samen zu sprießen beginnen, durch die Felder gehen, nachdem das Getreide geerntet wurde.
8. In der Sommersaison, wenn sich der Schlamm verhärtet und Löcher und Gräben bildet, die es schwierig machen, auf den Straßen zu gehen, darf man auf Privatgrundstücke ausweichen.
9. Wenn sich jemand in den Weinbergen verirrt, darf er solange Weinreben durchbrechen, bis er den Weg wiederfindet.
10. Die Leiche eines Menschen, der keine Verwandten hat, muss an dem Ort begraben werden, an dem sie gefunden wurde, auch wenn dies ein Privatgrundstück ist.

27 *bT. Bava Kamma*, 80b-81a.

Eine andere rabbinische Tradition ist der Glaube, dass Josua das *Aleinu* komponiert hat, ein rituelles Lied, das in den meisten Synagogen das letzte Gebet der täglichen Liturgie ist. Es ist auch ein besonderes Gebet in den Rosch-Haschana-Gottesdiensten.[28] *Aleinu* ist ein hebräisches Wort und bedeutet „es obliegt uns“ oder „es ist unsere Pflicht“. Das Gebet, welches einen wunderbaren Lobpreis Gottes darstellt, beginnt mit diesem Wort. Die Idee, dass Josua dieses Gebet nach der Eroberung Jerichos geschrieben hat, wurde von zahlreichen Rabbinern geäußert.

Viele religiöse Juden sprechen nach dem Essen ein Tischgebet, welches aus vier Segenssprüchen besteht. Im talmudischen Traktat *Berakhot* 48b heißt es:

> Im Hinblick auf die Ursprünge der vier Segnungen des Tischgebets nach den Mahlzeiten sagte Rav Naḥman: Mose hat für Israel den ersten Segensspruch eingeführt: „Der alle speist, als das Manna für sie herabkam und sie Gott danken mussten.“ Josua führte den Segensspruch über das Land ein, als er und sein Volk *Eretz Israel* betraten. David und Salomo führten […] [die beiden verbleibenden Segenssprüche] ein.[29]

Nach dieser rabbinischen Tradition hat Josua also nicht nur das *Aleinu* verfasst, sondern auch den zweiten Segensspruch des Tischgebets nach den Mahlzeiten.

Schließlich heißt es in *Bava Batra* 75a:

> Gott sprach zu Mose und sagte über Josua: „‚lege von deiner Würde einen Teil auf ihn‘ (4Mo 27,20), was darauf hinweist, dass du etwas von deiner Ehre, aber nicht alles von deiner Ehre auf ihn legen sollst.“ Die Ältesten der damaligen Generation sagten: „Das Gesicht des Mose war so hell wie das Gesicht der Sonne; das Gesicht des Josua war wie das Gesicht des Mondes.“[30]

Laut Rabbi Shlomo Yitzchaki, auch bekannt als Raschi (1040-1105), lag die Bedeutung dieser talmudischen Aussage darin, dass, während Moses Gesicht wie die Sonne strahlte, Josuas Gesicht nur wie der Mond leuchtete.[31] Als Kommentar zu solchen Bewertungen führt Rabbi Drucker aus:

---

28 Anm. der Übersetzerin: Rosch Haschana wird auch Posaunenfest genannt. Heutzutage stellt es das jüdische Neujahrsfest dar.

29 *bT. Berakhot* 48b.

30 *bT. Bava Batra* 75a.

31 Siehe: *Raschi zu Numeri* 27:20, abgerufen von https://www.sefaria.org.

> Oberflächlich betrachtet, scheint der Vergleich höchst unhöflich und sogar unfair gegenüber Josua zu sein. Moses Niveau der Prophezeiung wurde von *keinem* Propheten übertroffen [...] Aber wir machen einen Fehler, wenn wir den Sonne-Mond-Vergleich nur als Abwertung von Josua sehen. Wie viele andere ‚Monde' hatte Mose? Keinen. Nur Josua war in der Lage, das blendende geistliche Licht von Mose zu empfangen und es dem Volk Israel zu reflektieren. Zu sagen, dass Josua kein Mose war, bedeutet, nur die dunkle Seite des Mondes zu sehen. Es gab nur einen Mose, aber es gab auch nur einen Josua. Josua war Moses größter Schüler, sein einziger Nachfolger, sein einziger „Mond".[32]

Rabbi Mose ben Josef di Trani, besser bekannt unter dem Akronym Mabit (1505-1585), bemerkte, dass das Versagen, die Bedeutung und den Charakter Josuas richtig einzuschätzen, nicht überraschen sollte. Man bemerkt den Mond erst, wenn die Sonne untergeht. Als Moses Glanz nachließ, erkannte das Volk „endlich, dass die ganze Zeit ein ‚Mond' unter ihnen gelebt hatte – Israels engstes Spiegelbild von Moses Größe. Beschämt über ihre eigene Blindheit riefen sie aus: ‚*Wehe dieser Schande, wehe dieser Demütigung.*'"[33]

Im rabbinischen Judentum ist das mündliche Gesetz dem mosaischen Gesetz gleichgestellt, und jüdische Gelehrte wie Mose Maimonides (Rambam, 1135-1204)[34] behaupteten, dass Josua dafür verantwortlich war, das mündliche Gesetz an die nächste Generation weiterzugeben: „Mose empfing die Tora am Sinai und gab sie an Josua weiter, Josua an die Ältesten, die Ältesten an die Propheten und die Propheten an die Männer der Großen Versammlung [also an die 71 Mitglieder des Sanhedrin]."[35]

Die Rabbiner erkannten beim Studium der prophetischen Schriften, dass diese den jüdischen Messias in zweifacher Weise darstellen: als jemanden, der im Namen Israels sterben wird, und als einen Erlöser, der für immer herrschen wird. Um diesen scheinbaren Widerspruch zu erklären, kamen die Gelehrten zu dem Schluss, dass es zwei verschiedene Messiasse geben müsse. Sie nannten den leidenden Messias *Maschiach Ben Josef* („Messias, Sohn von Josef"; auch Sohn von Ephraim genannt), und den siegreichen, königlichen Messias nannten sie *Maschiach Ben David*

32 Drucker, *Yehoshua*, S. li-lii.

33 Ebd., S. lvii.

34 Für weitere Informationen über Rambams Lehre bezüglich der Übertragung des mündlichen Gesetzes auf Josua siehe: Ebd., S. lx.

35 *Pirkei Avot* 1.1, abgerufen von https://www.sefaria.org.

(„Messias, Sohn von David"). Sie stellten eine Verbindung zwischen Josua und beiden zukünftigen Messiassen her. Was Maschiach Ben Josef betrifft, so gibt es einen 250 Jahre alten rabbinischen Text, welcher *Kol HaTor* („Die Stimme der Turteltaube") genannt wird. Dieser Text beschäftigt sich mit Eschatologie und drückt die allgemeine Vorstellung folgendermaßen aus:

> Unser Patriarch Abraham begann [...] die erste Erlösung, das heißt die Erlösung des Heiligtums von unten, das ist das Land [...] Eretz Israel. Unser Patriarch Isaak gehörte von dem Moment, an dem er als Opfer gebunden wurde, zur Abstammungslinie des *Maschiach Ben Josef* [...] Unser Patriarch Jakob gehörte zur Abstammungslinie des *Maschiach Ben Josef* von der Zeit an, als er mit dem Engel von Esau kämpfte, wonach es heißt: „Jakob kam nach Schalem." [...] Juda gehörte zur gleichen Abstammungslinie von der Zeit an, als er Josef rettete; Josef von der Zeit seines ersten Traums an; Mosche Rebbeinu von der Zeit an, als er die Knochen von Josef mitnahm. Josua, der Sohn Nuns, war der erste, der in der Schlacht des Herrn gegen Amalek kämpfte. Sowohl Saul als auch David kämpften im Krieg des Herrn. Und es ist bekannt, dass jeder Krieg des Herrn als zur Linie des *Maschiach Ben Josef* gehörend betrachtet wird.[36]

Ein Vers, der im Zusammenhang mit dem kommenden Messias wichtig ist, ist Maleachi 3,1: *Siehe, ich sende meinen Boten, damit er den Weg vor mir her bereite. Und plötzlich kommt zu seinem Tempel der Herr, den ihr sucht, und der Engel des Bundes, den ihr herbeiwünscht, siehe, er kommt, spricht der Herr der Heerscharen.* Rabbiner wie Ibn Esra (ca. 1089-1167) identifizierten den Boten in diesem Vers mit dem leidenden Messias, Maschiach Ben Josef. Im rabbinischen Denken sollte dieser dann auftauchen, wenn die Hindernisse auf seinem Weg entfernt worden sind. Die Aufgabe, diese Hindernisse zu beseitigen, wurde dem Stamm Josefs zugewiesen. Mit den Worten von Rabbi Drucker:

> Es war Josua, Josefs Nachkomme durch Ephraim, der aufgerufen wurde, Israel auf die endgültige Erlösung vorzubereiten, indem er Israels erste Schlacht schlug – die gegen Amalek, Esaus Enkel. *Ramban* (*2. Mo 19*,9) erklärt, dass die Art und Weise, wie Mose und Josua mit

36 Hillel Shaklover, *The Voice of the Turtledove* (Petach Tikva, Israel: Rabbi Yechiel Bar Lev, n.d.), S. 22.

Amalek in dieser Begegnung umgingen, von Elia und Maschiach Ben Josef [...] in der endgültigen Begegnung der Juden mit Esaus Nachkommen wiederholt werden wird.

Wäre Josua in seinen Bemühungen, die sieben Nationen zu zerstören, erfolgreich gewesen, wäre die zweite Stufe der Erlösung vollständig vorbereitet worden. Dann hätte König Saul die Vollkommenheit von Gottes Thron offenbaren können, indem er Amalek zerstörte, die Nation, die Gottes Eingreifen in die Angelegenheiten der Menschen leugnet. Dies hätte den Weg für den Messias aus der Linie Judas freigemacht. Aber da Josua und König Saul diese Ziele nicht erreicht haben, müssen wir auf den Nachkommen Josefs warten, der den Weg endlich von seinen Hindernissen befreien wird; dann *wird der Herr, den* (wir) *suchen, plötzlich in seinem Tempel erscheinen.*[37]

Was den königlichen Messias, Maschiach Ben David, betrifft, so haben die Rabbiner ihn auch mit Josua verbunden, indem sie sagten:

In dem Zeitraum, in dem der Sohn Davids kommt, wird im ersten Jahr nicht genug zu essen sein; im zweiten Jahr werden Pfeile des Hungers ausgesandt; im dritten Jahr großer Hunger; im vierten Jahr weder Hunger noch Überfluss; im fünften Jahr großer Überfluss, und ein Stern wird im Osten aufgehen. Das ist der Stern des Messias, und er wird fünfzehn Tage im Osten bleiben, und wenn er länger verweilt, wird es zum Besten Israels sein; im sechsten Jahr werden Geräusche und Gerüchte zu hören sein; im siebten Jahr kommt der Krieg. Und am Ende des siebten wird der Messias erwartet werden. Und in jenen Tagen wird sich ein unverschämter König erheben über ein armes und notleidendes Volk [...]

Und Israel wird in die Marschwüste verbannt werden, um fünfundvierzig Tage lang Salzpflanzen und Wurzeln von Ginstersträuchern zu essen [...] Diejenigen, die fünfundvierzig Tage lang unter dem (Essen) von Salzpflanzen leiden, werden von einer göttlichen Stimme angesprochen werden, die sagt: „Geht hinab nach Babylonien, denn dort werdet ihr gerettet werden!" Und die göttliche Stimme ertönt erneut: „Geht nach Edom und vollzieht Meine Rache!" Und Israel wird nach Rom kommen, und die göttliche Stimme ertönt ein drittes Mal und sagt: „Tut mit ihr, was Josua mit Jericho tat!" Und sie werden um die Stadt marschieren und die Schofare blasen, und beim siebten Mal blasen sie ein

37 Drucker, *Yehoshua*, S. lxxxv.

> *T'ru'a*: *„Höre, o Israel, der Herr, unser Gott, der Herr ist eins!"* Und die Mauern der Stadt werden einstürzen, und sie werden in sie eindringen und ihre jungen Männer tot auf ihren Straßen finden. Danach sammeln sie all ihre Beute ein, und Israel wird seinen Gott und David seinen König suchen. Und sogleich offenbart sich der König Messias und sagt zu ihnen: „Ich bin er, der König Messias, auf den ihr gewartet habt!"[38]

Die letzte Verbindung, welche die Rabbiner festgestellt haben und die hier betrachtet werden soll, ist die zwischen der in Josua beschriebenen Eroberung von Kanaan und dem abrahamitischen Bund. Dr. Sidney Hoenig, einer der Herausgeber der englischen Übersetzung von Raschis Josua-Kommentar, bemerkt:

> Im Allgemeinen beschreibt das Buch die Umsetzung der Verheißung, welche Gott an Abraham gegeben hat, nämlich, dass seine Nachkommen das Gelobte Land betreten würden. Josua ist der erste der frühen Propheten, der mit dem Bündnis Gottes verbunden ist. Die talmudische Stelle in Ned. 22b bemerkt: „Hätte Israel nicht gesündigt, wären nur der Pentateuch und das Buch Josua gegeben worden." Hier tauchen die großen Prinzipien der Offenbarung, der Gesetzesausführung und des verheißenen Landes auf.
>
> Wenn wir dann die religiösen Lehren untersuchen, stellen wir fest, dass das Land unter der Bedingung an Israel übergeben wurde, dass die Tora eingehalten wird. Sogar die letzte Handlung Josuas besteht darin, den Bund zu erneuern. Insgesamt zeigt das Buch, dass der Anspruch Gottes auf das Land offenkundig ist, obwohl harte Kämpfe nötig waren, um es zu erobern. Das Buch betont auch das Element der kollektiven Verantwortung, ähnlich wie in der Geschichte von Abraham in seinen Kämpfen.[39]

Der Herausgeber der Soncino-Übersetzung des Buches Josua, Dr. A. Cohen, stellt fest:

> Das Buch Josua, benannt nach dem nationalen Anführer Israels, der Mose nachfolgte, berichtet von der Eroberung Kanaans und der Aufteilung des Landes unter den Stämmen Israels in Übereinstimmung mit der göttlichen Verheißung. Diese Verheißung, die zuerst Abraham

---

38 Raphael Patai, *The Messiah Texts: Jewish Legends of Three Thousand Years* (Detroit, MI: Wayne State University Press, 1988), S. 177. Patai zitiert hier *Aggadat Mashiah*, BhM 3:141-43.

39 Rashi, *The Book of Joshua: a New English Translation of the Text and Rashi, with a Commen-tary Digest*. Herausgegeben von 'Avraham I. Rozenberg und Sidney Shulman. Übersetzt von P. Oratz (New York, NY: Judaica Press, 1980), S. viii.

gegeben wurde, leitete die Geschichte des jüdischen Volkes ein. Sie wurde den beiden anderen Patriarchen, Isaak und Jakob, weitergegeben und während der Wüstenwanderung der Israeliten häufig wiederholt. Es war ein konstanter Faktor auf ihrer langen Reise über die Bühne der Geschichte, ihre Gewissheit in der Vergangenheit und ihre Hoffnung für die Zukunft. Die vierzig Jahre in der Wüste waren keine Zeit des ziellosen Umherwanderns, sondern der geistigen, körperlichen und seelischen Vorbereitung auf die Erfüllung der Verheißung Gottes, die weitgehend (aber nicht vollständig) durch Josua erreicht wurde.

Der Textabschnitt im zuvor erwähnten Traktat Nedarim 22b fasst die Bedeutung des Buches Josua zusammen. Es ist die natürliche Fortsetzung und der Abschluss des Pentateuch, durch den sich zwei zentrale Themen ziehen: die Offenbarung der Tora an Israel und die Verheißung von Kanaan. Die Verwirklichung dieser Verheißung wird im Pentateuch angedacht und begonnen, aber nicht vollendet; das Buch Josua erzählt von ihrer Vollendung. Obwohl sein Stil oft an das *Deuteronomium* erinnert, gibt es keinen Beweis dafür, dass es ein integraler Bestandteil des Pentateuch war, mit dem es von modernen Bibelkritikern zu einem Hexateuch zusammengefasst wird. Die Bücher Mose wurden von den Juden in einer außergewöhnlichen Verehrung gehalten, und so ist es undenkbar, dass ein ganzer Abschnitt jemals von ihnen hätte abgetrennt werden können. [...] Das Buch Josua ist wichtig für das, was ihm in der Bibel folgt. Die in *Richter*, *Samuel* und *Könige* enthaltenen Geschichten sind ohne Josua unerklärlich. Außerdem bestätigt das Buch Israels Rechte am Gelobten Land.[40]

40 A. Cohen, Hrsg., „Joshua and Judges", *Soncino Books of the Bible*, Vol. 11 (London, England: Soncino Press, 1967), S. xi-xii.

Kapitel 2

Der Einzug ins Land

(Jos 1,1-5,12)

Wie im einleitendenden Kapitel zu diesem Kommentar bereits festgestellt enthält das Buch Josua vier grundlegende Teile. Der erste Teil umfasst Josua 1-5 und beschreibt den Einzug der Israeliten ins Land Kanaan. Die einzelnen Kapitel lassen sich wie folgt zusammenfassen: In Kapitel 1 übernimmt Josua das Kommando über die Israeliten. Kapitel 2 erzählt von den Kundschaftern und dem Glauben Rahabs. In Kapitel 3 überqueren die Israeliten den Jordan. In Kapitel 4 stellen sie Gedenksteine auf, und in Kapitel 5 erreichen sie schließlich Gilgal.

A. Prolog: Die Beauftragung von Josua (1,1-18)

Nach dem Tod von Mose ernannte Gott einen neuen Anführer für sein Volk Israel. Josua sollte nach Kanaan gehen und das Land einnehmen, das den Israeliten versprochen worden war. Die Beauftragung Josuas wird in den Versen 1-18 beschrieben.

1. Die Beauftragung (1,1-9)

a. Der zeitliche Rahmen (1,1)

Josua 1,1 beginnt mit der Erklärung: *Und es geschah nach dem Tod des Mose, des Knechtes des Herrn.* Dieser Satz verbindet das Buch Josua mit dem Deuteronomium. Nach jüdischer Überlieferung starb Mose „am siebten Tag des Monats Adar, dem zwölften Monat des jüdischen Jahres.“[41]

Nach seinem Ableben gab es eine dreißigtägige Trauerzeit (5Mo 34,8). Mose wird in dem Vers als Knecht Gottes bezeichnet. Das hebräische Wort für „Knecht“ ist *'ebed*, welches auch als *eved* transliteriert wird. Mose wird in diesem Kapitel dreimal als Knecht Gottes bezeichnet (Jos 1,1.13.15). Danach wird er an anderer Stelle im Buch Josua noch dreizehn weitere Male *eved Adonai*, Diener Gottes, genannt. Dann fährt der Vers fort: *da sprach der Herr zu Josua, dem Sohn des Nun, dem Diener des Mose*. Nach der dreißigtägigen Zeit der Trauer kam das Wort Gottes zu Josua. Im Hebräischen enthält der Vers eine Doppelung: „da sprach der *Herr* zu Josua, […] sagend“. Zu dieser Konstruktion bemerkt ein jüdischer Kommentar:

> [„Sagt […] sagend“] ist ein Ausdruck für eine direkte und klare Prophezeiung, die nicht durch einen Vermittler übermittelt wurde. Dieser Ausdruck findet sich nur in Bezug auf die Prophezeiungen von Mose und Josua. Josua, der Schüler von Mose, erreichte einen Grad der Prophetie, der dem seines Meisters fast gleichkam.[42]

Josua hatte bereits seine Berufung zum Nachfolger von Mose erhalten, aber nun, da Mose gestorben war, kam die Berufung ein zweites Mal durch eine direkte Offenbarung von Gott. Er sollte nun beginnen, sein Amt in Vollzeit auszuüben. In diesem Vers wird er als Moses Diener bezeichnet. Während Mose im Hebräischen *eved* genannt wurde, ist Josua ein *mesharet*, und die Wortwahl verbindet ihn mit dem Josua der Tora, wo er dreimal so genannt wird (2Mo 24,13; 33,11; 4Mo 11,28). Außerdem zeigt die Wortwahl, dass die Beziehung Gottes zu Mose eine andere war als die Beziehung zwischen Mose und Josua. Dennoch wurde Josua am Ende seines Lebens auch der Knecht oder *eved* Gottes genannt (Jos 24,29; Jak 2,8), was zeigt, dass er tatsächlich vollendete, was Mose begonnen hatte.

Ein jüdischer Kommentar merkt an:

> *Josua, der Sohn Nuns* – stammte aus dem Fürstengeschlecht von Ephraim. Sein Vater Nun war der Sohn von Elischama, dem Sohn von Amihud. Der Name Josua […] stammt aus 4. Mose XIII:16, als Mose ihn seinem treuen Diener und Schüler Hosea, dem Sohn Nuns, verlieh. Die Rabbiner interpretieren dies so: „Möge der Ewige dich vor dem Plan der Spione bewahren.“ Andere erklären, dass Mose, als

41 Cohen, „Joshua and Judges“, *Soncino Books of the Bible*, S. I.

42 Raschi, *The Book of Joshua*, S. 1-2.

Hosea sich in der Ausführung verdienstvoller Handlungen hervortat, das „yud" zu seinem Namen hinzufügte und ihn Josua nannte.[43]

b. Die Verheißungen Gottes (1,2-5)

Die Verse 2-5 verleihen einen Überblick über das gesamte Buch Josua. Vers 2 fasst die Überquerung des Jordan zusammen, wie sie in Josua 1,1-5,12 zu finden ist: *Mein Knecht Mose ist gestorben. So mache dich nun auf und gehe über diesen Jordan, du und dieses ganze Volk, in das Land, das ich ihnen, den Söhnen Israel, gebe!* Die Erwähnung von Moses Tod wird wiederholt, was bestätigt, dass Josuas Führung nun beginnen kann. Gott befahl Josua, aufzustehen und den Jordan zu überqueren. Er sollte das ganze Volk mit sich nehmen, denn Gott war im Begriff, ihnen das verheißene Land zu geben. Dieser Moment markiert den Beginn der Erfüllung der Versprechen, die Gott seinem Volk im Abrahams-Bund gemacht hatte. Die Worte Gottes „Ich gebe" sind das Thema des Buches Josua. Doch wie Josua 13,1 zeigen wird, kam es letztlich nur zu einer teilweisen Erfüllung der Verheißung.

Vers 3 fasst die Verheißung der Eroberung zusammen, wie sie in Josua 5,13-12,24 beschrieben ist. Der Vers erwähnt das Ausmaß der Eroberung: *Jeden Ort, auf den eure Fußsohle treten wird – euch habe ich ihn gegeben, wie ich zu Mose geredet habe.* Der Besitz des Landes weist zwei Aspekte auf: Erstens hat Gott versprochen, den Israeliten das Land zu geben, aber zweitens mussten sie selbst es einnehmen. Dabei mussten sie sich ausdrücklich an Gottes Anweisungen halten, wie sie in 5. Mose 11,24-25 gegeben wurden. Die Grundlage für die Eroberung war also die Verheißung Gottes an Mose. Dieses Versprechen wurde ursprünglich den Patriarchen Abraham, Isaak und Jakob gegeben. In 5. Mose 34,4 wurde es jedoch Mose gegenüber erneut bekräftigt.[44]

Ein weiterer bemerkenswerter Punkt in Bezug auf die Verse 2-3 ist, dass es eine zweifache Verwendung des hebräischen Wortes *kol* gibt. *Kol* bedeutet „alle". Vers 2 spricht von *dem ganzen Volk*, und *kol* zeigt an, dass die Eroberung eine gemeinschaftliche Aufgabe ist. Vers 3 spricht von *jedem Ort*, und hier weist das Wort *kol* auf die Gesamtheit des Gebietes hin, welches die Israeliten erobern sollten. Zum Gebrauch des Wortes *kol* in diesen beiden Versen bemerkt Hess:

> Die Bedeutung der Beteiligung aller Israeliten wird an den Verantwortlichkeiten der transjordanischen Stämme und der Sünde Achans deut-

43 Ebd., S. 1.

44 Auch Josua 1,6 spielt auf diese Tatsache an.

lich werden. Die Bedeutung von Gottes Geschenk des gesamten Landes wird die Kriege im Süden und im Norden und die Zuteilung des Landes ohne Lücken zwischen den Stammesgebieten erklären.[45]

Vers 4 legt die Grenzen fest und fasst die Verteilung des Landes zusammen, wie sie in Josua 13-22 beschrieben ist: *Von der Wüste und diesem Libanon an bis zum großen Strom, dem Strom Euphrat, das ganze Land der Hetiter, und bis zum großen Meer gegen Sonnenuntergang, das soll euer Gebiet sein.* Vor dem Jahr 1906 gab es keinen Beweis dafür, dass die Hethiter jemals existiert hätten. Daher bestanden Bibelkritiker darauf, dass Vers 4 einen Fehler enthält. Dann aber wurden in Bogazköy, einer Stadt, die einst Hattusas hieß und die in der heutigen Türkei liegt, etwa 25000 Tontafeln gefunden. Die Keilschrifttafeln enthüllten, dass das hethitische Reich während des zweiten Jahrtausends v.Chr. eine der mächtigsten Nationen des Nahen Ostens war und bestätigten damit die biblische Erzählung. Die Hethiter herrschten über ein riesiges Gebiet, darunter das Land Kanaan und die Region, die heute als Libanon bekannt ist. Der Ausdruck „Land der Hethiter" bezieht sich also nicht auf das hethitische Reich, sondern auf das Gelobte Land, das zu dieser Zeit unter hethitischer Kontrolle war. Die Formulierung „großes Meer" bezieht sich auf das Mittelmeer. Die in dem Vers beschriebenen Grenzen sind die des verheißenen Landes in seiner größten Ausdehnung, aber am nächsten kam Israel diesen Grenzen nur während der Herrschaft von David und Salomo. Doch selbst während ihrer Zeit war ein großer Teil des verheißenen Landes, wie zum Beispiel der Libanon, noch nicht eingenommen worden. Außerdem standen große Teile des Landes unter militärischer Besatzung und nicht unter jüdischer Besiedlung. Erst im messianischen Königreich wird Israel wirklich das ganze verheißene Land besitzen.

Vers 5 enthält die Verheißung des Sieges in Gottes Gegenwart und fasst die letzten beiden Reden Josuas zusammen, die in den Kapiteln 23-24 zu finden sind: *Es soll niemand vor dir standhalten können, alle Tage deines Lebens. Wie ich mit Mose gewesen bin, werde ich mit dir sein; ich werde dich nicht aufgeben und dich nicht verlassen.* Gott versprach, dass niemand in der Lage sein würde, Josua zu überwinden. Diese Verheißung des Sieges bekräftigte Josuas Führungsrolle (5Mo 3,21-22; 31,23). Zudem machte sie Josua bis zu dem Zeitpunkt unsterblich, an dem Gottes Verheißung erfüllt war. Die zweite Verheißung des Verses ist die der göttlichen Gegenwart. Josua konnte sich damit trösten, dass Gott mit ihm sein würde, so wie er auch vierzig Jahre lang mit Mose gewesen war. Gott würde ihn nicht im Stich lassen und ihn nicht verlassen.

45 Hess, *Tyndale Old Testament Commentaries, Vol. 6 – Joshua*, S. 75.

c. Die Ermahnungen Gottes (1,6-9)

Josua 1,6-9 enthält drei Ermahnungen, von denen die erste in Vers 6 zu finden ist: *Sei stark und mutig! Denn du, du sollst diesem Volk das Land als Erbe austeilen, das ihnen zu geben ich ihren Vätern geschworen habe.* Gott hat Israels Patriarchen das Land versprochen. Aufgrund dieser Verheißung galt, dass Josua bei seinen Feldzügen erfolgreich sein würde.

Die zweite Ermahnung findet sich in Verse 7: *Nur sei recht stark und mutig, dass du darauf achtest, nach dem ganzen Gesetz zu handeln, das mein Knecht Mose dir geboten hat! Weiche nicht davon ab, weder zur Rechten noch zur Linken, damit du überall Erfolg hast, wo immer du gehst!* Dieser Vers beschreibt Josuas Verantwortung. Er sollte alles, was das mosaische Gesetz gebot, sorgfältig beachten und darauf achten, dass er sich weder nach links noch nach rechts wandte (vgl. 5Mo 17,11.20; 28,14). Sein Gehorsam würde zum Erfolg führen, da er durch Gottes Wort Kraft erhalten sollte.

Vers 8 führt diese Ermahnung weiter aus: *Dieses Buch des Gesetzes soll nicht von deinem Mund weichen, und du sollst Tag und Nacht darüber nachsinnen, damit du darauf achtest, nach alledem zu handeln, was darin geschrieben ist; denn dann wirst du auf deinen Wegen zum Ziel gelangen, und dann wirst du Erfolg haben.* Josua sollte drei Dinge mit dem Wort Gottes tun. Erstens sollte das mosaische Gesetz ständig in seinem Mund sein, was bedeutete, dass er es mit Verständnis lesen und sich mit anderen darüber unterhalten musste. Zweitens sollte er Tag und Nacht über das Gesetz nachdenken. Ein praktisches Studium mit dem Ziel, das Gesetz sowohl in Gedanken als auch in Taten zu befolgen, würde Josua davor bewahren, denselben Fehler zu machen wie die Pharisäer, die sich in theoretischen Spekulationen über das Gesetz ergingen. Drittens sollte er das mosaische Gesetz vollständig befolgen, um ganz nach ihm zu handeln. Wenn er all diese Dinge tat, würde sein Weg erfolgreich sein.

Der Soncino-Kommentar zu Josua interpretiert den Begriff „Gesetz" in diesem Vers wie folgt: „Hebräisch *torah*, wörtl. ‚Weisung, Lehre'. In erster Linie ist der Pentateuch gemeint, später aber die gesamte jüdische Lehre, ethisch und rechtlich. Das Wort impliziert also weit mehr als ‚Gesetz'."[46] Ein anderer jüdischer Kommentar merkt jedoch an:

> *8. Dieses Buch der Tora soll deinen Mund nicht verlassen* – Dies wird von einigen Autoritäten als ein Versprechen und Segen ausgelegt und von anderen als eine Ermahnung und ein Befehl, sogar für diejenigen, die mit allen Feinheiten der Tora vertraut sind. Maimonides stützt es auf

46 Cohen, „Joshua and Judges", *Soncino Books of the Bible*, S. 4.

das Gebot des Pentateuch: Und damit sie (die Worte der Tora) nicht aus deinem Herzen verschwinden, alle Tage deines Lebens. Wenn man nicht ständig studiert, man muss notwendigerweise vergessen.

Dieses Buch der Tora [...] Das Wort „dieses“ bezeichnet die Nähe des erwähnten Objekts, wie es in vielen Abschnitten zu finden ist. Der Bezug auf das Deuteronomium und nicht auf die gesamte Tora kann durch das Studium des vollständigen Zitats verstanden werden, das lautet: „Rabbi Simeon ben Jochai sagte: Das Buch Deuteronomium war das Banner oder die Insignie Josuas. Zu der Zeit, als der Allerheiligste, gesegnet sei Er, sich ihm offenbarte, fand er ihn mit dem Buch Deuteronomium in der Hand sitzen. Er sagte zu ihm: Sei stark, o Josua. Sei mutig, o Josua. Dieses Buch der Tora soll deinen Mund nicht verlassen. Moses' Segen an den Stamm Ephraim spielt auf Josuas Eroberung Kanaans an. Deshalb wurde dies zu seinem Banner oder Abzeichen.“[47]

Vers 9 enthält die dritte Ermahnung: *Habe ich dir nicht geboten: Sei stark und mutig? Erschrick nicht und fürchte dich nicht! Denn mit dir ist der Herr, dein Gott, wo immer du gehst.* Die rhetorische Frage am Anfang des Verses sollte Josua daran erinnern, dass es Gott war, der ihm all diese Dinge befohlen hatte. Folglich durfte es für Josua keinen Zweifel daran geben, dass er von Gott für diese Mission auserwählt war, und er konnte sich seiner Verantwortung nicht entziehen. Deshalb sollte er sich weder fürchten noch bestürzt sein. Gott würde sowohl in Josuas Versuchen, das Gesetz zu befolgen, als auch in seinem Erfolg gegenwärtig sein. In den Worten von Hess: „Josua wird nicht erfolgreich sein, weil er Gottes Anweisung gehorcht; er wird erfolgreich sein, weil Gott mit ihm ist, um ihn zu befähigen, seine Anweisung zu befolgen.“[48] Mit diesem Vers war die göttliche Offenbarung zu Ende, und Gott sprach erst wieder in Josua 3,7-8 mit Josua. Bevor er den Fluss überquerte, sollte Josua fünf Dinge tun:

1. Er sollte Aufseher berufen, die das Volk Israel sowohl leiten als auch organisieren würden (1,10-11).
2. Er musste sicherstellen, dass sich die transjordanischen Stämme an der Eroberung beteiligen würden (1,12-18).

47 Raschi, *The Book of Joshua*, S. 4.
48 Hess, *Tyndale Old Testament Commentaries, Vol. 6 – Joshua*, S. 80.

3. Er musste Spione ins Land senden und nach deren Rückkehr ihren Bericht entgegennehmen (2,1-24).
4. Er musste das Volk bezüglich der Überquerung des Jordans instruieren (3,5-6.9-13).
5. Er musste die Priester bezüglich der ersten Handlung nach der Überfahrt unterweisen (3,6-8; 4,10.15-18).

Keine dieser Handlungen wurde in den Versen 1-9 direkt von Gott befohlen, aber sie setzen alle die Kenntnis von Gottes Anweisungen und Verheißungen voraus, wie sie in 4. und 5. Mose erteilt worden waren. Beide Bücher lieferten alles, was Josua wissen musste, um seine Berufung zu erfüllen. Die Verbindung zwischen Josua und dem Deuteronomium wird besonders in seinem Handeln deutlich. Gottes Landverheißungen waren im Begriff, sich zu erfüllen, und seine Pläne, die in der Tora vorgestellt worden waren, waren im Begriff, in Gang zu kommen. Das Gefäß, welches Gott für diese Zwecke auswählte, war Josua, und der Hintergrund dieser Wahl war ein zweifacher: Erstens war Josua als Nachfolger von Mose der von Gott ernannte Anführer Israels, und zweitens bekräftigen die Verse 1-9 Josuas Autorität.

2. Die Vorbereitungen durch Josua (1,10-18)

a. Josuas Befehl (1,10-15)

Nachdem er von Gott seine Anweisungen erhalten hatte, führte Josua die erste der fünf Handlungen aus, die im vorherigen Abschnitt als Pflichten aufgeführt wurden. In den Versen 10-11 gab er bestimmten Aufsehern des Volkes einen Befehl. Vers 10 leitet die Szene ein: *Da befahl Josua den Aufsehern des Volkes*. Das hebräische Wort für „Aufseher" ist *schotrim*. Im modernen Hebräisch ist dies das Wort für Polizeibeamte. Die Konnotation des klassischen hebräischen Begriffs ist jedoch eine andere. Die *Schotrim* hatten zwei grundlegende Funktionen. Erstens führten sie als Stabsoffiziere die Befehle des Kommandanten aus. Zweitens kümmerten sie sich um die Einberufung von Männern in die Armee. Mehrere Verse erläutern ihre Position im Detail. Gemäß 2. Mose 5,6-19 fungierten die Schotrim in der Rolle von Vorarbeitern. In 4. Mose 11,16-17 lesen wir von einem Befehl Gottes an Mose, einige Schotrim in die Gruppe von Männern aufzunehmen, die seinen Geist empfangen sollten. Nach 5. Mose 1,15 fungierten Schotrim als Richter über Israel. 5. Mose 20,5-9 beschreibt sie als das weltliche Gegenstück zu den Priestern. Als solche verkündeten sie die Ausschlussklausel für diejenigen, die nicht in den Krieg ziehen durften, und ernannten die Befehlshaber des Heeres. In den beiden Chronika erscheinen die Schotrim als königliche Beamte, die diverse weltliche Aufgaben erfüllten.[49] Das waren also die Aufseher des Volkes, die Josua nun ansprach.

In Vers 11 gab er ihnen einen Befehl: *Geht mitten durch das Lager und befehlt dem Volk und sprecht: Versorgt euch mit Wegzehrung, denn in noch drei Tagen werdet ihr über diesen Jordan ziehen, um hineinzugehen, das Land einzunehmen, das der Herr, euer Gott, euch gibt, es zu besitzen!* Die Schotrim sollten durch das Lager gehen, um einen Befehl zu erteilen. Der Befehl richtete sich an die Israeliten, die damit beginnen sollten, ihren Proviant zusammenzustellen. Der Grund dafür war, dass sie in drei Tagen den Jordan überqueren sollten. Dieser Befehl war keine Vorhersage, dass sie den Fluss in drei Tagen überqueren würden, sondern ein Befehl bezüglich des spätesten Zeitpunkts, zu dem ihre Vorbereitungen beendet werden durften. Die eigentliche Überquerung würde mehr als drei Tage dauern. Zu dieser Zeit befanden sich die Israeliten in Schittim (Jos 3,1),[50] einem großen Gebiet in den Ebenen von Moab östlich des Jordans und nördlich des Toten Meeres, direkt gegenüber von Jericho. Dieses Gebiet diente Israel eine ganze Zeit lang als letzte Station ihrer Wüstenwanderung. Ereignisse wie die Konfrontation zwischen Bileam und seinem Esel ereigneten sich, während sich die Israeliten in Schittim aufhielten (4Mo 22-24; 25,1). Die Grundbedeutung von Josua 1,11 ist also diese: Das Volk sollte innerhalb von drei Tagen seine Vorbereitungen für die Überquerung des Jordans treffen, so dass es Schittim verlassen und den Fluss überqueren konnte. Diese Interpretation harmoniert mit den in Josua 2 und 3 beschriebenen Ereignissen. Nach Kapitel 2 sandte Josua Spione von Schittim nach Jericho aus. Diese Spione mussten sich nach ihrer Flucht aus Jericho drei Tage lang in den Bergen verstecken (Jos 2,22). Sie konnten frühestens am Abend des vierten Tages, nachdem sie ausgesandt worden waren, ins Lager zurückkehren. Am nächsten Morgen verließen die Israeliten Schittim und zogen zum Fluss, und es dauerte drei weitere Tage, bis sie den Fluss tatsächlich überquerten. Die Schlussfolgerung ist, dass zwischen dem Zeitpunkt, an dem die Kundschafter ausgesandt wurden, und dem Tag, an dem Israel den Fluss überquerte, acht oder mehr Tage vergangen sein müssen. Es ist möglich, dass Josua vorhatte, den Jordan in drei Tagen zu überqueren, als er die Kundschafter aussandte. An demselben Tag gab

49 Siehe: 1Chr 23,4; 26,29; 27,1; 2Chr 19,11; 26,11; 34,13.

50 Siehe Karte 4 im Anhang. Während diese Karte die Lage Schittims nur andeutet, lässt sich festhalten, dass Schittim Israels letzten Lagerplatz vor der Überquerung des Jordans markierte. Von dort begann das Volk die Eroberung des Gelobten Landes.

er auch den Befehl, dass das restliche Volk seine Vorbereitungen innerhalb von drei Tagen getroffen haben sollte. Er könnte erwartet haben, dass die Spione innerhalb von ein oder zwei Tagen zurückkehren würden. Aber die Entdeckung und das Verstecken der Spione verursachte eine Verzögerung. Auf jeden Fall hat die Szene Ähnlichkeiten mit dem Exodus und der Durchquerung des Roten Meeres. Diesmal würde die Überquerung des Gewässers jedoch nicht eilig und auf der Flucht vor einer Armee erfolgen, sondern nach einer Zeit der Vorbereitung und, wie wir sehen werden, wie „ein zeremonieller Akt der Anbetung."[51]

Die Verse 12-15 enthalten den Befehl an die transjordanischen Stämme, wobei Vers 12 die Empfänger auflistet: *Und zu den Rubenitern und den Gaditern und zum halben Stamm Manasse sagte Josua.* Der Rest dieses Abschnitts liefert den eigentlichen Inhalt des Befehls, beginnend in Vers 13a mit Josuas Ermahnung, sich an Moses Anweisungen zu erinnern: *Denkt an das Wort, das Mose, der Knecht des Herrn, euch geboten hat, indem er sagte* (5Mo 3,18-20). Vers 13b enthält die Verheißung: *Der Herr, euer Gott, schafft euch Ruhe und gibt euch dieses Land!* Die Verheißung Gottes an die transjordanischen Stämme besteht aus zwei Teilen. Der erste Teil ist bereits geschehen. Der Kampf um das Land östlich des Jordans war bereits gewonnen, und Gott hatte dem Volk Ruhe gegeben. Der Begriff „Ruhe" taucht auch in Josua 21,44; 22,4 und 23,1 auf. Der zweite Teil der Verheißung lag noch in der Zukunft: Gott würde den Israeliten Kanaan, das Land westlich des Jordans, geben.

Die Verpflichtung der transjordanischen Stämme steht in Vers 14: *Eure Frauen, eure Kinder und euer Vieh sollen in dem Land bleiben, das Mose euch diesseits des Jordan gegeben hat. Ihr aber, all ihr tüchtigen Krieger, sollt gerüstet vor euren Brüdern hinüberziehen und ihnen helfen.* Die Verpflichtung der transjordanischen Stämme hat drei Aspekte. Der erste Aspekt betrifft ihre Familien und ihr Eigentum. Josua versprach, dass er als neuer Anführer der Israeliten die Vereinbarung, die Mose mit diesen Stämmen getroffen hatte, einhalten würde. Zweitens wurde erwartet, dass ihre Krieger an den kommenden Schlachten teilnahmen. Drittens sollten sie aus diesem Grund bewaffnet sein. Der hebräische Begriff für „gerüstet", *chamuschiym*,[52] ist wahrscheinlich mit einem arabischen Wort verwandt, welches „von fünfen versammelt", „fünf" oder „aus fünfen gebildet" bedeutet. Die Konnotation könnte eine dreireihige militärische Formation sein.

51 Hess, *Tyndale Old Testament Commentaries, Vol. 6 – Joshua*, S. 83.

52 Dieser hebräische Begriff erscheint in der gleichen Form in 2. Mose 13,18; Josua 1,14; 4,12 und Richter 7,11.

In der ersten Reihe befindet sich die Vorhut. Die zweite Reihe besteht aus drei Teilen: einem Flügel, einem Zentrum und einem weiteren Flügel. In der dritten Reihe befindet sich die Nachhut. Folglich besteht eine solche militärische Konfiguration aus fünf Elementen. Eine andere Möglichkeit ist, dass sich der Begriff auf fünf Einheiten mit je fünf Soldaten bezieht.

Vers 15 erwähnt eine Zeitspanne: *bis der Herr euren Brüdern Ruhe schafft wie euch und auch sie das Land in Besitz nehmen, das der Herr, euer Gott, ihnen gibt. Dann sollt ihr in euer eigenes Land zurückkehren und es besitzen, das Mose, der Knecht des Herrn, euch gegeben hat, diesseits des Jordan, gegen Sonnenaufgang*. Aufgrund dessen, was Mose für sie getan hatte, mussten die transjordanischen Stämme so lange Krieg führen, bis der Rest des Landes erobert war.

Der Tyndale-Kommentar zu Josua macht die folgende Beobachtung bezüglich der Ähnlichkeiten zwischen Josua 1,13-15 und 5. Mose 3,18-20:

> [Josua 1,13-15] ist ein Beinahe-Zitat von 5. Mose 3,18-20. Die wichtigsten Unterschiede sind die folgenden: (1) Josua fügt hinzu, dass *Gott euch Ruhe gibt*. (2) Er beschreibt die transjordanischen Kämpfer als *voll bewaffnet* (hebr. *ḥămušîm*), während 5. Mose sie als *zum Kampf gerüstet* (hebr. ḥălūṣîm) beschreibt. Das erstere Wort deutet auf eine Einteilung in Gruppen von je fünf Kämpfern hin [...], während das letztere eine passive Form eines Verbs ist, das diejenigen beschreibt, die zum Kampf gerüstet sind. (3) In 5. Mose folgt auf die Aufzählung der Menschen und des Viehs, die östlich des Jordans bleiben dürfen, eine Anmerkung, die anerkennt, dass diese Stämme viel Vieh oder viele Besitztümer haben. (4) Josua fügt den Satz hinzu: *Du sollst deinen Brüdern helfen*. Dies ist der Kern von Josuas Anweisungen. Josua bekräftigt, dass die beiden Teile des Volkes Israel eine Einheit bilden sollen.[53]

Obwohl Josua 1,13-15 kein direktes Zitat von 5. Mose 3,18-20 ist, zeigen die Ähnlichkeiten dieser Abschnitte erneut die historische und literarische Verbindung zwischen den beiden Büchern. Außerdem bekräftigen sie Josua als Nachfolger von Mose und als neuen Anführer der Israeliten.

b. Die Antwort der transjordanischen Stämme (1,16-18)

Vers 16 zeigt, dass die transjordanischen Stämme Josuas Führung bejahten und sich verpflichteten, seinem Befehl zu folgen: *Und sie antworteten Josua: Alles, was du uns geboten hast, werden wir tun, und wohin immer*

53 Hess, *Tyndale Old Testament Commentaries, Vol. 6 – Joshua*, S. 84.

du uns sendest, werden wir hingehen. Laut rabbinischer Tradition enthält dieser Vers Hinweise auf zwei verschiedene Zeitabschnitte. Der erste Teil, nämlich die Verpflichtung, Josuas Befehl zu gehorchen, bezieht sich auf die Zeit, als das Buch geschrieben wurde. Der zweite Teil, nämlich die Verheißung, dorthin zu gehen, wohin sie gesandt würden, bezieht sich auf die Zeit des Messias. Zu dieser zukünftigen Zeit werden die Stämme Ruben, Gad und Manasse die anderen Stämme anführen.[54] In Vers 17 wird ein Vergleich mit Mose gezogen: *Ganz wie wir Mose gehorcht haben, so werden wir dir gehorchen. Nur möge der Herr, dein Gott, mit dir sein, wie er mit Mose gewesen ist!* Die transjordanischen Stämme verpflichteten sich, Josua voll und ganz zu gehorchen, so wie sie Mose gehorcht hatten. Allerdings war ihre Bedingung, dass Gott mit Josua sein würde, so wie er mit Mose war. Die Namen der beiden Männer sind in diesem Vers in einem A-B-B-A-Muster aufgelistet: Mose-Josua-Josua-Mose.

Vers 18 schließt mit einer Warnung ab: *Jeder, der sich deinem Befehl widersetzt und nicht auf deine Worte hört in allem, was du uns befiehlst, soll getötet werden. Nur sei stark und mutig!* Die Warnung richtete sich an die Angehörigen der transjordanischen Stämme. Jeder, der dabei ertappt wurde, sich gegen Josua aufzulehnen, sollte hingerichtet werden. Zuvor hatte Gott Josua als Nachfolger von Mose ordiniert, aber mit diesen Worten wurde die Ordination nun offiziell von den transjordanischen Stämmen anerkannt. Der Vers endet mit der an Josua gerichteten Ermahnung, dass er getrost und unverzagt sein solle.

B. Rahab und die Kundschafter (2,1-24)

Als Josua und die Israeliten sich auf die Eroberung Kanaans vorbereiteten, suchten sie nach Informationen über das Land westlich des Jordans, die ihnen eine erfolgreiche Schlacht ermöglichen würden. Die Geschichte von Rahab spielt sich im Kontext dieses Ausspähens von feindlichem Gebiet ab.

1. Der Auftrag der Kundschafter (2,1a)

Als der Anführer aller Israeliten initiierte Josua die in Kapitel 2 beschriebenen Ereignisse. In Vers 1a wählte er zwei Männer aus, die heimlich den Jordan überqueren und das Gebiet auf der anderen Seite des Flusses aus-

54 Siehe: Shmuel Yerushalmi, *The Torah Anthology: The Book of Yehoshua – Me'am Lo'ez* (Brooklyn, NY: Moznaim, 1990), S. 44.

spähen sollten: *Und Josua, der Sohn des Nun, sandte von Schittim heimlich zwei Männer als Kundschafter aus und sagte: Geht, seht euch das Land an und Jericho!* Wie bereits erwähnt, ist Schittim eine Region östlich des Jordans. Heute liegt dieses Gebiet in Jordanien. In der Antike war es auch als Abel-Schittim bekannt ist, wird heute aber Tell el-Hamman genannt. Das Gebiet befindet sich an den Ausläufern des östlichen Randes des Jordantals, zwischen Wadi Hisban und Wadi Kufrein.[55] Die Bibel verrät nicht, wer die beiden Kundschafter waren, aber nach rabbinischer Tradition handelte es sich um Kaleb und Pinhas.[56] Der Vers erklärt, dass diese Männer heimlich ausgesandt wurden. Das hebräische Wort für „heimlich“, *cheresh*, bedeutet „lautlos“.[57] Die Geheimhaltung war notwendig, um ein zweites Kadesch-Barnea zu vermeiden. Als damals zehn der zwölf Kundschafter mit einem negativen Bericht zurückkamen, rebellierten die Israeliten, was zu den vierzig Jahren der Wüstenwanderung führte. Außerdem musste vermieden werden, dass die Kanaaniter von Josuas Plänen erfuhren.

Die Kundschafter erhielten drei Anweisungen: Erstens sollten sie losziehen, zweitens sollten sie das Land im Allgemeinen auskundschaften, und drittens sollten sie speziell Jericho unter die Lupe nehmen. Der letzte Teil von Josuas Anweisungen beschränkte die Aufgabe der Kundschafter also auf einen bestimmten Teil des Landes.

2. Das Verstecken der Kundschafter (2,1b-7)

Vers 1b berichtet von der Ankunft der Kundschafter in Jericho: *Da gingen sie hin und kamen in das Haus einer Hure; ihr Name war Rahab. Und sie legten sich dort schlafen.* Es gibt drei Möglichkeiten, warum die Kundschafter in das Haus einer Prostituierten gegangen sein könnten. Erstens erregen zwei Männer, die ein Bordell betreten, in der Regel keine Aufmerksamkeit, sondern werden als etwas Normales angesehen. Zweitens befand sich das Haus von Rahab in der Stadtmauer Jerichos, was einen leichten Ein- und Ausgang ermöglichte. Drittens war Rahab durch die Vorsehung Gottes bereits zum Glauben gekommen. Daher waren ihre Handlungen Taten des

55 Für weitere Informationen zur Geographie Transjordaniens siehe: Ronald F. Youngblood, Hrsg., *Nelson's Illustrated Bible Dictionary: New and Enhanced Edition* (Nashville, TN: Thomas Nelson, 2014); Marten H. Woudstra, *The Book of Joshua* (Grand Rapids, MI: Eerd-mans, 1981).

56 Siehe: Raschi, *The Book of Joshua*, S. 7.

57 Hess weist darauf hin, dass das Wort, das mit „heimlich" übersetzt wird, „an keiner anderen Stelle im biblischen Hebräisch vorkommt. Lediglich in Jesaja 3,3 kommt ein Wort, das im Masoretischen Text genauso geschrieben ist, als Substantiv vor." (Siehe: *Hess, Tyndale Old Testament Commentaries, Vol. 6 – Joshua*, S. 90.)

Glaubens an den Gott Israels (Heb 11,31; Jak 2,25). Ein Ergebnis ihrer Handlungen und ihres Glaubens war, dass sie eine Vorfahrin sowohl von König David als auch von König Messias wurde (Mt 1,1.5-6). Die Aussage, dass sich die Kundschafter im Haus der Hure schlafen legten, bedeutet, dass sie sich entschieden, von dort aus Informationen über die Stadt zu erhalten.

Die Rabbiner entwickelten etliche Traditionen rund um Rahab und die Kundschafter, zu denen auch die folgenden gehören:

> Rahab war eine berüchtigte Hure, deren Name die Begierde aller ihrer Bekannten und Gönner weckte. Nach dem Fall von Jericho konvertierte sie zum Judentum, und Josua heiratete sie. Sie wurde die Vorfahrin von acht Propheten und Priestern. Dies ist ein Beweis dafür, dass sich ihre geistige Schönheit mit ihrer körperlichen Schönheit deckte.
>
> Rahab, die aus einem unmoralischen, sündigen Volk stammte und eine der niedrigsten dieses Volkes war, bereute dennoch und wurde ein verehrtes Mitglied des heiligen Volkes Israel. So wurde sie zum Symbol der Reue. Ihre Nachkommen – Propheten und Priester, die das Volk zur Umkehr aufriefen – verwiesen auf die Geschichte ihrer Vorfahrin als Zeichen der Ermutigung selbst für die schlimmsten aller Sünder, die verzweifelt hofften, vom Allmächtigen angenommen zu werden.[58]
>
> Es gibt keinen Fürsten oder Herrscher zu dieser Zeit, der nicht mit der Prostituierten Rahab verkehrt hat.[59]
>
> [In Bezug auf Josua 2,4] *und hatte sie versteckt* – lit. „und hatte sie verborgen" – *„Manche Schriftstellen behandeln den Plural als Singular."* In diesem Fall: *„denn sie beeilte sich, sie zu verstecken, und"* sie versteckte sie *„an einem engen Ort, als wären sie ein einziger Mann". Der haggadische Midrasch von Rabbi Tanhuma besagt: Es waren Pinhas und Kaleb, und Pinhas stand vor ihnen, doch sie sahen ihn nicht, weil er wie ein Engel war."* Der Midrasch fährt fort zu erklären, dass die Priester und Propheten mit Engeln verglichen werden. Da sie die heiligsten und rechtschaffensten Menschen waren, die sich stets an den Allmächtigen hielten, überwältigte ihr Geist ihren Körper und gab ihnen die Macht, sich unsichtbar zu machen. Pinhas wird in Richter 2 als ein Engel bezeichnet. Er war auch ein Priester, den der Prophet Maleachi mit einem Engel des Herrn vergleicht. Es ist offensichtlich, dass Josua diese beiden Boten wegen ihrer Frömmigkeit auswählte, besonders Kaleb, der seinen Glauben bewiesen hatte, als er von Mose

58 Raschi, *The Book of Joshua*, S. 8.
59 *bT. Zevachim* 116b.

ausgesandt wurde, um das Land auszukundschaften. Die Heilige Schrift verschweigt die Identität dieser Kundschafter, da sie mit dem Betreten eines Bordells eine unschöne Tat begingen. Die Rabbiner enthüllen jedoch ihre Identität, da die Hure später Reue zeigte und eine wichtige Rolle in der jüdischen Geschichte spielte.[60]

[Zu Josua 2,11] *denn der Herr, dein Gott, ist Gott im Himmel oben und auf der Erde unten* – Hier drückt Rahab ihre monotheistische Überzeugung aus und leugnet die Existenz irgendeiner anderen Gottheit, sowohl im Himmel als auch auf Erden. Unsere Weisen kommentieren dies folgendermaßen: Der Heilige, gepriesen sei Er, sagte zu Rahab: Deine Akzeptanz Meiner Existenz auf der Erde, die du sehen kannst, ist verständlich. Aber warum hast du Meine Existenz im Himmel, den du nicht sehen kannst, anerkannt? Für deinen großen Glauben wird dein Nachkomme Hesekiel das sehen, was andere Propheten nicht sehen konnten, wie es heißt: Der Himmel öffnete sich, und ich sah Visionen von Gott.[61]

[Rahab war eine] *Hure.* Hebräisch *zonah.* Der Targum und die jüdischen Kommentatoren verbinden das Wort mit *mazon*, „Essen", und geben es als „Gastwirtin" wieder. Es könnte sein, dass Rahab beides war. Nach der rabbinischen Überlieferung wurde sie die Ahnfrau von acht Propheten und Priestern, darunter Jeremia. Einige behaupten sogar, dass Josua sie heiratete, nachdem sie eine Proselytin geworden war (Meg. 14b). Was auch immer der historische Wert der Überlieferung sein mag, sie beweist zumindest den toleranten Geist der Rabbiner, die bereit waren, diese Nachkommenschaft einer solchen Frau zuzuordnen.[62]

Die Weisen erklären, dass, als die beiden Kundschafter in dieser Nacht in Rachavs Haus kamen, sie plötzlich ihre Sünden bereute und ihr gesamtes Wesen völlig umgestaltete. Aufgrund ihrer vollkommenen Reue erreichte sie noch am selben Abend die erhabene Stufe des *Ruach HaKodesh*, eine spirituelle Stufe, die der Prophetie nahekommt. Der *Midrasch* (*Rut Rabba*, Kap. 1) und *Sifri* (zu *Deuteronomium* 1,24) leiten dies aus der Tatsache ab, dass Rachav in der Lage war, vorherzusagen, dass der Suchtrupp nach drei Tagen zurückkehren würde. Der Vers, *die jungen Mägde lieben Dich* [Gott] (Hohelied 1,3), bezieht sich auf Rachav […] Rachav konvertierte später zum Judentum und heiratete Josua.[63]

60 Raschi, *The Book of Joshua*, S. 9.
61 Ebd., S. 11-12.
62 Cohen, „Joshua and Judges", *Soncino Books of the Bible*, S. 7.
63 Drucker, *Yehoshua*, S. 114.

Rav Eina der Ältere erhob einen Einwand aus einer *Baraita* gegen die Lehre von Rav Naḥman. Die *Baraita* weist darauf hin, dass Hulda tatsächlich eine Nachkommin von Rahab war, und anscheinend nicht von Josua. Acht Propheten, die auch Priester waren, stammten von der Prostituierten Rahab ab, und sie sind: Nerija; sein Sohn Baruch; Seraja; Mahseja; Jeremia; sein Vater Hilkija; Jeremias Cousin Hanamel; und Hanamels Vater Schallum. Rabbi Yehuda sagte: So war auch die Prophetin Hulda eine Nachfahrin der Prostituierten Rahab, wie es hier in Bezug auf Hulda geschrieben steht: „Der Sohn von Tikvat“, und es steht an anderer Stelle in Bezug auf Rahabs Flucht vor der Zerstörung Jerichos geschrieben: „Diese Schnur von [*Tikvat*] scharlachrotem Faden“ (Jos 2,18).[64]

Eine weitere rabbinische Überlieferung besagt, dass Rahab zur Zeit des Exodus zehn Jahre alt war. Sie hatte vierzig Jahre lang als Prostituierte gearbeitet, als sie die Kundschafter traf.[65] Ihr Haus befand sich in der Stadtmauer, was es ihr ermöglichte, ihre Dienste den Bürgern innerhalb der Stadt und den Geächteten außerhalb anzubieten. Laut den Rabbinern waren alle 31 Könige, die Josua tötete, ihre Kunden. Aufgrund ihres Berufes war sie gut mit den geheimsten Gedanken der Menschen vertraut. Als sie also den Kundschaftern berichtete, dass wegen der Israeliten alle Leute in Jericho der Mut verlassen hatte (Jos 2,11), spielte sie auf ihr berufliches Wissen an. Die Ängste der männlichen Bewohner Jerichos führten dazu, dass sie jede sexuelle Lust verloren hatten.[66]

Ebenfalls gemäß rabbinischer Tradition war Rahab eine von neun gläubigen Heidinnen, die sich Israel anschlossen. Die anderen acht waren Hagar (1Mo 16,1-16; 21,8-21); Asenat, die Tochter Potiferas und Ehefrau Josefs (1Mo 41,45); Zippora, die Frau Moses (2Mo 2,21); Schifra und Pua, die beiden Hebammen, die sich weigerten, dem Befehl des Pharaos zu gehorchen, jeden jüdischen Jungen nach der Geburt zu töten (2Mo 1,15-19); die Tochter des Pharaos, die Mose rettete (2Mo 2,5); Rut; und Jaël (Richter 4,17-22; 5,6.24-27).

Das Neue Testament widerlegt eine dieser rabbinischen Traditionen, nämlich, dass Rahab Josua geheiratet hat. Nach Matthäus 1,5 heiratete sie in den Stamm Juda, und Josua war aus dem Stamm Ephraim.

---

64 *bT. Megillah* 14b.
65 Siehe: *bT. Zevachim* 116b.
66 *bT. Zevachim* 116a-b.

Nachdem Vers 1 von der Ankunft der Kundschafter in Jericho berichtete, fährt Vers 2 nun mit der Erzählung fort: *Das wurde jedoch dem König von Jericho berichtet: Siehe, in dieser Nacht sind Männer von den Söhnen Israel hierhergekommen, um das Land zu erkunden.* Die Stadt war in Alarmbereitschaft, und so wurde die Ankunft der beiden Kundschafter trotz ihrer Vorsichtsmaßnahmen tatsächlich beobachtet.

Vers 3 offenbart den Befehl des Königs: *Da schickte der König von Jericho zu Rahab und ließ ihr sagen: Gib die Männer heraus, die zu dir gekommen und in dein Haus eingekehrt sind! Denn um das ganze Land zu erkunden, sind sie gekommen.* Wieder wird die Aussage gemacht, dass diese Israeliten kamen, um das Land auszukundschaften, und der König von Jericho wusste davon. Also sollten die Diener des Königs Rahab befehlen, die Männer zu verraten.

Die Verse 4-6 beschreiben, wie Rahab die Kundschafter versteckte, wobei Vers 4a die Tat selbst aufzeichnet: *Die Frau aber nahm die beiden Männer und versteckte sie.* Die Verse 4b-5 enthalten Rahabs Antwort an die Diener des Königs: *Und sie sagte: Ja, die Männer sind zu mir gekommen, aber ich habe nicht erkannt, woher sie waren. Als nun das Tor bei Einbruch der Dunkelheit geschlossen werden sollte, da gingen die Männer wieder hinaus; ich habe nicht erkannt, wohin die Männer gegangen sind. Jagt ihnen eilends nach, dann werdet ihr sie einholen!* Rahab bestätigte, dass die Kundschafter zu ihr gekommen waren, sagte dann aber, dass sie keine Ahnung hatte, woher sie stammten. Dann log sie und sagte, ihre Gäste seien weggegangen. Sie riet den Knechten des Königs, den Kundschaftern nachzulaufen, denn sie würden sie sicher noch einholen können. Vers 6 liefert weitere Details bezüglich des Verstecks: *Sie hatte sie aber auf das Dach hinaufgeführt und unter den Flachsstängeln versteckt, die sie sich auf dem Dach aufgeschichtet hatte.* Der Text berichtet, wo und wie Rahab die Spione versteckte. Was den Ort angeht, so brachte sie sie auf das Dach. Was die Art und Weise betrifft, so schützte sie sie vor den Blicken ihrer Feinde mit Flachshalmen, die sie zum Trocknen auf dem Dach ausgelegt hatte. Diese Flachsstängel waren bis zu einem Meter lang und stellten so sicherlich ein gutes Versteck dar.

Nach rabbinischer Tradition ist die Tatsache, dass Rahab die Kundschafter unter Flachshalmen versteckte, von Bedeutung. In der Tora-Anthologie heißt es:

> Flachs, die Pflanze, aus der Leinen hergestellt wird, besitzt die besondere Eigenschaft, seinen Träger vor Magie zu schützen. Leinenkleidung ist wirksam, um sowohl die Großen als auch die Kleinen, die Lebenden und die Toten zu schützen. Wenn ein Toter in Leinen gekleidet ist,

kann kein anklagender Engel die Macht über ihn ergreifen. Der Tote ist geschützt, auch wenn er außerhalb des Heiligen Landes stirbt. Aber es darf sich in seiner Kleidung nicht ein einziger Faden eines anderen Stoffes befinden.

Die Tora befiehlt dem Hohepriester, nur reine Leinengewänder zu tragen, wenn er an Jom Kippur das Allerheiligste betritt. Dies schützt ihn vor den Engeln. Sie sind eifersüchtig auf ihn, weil sie nie dorthin gehen dürfen – noch nicht einmal an einem einzigen Tag im Jahr. Sie erheben Anschuldigungen gegen den Hohepriester, aber die Leinengewänder schützen ihn.

Der Grund, warum Leinen diese besondere Eigenschaft hat, ist, dass es keine seiner Kräfte vom Planeten Mars ableitet. Andere Pflanzen leiten ihre Kraft von sieben Himmelskörpern ab: der Sonne, dem Mond und den fünf sichtbaren Planeten Merkur, Venus, Mars, Jupiter und Saturn. Leinen leitet seine Kraft nur von sechs dieser Himmelskörper ab. Mars ist die Quelle des Leidens in der Welt. Da Leinen nicht vom Einfluss des Mars abhängt, wenn es wächst, ist es in der Lage, eine Person danach vor diesem Einfluss zu schützen.

Rahab wusste um diese Eigenschaft des Leinens. Sie wollte die Kundschafter vor dem Zauber schützen, den die Kanaaniter zweifellos anwenden würden, um sie zu finden und zu töten. Deshalb versteckte sie sie unter den Flachsstängeln.[67]

Es gibt etliche Leute, die Rahab wegen ihrer Lüge verurteilen. Dazu sollen drei Beobachtungen gemacht werden. Erstens betont der Text Rahabs Lüge nicht, um sie zu verurteilen, sondern um das persönliche Risiko zu betonen, welches sie beim Verstecken der Kundschafter einging. Zudem beweist die Geschichte, wie sehr sich Rahab zu dem Zeitpunkt bereits mit Israel identifizierte. Zweitens gibt der Bericht selbst kein Wert- oder Moralurteil ab, noch wird Rahab in anderen Versen jemals für ihre Lügen verurteilt. Drittens: Hätte Rahab den Aufenthaltsort der Kundschafter verraten und damit deren Tod verursacht, dann wäre das tatsächlich eine Sünde gewesen.

Vers 7 beschreibt die Verfolgung: *Da jagten ihnen die Männer nach, auf dem Weg zum Jordan, bis zu den Furten. Und man schloss das Tor, sobald die, die ihnen nachjagten, draußen waren.* Die Beschreibung dieser Szene zeigt erneut, wie verwundbar die Kundschafter waren und wie sehr ihr Leben von Rahab abhing. Es gab nun keinen anderen Weg aus der Stadt. Das ist

67 Yerushalmi, *The Torah Anthology: The Book of Yehoshua*, S. 57-58.

der Hintergrund dafür, dass Rahab einen anderen Fluchtweg bereitstellen musste, und zeigt erneut, wie wichtig ihre Rolle war.

3. Rahabs Glaube (2,8-13)

Nachdem sie die Feinde der Israeliten abgewimmelt hatte, kehrte Rahab zu ihren Gästen zurück. Vers 8 beschreibt die Szene: *Aber bevor sie sich schlafen legten, stieg sie zu ihnen auf das Dach hinauf.* Der Text erwähnt wieder, dass die Kundschafter auf dem Dach versteckt waren.

Die Verse 9-13 beschreiben Rahabs Bekenntnis und ihre Bitte. Der Abschnitt beginnt in Vers 9 mit einer Erklärung: *und* [Rahab] *sagte zu den Männern: Ich habe erkannt, dass der Herr euch das Land gegeben hat und dass der Schrecken vor euch auf uns gefallen ist, so dass alle Bewohner des Landes vor euch mutlos geworden sind.* Rahab war sich dreier Dinge bewusst:

1. Gott hatte den Israeliten das Land gegeben. Dies ist das Thema und die grundlegende Botschaft des gesamten Buches Josua.
2. Die Einwohner hatten Angst vor Israel.
3. Ihre Angst war so groß, dass sie feige geworden waren.

In Vers 10 offenbarte Rahab den Grund für die Furcht: *Denn wir haben gehört, dass der Herr das Wasser des Schilfmeeres vor euch ausgetrocknet hat, als ihr aus Ägypten zogt, und was ihr den beiden Königen der Amoriter getan habt, die jenseits des Jordan waren, dem Sihon und dem Og, an denen ihr den Bann vollstreckt habt.* Die Kanaaniter hatten von den ersten und letzten Ereignissen der vierzigjährigen Wüstenwanderung gehört. Das bedeutet, dass sie auch viel von dem gehört haben müssen, was sich zwischen diesen Ereignissen abspielte. Mit anderen Worten, die Kanaaniter erinnerten sich an alle vierzig Jahre der Geschichte Israels, weil sie Berichte darüber erhalten hatten.

In Vers 11 bekannte Rahab dann ihren Glauben an den Gott Israels: *Als wir es hörten, da zerschmolz unser Herz, und in keinem blieb noch Mut euch gegenüber. Denn der Herr, euer Gott, ist Gott oben im Himmel und unten auf der Erde.* Wieder bekannte Rahab die Furcht ihres Volkes, und wieder erwähnte sie, dass der Gott Israels der Gott der ganzen Schöpfung ist.

Zu den Versen 9-11 können drei Beobachtungen gemacht werden. Die erste Beobachtung bezieht sich auf den hebräischen Text. In der hebräischen

Bibel ist der Abschnitt in Form eines Chiasmus angeordnet:[68]

A. Gott hat Israel dieses Land gegeben (Vers 9a).
B. Eine große Furcht vor Israel ist auf die Kanaaniter gefallen (Vers 9b).
C. Alle, die in diesem Land lebten, zerschmolzen in Angst (Vers 9c).
D. Die Kanaaniter haben gehört (Vers 10a).
D. Und so haben sie gehört (Vers 11a).
C. Ihre Herzen sind geschmolzen (Vers 11b).
B. Jedermanns Mut hat wegen der Israeliten versagt (Vers 11c).
A. Der HERR ist Gott im Himmel und auf Erden (Vers 11d).

Die zweite Beobachtung bezieht sich auf Rahabs Bekenntnisse. Sie offenbarte den Kundschaftern, dass sie erkannt hatte, dass Gott Israel das Land geben würde. Sie gestand auch, dass die Kanaaniter ängstlich und demoralisiert waren. Das ist genau das, was die Kundschafter herausfinden wollten. Schließlich gestand sie ihnen auch ihren Glauben an den Gott Israels. Sie kannte sogar den Bundesnamen Gottes: *JHWH*, *HaShem*, Jehovah (Vers 11).

Die dritte Beobachtung bezieht sich auf eine rabbinische Schlussfolgerung. In 5. Mose 20,16-17 befahl Mose, dass nicht ein Mitglied der sieben kanaanitischen Völker am Leben bleiben sollte:

> [16]*Jedoch von den Städten dieser Völker, die der HERR, dein Gott, dir als Erbteil gibt, sollst du nichts leben lassen, was Odem hat.* [17]*Sondern du sollst an ihnen unbedingt den Bann vollstrecken: an den Hetitern und an den Amoritern, den Kanaanitern und den Perisitern, den Hewitern und den Jebusitern, wie der HERR, dein Gott, dir befohlen hat.*

Nicht in dieser Liste der Völker enthalten sind die Girgaschiter. Nach Versen wie 5. Mose 7,1 gehörten aber auch sie zu diesen einheimischen Volksgruppen. Laut dem *Sefer HaChinukh* („Buch der Erziehung"), einem rabbinischen Text, der im mittelalterlichen Spanien (ca. 1255-1285) verfasst wurde, hatten sich diese sieben Völker so sehr in heidnische Praktiken verstrickt, dass sie Gott ein Graus geworden waren:

> Diese sieben Nationen waren diejenigen, die begannen, alle Arten von Götzendienst und jeden Gräuel zu begehen, den Gott hasste. Und deshalb, weil sie die Hauptquelle des Götzendienstes und seine erste

68 Ein Chiasmus ist eine literarische Figur, in der syntaktische Elemente (wie z. B. Wörter oder grammatikalische Konstruktionen) entweder wortwörtlich oder in einer abgeänderten Form in einem Abschnitt wiederholt werden, allerdings in umgekehrter Reihenfolge.

> Grundlage waren, wurde uns befohlen, sie auszulöschen und sie unter dem Himmel zu vernichten, (damit) man ihrer nicht mehr gedenkt und sie nicht mehr zum Land der Lebenden dazuzählt. Und in diesem Gebot [...], sie zu vernichten, liegt (auch) ein Nutzen für uns, indem ihr Andenken aus der Welt verschwindet und (so) lernen wir nicht aus ihren Taten. Und wir können auch eine Lehre daraus ziehen, dass wir uns nicht dem Götzendienst zuwenden; so wie wir jedem Mann aus diesen bösen Völker hinterherjagten, um ihn für seine Verwicklung in den Götzendienst zu töten, wird es nicht in das Herz eines Menschen kommen, in irgendeiner Weise so zu handeln wie er.[69]

Da Rahab ein Mitglied der kanaanitischen Nation war, galt das Dekret der Zerstörung auch für sie und ihre Familie. Die Rabbiner kamen jedoch zu dem Schluss, dass ihre Bekehrung sie von diesem Gebot befreit hat:

> Jeder, der von diesen sieben Nationen abstammte, war in das biblische Dekret der Zerstörung eingeschlossen. *Tosafos* (*Sotah* 35b) erklärt jedoch, dass das Dekret erst in Kraft trat, nachdem der erste Krieg im Land geführt worden war. Davor konnten diese sieben Völker zum Judentum konvertieren und so von dem biblischen Dekret ausgenommen werden. Unsere Weisen sagen uns, dass Rachav, nachdem sie ihren Schöpfer bekannt hatte, konvertierte. Somit galt das Dekret der Zerstörung nicht mehr für sie.[70]

Die Verse 12-13 berichten von Rahabs Bitte um einen Treueeid. Die Grundlage ihres Wunsches wird in Vers 12 gegeben: *So schwört mir nun beim Herrn, weil ich Gnade an euch erwiesen habe, dass auch ihr an meines Vaters Haus Gnade erweisen werdet! Und gebt mir ein zuverlässiges Zeichen.* Da Rahab den Kundschaftern gegenüber gütig gewesen war, sollten sie ihr und ihrer Familie gegenüber ebenfalls Gnade erweisen. Zweimal wird in diesem Vers das hebräische Wort *chesed* für „Gnade" verwendet. Dieser Begriff ist ein Schlüsselwort in der Heiligen Schrift. Er wird etwa 250 Mal in der hebräischen Bibel verwendet und hat die Bedeutung von „loyaler, unerschütterlicher oder treuer Liebe, die auf einem Versprechen, einer Vereinbarung oder einem Bund beruht."[71] *Chesed* wird sowohl für die Bun-

---

69 Sefer *HaChinukh* 425, abgerufen von https://www.sefaria.org.

70 Drucker, *Yehoshua*, S. 122.

71 John F. Walvoord, Roy B. Zuck, Hrsg., *The Bible Knowledge Commentary: An Exposition of the Scriptures by Dallas Seminary Faculty – Old Testament* (Wheaton, IL: Victor Books, 1985), S. 332.

desliebe Gottes zu Israel als auch für menschliche Beziehungen verwendet. Rahab verlangte von den Kundschaftern, dass sie mit ihr und ihrer Familie einen *chesed*-Vertrag abschlossen, so wie sie mit den Kundschaftern dasselbe getan hat, als sie sie versteckte. Der Inhalt des Eides, den Rahab verlangte, steht in Vers 13: *dass ihr meinen Vater und meine Mutter und meine Brüder und meine Schwestern samt allem, was zu ihnen gehört, am Leben lassen und unsere Seelen vom Tod retten werdet!*

4. Die Vereinbarung zwischen den Kundschaftern und Rahab (2,14-21)

Die Vereinbarung zwischen den Kundschaftern und Rahab wird in den Versen 14-21 aufgezeichnet. Der Abschnitt beginnt in Vers 14 mit einer Zusage der Kundschafter: *Da sagten die Männer zu ihr: Unsere Seele soll an eurer Statt sterben, wenn ihr diese unsere Sache nicht verratet. Und es soll geschehen, wenn der Herr uns das Land gibt, dann werden wir Gnade und Treue an dir erweisen.* Die Antwort der Kundschafter auf Rahabs Bitte war positiv. Sie versprachen, dass sie sich an ihre Abmachung halten würden, wenn Gott Jericho in die Hände der Israeliten gab. Die Bedingung war, dass Rahab ihrerseits ihr Versprechen einhalten und die Kundschafter nicht anzeigen würde. In diesem Vers ist der Begriff *chesed* (hier mit „Gnade" übersetzt) gepaart mit *emeth*, einem hebräischen Substantiv, das „Festigkeit", „Treue" und „Wahrheit" bedeutet. Die Spione würden nicht nur freundlich mit Rahab und ihrer Familie umgehen, sie versprachen auch, sich zuverlässig und treu an ihre Vereinbarung zu halten.

Vers 15 beschreibt Rahabs Handeln: *Da ließ sie sie an einem Seil durch das Fenster hinunter; denn ihr Haus befand sich an der Stadtmauer, und sie wohnte an der Stadtmauer.* In Vers 7 war das Stadttor hinter den Dienern des Königs verschlossen worden, die dachten, sie würden die Kundschafter verfolgen. Also musste Rahab den Spionen auf einem anderen Weg zur Flucht verhelfen. Sie ließ sie an einem Seil durch ein Fenster in ihrem Haus hinunter.

Laut Vers 16 gab Rahab den Männern nun einen Rat: *Und sie sagte zu ihnen: Geht ins Gebirge, damit die Verfolger nicht auf euch stoßen, und verbergt euch dort drei Tage, bis die Verfolger zurückgekehrt sind! Danach geht eures Weges!* Der Begriff „Gebirge" bezieht sich wahrscheinlich auf den Quarantanaberg, der westlich von Jericho liegt. Heute ist dieser Berg unter seinem arabischen Namen Kuruntul bekannt.[72] Er besteht aus einer Felswand, die sich sehr steil

72 Siehe: Karl Friedrich Keil, *Commentary on the Book of Joshua* (Edinburgh: T. & T. Clark, 1857), S. 90-91.

über die Ebene erhebt und zwischen 370 und 430 Meter hoch ist. Der Berg ist voller Höhlen und ein guter Ort, um sich in Reichweite von Jericho zu verstecken. Während die Verfolger nach Osten in Richtung Jordan eilten, sollten die Kundschafter nach Westen gehen. Dieser Plan würde sicherstellen, dass die Verfolger sie nicht finden würden. Rahab fügte hinzu, dass sich die Männer drei Tage lang verstecken sollten, bis die Gefahr vorüber war.

Gemäß rabbinischer Tradition erlaubt Gott den Gerechten nicht, länger als drei Tage in Bedrängnis zu bleiben. Diese Lehre stützt sich auf Hosea 6,2: *Er wird uns nach zwei Tagen neu beleben, am dritten Tag uns aufrichten, dass wir vor seinem Angesicht leben.* Die Argumentation wurde von Rabbi Bahya Ben Asher (1255-1340) in seinem Kommentar zur Tora geliefert:

> Nach Bereschit Rabba 91,9 [ist] Hosea 6,2 […] eine Anspielung auf das, was mit den Brüdern [Josefs] geschah […] (1Mo 42,17). Gott unterwirft die Gerechten keinen Prüfungen, die länger als drei Tage dauern. Das Verdienst der Patriarchen Jaakov, Jitzchak und Avraham trug dazu bei, dass Josef seine Meinung änderte. Der dritte Tag war schon seit dem Moment bedeutsam, an dem Avraham den Berg erspähte, auf dem er Jitzchak als Opfer zubereiten sollte (1Mo 22,4), und er wurde in 2. Mose 19,16 wieder wichtig als der Tag, an dem Gott sich dem jüdischen Volk am Berg Sinai offenbarte.[73]

Das Motiv der drei Tage findet sich auch bei Esther, die nach dreitägigem Fasten in den Hof der Königskammer eintrat, um den Plan zur Rettung der Juden umzusetzen (Est 4,16). Es findet sich auch in der Geschichte von Jona, der, nachdem er im Bauch eines großen Fisches gefangen war, am dritten Tag ausgespuckt wurde (Jona 1,17).

In den Versen 17-20 werden zusätzlich zu dem, was bereits in Vers 14 erwähnt wurde, noch einmal die Bedingungen der Vereinbarung zwischen Rahab und den Kundschaftern dargelegt. Einige der Bedingungen werden wiederholt, andere verfeinert und wieder andere werden hinzugefügt. Vers 17 leitet den Abschnitt mit den folgenden Worten ein: *Da sagten die Männer zu ihr: Von diesem deinem Eid, den du uns hast schwören lassen, werden wir unter folgenden Bedingungen frei sein.* Die Kundschafter versprachen, den Eid zu halten, den Rahab sie schwören ließ, aber Rahab musste bestimmte Dinge tun, die es den Männern ermöglichen würden, ihren Schutz tatsächlich zu garantieren. Für den Fall, dass ihr das nicht gelang, waren die Kundschafter ihres Eides enthoben.

73 *Rabbeinu Bahya, Bereshit* 42:18,1, abgerufen von https://www.sefaria.org.

Der Quarantanaberg

In Vers 18a wird das Zeichen beschrieben, welches Rahab vorbereiten sollte: *Siehe, wenn wir in das Land kommen, musst du diese rote Schnur in das Fenster binden, durch das du uns heruntergelassen hast.* Der bestimmte Artikel „diese" zeigt an, dass die Schnur zuvor erwähnt worden sein muss. Die einzige Schnur, die sich im Kontext findet, war das Seil von Vers 15, und deshalb muss dies die gleiche Schnur sein.[74] Laut den Rabbinern war die Farbe des Seils von Rahab kein bloßer Zufall. Eine ihrer Legenden ist die von *Azazel.*[75] Dieses hebräische Wort bedeutet „Beseitigung", und es wurde im Laufe der Geschichte Israels der technische Name für den Sündenbock des Versöhnungstages (3Mo 16). An diesem Tag wurden zwei Ziegenböcke vor den Hohepriester gebracht. Per Los wurde ein Bock zum Sterben und der andere zum Leben auserwählt. Der Bock, der zum Sterben ausgewählt wurde, wurde am Fuß des Altars geschlachtet. Der Hohepriester nahm sein Blut mit ins Allerheiligste und sprengte es auf den Gnadenthron, welcher der Deckel der Bundeslade war. Nachdem er das Blut gesprengt hatte, kam der Priester heraus und näherte sich dem zweiten Ziegenbock, demjenigen, der zum Leben auserwählt war, und legte ihm die Hände auf den Kopf. Das Handauflegen galt im Alten Testament als Mittel zur Identifikation. Der Priester identifizierte den Ziegenbock mit dem Volk Israel. Er bekannte die Sünden Israels und übertrug sie dann symbolisch auf den Ziegenbock. Abschließend jagte er das Tier mit den Sünden Israels in die Wüste. Das Bild, das vermittelt wurde, ist, dass durch das Vergießen des Blutes des ersten Bocks der zweite Bock die Sünden Israels wegtragen konnte. Ein rotes Band wurde an das Horn oder den Hals dieses zweiten Bocks gebunden, bevor er in die Wüste gejagt wurde. Dieser Brauch basierte auf Jesaja 1,18,wo es

74 Im Hebräischen finden sich in den beiden Versen zwei unterschiedliche Wörter. Dennoch bezieht sich die Schnur aus Vers 18 auf das Seil aus Vers 15.

75 Für zusätzliche Informationen über die Legende von Azazel siehe: *m. Yoma* 6:1-8; *bT. Yoma* 4:39a; 6:62-63; *y. Yoma* 4:1-4:2; *m. Shekalim* 4:2; *bT. Shabbath* 89b.

heißt: *Kommt denn und lasst uns miteinander rechten!, spricht der Herr. Wenn eure Sünden rot wie Karmesin sind, wie Schnee sollen sie weiß werden. Wenn sie rot sind wie Purpur, wie Wolle sollen sie werden.* Nach der Legende von Azazel wurde das rote Band Jahr für Jahr auf wundersame Weise weiß, was zeigte, dass Gott die Sünden Israels für das jeweilige Jahr vergeben hatte.

In rabbinischen Schriften liest sich die Legende um den scharlachroten Faden folgendermaßen:

> WAS TAT ER? ER TEILTE DEN FADEN VON KARMESINROTER WOLLE: Aber soll er den ganzen [Faden] an den Felsen binden? – Da es seine Pflicht ist, [sein Werk mit] dem Ziegenbock zu vollenden, könnte der Faden vielleicht schnell weiß werden, und er würde zufrieden sein. Aber soll er den ganzen Faden zwischen seine Hörner binden? – Zum Teil ist sein Kopf [beim Fallen] gebeugt, und er würde nicht darauf achten. – Unsere Rabbiner lehrten: Am Anfang knüpften sie den Faden aus karmesinroter Wolle am Eingang des *Ulam* draußen auf: Wenn er weiß wurde, freuten sie sich; wenn er nicht weiß wurde, waren sie traurig und schämten sich. Daraufhin ordneten sie an, ihn innen an den Eingang des *Ulam* zu binden. Aber sie spähten immer noch hindurch, und wenn der Faden weiß wurde, freuten sie sich, wenn er aber nicht weiß wurde, wurden sie traurig und schämten sich. Daraufhin verabredeten sie, die eine Hälfte an den Felsen zu binden und die andere Hälfte zwischen die Hörner des Ziegenbocks. R. Nahum B. Papa sagte im Namen von R. Eleazar ha-Kappar: Ursprünglich pflegten sie den Faden aus karmesinroter Wolle an den Eingang des *Ulam* im Inneren zu binden, und sobald der Ziegenbock die Wildnis erreichte, wurde er weiß. Dann wussten sie, dass das Gebot diesbezüglich erfüllt worden war, wie es gesagt wird: *Wenn eure Sünden wie Scharlach sind, sollen sie wie weiße Wolle werden.*[76]

Nachdem die Kundschafter in Vers 18a die Bedingungen bezüglich des Seils dargelegt hatten, sagten sie Rahab in Vers 18b, wie sie für ihre Familie sorgen sollte: [Du] *musst deinen Vater, deine Mutter, deine Brüder und das ganze Haus deines Vaters zu dir ins Haus versammeln.* Mit anderen Worten, während die Israeliten Jericho angriffen und einnahmen, sollte Rahab ihre Familienmitglieder zu sich ins Haus bringen.

In Vers 19a erklärten die Kundschafter dann eine weitere Bedingung,

76 *bT. Yoma* 67a, zitiert von Isidore Epstein, Hrsg., *The Babylonian Talmud*, 18 Bände, (London: Soncino Press, 1961).

unter der sie von ihrem Eid entbunden werden würden: *Und es soll geschehen, wer auch immer aus der Tür deines Hauses nach draußen gehen wird, dessen Blut sei auf seinem Haupt, und wir werden von diesem Eid frei sein.* Jeder von Rahabs Verwandten, der außerhalb ihres Hauses von den Israeliten erschlagen werden würde, wäre selbst schuld an seinem Tod. Umgekehrt galt aber auch: *Jeder aber, der bei dir im Haus sein wird, dessen Blut sei auf unserm Haupt, wenn Hand an ihn gelegt wird* (Vers 19b). Die Kundschafter waren persönlich für das Wohlergehen von Rahabs Familie verantwortlich, und ihr Eid galt als gebrochen, wenn auch nur einem von den Verwandten in Rahabs Haus Leid zugefügt wurde.

Vers 20 wiederholt, was geschehen würde, falls Rahab die Kundschafter verraten und ihren Eid brechen würde: *Auch wenn du diese unsere Sache verrätst, so werden wir von deinem Eid frei sein, den du uns hast schwören lassen.* Diese Aussage wiederholt zwar, was in Vers 14 gesagt wurde, aber nun musste auch die zusätzliche Information, wo sich die Kundschafter verstecken würden, geheim gehalten werden.

Vers 21 enthält Rahabs Antwort: *Da sagte sie: Wie ihr sagt, so sei es! Und sie entließ sie, und sie gingen weg. Sie aber band die rote Schnur ins Fenster.* Nachdem sie so den Eid der Kundschafter anerkannt und ihr eigenes Versprechen bekräftigt hatte, schickte sie die Männer weg und band das rote Seil ans Fenster. Zusammenfassend lässt sich festhalten, dass die Kundschafter drei spezifische Bedingungen festlegten, um Rahab und ihre Familie in Sicherheit zu bringen. Wenn eine dieser Bedingungen gebrochen wurde, dann bedeutete dies, dass sie ihres Eides entbunden waren:

1. Rahab musste eine scharlachrote Schnur an eines der Fenster binden und so außerhalb des Hauses aufhängen, dass sie gut zu sehen war.
2. Die Großfamilie musste während des Angriffs der Israeliten auf Jericho im Haus bleiben.
3. Rahab durfte weder die Mission der Kundschafter noch deren Versteck preisgeben.

5. Die Flucht und die Rückkehr der Kundschafter (2,22-24)

Vers 22 beschreibt die Flucht der Kundschafter: *Und sie gingen weg und kamen ins Gebirge und blieben drei Tage dort, bis die Verfolger zurückgekehrt waren. Die Verfolger aber hatten den ganzen Weg abgesucht und sie nicht gefunden.*

Vers 23 beschreibt die Rückkehr der Kundschafter zum Lager der Israeliten in Schittim: *Die beiden Männer kehrten nun um, stiegen von dem*

Gebirge herab, gingen hinüber und kamen zu Josua, dem Sohn des Nun; und sie erzählten ihm alles, was ihnen begegnet war.

Das Kapitel endet in Vers 24 mit dem Bericht der Kundschafter: *Und sie sagten zu Josua: Der Herr hat das ganze Land in unsere Hand gegeben; auch sind alle Bewohner des Landes vor uns mutlos geworden.* Der Bericht dieser Männer unterschied sich stark von dem der zehn Kundschafter etwa vierzig Jahre zuvor (4Mo 13,31).

Zum Abschluss der Untersuchung von Josua 2 soll Rahabs Belohnung für ihre Taten erwähnt werden:

1. Gemäß Hebräer 11,31 überlebte sie im Gegensatz zu den Ungläubigen ihres Heimatortes den Angriff der Israeliten auf Jericho.
2. Wie Josua 6,25 zeigen wird, durfte sie mitten in Israel wohnen.
3. Sie heiratete in den Stamm Juda ein (Mt 1,5).
4. Sie wurde eine Vorfahrin des Messias.

C. Die Überquerung des Jordans (3,1-5,1)

Bevor wir uns diesem Abschnitt widmen, ist es wichtig, die chronologische Abfolge von Josua 3,1-4,18 zu verstehen, da dies die Details weniger verwirrend macht. Am Tag vor der Überquerung erhielt das Volk Anweisungen, sich geistlich auf das Ereignis vorzubereiten (Jos 3,5). Die Israeliten wurden auch angewiesen, wie sie marschieren sollten, nämlich mit einem Abstand von zweitausend Ellen zur Bundeslade (Jos 3,3-4). Am Morgen des großen Tages erhielten sie Anweisungen für die Überquerung selbst, und ihre Anführer wurden über die Befehle des Tages unterrichtet (Jos 3,8-13). Dann begann der Marsch zum Jordan (Jos 3,14). Die Priester trugen die Bundeslade, und sie kamen bei Adam am Flussufer an (Jos 3,16). Der Fluss hörte auf zu fließen, und das Flussbett wurde trocken. Daraufhin überquerten Josua, die zwölf Anführer und das Volk Israel den Jordan (Jos 3,16-17). Die zwölf Anführer hoben jeweils einen schweren Stein aus dem Flussbett auf, wo die Priester standen, und stellten diese Steine später in Gilgal auf (Jos 4,1-8,20). Josua errichtete ein Mahnmal aus zwölf Steinen im Flussbett, wo die Priester standen (Jos 4,9). Nachdem das Denkmal errichtet worden war, verließen die Priester, die die Lade trugen, die Stelle, an der sie gestanden hatten, und gingen auf Josuas Befehl hin auf die Westseite des Flusses hinüber. An diesem Punkt normalisierte sich das Wasser wieder (Jos 4,18).

Mit dieser grundlegenden zeitlichen Abfolge können die Exposition und Exegese dieses Abschnitts besser verstanden werden.

1. Die Überquerung des Flusses (3,1-17)

a. Die Vorbereitungen (3,1-6)

Vers 1 beschreibt den Marsch vom Lager in Schittim zum Jordan: *Da machte sich Josua des Morgens früh auf, und sie brachen auf von Schittim und kamen an den Jordan, er und alle Söhne Israel; dort rasteten sie, bevor sie hinüberzogen.* Der Marsch begann früh am Morgen.

Die Verse 2-5 beschreiben die Anweisungen der Aufseher an das Volk, wobei Vers 2 einen Hinweis auf den Zeitpunkt der Ereignisse gibt: *Und es geschah nach Ablauf von drei Tagen, da gingen die Aufseher durch das Lager.* Die Aufseher waren die *Schotrim*, die erstmals in Josua 1,10-11 erwähnt worden waren. Nachdem die Israeliten Schittim verlassen hatten, zogen diese Amtsleute durch das Lager, um dem Volk Anweisungen zu geben.

Diese Anweisungen sind in den Versen 3-4 detailliert beschrieben, wobei Vers 3 das Signal zum Aufbruch enthält: *und sie befahlen dem Volk: Sobald ihr die Lade des Bundes des Herrn, eures Gottes, seht, wenn die Priester, die Leviten, sie aufheben, dann sollt ihr von eurem Ort aufbrechen und ihr nachfolgen.* Das Signal zum Aufbruch war die Bundeslade. Sobald das Volk diese sah und die Priester, die sie trugen, war es an der Zeit, sich auf den Weg zu machen. Vers 4 fügt diesen Anweisungen ein Detail hinzu: *Doch soll zwischen euch und ihr ein Abstand von etwa zweitausend Ellen sein. Ihr dürft euch ihr nicht nähern. Nur dann werdet ihr den Weg erkennen, den ihr gehen sollt; denn ihr seid den Weg bisher noch nicht gegangen.* Zweitausend Ellen entsprechen ungefähr tausend Metern. Die Israeliten sollten diesen Abstand zur Bundeslade einhalten, und diese Maßnahme würde sowohl die Heiligkeit der Bundeslade als auch die Ehrfurcht vor ihr zeigen. Zudem würde er der größten Anzahl von Menschen erlauben, die Bundeslade zu sehen, wenn sie den Fluss überquerten. Der Zweck der Bundeslade bestand darin, ihnen den Weg zu weisen, da sie noch nie zuvor in diesem Gebiet gewesen waren. Sie sollte ihnen auch einen Weg zeigen, wie sie den Jordan überqueren konnten.

Nach einer jüdischen Überlieferung, die im *Midrasch Tanḥuma* zu finden ist, wurde der Befehl, einen Abstand von tausend Metern zur Bundeslade einzuhalten, zur Grundlage für den sogenannten Sabbat-Tagesweg:

> *Etwa zweitausend Ellen*. d.h. tausend Meter. Das war die Ausdehnung des erlaubten Sabbat-Tagesweges. Josua sagte zu ihnen: „In Zukunft werdet ihr dort stehen und den Sabbat halten. Geht auf keiner Seite

weiter als zweitausend Ellen von der Lade weg, damit ihr am Sabbat vor ihr gehen und beten könnt." (Tanchuma)[77]

Die Verse 5-6 enthalten Anweisungen von Josua, zuerst an das Volk (Vers 5) und dann an die Priester (Vers 6). Vers 5 notiert: *Und Josua sagte zu dem Volk: Heiligt euch! Denn morgen wird der Herr in eurer Mitte Wunder tun.* Das Volk sollte sich weihen, denn Gott war im Begriff, unter ihnen Wunder zu vollbringen. Wie man in 2. Mose 19,10-15 sehen kann, war diese Handlung in Vorbereitung auf ein Wunder oder eine neue Offenbarung bei Israel üblich.

Nach rabbinischer Überlieferung ereigneten sich bei der Überquerung des Jordans insgesamt sechs Wunder:

> *Wunder* steht im Plural, weil mit der Überquerung des Jordans eigentlich sechs Wunder verbunden waren: (a) die Wasser teilten sich; (b) die Wasser kehrten an ihren Platz zurück; (c) nachdem die Wasser zurückgekehrt waren, flog die Bundeslade über den Fluss und trug ihre Träger hinüber (*Sotah* 35a); (d) ganz Israel versammelte sich zwischen den Stäben der Bundeslade (3,9); (e) an dem Tag, an dem sie den Jordan überquerten, reisten die Israeliten zum Berg Garizim und wieder zurück – eine Gesamtstrecke von 120 *Meilen*; (f) alle Augenzeugen wurden von Furcht überwältigt (*Kli Yakar*).

Vers 6 enthält die Anweisungen Josuas an die Priester sowie eine Beschreibung ihres Gehorsams: *Und Josua sagte zu den Priestern: Hebt die Bundeslade auf und zieht vor dem Volk hinüber! Da hoben sie die Bundeslade auf und zogen vor dem Volk her.*

b. Die göttliche Ermutigung (3,7-8)

Nachdem Josua sowohl dem Volk als auch den Priestern seine Anweisungen erteilt hatte, sprach Gott zu ihm (Verse 7-8). In seiner Rede unterschied Gott zwischen dem, was er tun würde, und dem, was Josua tun sollte. Vers 7 enthält die Verheißung dessen, was Gott tun würde: *Und der Herr sprach zu Josua: Heute will ich beginnen, dich in den Augen von ganz Israel groß zu machen, damit sie erkennen: Genauso wie ich mit Mose gewesen bin, werde ich mit dir sein.* Gott versprach, Josua vor den Augen des Volkes zu erhöhen, um bekannt zu machen, dass er mit ihm war, so wie er mit Mose gewesen war. Das Wunder würde Josuas Position in einer ähnlichen Weise legitimieren, wie Gott Mose bestätigt hatte. Was diese Art und Weise, dieses

77 Cohen, „Joshua and Judges", *Soncino Books of the Bible*, S. 13.

„Wie“ in Vers 7, sein würde, wird erst in Vers 13 erklärt.

In Vers 8 erteilte Gott Josua einen Auftrag: *Du aber befiehl den Priestern, die die Bundeslade tragen: Wenn ihr an das Ufer des Jordan kommt, so bleibt im Jordan stehen!* Der Vers enthält einen Hinweis auf einen ganz bestimmten Zeitpunkt. In dem Moment, in dem die Priester Israels an den Jordan kamen, mussten sie Gottes Gebot befolgen, sich in den Fluss zu stellen.

c. Die Anweisungen für die Überquerung des Jordan (3,9-13)

Auf die Verheißungen Gottes an Josua folgen konkrete Anweisungen für die Überquerung des Flusses (Verse 9-13). Der Abschnitt beginnt in Vers 9 mit dem Aufruf: *Und Josua sagte zu den Söhnen Israel: Tretet heran und hört die Worte des Herrn, eures Gottes!* Josua machte das Volk darauf aufmerksam, dass das, was er zu sagen hatte, wichtig war.

Die Verse 10-13 enthalten die eigentliche Botschaft, die in Vers 10 mit einer Zusicherung beginnt: *Und Josua sagte weiter: Daran sollt ihr erkennen, dass der lebendige Gott in eurer Mitte ist und dass er die Kanaaniter, Hetiter, Hewiter, Perisiter, Girgaschiter, Amoriter und Jebusiter ganz bestimmt vor euch vertreiben wird.* Die Israeliten sollten keinen Zweifel daran haben, dass Gott während der Eroberung unter ihnen war und dass er es war, der die kanaanitischen Völker vor ihnen vertrieb. In Vers 11 erklärte Josua dann, wie sie dies wissen würden: *Siehe, die Lade des Bundes des Herrschers der ganzen Erde zieht vor euch her in den Jordan.* Die Bundeslade würde vor den Israeliten in den Fluss ziehen, und diese Tatsache sollte klarmachen, dass Gott unter ihnen war.

In Vers 12 befahl Josua, dass eine Auswahl getroffen werden sollte: *Nun denn, nehmt euch zwölf Männer aus den Stämmen Israels, je einen Mann für jeden Stamm!* Erst in Josua 4,2-3 wird der Zweck dieser Auswahl offenbart, und es wird klar, dass diese Männer zwölf Steine sammeln sollten.

In Vers 13 beschreibt Josua die Zeichen, die das Geschehen begleiten würden: *Und es wird geschehen, sobald die Fußsohlen der Priester, die die Lade des Herrn, des Herrn der ganzen Erde, tragen, im Wasser des Jordan stillstehen, wird das Wasser des Jordan, das von oben herabfließende Wasser, abgeschnitten werden, und es wird stehen bleiben wie ein Damm.* Sobald die Priester ihre Füße in den Jordan setzten, würden die Israeliten ein Zeichen sehen, nämlich die Teilung der Wasser. Dieser Vers erklärt das *Wie* von Vers 7. Genau wie Mose das Rote Meer mit dem Stab teilte, würde Josua den Fluss mit Hilfe der Bundeslade teilen. Das Ergebnis ist die Bestätigung oder Legitimierung des Vermittlers Gottes vor dem Volk.

d. Die Überquerung (3,14-17)

Die Verse 14-17 berichten von der Überquerung des Jordan durch die Priester und das Volk. Vers 14 beschreibt ihren Weg zum Fluss: *Und es geschah, als das Volk aus seinen Zelten aufbrach, um über den Jordan zu ziehen – wobei die Priester, die die Bundeslade trugen, vor dem Volk herzogen.* Die Prozession begann, nachdem die Israeliten ihr Lager abgebrochen hatten. Sie wurden von den Priestern, die ihnen vorausgingen und die Bundeslade trugen, zum Fluss geführt.

In Vers 15 beginnt das Wunder: *und als die Träger der Lade an den Jordan kamen und die Füße der Priester, die die Lade trugen, in das Wasser am Ufer tauchten – der Jordan aber führt in der ganzen Erntezeit Hochwasser.* Dieser Vers gibt Hinweise auf den Zeitpunkt des Wunders, auf die Tat, die es auslöste, und auf die Umstände. Was den Zeitpunkt anbelangt, so begann das Wunder, als die Priester den Fluss erreichten. Was die Handlung betrifft, so berührten die Füße der Priester das Wasser. Was die Umstände angeht, so war es Frühling, und die Gerste war erntereif. Das bedeutet, dass es das Ende der Regenzeit war. Normalerweise ist der Jordan zwischen 27 und 30 Meter breit und ein bis drei Meter tief. Aber weil die Regenzeit gerade zu Ende gegangen war, hatte der Fluss Hochwasser. Die einzige Möglichkeit, ihn zu überqueren, wäre gewesen, ans andere Ufer zu schwimmen, aber selbst das war sehr gefährlich – so gefährlich sogar, dass in 1. Chronik 12,8-15 nur Mitglieder des Stammes Gad, welcher als sehr mutig galt, dies taten. So machte die Überschwemmung das Wunder noch spektakulärer.

Vers 16 beschreibt das Wunder selbst: *da blieb das von oben herabfließende Wasser stehen. Es richtete sich auf wie ein Damm, sehr fern, bei der Stadt Adam, die bei Zaretan liegt. Und das Wasser, das zum Meer der Steppe, dem Salzmeer, hinabfloss, verlief sich völlig. So zog das Volk hindurch, gegenüber von Jericho.* Das Wunder bestand darin, dass das Wasser, welches von Norden herabkam, aufhörte zu fließen. Dies geschah 25 km nördlich der Furt gegenüber von Jericho bei einer Stadt namens Adam. Dieser Ort wird gewöhnlich mit Tell ed-Damiye identifiziert, welches knapp 30 km nördlich von Jericho liegt. Laut Vers 16 lag Adam in der Nähe von Zaretan, einer Stadt, die 20 km nördlich von Adam lag und heute Tell es-Sa'idiyeh heißt. Die Strecke zwischen Adam und Zaretan ist das einzige Gebiet im Jordantal, auf dem eine solche Aufschüttung oder Stauung von Wasser auch heute noch stattfinden kann. Ein weiteres Ergebnis dieses Wunders war, dass das Wasser, welches zum Toten Meer hinunterfloss, vollständig abgeschnitten wurde. Das Flussbett trocknete komplett aus. Dies ermöglichte es den zwei Millionen Israeliten mitsamt ihrem Vieh, schnell ans andere Ufer zu gelangen.

Historiker haben mindestens zwei vergleichbare Ereignisse aufgezeichnet, aber in keinem der beiden Fälle fand die Stauung während der Hochwasserzeit statt. Das erste dokumentierte Ereignis geschah am 8. Dezember 1267, als ein Erdbeben die hohen Ufer des Jordan in der Nähe von Adam kollabieren ließ und den Fluss für etwa zehn Stunden aufstaute. Das zweite Geschehen ereignete sich am 11. Juli 1927, als ein Erdbeben 21 Stunden lang ähnliche Schäden verursachte.[78]

Vers 17 offenbart die Einzelheiten der Überquerung: *Und die Priester, die die Lade des Bundes des Herrn trugen, standen festen Fußes auf dem Trockenen mitten im Jordan. Und ganz Israel zog auf dem Trockenen hinüber, bis die ganze Nation vollständig den Jordan überquert hatte.* Die Priester, die dem Volk vorausgegangen waren, blieben nun in der Mitte des Jordan stehen und standen dort auf trockenem Boden. Dann überquerten die Israeliten das Flussbett, bis das ganze Volk das andere Ufer erreicht hatte.

In seinem Kommentar zu Josua 3,14-17 bemerkt Walvoord:

> Für die Israeliten bedeutete die Überquerung des Jordans, dass sie sich unwiderruflich auf einen Kampf gegen Armeen, Streitwagen und befestigte Städte einließen. Sie waren auch verpflichtet, im Glauben an den lebendigen Gott zu wandeln und sich vom Wandel nach dem Fleisch abzuwenden, wie sie es oft in der Wüste getan hatten.[79]

Zwei weitere Beobachtungen können zu diesem Abschnitt gemacht werden. Erstens geschah dieses Wunder zum richtigen Zeitpunkt, und wir sehen das auf verschiedene Weise:

1. Das Ereignis ist genauso eingetreten, wie es vorhergesagt wurde (Verse 13, 15).
2. Die Zeitabfolge war exakt (Vers 15).
3. Die Überquerung fand bei Hochwasser statt, was bei den anderen in der Geschichte aufgezeichneten Gelegenheiten nicht der Fall war.
4. Die Wasserwand hielt viele Stunden lang (Vers 16).
5. Das Flussbett wurde auf einmal trocken (Vers 17).
6. Das Wasser normalisierte sich wieder, sobald das ganze Volk mit der Überquerung fertig war und die Priester aus dem Flussbett heraufgekommen waren (Jos 4,18).
7. Die Bewohner des Landes hielten dieses Ereignis für ein Wunder (Jos 5,1).

78 Siehe: Walvoord, *The Bible Knowledge Commentary*, S. 335.
79 Ebd.

Die zweite Beobachtung bezieht sich auf einen Vergleich des Wunders vom Roten Meer und dem vom Jordan. Wie die folgenden Tabellen zeigen, gibt es sowohl Unterschiede als auch Ähnlichkeiten zwischen den beiden Ereignissen.

Tabelle 3: Zehn Unterschiede zwischen der Durchquerung des Roten Meeres und der Durchquerung des Jordanflusses

#	Durchquerung des Roten Meeres	Überquerung des Jordan
1	Beendete den Aufenthalt in Ägypten	Initiierte den Einzug in das Gelobte Land
2	Diente der Flucht vor den Ägyptern	Diente dazu, sich den Kanaanitern zu nähern und das Land zu erobern
3	Ausnutzung eines starken Ostwindes	Keine besonderen Mittel erforderlich
4	Geschah zur Nachtzeit	Geschah am helllichten Tag
5	Ägyptische Armee ausgelöscht	Keine Verletzten
6	Geschah für ein murrendes und ungläubiges Volk	Geschah für ein gläubiges und gehorsames Volk
7	Außer zwei Männern besaß niemand, der das Wunder erlebte, jemals das Land.	Die Mehrheit derer, die das Wunder erlebten, überlebten die nachfolgenden Kriege und besaßen das Land.
8	Das Wasser wurde geteilt.	Das Wasser wurde aufgestaut.
9	Keine Heiligung der Israeliten vor dem Wunder	Heiligung der Israeliten vor dem Wunder
10	Leichen überall nach dem Wunder	Zwölf Steine nach dem Wunder

Tabelle 4: Zwölf Ähnlichkeiten zwischen der Durchquerung des Roten Meeres und der Überquerung des Jordanflusses

#	Ähnlichkeiten
1	In beiden Fällen spielten Gewässer eine bedeutende Rolle.
2	Beide Wunder wurden von der ganzen Nation mitverfolgt.
3	Beiden Geschehnissen ging eine Handlung voraus, entweder durch Mose oder durch Josua.
4	Beide Wunder entfernten ein Hindernis vor den Menschen.
5	Beide Ereignisse beglaubigten einen von Gott auserwählten Anführer.
6	Beide stellten eine Prüfung für Israels Glauben dar.

7	In beiden Fällen passierten die Israeliten das jeweilige Gewässer auf trockenem Grund.
8	Beide Ereignisse geschahen in aller Stille, ohne Triumphschreie oder Trompetenstöße.
9	Danach kehrten die Gewässer wieder in den Normalzustand zurück.
10	Beide Ereignisse bildeten den Anfang eines neuen Zeitabschnitts in der Geschichte Israels.
11	Beide zeigten zur Bestürzung des Feindes die Macht Gottes.
12	Beide führten zu einem Loblied. Die Teilung des Roten Meeres führte zu Moses Lied der Befreiung (2Mo 15,1-18). Die Teilung des Jordan führte zur Komposition von Psalm 114.

2. Die Gedenksteine (4,1-24)

a. Ihr Zweck (4,1-7)

In den Versen 1-7 geht es um das Mahnmal und den Zweck der Gedenksteine. Der Abschnitt beginnt mit einer göttlichen Offenbarung, deren Zeitpunkt mit den folgenden Worten beschrieben wird: *Und es geschah, als die ganze Nation vollständig durch den Jordan gezogen war* (Vers 1a). Das hebräische Wort für „Nation" ist *goi*, ein Begriff, der normalerweise für Heiden verwendet wird, hier aber für Israel steht. Die Rabbiner erklärten dies damit, dass in diesem Vers der Begriff die Heiden miteinschloss, die Israel gefolgt waren, wie etwa die Holzfäller und die Wasserschöpfer. Angeblich bewies dies, dass der Jordan sich auch für diejenigen teilte, die zwar nicht direkt zum Volk gehörten, aber doch mit Israel verbunden waren.[80] Es gibt jedoch keinen Hinweis im Text, dass *goi* für die Heiden verwendet wurde, die Israel gefolgt waren. Als nun alle Israeliten den Jordan überquert hatten, *da sprach der Herr zu Josua* (Vers 1b). Gott offenbarte, dass die Israeliten zwei verschiedene Denkmäler errichten sollten. Das erste Denkmal sollte im Flussbett des Jordan errichtet werden, um zu zeigen, wo das Wunder stattgefunden hatte. Das zweite Mahnmal sollte bei Gilgal am Westufer des Flusses errichtet werden, um zu zeigen, was geschehen war.

Die Verse 2-3 enthalten den göttlichen Befehl. Erneut wurde in Vers 2 Josua befohlen, eine Auswahl zu treffen: *Nehmt euch aus dem Volk zwölf Männer, einen Mann für [jeden] Stamm* (Vers 2). Sobald die Auswahl getroffen war, sollte Josua einen Befehl erteilen: *und gebietet ihnen Folgendes: Hebt euch hier mitten im Jordan von der Stelle, wo die Füße der Priester auf festem Boden standen, zwölf Steine auf, bringt sie mit euch hinüber und legt sie in dem Nacht-*

80 Siehe: Drucker, *Yehoshua*, S. 146.

lager nieder, wo ihr diese Nacht verbringen werdet (Vers 3). Josua sollte die zwölf Männer, die er ausgewählt hatte, anweisen, zwölf Steine aufzulesen und sie zum Ort ihres ersten Nachtlagers zu tragen.

Die Verse 4-7 berichten von dem Gehorsam, mit dem Josua auf Gottes Befehl reagierte. In Vers 4 rief er die zwölf Männer zusammen, die er bestimmt hatte: *Da rief Josua die zwölf Männer, die er aus den Söhnen Israel eingesetzt hatte, je einen Mann für [jeden] Stamm.* Nachdem sie versammelt waren, gab Josua ihnen genaue Anweisungen (Verse 5-7), beginnend in Vers 5 mit der Handlung: *Und Josua sagte zu ihnen: Geht hinüber vor der Lade des Herrn, eures Gottes, mitten in den Jordan, und hebt euch jeder einen Stein auf seine Schulter, nach der Zahl der Stämme der Söhne Israel.* Die Anweisung bestand aus zwei Teilen. Erstens sollten die zwölf Männer in die Mitte des Jordans gehen, vorbei an der Bundeslade. Zweitens sollten sie Steine aufnehmen, sie auf ihre Schultern heben und sie wegtragen. Weil sie jeden der zwölf Stämme repräsentieren sollten, sollten zwölf solcher Steine aus dem Flussbett aufgelesen werden.

In Vers 6 erklärte Josua dann den Zweck dieser Handlung: *damit dies ein Zeichen in eurer Mitte ist! Wenn eure Kinder künftig fragen: Was [bedeuten] euch diese Steine?* Der Zweck des Aufsammelns und Wegtragens der Steine war, ein Denkmal zu errichten. Dieses Mahnmal sollte ein Zeichen unter den Israeliten sein und künftige Generationen zu der Frage veranlassen: Was ist hier am Jordan geschehen? Vers 7 gibt die Antwort: *dann sollt ihr ihnen sagen: Das Wasser des Jordan wurde vor der Lade des Bundes des Herrn abgeschnitten! Bei ihrem Durchzug durch den Jordan wurde das Wasser des Jordan abgeschnitten! Und diese Steine sollen den Söhnen Israel für alle Zeiten zur Erinnerung dienen.* Das hebräische Wort für „Erinnerung" ist *zicharon*. Im Buch Josua wird es nur hier verwendet, aber es erscheint insgesamt zwanzig Mal in der hebräischen Bibel und dreizehn Mal davon in den mosaischen Büchern (2. Mose bis 4. Mose).

Eine Beobachtung bezüglich der Verse 6-7 ist, dass sie in Form eines Chiasmus geschrieben wurden:

A. *damit dies ein Zeichen in eurer Mitte ist! Wenn eure Kinder künftig fragen:*
  B. *Was [bedeuten] euch diese Steine? – dann sollt ihr zu ihnen sagen:*
    C. *Das Wasser des Jordan wurde [...] abgeschnitten*
      D. vor der Lade des Bundes des HERRN
      D. Bei ihrem Durchzug durch den Jordan
    C. *wurde das Wasser des Jordan abgeschnitten!*
  B. *Und diese Steine sollen*
A. *den Söhnen Israel für alle Zeiten zur Erinnerung dienen.*

b. Die erste Gruppe von Steinen (4,8-13)

Vers 8 handelt vom Gehorsam der Israeliten: *Da taten die Kinder Israel, wie Josua geboten hatte.* Ihr Handeln wird in drei Schritten beschrieben: Erstens *hoben* sie *zwölf Steine aus der Mitte des Jordan auf, wie der Herr zu Josua geredet hatte, nach der Zahl der Stämme der Söhne Israel*; zweitens *brachten* sie *sie mit sich in das Nachtlager hinüber*; und drittens *legten* sie *sie dort nieder.* All das zeigt, dass das Volk Israel die Führung Josuas eindeutig akzeptiert hatte.

Vers 9 berichtet vom Errichten des Mahnmals: *Zwölf Steine aber richtete Josua mitten im Jordan auf, an der Stelle, wo die Füße der Priester, die die Bundeslade trugen, gestanden hatten. Dort sind sie noch bis zum heutigen Tag.* Nachdem die Kinder Israels ihrem Anführer Gehorsam gezeigt hatten, war es Josua selbst, der das Mahnmal errichtete. Er tat dies an einem bestimmten Ort, nämlich dort, wo die Priester am Rand des Flusses gestanden hatten. Der Vers verweist auf die Langlebigkeit dieser Gedenkstätte, indem er sagt, dass die Steine *bis zum heutigen Tag* an diesem bestimmten Ort stehen. Dieser Ausdruck kommt in der hebräischen Bibel 83 Mal vor. Fünfzehn Mal davon findet man ihn in Josua, mehr als in jedem anderen Buch. Die Steine waren wahrscheinlich nicht dazu bestimmt, für immer dort zu bleiben, sondern nur für diese und die nachfolgende Generation. Da die Steine schwer waren und am Rande des Flussufers platziert wurden, sind sie sicherlich nicht sofort wieder weggeschwemmt worden, und so waren sie in der Trockenzeit, wenn der Jordan niedrig stand, für alle sichtbar. Im Laufe der Zeit verschwanden sie dann.

Der Talmud stellt fest, dass die Steine noch in der Generation nach der Zerstörung des Zweiten Tempels am Ufer des Jordan zu sehen waren[81] und behauptet, dass einst drei Rabbiner auf ihnen standen und sie gemessen haben:

> Rabbi Yehuda sagt: Abba Ḥalafta und Rabbi Elieser ben Matya und Ḥananya ben Ḥakhinai standen auf denselben Steinen, die das jüdische Volk aus dem Jordan nahm, und sie maßen sie und fanden, dass jeder einzelne etwa vierzig *Se'a* wog.[82]

Ein rabbinischer Kommentar zu Josua merkt an:

> Offenbar aus eigener Initiative ließ Josua zwölf weitere Steine im Flussbett selbst aufstellen: ein natürlicher Vorgang, um den Ort zu

81 Cohen, „Joshua and Judges", *Soncino Books of the Bible*, S. 18-19.

82 *bT. Sotah* 34a.

markieren, an dem die Priester mit ihrer heiligen Last gestanden hatten. Die Gedenkstätte in Gilgal machte dieses Mahnmal notwendig. Die erste Gedenkstätte warf Fragen auf, die die zweite beantwortete. In Gilgal begann diese Lektion in Israels Geschichte; am Jordan wurde sie vollendet. Kinder, die diese wundersame Geschichte hörten, fragten natürlich, wo die Überquerung stattgefunden hatte, und hier war die Antwort, die ihnen genau die Stelle zeigte, auf der die Füße derer gestanden hatten, die die Bundeslade trugen.[83]

Vers 10 beschreibt die Überquerung des Volkes: *Und die Priester, die Träger der Lade, blieben mitten im Jordan stehen, bis die ganze Sache ausgeführt war, die der Herr dem Josua geboten hatte dem Volk zu sagen; genauso wie Mose dem Josua befohlen hatte. Und das Volk eilte und zog hinüber*. Die Aufgabe der Priester war es, die Bundeslade zu tragen und in der Mitte des Jordans stehen zu bleiben, bis alle hinübergegangen waren. Die Überquerung musste an einem einzigen Tag erfolgen, und zwei Millionen Menschen mussten an diesem Tag hinübergehen. Also beeilten sie sich.

Vers 11 berichtet von der Überquerung der Bundeslade: *Und es geschah, als das ganze Volk vollständig hinübergezogen war, da zogen [auch] die Lade des Herrn und die Priester hinüber vor den Augen des Volkes*. In dem Moment, als das Volk den Fluss überquerte, kamen die Bundeslade und die *Kohanim*, also die Priester, auf die andere Seite. Der Vers schließt mit der Feststellung, dass die Überquerung der Bundeslade und der Kohanim vom ganzen Volk beobachtet wurde.

Diese Interpretation der Abfolge der Ereignisse hat unter den Rabbinern eine Debatte ausgelöst. Ein rabbinischer Kommentar zu Josua merkt an: „Die Schwierigkeit bei dieser Interpretation liegt in den letzten beiden Worten des Verses, ‚vor dem Volk', die implizieren, dass die Kohanim zuerst den Jordan verlassen haben."[84] Der Kommentar fährt fort, die jeweiligen Positionen der Rabbiner zusammenzufassen, beginnend mit dem Bericht aus dem babylonischen Talmud:

> Sobald der letzte des jüdischen Volkes aus dem Jordan heraufstieg, kehrte das Wasser an seinen Platz zurück, wie es heißt: „Und es geschah, als die Priester, die die Bundeslade des Herrn trugen, aus der Mitte des Jordans heraufstiegen und die Fußsohlen der Priester auf das trockene Land zogen, da kehrte das Wasser des Jordans an seinen

83 Cohen, „Joshua and Judges", *Soncino Books of the Bible*, S. 18.
84 Drucker, *Yehoshua*, S. 152.

> Ort zurück und trat über alle seine Ufer, wie es zuvor gewesen war" (Jos 4,18). Die Gemara versteht, dass die Priester, die die Lade trugen, im Wasser standen, bis das gesamte jüdische Volk den Jordan durchquert hatte. Sobald das ganze jüdische Volk die andere Seite des Jordans erreicht hatte, traten die Priester aus dem Wasser zurück und der Jordan kehrte in seinen natürlichen Zustand zurück. Daraus folgt, dass die Bundeslade und ihre Träger und die Priester auf der einen Seite des Jordans waren, der Ostseite, und der Rest des jüdischen Volkes war auf der anderen Seite, der Westseite. Anschließend trug die Bundeslade ihre Träger in die Luft und überquerte den Jordan, wie es heißt: „Als das ganze Volk vollständig hinübergegangen war, ging die Lade des Herrn weiter und die Priester vor dem Volk her" (Jos 4,11). Und wegen dieser Sache wurde Usa bestraft, weil er nicht richtig auf die Bundeslade aufgepasst hatte. Der Heilige, gepriesen sei Er, sprach zu ihm: Usa, die Bundeslade trug ihre Träger, als sie den Jordan überquerte; ist durch dieses Ereignis denn nicht klargeworden, dass sie sich selbst tragen kann?[85]

Ein Kommentar zu diesem Text aus dem babylonischen Talmud stellt fest: „Das Verständnis unserer Weisen ist dem unseren hoch überlegen und muss daher als Erklärung für dieses Ereignis akzeptiert werden."[86] Einer dieser Weisen war Raschi (1040-1105), der in seiner Textauslegung der in Josua 4,11 angegebenen Chronologie folgte: Das Volk überquerte den Fluss zuerst, gefolgt von den Priestern. Er behauptete jedoch, dass die Kohanim, also die Priester, nicht auf die gleiche Weise wie der Rest der Israeliten den Fluss überquerten, sondern dass sie zum östlichen Ufer des Jordan zurückkehrten. Dann wiederholte er die oben zitierte Passage aus dem Talmud. „Die letzten beiden Worte des Verses, die andeuten, dass die Kohanim zuerst den Jordan verließen, interpretiert Raschi als ‚vor den Augen des Volkes'. Damit betont die Schrift, dass dieses Wunder vor den Augen der Israeliten geschah."[87] Ein anderer Rabbiner, Bahya ben Asher (1255-1340), behauptete, dass das Verb „hinübergehen" in Josua 4,11 die Interpretation von Raschi unterstützt, denn „[*vayavor*] bedeutet wörtlich ‚hinübergehen', was darauf hinweist, dass die Bundeslade mit den Kohanim als eine Einheit hinüberging. Hätten beide den Fluss auf die übliche Weise überquert, dann hätte es geheißen: [...] *sie gingen hinüber.*"[88] Rabbi David Kimchi

85 *bT. Sotah* 35a.
86 Raschi, *The Book of Joshua*, S. 26.
87 Ebd.
88 Ebd.

(1160-1235), auch bekannt als Radak, widersprach Raschis Interpretation und bemerkte, dass die Heilige Schrift sicherlich ein solch beeindruckendes Wunder aufgezeichnet hätte. Im Gegenzug bot er zwei alternative Interpretationen des Verses an:

> (a) ‚[…] als das Volk vollständig durchgegangen war, gingen die Bundeslade von HASHEM und die Kohanim […] vor dem Volk durch.'
> (b) ‚[…] als das Volk den Jordan vollständig überquert hatte, (warteten sie am Ufer des Jordans, bis) die Bundeslade von HASHEM und die Kohanim vor dem Volk vorbeigingen'; (das Volk folgte dann der Bundeslade).[89]

Die Verse 12-13 beschreiben den Durchzug der transjordanischen Stämme, wobei Vers 12 diese Stämme auflistet: *Und die Söhne Ruben und die Söhne Gad und der halbe Stamm Manasse zogen gerüstet vor den Söhnen Israel her, wie Mose zu ihnen gesagt hatte.* Gemäß diesem Vers übernahmen die transjordanischen Stämme die Führung.

Vers 13 liefert die konkreten Zahlen: *Etwa 40 000 zum Krieg Gerüstete zogen vor dem Herrn her zum Kampf in die Steppen von Jericho.* Da etwa 40.000 Mann über den Fluss in die Ebene von Jericho zogen, bewies dies, dass die Mehrheit der Krieger zurückblieb.

- ✡ Nach 4. Mose 26,34 hatte Manasse insgesamt 52.700 Krieger.
- ✡ Nach 4. Mose 26,7 hatte Ruben 43.730 Krieger.
- ✡ Nach 4. Mose 26,18 hatte Gad 40.500 Krieger.

Die gesamte männliche Bevölkerung dieser drei Stämme betrug also 136.930. Das heißt, 40.000 Soldaten machten etwa 29 Prozent der gesamten männlichen Bevölkerung aus. War dies ein Akt des Ungehorsams seitens der transjordanischen Stämme? Nicht unbedingt. Es wäre unverantwortlich gewesen, die Frauen und Kinder schutzlos und ohne Unterstützung zurückzulassen. Außerdem musste das Land auf der Ostseite des Jordans bebaut werden, während auf der anderen Seite des Flusses gekämpft wurde.

c. Das Ergebnis für Josua (4,14)

Vers 14 beschreibt das Ergebnis der Überquerung für Josua: *An jenem Tag machte der Herr den Josua groß in den Augen von ganz Israel. Und sie fürchteten ihn, wie sie Mose gefürchtet hatten, alle Tage seines Lebens.* Das zeigt,

89 Ebd., S. 152-153.

dass Josuas Stellung nun der glich, die Mose nach dem Durchzug durch das Rote Meer in 2. Mose 14,31 genoss.

d. Die Überquerung der Bundeslade (4,15-18)

Die Verse 15-16 geben einen erneuten Befehl Gottes wieder. Vers 15 beginnt den Abschnitt mit der Verkündigung, dass nun eine göttliche Offenbarung folgen würde: *Und der Herr sprach zu Josua.* Was Gott zu Josua sagte, steht in Vers 16: *Befiehl den Priestern, die die Lade des Zeugnisses tragen, dass sie aus dem Jordan heraufsteigen!* Das hebräische Wort für „heraufsteigen" ist *veyaalu.* Wie bereits erwähnt interpretierten Rabbiner wie Raschi den Begriff folgendermaßen: Die Bundeslade hob die Priester in die Lust und flog mit ihnen über den Jordan. Die Rabbiner stützten ihre Interpretation auf diesen hebräischen Begriff *veyaalu.* Natürlich ist das nicht das, was der Text sagt.

Im Gehorsam gegenüber Gottes Anweisungen befahl Josua den Priestern in Vers 17, aus dem Jordan zu kommen: *Da befahl Josua den Priestern: Steigt aus dem Jordan herauf!*

Vers 18 beschreibt die Rückkehr der Wasser des Jordan: *Und es geschah, als die Priester, die die Lade des Bundes des Herrn trugen, aus der Mitte des Jordan heraufstiegen, als die Fußsohlen der Priester kaum das Trockene berührt hatten, da kehrte das Wasser des Jordan an seinen Platz zurück, und es floss wie früher über alle seine Ufer.* Das Wasser des Jordan reagierte prompt auf den Rückzug der Priester und nahm seinen natürlichen und ursprünglichen Lauf wieder auf.

e. Die zweite Gruppe von Steinen (4,19-24)

Vers 19 beschreibt die Ankunft der Israeliten in Gilgal: *Und das Volk stieg aus dem Jordan herauf am zehnten [Tag] des ersten Monats; und sie lagerten sich in Gilgal, an der Ostgrenze von Jericho.* An genau demselben Datum, vierzig Jahre zuvor, bereitete sich Israel auf den Auszug aus Ägypten vor. Der zehnte Tag des ersten Monats war auch der Tag, an dem das Passahlamm geschlachtet wurde. Die Israeliten hatten das Passahfest seit Jahrzehnten nicht mehr gefeiert. In Gilgal würden sie es nun tun. Der hebräische Name dieser Stadt bedeutet „Kreis". Die Heilige Schrift erwähnt mehrere Orte namens Gilgal, und obwohl Vers 19 besagt, dass dieses Gilgal an der Ostgrenze von Jericho lag, sind die Überreste der Stadt niemals entdeckt worden. Daher ist ihre genaue Lage bis heute unbekannt.

Vers 20 berichtet über das Aufstellen der Steine: *Jene zwölf Steine aber, die sie aus dem Jordan genommen hatten, richtete Josua in Gilgal auf.* Die Rabbiner behaupten, dass Josua Gilgal als Standort des Denkmals auswählte, weil es für die ersten 14 Jahre, die das Volk im Land war, die Hauptstadt Israels wurde.[90]

Der Zweck des Denkmals wird in den Versen 21-24 dargelegt, beginnend in Vers 21 mit einer Frage, die von zukünftigen Generationen gestellt werden könnte: *Und er sagte zu den Söhnen Israel: Wenn eure Söhne künftig ihre Väter fragen werden: Was bedeuten diese Steine?* Wenn also die Nachkommen der Israeliten, die den Jordan überquert hatten, fragten, was die Steine symbolisierten, sollte die Antwort wie folgt lauten: *[dann] sollt ihr es euren Söhnen [so] erklären: Trockenen Fußes hat Israel diesen Jordan durchquert* (V. 22). Vers 23 setzt die Antwort fort und liefert eine Erklärung des Wunders: *Denn der Herr, euer Gott, hat das Wasser des Jordan vor euch vertrocknen lassen, bis ihr hinübergezogen wart, wie der Herr, euer Gott, es mit dem Schilfmeer tat, das er vor uns vertrocknen ließ, bis wir hindurchgezogen waren.* Josua wiederholte das Wunder und erklärte, dass Gott das Flussbett so lange trocken hielt, bis sein Volk den Jordan durchquert hatte. Er verglich die Ereignisse mit dem, was Gott am Roten Meer getan hatte. Vers 24 offenbart dann, welchen weiteren Sinn dieses Wunder haben sollte: *damit alle Völker der Erde erkennen sollen, wie stark die Hand des Herrn ist, damit ihr den Herrn, euren Gott, allezeit fürchtet.* Die Heiden sollten dadurch die Macht Gottes erkennen und die Israeliten sollten ihn immer fürchten.

Zusammenfassend lässt sich sagen, dass der Zweck des zweiten Mahnmals darin bestand, die Kinder der nachfolgenden jüdischen Generationen zu lehren, was Gott getan hatte. Spätere Hinweise auf das Wunder in den Psalmen beweisen, dass dieser Zweck tatsächlich erfüllt wurde (Ps. 66,6; 114,3). Außerdem sollten die Steine den heidnischen Völkern die Macht Gottes zeigen, und schließlich sollten sie die Israeliten lehren, Gott zu fürchten.

3. Die Reaktion der Kanaaniter (5,1)

Wie Vers 1 zeigt, betrachteten die Kanaaniter das Austrocknen des Jordan eindeutig als ein Wunder:

> *Und es geschah, als alle Könige der Amoriter, die jenseits des Jordan im Westen, und alle Könige der Kanaaniter, die am Meer wohnten, hörten, dass der HERR das Wasser des Jordan vor den Söhnen Israel hatte vertrocknen lassen, bis wir hinübergezogen waren, da zerschmolz ihr Herz, und es war kein Mut mehr in ihnen vor den Söhnen Israel.*

90 Für ein Beispiel dieser rabbinischen Lehre siehe: Yerushalmi, *The Torah Anthology: The Book of Yehoshua*, S. 108.

Das Austrocknen des Jordan war in der Tat ein Wunder in sieben spezifischen Hinsichten:

1. Es erfüllte ein in Josua 3,13-14 prophezeites Ereignis.
2. Die Zeitabfolge war exakt, wie in Josua 3,15 zu sehen ist. Genau in dem Moment, als die Priester ihre Füße in das Wasser tauchten, staute sich der Jordan im Norden.
3. Das Wasser richtete sich auf wie ein Damm (Jos 3,16).
4. Das Wunder geschah zu einer Zeit, in der der Fluss Hochwasser hatte (Jos 3,15).
5. Das Anhalten des Jordan und aller seiner Nebenflüsse hielt einen ganzen Tag an (Jos 3,16; 4,19).
6. Das Flussbett wurde schnell trocken (Jos 3,17).
7. Der genaue Zeitpunkt der Rückkehr des Wassers war, als die Priester aus dem Wasser herausstiegen (Jos 4,18).

4. Die Chronologie der Überquerung

Vom Anfang bis zum Ende dauerte die Überquerung des Jordan sieben Tage. Die Chronologie dieser Tage ist hier in Form einer Tabelle dargestellt:

Tabelle 5: Chronologie der sieben Tage rund um die Überquerung des Jordan

Tag	Dinge, die an diesem Tag geschahen
1	Dem Volk wurden Anweisungen gegeben, sich darauf vorzubereiten, den Fluss innerhalb von drei Tagen zu überqueren (Jos 1,10-11). Die beiden Kundschafter wurden ausgesandt (Jos 2,1). Sie kamen bei Rahabs Haus an und entkamen in dieser Nacht. Das Ende der Stunden der Dunkelheit bildete den ersten der drei Tage des Versteckens (Jos 2,22). Josua wandte sich an die transjordanischen Stämme (Jos 1,12-15). Die transjordanischen Stämme bekräftigten ihre Loyalität gegenüber Josua (Jos 1,16-18).
2	Die Kundschafter versteckten sich weiterhin in den Hügeln (Jos 2,22).
3	Die Kundschafter versteckten sich weiter und kehrten irgendwann an diesem Tag zurück, um Josua Bericht zu erstatten (Jos 2,22-23).
4	Josua und das Volk zogen von Schittim zum Jordan (Jos 3,1). Dies ist der erste der drei Tage aus Josua 3,2.
5	Das Volk blieb am Jordan; dies ist der zweite Tag der drei Tage aus Josua 3,2.

6	Dies ist das Ende der drei Tage aus Josua 3,2. Die *Schotrim* oder Amtsleute gingen durch das Lager und unterwiesen das Volk bezüglich der Überquerung des Flusses (Jos 3,2-4). Josua gab dem Volk die Anweisung, sich zu heiligen (Jos 3,5).
7	Die Israeliten überquerten den Jordan (Jos 4,17-19). Denkmäler wurden aufgestellt (Jos 4,20).

D. Die Beschneidung der Israeliten (5,2-9)

Während die Kanaaniter aufgrund des Wunders, das gerade geschehen war, mit Schrecken erfüllt waren, befahl Gott Josua, die israelitischen Männer zu beschneiden. Die Ereignisse werden in den Versen 2-9 beschrieben. Vers 2 berichtet über den göttlichen Befehl: *Zu der Zeit sprach der Herr zu Josua: Mache dir steinerne Messer und beschneide die Israeliten wie schon früher* (Lutherbibel 2017). Der Ausdruck „wie schon früher" bedeutet, dass die Israeliten nun nach vierzig Jahren des Ungehorsams ihre Söhne wieder beschneiden sollten. Gott hatte ihnen das Land unter dem abrahamitischen Bund versprochen. Deshalb mussten sie wieder unter den Gehorsam gegenüber diesem Bund gestellt werden, was bedeutet, dass sie wieder anfangen mussten, ihre Söhne zu beschneiden. Die beschnittenen Männer sollten diejenigen ersetzen, die in der Wüste umgekommen waren.

Die Rabbiner behaupteten, dass es eine kollektive Beschneidung vor dem Exodus gab, und dies war die zweite kollektive Beschneidung, aber diese Behauptung wird von der Schrift nicht bestätigt.[91] Dennoch stellt sich die Frage, warum die Israeliten es versäumt hatten, ihre Söhne während der vierzigjährigen Wüstenwanderung zu beschneiden. Es gibt vier mögliche Antworten auf diese Frage. Erstens: Der eigentliche Grund ist unbekannt. Zweitens, da die Israeliten nie genau wussten, wann sie weiterziehen mussten, war es unbequem, die Beschneidung durchzuführen, und deshalb wurde die Praxis vernachlässigt. Drittens: Es war eine vorsätzliche, sündhafte Vernachlässigung. Wenn dies jedoch der Fall war, hat Gott sein Volk nie offiziell dafür verurteilt. Viertens verursachte die Sünde von Kadesch-Barnea einen Bruch der Verheißung (4Mo 14,32-34). In Kadesch-Barnea wurden die Israeliten zu einer vierzigjährigen Wüstenwanderung verurteilt. Während dieser Zeit starben alle, die aus Ägypten gekommen waren, außer den beiden treuen Kundschaftern und denen, die unter zwanzig Jahre alt waren. Der Abfall vom Glauben, der diesen göttlichen Urteilsspruch verur-

91 Siehe: Drucker, *Yehoshua*, S. 158-159.

sacht hatte, führte auch dazu, dass diese bestimmte Generation der Israeliten nicht in das verheißene Land einziehen konnte. Weil sie das verheißene Land nicht betreten durften und sich so die Landverheißung für sie nicht erfüllte, wurden sie von der Verpflichtung der Beschneidung befreit. Mit anderen Worten, während der gesamten Dauer der Bestrafung wurde Israel das Zeichen des abrahamitischen Bundes verweigert. Die Überquerung des Jordan zeigte, dass das Volk wieder in die göttliche Gunst aufgenommen worden war. Da es im Begriff war, das Land der Verheißung zu betreten, um an der Bundeserfahrung teilzuhaben, sollte es nun das Zeichen des Bundes auf sich nehmen. Die beste Antwort ist wahrscheinlich eine Kombination aus der dritten und der vierten.

Die Rabbiner kamen auf eine ungewöhnliche Erklärung. Es lag ihnen wohl daran zu vermeiden, ihr Volk für das Versäumnis der Beschneidung zu verurteilen. Sie behaupteten, dass während der vierzigjährigen Wüstenwanderung die für die Heilung notwendigen atmosphärischen Bedingungen nicht gegeben waren. Diese atmosphärischen Bedingungen werden angeblich durch den Nordwind verursacht, aber dieser Wind wehte nicht, weil die Wolke der Herrlichkeit, die die Israeliten durch die Wüste führte, durch genau diesen Wind verweht worden wäre. Außerdem machten die Müdigkeit und Schwäche, die durch das ständige Wandern entstanden, die chirurgische Entfernung der Vorhaut gefährlich. Zudem war das Volk verpflichtet aufzubrechen, wenn sich die Wolke bewegte, und so konnte es nicht warten, bis die Wunde geheilt war. Diese beiden Gründe finden sich in der folgenden Passage des Talmuds:

> Und was ist der Grund dafür, dass sie sich in der Wüste nicht beschnitten haben, nachdem die Tora bereits gegeben worden war? Die Gemara antwortet: Wenn Sie wollen, sagen Sie, es lag an der Müdigkeit, die durch ihre Wanderung verursacht wurde. Da sie ständig unterwegs waren, waren sie zu schwach, um sich der Beschneidung zu unterziehen.
>
> Und wenn Sie wollen, sagen Sie stattdessen, dass es daran lag, dass der Nordwind nicht für sie wehte und das heiße Wetter wahrscheinlich zu medizinischen Komplikationen nach dem Eingriff geführt hätte. Wie es in einer *Baraita* gelehrt wird: Während all dieser vierzig Jahre, die die Juden in der Wüste verbrachten, wehte der Nordwind nicht für sie.
>
> Die Gemara fragt: Was ist der Grund, dass dieser heilsame Wind all die Jahre nicht geweht hat? Wenn Sie wollen, sagen Sie, es war, weil sie nach der Sünde der Kundschafter unter [Gottes] Gericht standen

und daher diesen heilsamen Wind nicht verdient hatten. Und wenn Sie wollen, sagen Sie stattdessen, dass es so war, dass die Wolke der Herrlichkeit, die die Stiftshütte bedeckte, sich nicht zerstreuen sollte.[92]

Ein rabbinischer Text bemerkt, dass der Stamm Levi trotz dieser Umstände „die Konsequenzen riskierte und die Beschneidung praktizierte."[93]

Ein anderer jüdischer Kommentator fügte die folgenden Gedanken bezüglich des Zeitpunkts der Beschneidung in Josua 5 hinzu:

> [Josua 5,2] zeugt von der Hingabe Israels an die Erfüllung von Gottes Geboten, denn obwohl die Israeliten von der Wüstenwanderung erschöpft waren, waren sie immer noch bereit, sich der Beschneidung zu unterziehen. Es gibt mehrere Gründe, warum *diese Zeit* für die Durchführung der Mitzwa der Beschneidung besonders geeignet war:
>
> Während sie sich von der Beschneidung erholten, würden die Juden nicht in der Lage sein, sich gegen Angreifer zu verteidigen. Da aber die Kanaaniter die Juden nach dem Wunder am Jordan fürchteten, brauchte Israel während der dreitägigen Erholungszeit keinen Angriff zu fürchten.
>
> Die Beschneidung war für das bevorstehende Pessachopfer erforderlich. Dieses Opfer darf nicht von Männern gegessen werden, die unbeschnitten sind oder deren Söhne unbeschnitten sind. Daher bot die Beschneidung am 11. Nissan (das war der Tag nach der Überfahrt) eine dreitägige Erholungszeit vor dem Zeitpunkt des Pessachopfers am 14. Nissan.
>
> Israel hatte gerade den Jordan überquert und die Beschneidung war Voraussetzung für den Eintritt in *Eretz Israel.* Der *Midrasch* erklärt, dass Gott, als er Abraham *Eretz Israel* versprach, eine Bedingung stellte. In *1. Mose* 17,8-9 heißt es: *Ich gebe dir und deinen Kindern nach dir […] das ganze Land Kanaan* unter der Bedingung, dass *du und deine Kinder nach dir meinen Bund bewahren* (d.h. die Beschneidung).[94]

Vers 3 zeigt den Gehorsam von Josua und den Israeliten: *Da machte sich Josua steinerne Messer und beschnitt die Söhne Israel am Hügel Aralot*, d.h. am Hügel der Vorhäute. In der rabbinischen Tradition wird gelehrt, dass Bileam (4Mo 22-24) über dieses Ereignis prophezeite:

---

92 *bT. Yevamot* 71b-72a.

93 Raschi, *The Book of Joshua*, S. 30.

94 Drucker, *Yehoshua*, S. 160.

Bilaam spielte auf diese Episode in der jüdischen Geschichte an, als er sagte: *Von der Spitze der Felsen [...] sehe ich ihn, und von den Hügeln [...] erblicke ich ihn* (*4Mo* 23,9). Die Felsen, die er sich vorstellte, waren die Felsen, die Josua benutzte, um die Israeliten zu beschneiden, und der Hügel war der Hügel mit den Vorhäuten, der in diesem Vers erwähnt wird. Der *Midrasch* (*Pirkei De R'Eliezer*, Kapitel 29) sagt, dass diese Israeliten ihre beschnittenen Vorhäute mit Erde aus der Wüste bedeckten. Wegen des Verdienstes, den Israel durch diese Tat erlangte, war Bilaam nicht in der Lage, sie zu verfluchen; deshalb rief er aus: *Wer kann den Staub von Jakob zählen?* (*4Mo* 23,10). Dieser Vorfall veranlasste die Rabbiner zu erklären, dass das Blut und die Vorhaut von der Beschneidung mit Erde bedeckt werden sollten.[95]

Die Verse 4-7 liefern die Erklärung für die Beschneidung. Vers 4 befasst sich mit der Exodus-Generation: *Und dies ist der Grund, warum Josua [sie] beschnitt: Alles Volk männlichen Geschlechts, das aus Ägypten gezogen war, alle Kriegsleute waren unterwegs in der Wüste gestorben bei ihrem Auszug aus Ägypten.* Vers 5 vergleicht die Exodus-Generation mit der Generation der Wüstenwanderung: *Denn das ganze Volk, das auszog, war beschnitten gewesen; aber das ganze Volk, das in der Wüste unterwegs bei ihrem Auszug aus Ägypten geboren worden war, hatte man nicht beschnitten.* Zusammenfassend kann man sagen, dass die Exodus-Generation beschnitten war, denn das Volk hatte in Ägypten die Beschneidung praktiziert. Zudem waren alle Männer, die auf dem Berg Sinai standen, ebenfalls beschnitten, was zeigt, dass die Praxis der Beschneidung nach dem Exodus weiterging. Diese neue Generation aber, die gerade ins Land gezogen war, war nicht beschnitten.

Vers 6 konzentriert sich auf die Sünde von Kadesch-Barnea: *Denn die Söhne Israel wanderten vierzig Jahre in der Wüste, bis die ganze Nation umgekommen war – die Kriegsleute, die aus Ägypten ausgezogen waren –, weil sie nicht auf die Stimme des Herrn gehört hatten [und] weil der Herr ihnen geschworen hatte, sie das Land nicht sehen zu lassen, das der Herr ihren Vätern geschworen hatte, uns zu geben, ein Land, das von Milch und Honig überfließt.*

Von der Exodus-Generation starben diejenigen, die zwanzig Jahre oder älter waren, außerhalb des verheißenen Landes. Der Grund dafür war, dass sie Gott nicht geglaubt hatten, und ihr Unglaube führte zu Ungehorsam. Deshalb verurteilte Gott sie zum Tod außerhalb des Landes, eines Landes, das er ihren Vorfahren versprochen hatte und in dem Milch und Honig flossen.

95 Ebd., S. 162.

Fünf Beobachtungen sind hier angebracht. Erstens: Die Exodus-Generation war dazu verurteilt, in der Wüste zu sterben und niemals das verheißene Land zu betreten. Dieses Urteil wurde über die gesamte Generation ausgesprochen, die aus Ägypten auszog, ab dem Alter von zwanzig Jahren und aufwärts. Sie lebten nicht gemäß der Bedeutung des Bundeszeichens und profitierten deshalb nicht von der Beschneidung. Zweitens wurde die Exodus-Generation nicht nur dazu verurteilt, in der Wüste zu sterben, sondern sie musste auch die Folgen der Sünde von Kadesch-Barnea tragen. Sie tat dies, indem sie vierzig[96] Jahre lang ein Nomadenleben führte, bevor sie in das Gelobte Land einzog. Die, die jünger als zwanzig waren, als das Volk sich in Kadesch-Barnea gegen Gott auflehnte, mussten zwar zusammen mit ihren Vätern die Strafe tragen, doch sie überlebten diese Zeit. Drittens, da die Generation in der Wüste mit der Strafe von Kadesch-Barnea leben musste, beschnitten sie ihre Söhne nicht. Das bedeutet zwar, dass die Söhne der Generation, welche gesündigt hatte, den Bund der Beschneidung nicht erhalten hatten; es bedeutete aber nicht, dass der Bund selbst null und nichtig wurde. Wegen des abrahamitischen Bundes bewahrte Gott sein Volk Israel als eine nationale Einheit. Er verwarf nur eine Generation, aber die Nation als Ganzes konnte er angesichts der bedingungslosen Natur des Abrahams-Bundes gar nicht verwerfen, und so tat er es auch nicht. Viertens führte Kadesch-Barnea dazu, dass die Beschneidung unterlassen wurde, bis die göttliche Bestrafung der Sünde vorüber war. Fünftens: Sobald die neue Generation das Land betrat, sollte das Zeichen der Beschneidung als ein Akt des Gehorsams und in Übereinstimmung mit dem abrahamitischen Bund wieder eingeführt werden.

Vers 7 berichtet von der Beschneidung: *Und ihre Söhne hatte er statt ihrer aufkommen lassen. Diese [nun] beschnitt Josua; denn sie waren unbeschnitten, weil man sie unterwegs nicht beschnitten hatte.* An diesem Tag wurden zwischen 670.000 und 720.000 Männer beschnitten.

Vers 8 beschreibt die Heilung: *Und es geschah, als die ganze Nation vollständig beschnitten war, da blieben sie an ihrem Ort im Lager, bis sie genesen waren.* Wieder wird der hebräische Begriff *Goi* für Israel verwendet.[97] Die Rabbiner erklären diese Verwendung damit, dass der Text impliziert, dass auch die Sklaven, die zur Zeit Moses im Kampf mit den Midianitern gefangen genommen worden waren, an diesem Tag beschnitten wurden.[98]

96 Oder genauer gesagt, achtunddreißig Jahre lang, bis sich das Volk in Schittim niederließ.
97 Siehe Josua 3,17; 4,1; 5,6 verwendet.
98 Siehe: Drucker, *Yehoshua*, S. 164.

Um sich von der Beschneidung zu erholen, blieben die Israeliten so lange in ihrem Lager, bis sie geheilt waren.

An dieser Stelle können drei Beobachtungen gemacht werden:

1. Die in Josua 5,1 beschriebene Furcht der Kanaaniter vor den Israeliten hielt sie davon ab, die Juden anzugreifen, als sie geschwächt darniederlagen.
2. Das war göttlicher Schutz, denn was in Sichem in 1. Mose 34 geschah, hätte auch diesen Israeliten passieren können.
3. Die Beschneidung qualifizierte das Volk, das Passah zu halten, denn 2. Mose 12,48 erklärt, dass kein Unbeschnittener das Passah essen durfte.

In Vers 9a geht es um die Beendigung der Schmach Ägyptens: *Und der Herr sprach zu Josua: Heute habe ich die Schande Ägyptens von euch abgewälzt.* Das hebräische Wort für „Schande" ist *cherpah.* Die Schande Ägyptens war die Vorenthaltung der Segnungen des abrahamitischen Bundes aufgrund der Unbeschnittenheit des Volkes. Die Tatsache, dass Gott diese Schmach nun von den Israeliten entfernte, wirkte der ägyptischen Behauptung entgegen, dass Gott sein Volk nur in die Wüste geführt hatte, um es zu töten, ein Punkt, der in 2. Mose 32,12; 4. Mose 14,13-16 und 5. Mose 9,28 gemacht wird. Die Rabbiner interpretieren den Ausdruck jedoch anders:

> *Schande Ägyptens* bezieht sich auf die Vorhaut. Sie erhielt diesen Namen aus historischen Gründen. Vor dem Exodus verhöhnten die Ägypter die Juden, indem sie sagten: „Sie sind unbeschnitten, genau wie wir." Daher wurde die Vorhaut zu einer Quelle der Schande. *Beis HaLevi* zeigt [...], dass die Juden in Ägypten hartnäckig an der Mitzwa der Beschneidung festhielten. Er erklärt jedoch, dass die Juden, um die Ägypter nicht mit ihrer Andersartigkeit zu verärgern, ihre Beschneidungen verbargen, indem sie die Vorhaut über die Eichel dehnten. (Dies führte dazu, dass die Ägypter sagten: „Ihr seid genauso unbeschnitten wie wir.")[99]
>
> Was war die Schande Ägyptens, die die Juden bis zu diesem Tag erdulden mussten? Manche sagen, es war ihre Unbeschnittenheit, die sie den Ägyptern gleich machte. Als die Juden in Ägypten waren, pflegten die Ägypter sie zu verhöhnen und zu sagen: „Ihr behauptet, dass ihr ein heiliges Volk seid – Gottes Volk, seine Partner im Bund. Aber seht,

99 Ebd., S. 165.

ihr seid genauso unbeschnitten wie wir! Ihr haltet den Bund nicht! Ihr seid nicht besser als wir!" In der Tat, eine Vorhaut ist eine Schande, [...] ein großer Makel für einen Mann.[100]

Für Israel galt [unbeschnitten zu sein] als Schandfleck, wie in 1. Mose XXXIV:14 zu sehen ist. [...] [*cherpah*] kann auch als „Schande" verstanden werden. Der schändliche Glaube der götzendienerischen Ägypter sollte nun durch die Einhaltung der Passah-Riten, die die Schlachtung der ägyptischen Lamm-Gottheit bedeuten, aus der Mitte Israels entfernt werden.[101]

In 2. Mose 10,10 wird der Pharao mit den folgenden Worten zitiert: *So [gewiss] möge der Herr mit euch sein, wie ich euch mit euren Kindern ziehen lasse! Seht [doch selbst], dass ihr Böses vorhabt.* In seinem Kommentar zu diesem Vers stellt Raschi eine Verbindung zu Josua 5,9 her:

Ich habe eine midraschische Erklärung gehört: Es gibt einen bestimmten Stern, dessen Name [...] „Böses" lautet. Der Pharao sagte zu ihnen: „Dank meiner astrologischen Kenntnisse sehe ich diesen Stern in der Wüste aufsteigen, in die ihr ziehen wollt. Er ist ein Zeichen für Blut und Gemetzel." Folglich, als Israel sündigte, indem es das Kalb anbetete, und der Heilige, gepriesen sei Er, beabsichtigte, sein Volk zu töten, sagte Moses in seinem Gebet (2Mo 32,12): „Warum sollten die Ägypter sprechen und sagen: Er hat sie zusammen mit [...] [Bösem] (d.h. unter dem Einfluss des Sterns [...]) zusammengebracht"; das ist es ja, was er (Pharao) schon gesagt hat: „Siehe, der [...] [Böse] ist vor dir." Sofort „besann sich der Herr auf das [...] [Böse]", und er änderte das Blut, von dem dieser Stern ein Symbol war, in das Blut der Beschneidung, weil Josua das Volk tatsächlich beschneiden ließ. Das ist die Bedeutung dessen, was geschrieben steht (Jos 5,9): „Heute habe ich die Schande der Ägypter von euch abgewälzt", denn sie sagten zu euch: „Wir sehen Blut über euch kommen in der Wüste."[102]

Ein moderner Rabbiner, Rav Gifter, erklärt die Schande Ägyptens folgendermaßen:

HaRav Gifter schlägt vor, dass sich die *Schande Ägyptens* auf die Aus-

100 Yerushalmi, *The Torah Anthology: The Book of Yehoshua*, S. 127.

101 Raschi, *The Book of Joshua*, S. 32.

102 *Raschi zu Exodus* 10,10. Diese und alle nachfolgenden „Raschi zu Exodus"-Referenzen stammen von https://www.sefaria.org/Rashi_on_Exodus.

> sage der Juden in der Wüste bezieht (nachdem sie den verleumderischen Bericht der Kundschafter über *Eretz Israel* gehört hatten): *Es wäre besser für uns, nach Ägypten zurückzukehren* (*4Mo* 14,3). Als Folge ihres Murrens verdienten sie nicht mehr den heilsamen Nordwind. Sobald dieser Wind aufhörte, konnten sie keine Beschneidungen mehr durchführen [...] Als Gott Josua befahl, das Volk in Gilgal zu beschneiden, wurde deutlich, dass ihre Sünde des Murrens (die *Schande Ägyptens*) gesühnt (entfernt) worden war, und der Nordwind wurde wiederhergestellt.[103]

Wenn man die Argumente der Rabbiner zusammenfasst, dann bestand die Schande Ägyptens in der Unbeschnittenheit. Die Beseitigung der Schmach war aber auch wichtig, weil dadurch die Ehre Gottes wiederhergestellt wurde:

> [Gott entfernte] die Schande der Ägypter, die behaupteten: „Weil der Herr nicht in der Lage war, sie in das Land zu bringen, das er ihnen geschworen hatte, hat er sie in der Wüste abgeschlachtet." Nun, da sie den Jordan überquert hatten und in das Heilige Land gekommen waren, wurde dieser Vorwurf zunichte gemacht [und Gottes Ehre wiederhergestellt].[104]

In Vers 9b geht es um die Namensgebung von Gilgal: *Daher nennt man diesen Ort Gilgal* [d.h. Abwälzung] *bis zum heutigen Tag*. Das Wort „darum" verbindet die Namensgebung der Stadt mit dem Abwälzen oder Wegrollen der Schande Ägyptens. Die biblische Etymologie scheint also darauf hinzuweisen, dass der Name „Gilgal" „rollen", „wegrollen" und „Rad" bedeutet, was schließlich zur Bedeutung von „Kreis" führte.

E. Das Passahfest (5,10)

Nachdem die Israeliten beschnitten waren, wurde es Zeit, das Passah zu halten: *Und die Söhne Israel lagerten in Gilgal. Und sie feierten das Passah am vierzehnten Tag des Monats, am Abend, in den Steppen von Jericho*. Nun, da sie beschnitten waren, wurde das Volk nicht mehr *Goi* genannt, wie in Josua 5,6 und 8, sondern *benei Israel,* „die Kinder oder Söhne Israels". Ein rabbinischer Kommentar stellt fest:

---

103 Drucker, *Yehoshua*, S. 165-166.
104 Raschi, *The Book of Joshua*, S. 32.

> In Vers 8 wurden die Juden „Goi" genannt [...] Dieser Begriff bezeichnet im Allgemeinen eine heidnische Nation. Nun nennt die Schrift das Volk „Kinder Israels". *Poras Josef* kommentiert, dass [...] [*goi*] verwendet wurde, als die Juden noch unbeschnitten waren, denn damals unterschieden sie sich nicht sichtbar von den anderen Nationen. Nach der Beschneidung jedoch, als es offensichtlich wurde, dass sie Teil des Bundes Abrahams sind, wurden sie „Kinder Israels" genannt.[105]

Nach Exodus 12,48 war die Beschneidung eine notwendige Handlung vor der Teilnahme am Passahfest, welches am Abend des 14. Nissan gefeiert wurde. Dies war das dritte Passahfest in der Geschichte Israels. Das erste fand in Ägypten statt (2Mo 12,1-28), das zweite ein Jahr später am Berg Sinai (4Mo 9,1-15), und nun, 39 Jahre nach dem letzten Passah, feierte Israel erneut das Fest.

Josua 5,10 ist in einer chiastischen Struktur angeordnet:

A. „die Kinder Israel lagerten in Gilgal" – Geografie
  B. „sie hielten das Passahfest" – Feier
  B. „am vierzehnten Tag des Monats, am Abend" – Feier
A. „in den Ebenen von Jericho" – Geografie

Nach der rabbinischen Auslegung von 5. Mose 12,13-14 konnten die Brandopfer nur in der Stiftshütte dargebracht werden. Bis Gott jedoch den Ort für die Stiftshütte auswählte, konnte das Pessachopfer auf öffentlichen Altären dargebracht werden. Nachdem die Juden den Jordan überquert hatten, errichteten sie einen solchen Altar in Gilgal. Dieser wurde benutzt, bis der öffentliche Altar vierzehn Jahre später nach Silo verlegt wurde.

F. Das Manna (5,11-12)

Am Morgen, nachdem Israel das Passah gegessen hatte, endete Gottes wundersame Versorgung des Volkes mit dem Manna. Die Beschreibung dieses Ereignisses ist in den Versen 11-12 festgehalten. Laut Vers 11 begann das Volk am Tag nach dem Passahfest, das auch der erste Tag des Festes der ungesäuerten Brote war, von den Früchten des Landes zu essen: *Und sie aßen von dem Ertrag des Landes am Tag nach dem Passah, ungesäuertes Brot und geröstete Körner, an ebendiesem Tag.* Nachdem sie begonnen hatten, das

105 Drucker, *Yehoshua*, S. 166.

zu ernten, was das Land hergab, hörte das Manna auf, und Vers 12 stellt fest, dass es seit der Zeit nicht mehr zu dieser wundersamen Versorgung der Israeliten mit Nahrung gekommen ist: *Das Man aber hörte auf am folgenden Tag, als sie von dem Ertrag des Landes aßen, und es gab für die Söhne Israel [künftig] kein Man mehr. Und sie aßen von der Ernte des Landes Kanaan in jenem Jahr.* Hier können zwei Beobachtungen gemacht werden. Erstens folgen diese Verse wieder einem chiastischen Muster:

A. „Sie aßen von den Früchten des Landes am Morgen nach dem Passah, ungesäuertes Brot und geröstetes Getreide, an demselben Tag."
  B. „Das Manna hörte am nächsten Tag auf, nachdem sie von den Früchten des Landes gegessen hatten."
  B. „Die Kinder Israel hatten nun kein Manna mehr."
A. „Sondern sie aßen von der Frucht des Landes Kanaan in jenem Jahr."

Die zweite Beobachtung bezieht sich auf die Bedeutung dieses Ereignisses. Manna war die Nahrung der Wüste, und Getreide war kanaanäische Nahrung. Daher markiert das Aufhören des Mannas das Ende jeder Verbindung zur Wüstenwanderung und zur *Schande Ägyptens* (Jos 5,9). Es markiert einen neuen Anfang für Israel, der zeigt, dass die Wüste vorüber und das verheißene Land gekommen war. Außerdem gibt es nun eine neue Verbindung des Passahfestes mit dem verheißenen Land. In 2. Mose 12-13 diente das Fest als Erinnerung an den Exodus, aber jetzt sollte es als Erinnerung an den Einzug in das Gelobte Land dienen. Der Einzug ins Land und das Aufhören des Mannas fielen in die Zeit des Passahfestes. Das Essen für das Passahfestmahl und das Fest der ungesäuerten Brote waren Teil der Ernte Kanaans. Als die Israeliten also während ihres ersten Passahfestes im Gelobten Land dessen Erzeugnisse verzehrten, war dies ein erster Schritt in Richtung der Besitznahme dieses Landes.

Laut der Rabbiner kann die wundersame Versorgung während der Wüstenwanderung „an die Spitze der Liste von Wundern gestellt werden, die dem jüdischen Volk widerfahren sind."[106] Als das Manna aufhörte, betrachteten sie es daher als das Ende einer der bedeutendsten Epochen der jüdischen Geschichte. Sie bemerkten:

> Zum Gedenken an diese Zeit wurde ein Krug mit Manna im Mischkan aufbewahrt. „Nehmt einen Krug und legt darin ein Omer voll Manna und legt es vor den Herrn, damit es für eure Generationen auf-

106 Raschi, *The Book of Joshua*, S. 35.

bewahrt wird." Als in den Tagen von König Josia die Bundeslade versteckt wurde, wurde auch das Manna versteckt. Der Prophet Elia wird es zurückbringen, wenn er das Kommen des Messias ankündigt.[107] Wenn jemand in der Wüste versuchte, Manna zu horten, weil er befürchtete, dass am nächsten Tag kein frischer Vorrat vorhanden sein würde, verfaulte das Manna auf wundersame Weise (siehe *2Mo* 16,20). Am 7. Adar jedoch, als das Manna nicht mehr auftauchte, geschah ein besonderes Wunder: Gott erlaubte den Juden, Manna für die Zukunft aufzuheben. *Alschich* erklärt, dass dieses Wunder die Juden in die Lage versetzte, direkt von der Heiligkeit des Mannas zur Heiligkeit der Körner des Landes überzugehen, ohne sich durch den Verzehr der gewöhnlichen Produkte von Arvos Moav zu entweihen [*Moav* ist hebräisch für „Moab", und so bezieht sich *Arvos Moav* auf die Ostseite des Jordan].[108]

Einige Rabbiner behaupteten, dass die wundersame Bereitstellung des Mannas die Israeliten von der Last befreite, ihren Lebensunterhalt verdienen zu müssen. Dies führte dazu, dass die ganze Nation sich in das Studium der Tora vertieften konnte.[109]

Im Kontext von Josua 5,11-12 kommentierten einige Rabbiner die Frage, warum die Tora *Eretz Israel* („das Land Israel") „Kanaan" nannte. Sie stellten fest, dass erst in den Propheten die Bezeichnung *Eretz Israel* verwendet wird, und boten mehrere Erklärungen an. Raschi und andere schlugen vor, dass sich der Name von den früheren Bewohnern des Landes ableitet, die kollektiv Kanaaniter genannt wurden, da ihr Vater Kanaan war (1. Mose 9,22-27).[110] „Der *Midrasch* erzählt, dass Kanaan es verdient hat, dass *Eretz Israel* nach ihm benannt wird, weil er (d.h. die Girgaschiter [...]) bereitwillig das Land verließ, als er hörte, dass die Juden im Begriff waren, es zu betreten."[111] Andere Rabbiner glaubten, dass die Bezeichnung „Kanaan" von dem hebräischen Wort für Handel abgeleitet wurde, „da *Eretz Israel* ein Knotenpunkt für kommerzielle Aktivitäten war"[112] und die Kanaaniter, besonders die Phönizier, Händler waren. Wiederum andere behaupteten, dass Kanaan von der hebräischen Wurzel *kana* kommt, was so viel bedeutet wie „von einer schweren Last zu Fall gebracht werden". Die Konnotation ist Unterwerfung und Demütigung. Allerdings bemerkten einige Rabbiner:

107 Ebd.
108 Drucker, *Yehoshua*, S. 167.
109 Ebd., S. 170.
110 *Raschi über Exodus* 13:5.
111 Drucker, *Yehoshua*, S. 170.
112 Ebd.

Es ist auch möglich, dass der Name von dem hebräischen Kognat „Demut“ kommt, denn *Eretz Israel* wurde denen gegeben, die sich vor Gott demütigten und seinen Willen erfüllten. Einige erklären, dass die Assoziation von *Eretz Israel* mit Demut in dem Vers (*4Mo* 13,18) „Siehe das Land, was es ist!“ angedeutet wird. „Was“ [...] bezieht sich auf Demut, wie in *2. Mose* 16,7 zu sehen ist, wo es heißt: „[...]was sind wir?“[113]

Zusammenfassend kann man sagen, dass in Vorbereitung auf die Eroberung des Landes drei wichtige Dinge geschahen:

1. die Beschneidung, die die Israeliten wieder unter den Gehorsam des Abrahams-Bundes stellte,
2. die Wiedereinführung des Passahfestes,
3. ein Übergang vom Essen des Mannas zum Essen der Produkte des Landes.

113 Ebd.

3. Kapitel

Die Eroberung des Landes
(Jos 5,13-12,24)

Israels Vorbereitungen für die Inbesitznahme des Landes waren nun abgeschlossen, und der Eroberung stand nichts mehr im Wege. Wie wir sehen werden, begann Josua den Angriff in Jericho, nahm das mittlere und südliche Kanaan ein und führte seinen letzten Feldzug im nördlichen Teil des Landes.[114] Bevor er jedoch in den Krieg zog, traf er zuerst auf den Anführer der Heerscharen des HERRN.

A. Der Fürst über das Heer des HERRN (5,13-6,5)

Bevor wir uns mit den Versen über den Fürsten der Heerscharen des HERRN beschäftigen, sollte eine Bemerkung über Theophanien gemacht werden. Das Wort „Theophanie" beschreibt die sichtbaren Manifestationen Gottes, die überall in den hebräischen Schriften zu finden sind. Diese kamen in verschiedenen Formen. Manchmal erschien Gott als der Engel des HERRN. Zu anderen Zeiten erschien er als Licht, Feuer oder eine Wolke. Manchmal benutzte er eine Kombination aus diesen Dingen. Blitz und Donner und verschiedene andere Manifestationen konnten auch Theophanien sein, wenn der allgegenwärtige Gott beschloss, sichtbare Gestalt anzunehmen und seine Gegenwart lokal zu manifestieren. Wann immer diese sichtbare Manifestation der lokalisierten Gegenwart Gottes stattfand, ist sie als Theophanie bekannt. In rabbinischen Schriften wird sie *Schechina* oder *Schechina*-Herrlichkeit genannt.

---

114 Siehe Karte 4 im Anhang.

1. Die Theophanie (5,13-15)

Vers 13a liefert die Offenbarung und den Anlass: *Und es geschah, als Josua bei Jericho war, da erhob er seine Augen und sah: und siehe, ein Mann stand ihm gegenüber, und sein Schwert war gezückt in seiner Hand.* Diese besondere Theophanie eines Mannes mit gezücktem Schwert taucht in der Schrift auch in 4. Mose 22,23 im Fall von Bileam auf. Zudem erscheint die Figur in 1. Chronik 21,16 nach der Volkszählung Davids auf dem Berg Morija. In beiden Fällen signalisierte die Gestalt mit dem gezogenen Schwert die Androhung des göttlichen Gerichts.[115] Deshalb antwortete Josua auf die Theophanie, indem er fragte: *Gehörst du zu uns oder zu unseren Feinden?* (Vers 13b).

In Vers 14a antwortete der Mann: *Nein, sondern ich bin der Oberste des Heeres des Herrn; [gerade] jetzt bin ich gekommen.* Die Gestalt identifizierte sich als Fürst oder Befehlshaber des Heeres Gottes. Es gibt mehrere Gründe, die für die Annahme sprechen, dass dies eine der Erscheinungen des Messias vor der eigentlichen Inkarnation war. Die rabbinische Auslegung bemühte sich jedoch sehr, die theistische Identität dieses Fürsten zu vermeiden. Die meisten Rabbiner behaupteten, dass er ein Engel war. Der folgende Kommentar fasst einige der rabbinischen Gedanken über die angebliche Identität der Figur zusammen:

> *Raschi* identifiziert diesen Engel als Michael, von dem die Schrift sagt: „*Michael, dein Fürst*" (*Daniel* 10,21). Er ist ein Engel der Güte, dessen Hauptfunktion es ist, Vergebung zu bringen. Nachdem die Israeliten mit dem Goldenen Kalb gesündigt hatten und ihnen vergeben wurde, sandte Gott Michael, um das Volk durch die Wüste zu führen. (Zuvor hatte Gott die Juden direkt mit Hilfe der Wolkensäule und der Feuersäule geführt.) Um das Volk für seine Sünde zu bestrafen, wollte ihm Gott seine unmittelbare Gegenwart entziehen. Durch Gebet überredete Mose ihn jedoch, dieses göttliche Dekret bis zur Zeit Josuas auszusetzen. Der *Midrasch* identifiziert den Engel als Matatron, der die Juden auf ihren Reisen führte und der den Messias begleiten wird. Andere identifizieren ihn als Gabriel, der die Kämpfe Israels auf eine grimmige Art und Weise austrägt […] oder als den Engel der Erlösung.[116]

---

115 Zur rabbinischen Interpretation des gezogenen Schwertes als Symbol für das Studium der Tora siehe Drucker, *Yehoshua*, S. 171.

116 Ebd.

Rabbi Meir Leibusch Ben Jehiel Michel Wisser, auch Malbim genannt (1809-1879), kommentierte die Richtung des Gesichts dieser Erscheinung:

> Hätte der Engel sein Gesicht in Richtung des Feindes gewandt, hätte Josua vermutet, dass Gott die Schlacht für sie kämpfen würde. Da der Engel jedoch Israel anblickte, erkannte Josua, dass Gott stattdessen den Israeliten die Kraft geben würde, den Kampf selbst auszuführen.[117]

Bezüglich der Antwort des Fürsten auf Josuas Frage, ob er für oder gegen die Israeliten sei, meinten einige Rabbiner:

> Die Antwort ist etwas undeutlich. Offenbar meinte er, dass es in den umfassenderen Plänen Gottes keine Parteilichkeit für irgendein Volk gibt: Der Sieg des einen und die Niederlage des anderen sind beide Teil desselben Musters seiner erhabenen Absicht. Kimchi interpretiert die Antwort so: „Nein, ich bin nicht, wie ihr denkt, ein Mensch, sondern ein Engel."[118]

Malbim paraphrasierte die Antwort des Fürsten folgendermaßen: „*Nein*, bleibt nicht im Zweifel, denn ich bin nicht allein gekommen. Es gibt Myriaden von himmlischen Heerscharen, die dir in deinen Kriegen gegen deine Feinde beistehen, und *ich bin der Befehlshaber der Heerscharen von Haschem*."[119]

Raschi bemerkte:

> Ich bin nun gekommen […] – „um euch zu helfen, denn es ist für den Menschen unmöglich, gegen sie (Jericho) zu kämpfen und sie einzunehmen […] Doch in den Tagen deines Herrn, Mosche, kam ich, aber er wollte meine Anwesenheit nicht.[120]
> So erklären wir das „Nein" als die Bitte des Engels an Josua: Bitte lehne mich nicht ab, wie es dein Herr getan hat. Auf diese Bitte hin warf sich Josua nieder und ordnete sich dem Hauptmann des Heeres des Herrn unter.[121]

Zusammenfassend interpretierten die Rabbiner die Theophanie als das

117 Ebd., S. 171.
118 Cohen, „Joshua and Judges", *Soncino Books of the Bible*, S. 26.
119 Drucker, *Yehoshua*, S. 172.
120 *Raschi zu Josua* 5:15, abgerufen von https://www.sefaria.org.
121 Raschi, *The Book of Joshua*, S. 35.

Erscheinen eines Engels, wobei einige behaupteten, dass es der Erzengel Michael war, andere, dass es Gabriel war, und wieder andere, dass es Matatron war, einer der wichtigsten Engel in der Angelologie des Judentums.

Vers 14b offenbart Josuas Antwort: *Da fiel Josua auf sein Angesicht zur Erde und huldigte ihm und sagte zu ihm: Was redet mein Herr zu seinem Knecht?* Er fiel in Ehrfurcht vor der Erscheinung zu Boden. Diese körperliche Reaktion zeigt, dass es sich nicht um einen gewöhnlichen Engel handelte. Außerdem betete Josua den Fürsten an, was ein weiteres Indiz dafür ist, dass dies mehr als ein gewöhnlicher Engel war.

Vers 15a offenbart die Antwort des Fürsten: *Da sprach der Oberste des Heeres des Herrn zu Josua: Zieh deine Schuhe von deinen Füßen; denn der Ort, auf dem du stehst, ist heilig!* Diese Antwort zeigt erneut, dass es sich nicht um einen gewöhnlichen Engel handelte, denn Engel machen den Boden, auf dem sie stehen, nicht heilig. Das tut nur Gott. Vers 15b vermerkt den Gehorsam Josuas: *Und Josua tat also.*

Einige Rabbiner stellten die Verbindung zwischen Josua 5,15 und 2. Mose 3,5 her und erklärten, dass Mose auf ähnliche Weise befohlen wurde, seine Schuhe auszuziehen, als er sich dem brennenden Busch näherte. Doch Jericho wurde „keine Heiligkeit beigemessen; die Heiligkeit resultierte aus dem Erscheinen des Boten Gottes dort."[122] Einige Rabbiner schlugen eine breitere Interpretation vor und behaupteten, dass ganz Israel heiliger Boden sei:

> Nach dem wörtlichsten Verständnis bezieht sich dieser Satz [*denn der Ort, auf dem du stehst, ist heilig*] auf den Boden, auf dem der Engel erschien. Eigentlich ist ganz *Eretz Israel* heiliger Boden, und es wäre angemessen, dass alle ihre Schuhe ausziehen, wenn sie das Land betreten. Da dies jedoch menschlich nicht möglich ist, möge diese Geste sie an die Heiligkeit des Landes erinnern, damit sie dieses Bewusstsein während ihrer Wanderungen in *Eretz Israel* beibehalten.[123]

In der Tat war Josuas Konfrontation mit dem Engel Jehovas die gleiche wie die von Mose in 2. Mose 3,5. Allerdings behaupten die rabbinische Theologie und Tradition, dass der Engel kam, um Josua für drei Sünden zu tadeln. Die erste Sünde war, dass er es versäumt hatte, das Nachmittagsopfer darzubringen. Die zweite Sünde war, dass er und die anderen Israeliten in der Nacht nicht die Tora studiert hatten, und allein die Tora würde ihnen den Sieg über die Kanaaniter bringen. Die dritte Sünde war, dass Ehepaare

122 Cohen, „Joshua and Judges", *Soncino Books of the Bible*, S. 26.
123 Drucker, *Yehoshua*, S. 174.

es versäumt hatten, Nachwuchs zu zeugen. Der folgende rabbinische Text geht auf diese drei Sünden ein:

> Sie fragen sich vielleicht, warum die Israeliten nicht das Nachmittagsopfer darbrachten. Die Opfer wurden von den Priestern dargebracht, die nie an den eigentlichen Kämpfen beteiligt waren. Da sie keine Vorbereitungen für die Eroberung von Jericho zu treffen hatten, konnten sie ihren Dienst in der Stiftshütte fortsetzen. Doch Josua machte einen Fehler. Er befahl ihnen, mit der Bundeslade vor dem Volk einherzugehen, anstatt sie an ihren Platz in der Stiftshütte zurückzubringen. Solange die Bundeslade nicht an ihrem Platz im Allerheiligsten war, konnten die Opfer nicht dargebracht werden. Wären die Priester vor dem Abend zurückgekehrt, wäre noch Zeit gewesen, das Opfer darzubringen. Aber Josua ging davon aus, dass sie die ganze Nacht über ihre Kampfstellungen um Jericho halten mussten. Er erlaubte nicht, dass die Bundeslade an ihren Platz zurückgebracht wurde, und so durften auch die Menschen nicht in ihre Zelte zurückkehren. Deshalb konnten sie auch nicht die Tora studieren. Sie durften auch nicht mit ihren Frauen schlafen. In der Zeit des Tempels war es für Mann und Frau nicht erlaubt, miteinander zu schlafen, wenn die Bundeslade nicht an ihrem Platz stand. Wegen dieses einen Fehlers verursachte Josua, dass drei Gebote vernachlässigt wurden: das Nachmittagsopfer, das Studium der Tora und die Fortpflanzung des jüdischen Volkes. Als Strafe für diesen Fehler wurde er nie mit Söhnen gesegnet, nur mit Töchtern.[124]

Offensichtlich erfordert diese rabbinische Interpretation, etwas in den Text hineinzulesen, das einfach nicht da ist.

Wie bereits erwähnt, schlug Raschi vor, dass der Fürst in Wirklichkeit der Engel Michael war. In seinem Kommentar zu Vers 15 schrieb er: „*Der Offizier von Adonais Heer.* Dieser Ausdruck bezieht sich auf Bnei Isroel [die Söhne Israels], die Adonais Heer sind. Der Offizier, der hier erwähnt wird, ist der Engel Michael, denn es heißt [in Daniel 10,13]: *Michael, dein Offizier.*“[125] Einige Rabbiner spekulierten, wie das Gespräch zwischen Josua und diesem Engel ausgesehen haben könnte:

> Rabbi David Kimchi erklärt, dass der Allmächtige den Engel geschickt hatte, um Josua bei seiner bevorstehenden Invasion von Jericho zu

124 Ebd., S. 137-138.

125 *Raschi zu Exodus* 5,15.

ermutigen. Josua war sich der himmlischen Natur seines Besuchers nicht bewusst und hielt ihn für einen Soldaten aus Fleisch und Blut. Er erkundigte sich: „Bist du für uns oder für unsere Feinde?" Daraufhin antwortete der Engel: „Nein, ich bin kein einfacher Mensch. Ich bin der Erzengel Michael, der Hauptmann des Heeres des Herrn über Himmel und Erde. Ich bin jetzt gekommen, genau in dem Augenblick, in dem du mich gesehen hast. Das ist der Beweis für dich, dass ich ein Engel bin." Die Rabbiner erzählen uns, dass der Engel zu Josua sagte: „Meine Mission ist folgende: *Jetzt* bin ich gekommen, d.h. um dich daran zu erinnern, dass du die Pflicht vernachlässigt hast, die immerwährend aktuell ist: das intensive Studium der Tora, das für immer in diese Kategorie des *Jetzt* fällt und nie veraltet. Ich erinnere dich auch an eine zweite, sekundäre Angelegenheit, nämlich das tägliche Opfer, welches wieder eingeführt werden muss. Du hast dieses Opfer gestern Abend vernachlässigt." Bei der nächsten Gelegenheit, der Belagerung von Ai, verbrachte Josua die Nacht damit, sich in die Halacha zu vertiefen. – [Don Isaac Abarbanel] erklärt, dass der Engel kam, um das Kommando über die jüdische Armee zu übernehmen. Er sagte zu Josua: „Nicht, dass du denkst, dass du der Befehlshaber seist und ich gekommen bin, um dir zu helfen. Im Gegenteil, ich bin der Befehlshaber des Heeres Israels, und du bist mein Untergebener." Daraufhin fiel Josua vor ihm nieder und fragte: „Was sagt mein Herr zu seinem Knecht?"

Entferne deine Sandale von deinem Fuß – entkleide deine Seele von ihren materiellen Fesseln. Lass deinen Körper nicht die Verbindung deiner Seele mit der Schechina behindern, und lass ihn nicht die Übermittlung der Prophezeiung an dich behindern.[126]

Die beste Antwort auf die rabbinische Auslegung von Josua 5,14-15 besteht darin, die Gründe zu überdenken, die der biblische Text zur Unterstützung der Vermutung liefert, dass der Fürst des Heeres des HERRN eine Erscheinung des Messias vor der eigentlichen Inkarnation war. Josuas körperliche Reaktion in Vers 14b, aus Ehrfurcht mit dem Gesicht zuerst auf den Boden zu fallen, zeigt, dass es sich nicht um einen gewöhnlichen Engel handelte. Außerdem betete Josua den Fürsten an, was ein weiteres Indiz dafür ist, dass dies mehr als ein gewöhnlicher Engel war. Schließlich zeigt auch die Antwort des Fürsten auf Josuas Frage in Vers 15a, dass es sich nicht um einen gewöhnlichen Engel handelte, denn Engel machen den Boden, auf dem sie stehen, nicht heilig. Das tut nur Gott.

126 Raschi, *The Book of Joshua*, S. 36.

2. Die Anweisungen (6,1-5)

Vers 1 beschreibt den Zustand von Jericho: *Und Jericho hatte [seine Tore] geschlossen und blieb verschlossen vor den Söhnen Israel. Niemand ging heraus, und niemand ging hinein.* Im Hebräischen heißt es, dass Jericho „verschlossen war und verschlossen wurde". Dies war das Hindernis, das es nun zu überwinden galt, damit Israel das Land erobern konnte. Jericho kontrollierte zwei Hauptzugänge ins Hügelland: die Straße nach Bethel und Ai und die Straße nach Jerusalem. Die Stadt war streng abgeriegelt, weil die Kanaaniter um die israelitischen Kundschafter wussten. Sie wussten auch, dass das Volk inzwischen auf wundersame Weise den Jordan überquert hatte. Das Ergebnis war, dass niemand in die Stadt hineingehen konnte und auch niemand herauskam.

In den Versen 2-5 werden die Anweisungen Gottes aufgezeichnet. Vers 2a beginnt mit der Aussage: *Da sprach der Herr zu Josua.* Am Ende von Kapitel 5 wurde der Sprecher als der Oberste des Heeres des HERRN bezeichnet, aber jetzt wird er HERR[127] selbst genannt, was beweist, dass dies eine Theophanie war. In Vers 2b bekräftigte Gott die Verheißung, die er Josua gegeben hatte: *Siehe, ich habe Jericho, seinen König [und seine] tüchtigen Krieger in deine Hand gegeben.* Es war Gott, der die Stadt zu Fall bringen würde. Nach Hebräer 11,30 war es aber auch ein Akt des Glaubens. Der Glaube ergreift die Verheißungen Gottes und glaubt an ihre Wahrhaftigkeit. Er hält fest, wer Gott ist und was er tun wird. Jericho war auf den Krieg vorbereitet und bereit, Widerstand zu leisten, aber Gott war im Begriff, die Stadt zusammen mit ihrem König und ihren Soldaten in Josuas Hände zu geben.

Zusammenfassung der Gründe, die dafürsprechen, dass der Oberste des Heeres des HERRN eine Theophanie war	
Josua 5,14a	Josua fiel vor der Erscheinung auf sein Angesicht und wurde nicht zurechtgewiesen.
Josua 5,14b	Josua betete den Fürsten an und wurde nicht zurechtgewiesen.
Josua 5,15a	Der Ort, auf dem Josua stand, wurde vom Fürsten für heilig erklärt, und nur Gott kann einen Ort heilig machen.
Josua 6,2a	Die Erscheinung wird als Gott identifiziert.
Josua 6,2b und c	Der Zweck der Begegnung war Ermutigung (Vers 2b) und Belehrung (Vers 2c).

127 Im Hebräischen steht hier יְהוָה, was Jahwe heißt.

In den Versen 3-5 erklärte Gott, wie die Einnahme Jerichos vonstattengehen sollte. Die Verse behandeln zwei Zeitabschnitte. Vers 3 befasst sich mit den ersten sechs Tagen des Feldzugs: *So zieht nun um die Stadt: alle Kriegsleute, einmal rings um die Stadt herum! So sollst du es sechs Tage lang machen.* Die Verse 4-5 geben dann Anweisungen für den siebten Tag, beginnend mit der Rolle der Priester: *Und sieben Priester sollen sieben Widderhörner vor der Lade hertragen. Aber am siebten Tag sollt ihr siebenmal um die Stadt herumziehen, und die Priester sollen [dabei] in die Hörner stoßen* (Vers 4). Das hebräische Wort für „Widderhörner" ist *Schofaroth*, die Pluralform von *Schofar*. Der Vers erklärt, dass es sich um *Schofaroth Jovlim*, also um die Hörner von Widdern handelte. Dies waren die Jubiläumstrompeten aus 3. Mose 25 und nicht die Silbertrompeten aus 4. Mose 10, eine Tatsache, die auf die Art des Krieges hinweist. Dies sollte nicht nur ein militärischer Konflikt sein, sondern ein Religionskrieg. Die sieben Priester sollten die Trompeten vor der Bundeslage hertragen. Am siebten Tag sollten sie siebenmal um die Stadt marschieren und siebenmal in die Trompeten blasen. Die Zahl sieben steht für Vollendung, Vollkommenheit und Totalität. Der Vers enthält fünf Siebener: sieben Priester, sieben Trompeten, sieben Tage, sieben Stadtumrundungen und der siebte Tag.

In Vers 5 wurde Josua gesagt, welche Schritte als nächstes zu tun waren: *Und es soll geschehen, wenn man das Widderhorn anhaltend bläst und ihr den Schall des Horns hört, [dann] soll das ganze Volk ein großes Kriegsgeschrei erheben. Die Mauer der Stadt wird dann in sich zusammenstürzen, und das Volk soll hinaufsteigen, jeder gerade vor sich hin.* Die Schritte bestanden darin, dass die Schofaroth geblasen werden sollten. Sobald das Volk ihren Schall vernahm, sollte es laut das Schreien anfangen. Auf den Schrei der Israeliten hin würde die Stadtmauer einfallen. Die letzte Anweisung war, dass das Volk über die Mauerreste hinaufsteigen sollte, und zwar genau da, wo sich jeder gerade befand. Im Hebräischen heißt es, dass die Mauer „an ihren Platz" fallen würde. Das heißt, sie fiel weder nach innen noch nach außen, sondern einfach nach unten. Sie sackte in sich zusammen. So konnten die Soldaten geradeaus angreifen, ohne mühsam über die eingestürzte Mauer klettern zu müssen. Die Rabbiner interpretierten den Satz so, dass die Mauer nicht umstürzte, sondern im Boden versank.[128] Daher konnten die Männer direkt in die Stadt gehen, „ohne die ganzen Trümmer erklimmen zu müssen."[129]

128 Siehe: Drucker, *Yehoshua*, S. 178.
129 Ebd., S. 179.

B. Die Eroberung von Jericho (6,6-27)

Nachdem er göttliche Anweisungen erhalten hatte, wie er Jericho erobern sollte, war Josua an der Reihe, seine Männer für den Krieg bereit zu machen. Obwohl den Israeliten der Sieg in ihren Schlachten sicher war, mussten sie Gott gehorchen. Der erfolgreiche Angriff auf die Stadt wird in den Versen 6-27 behandelt.

1. Die Vorbereitungen (6,6-11)

Vers 6 berichtet von Josuas Anweisungen an die Priester: *Und Josua, der Sohn des Nun, rief die Priester und sagte zu ihnen: Hebt die Bundeslade auf! Und sieben Priester sollen sieben Widderhörner vor der Lade des Herrn hertragen.*

In Vers 7 geht es um die Anweisungen an das Volk: *Zum Volk sagte er: Macht euch auf und zieht um die Stadt! Die Gerüsteten aber sollen vor der Lade des Herrn hergehen.* Im Hebräischen steht das Verb „sagte" im Plural und bezieht sich so möglicherweise auf die Priester, die zum Volk sprachen. Die hebräische Aussprache würde es allerdings auch erlauben, das Verb im Singular zu lesen, als „er sagte". Dann bezieht es sich, so wie im obigen Vers auch ersichtlich, auf Josua. Wie dem auch sei, der Inhalt der Botschaft bleibt derselbe. Das Volk sollte vorrücken, um die Stadt herum marschieren und die Soldaten vor der Bundeslade hergehen lassen.

Die Verse 8-9 zeigen den Gehorsam des Volkes, beginnend in Vers 8 mit einem Hinweis auf den zeitlichen Ablauf der Ereignisse: *Und es geschah, als Josua zum Volk geredet hatte, da machten sich die sieben Priester auf, die die sieben Widderhörner vor dem Herrn hertrugen, und stießen in die Hörner. Und die Lade des Bundes des Herrn folgte ihnen.* Der Vorgang, der in Vers 8 begann, setzte sich in Vers 9 fort: *Die Gerüsteten zogen vor den Priestern her, die in die Hörner stießen, und die Nachhut des Zuges folgte der Lade, wobei man immerfort in die Hörner stieß.* Wenn man die Informationen in diesen beiden Versen kombiniert, ergibt sich folgende Marschreihenfolge: Zuerst kamen die Soldaten (Vers 9); als zweites kamen die Priester, die die Schofaroth trugen (Verse 6, 8, 13); als drittes kam die Bundeslade (Verse 6, 8, 13); als viertes weitere Soldaten (Vers 9); und als fünftes das Volk (Vers 7).

In Vers 10 werden die Verbote genannt: *Dem Volk aber hatte Josua befohlen: Ihr sollt kein Kriegsgeschrei erheben und eure Stimme nicht hören lassen. Kein Wort soll aus eurem Mund kommen bis zu dem Tag, an dem ich zu euch sagen werde: Erhebt das Kriegsgeschrei! Dann sollt ihr das Kriegsgeschrei erheben.* Die Israeliten sollten in völliger Stille marschieren, bis Josua ihnen sagte, dass sie mit dem Kriegsgeschrei anfangen sollten. In diesem Moment mussten sie losbrüllen.

Vers 11 fasst die ersten sechs Tage zusammen: *So zog die Lade des Herrn um die Stadt, einmal rings um sie her; und sie kamen [wieder] ins Lager und übernachteten im Lager.* Jericho umfasste ungefähr vier Hektar, also hätte es ungefähr dreißig Minuten gedauert, um die Stadt zu umrunden,[130] und genau das taten die Israeliten, bevor sie zu ihrem Lager in Gilgal zurückkehrten.

2. Die sechs Tage (6,12-14)

In den Versen 12-14 wird die Prozedur aufgezeichnet, der die Israeliten an sechs aufeinanderfolgenden Tagen folgten, wobei in den Versen 12-13 detailliert beschrieben wird, was an jedem dieser Tage geschah:

> *[12]Und früh am Morgen machte sich Josua auf, und die Priester trugen die Lade des HERRN. [13]Und die sieben Priester, die die sieben Widderhörner vor der Lade des HERRN hertrugen, stießen im Gehen immerfort in die Hörner: Die Gerüsteten zogen vor ihnen her, während die Nachhut des Zuges hinter der Lade des HERRN folgte, wobei man immerfort in die Hörner stieß.*

Die Verse enthalten die folgenden sechs Punkte:

1. Josua stand jeden Morgen früh auf.
2. Die Priester hoben die Bundeslade auf.
3. Sie nahmen die Schofaroth und bliesen sie, während sie vor der Bundeslade einhergingen.
4. Vor ihnen marschierten die Soldaten.
5. Eine Nachhut folgte der Bundeslade.
6. Die Priester bliesen während des gesamten Marsches die Widderhörner.

Vers 14 fasst die restlichen fünf Tage zusammen, beginnend mit den Ereignissen des zweiten Tages: *So zogen sie [auch] am zweiten Tag [nur] einmal um die Stadt. Dann kehrten sie zum Lager zurück. So taten sie es sechs Tage lang.*

3. Der siebte Tag (6,15-21)

Der Vergleich in Vers 15 enthält sowohl eine Ähnlichkeit zu dem, was in den vorangegangenen sechs Tagen geschah, als auch einen Unterschied:

130 Siehe: Walvoord, *The Bible Knowledge Commentary*, S. 341.

Und es geschah am siebten Tag, da machten sie sich früh auf, beim Aufgang der Morgenröte, und zogen in derselben Weise siebenmal um die Stadt; nur an diesem Tag zogen sie siebenmal um die Stadt. Was die Ähnlichkeit betrifft, so zogen die Israeliten auf dieselbe Weise um die Stadt herum wie an den sechs vorangegangenen Tagen. Dann kam der Unterschied: Am siebten Tag umrundeten sie die Stadt siebenmal.

Die Verse 16-19 berichten, was sonst noch an diesem Tag geschah, wobei Vers 16a den Zeitpunkt angibt: *Und es geschah beim siebten Mal, da stießen die Priester in die Hörner.* In diesem Moment begann Josua, dem Volk Instruktionen zu geben (Verse 16b-19). Laut Vers 16b befahl er: *Erhebt das Kriegsgeschrei! Denn der Herr hat euch die Stadt gegeben.* Dann führte er in Vers 17a ein neues Konzept ein, nämlich das eines Banns oder Fluchs: *Und die Stadt selbst und alles, was darin ist, soll dem Bann des Herrn verfallen sein.* Das hebräische Wort für „verfallen" ist *cherem*, und es entspricht dem griechischen Begriff *Anathema. Cherem* wurde für Personen, Tiere oder Besitztümer verwendet, die für die Stiftshütte oder später den Tempel abgesondert wurden. Aufgrund des Ortes, an dem man sie verwendete, wurden diese Personen, Tiere oder Dinge heilig (3Mo 27,28). Der Begriff beschreibt aber auch etwas Abscheuliches (5Mo 7,26) oder etwas, das zerstört werden muss (Jes 34,2). Daher ist die Grundbedeutung oder das Konzept von *cherem* „beiseitegelegt werden", „abgesondert werden" oder „gewidmet sein" und zwar entweder ganz für Gottes Gebrauch oder zur totalen Zerstörung. Während Menschen, die unter dem Cherem-Fluch standen, ausgelöscht werden mussten, wurden Objekte manchmal zerstört und zu anderen Zeiten für den heiligen Gebrauch beiseitegestellt (4Mo 18,14). In Josua 6,17 wurde Jericho und alles, was sich in dieser Stadt befand, also alle Menschen und Tiere, der Zerstörung geweiht, während alle Wertgegenstände für den Schatz der Stiftshütte beiseitegelegt werden sollten (Vers 19). Zu den Ausnahmen gehörten auch einige Personen. Josua sagte: *Nur die Hure Rahab soll am Leben bleiben, sie und alle, die bei ihr im Haus sind, weil sie die Boten versteckte, die wir ausgesandt hatten* (Vers 17b). Rahab erlebte also den Segensaspekt des Abrahams-Bundes (1Mo 12,3).

Ein rabbinischer Kommentar macht die folgende Beobachtung:

> Josua lehrte das Volk, jede Hilfe, die ihm gegeben wurde, zu schätzen und im Rausch des Sieges diejenigen nicht zu vergessen, die für diese Hilfe verantwortlich waren. Obwohl das Versprechen, das die Kundschafter gegeben hatten, vielleicht nicht gültig und das jüdische Volk vielleicht nicht daran gebunden war, sollte Rahab als Ausdruck der Dankbarkeit für die Hilfe, die sie den Kundschaftern geleistet hatte,

verschont werden.[131]

Malbim erklärt, dass der Eid nur für die Kundschafter bindend war; der Rest der Israeliten, die den Eid nicht abgelegt hatten, waren nicht daran gebunden. Obwohl sie Rachav nicht hätten schaden können, da sie zum Judentum konvertiert war [...], wäre ihr Besitz dem Bann Josuas bezüglich des Eigentums Jerichos unterworfen gewesen, hätte er sie nicht davon befreit.[132]

Vers 18 enthält den Bann Josuas: *Ihr jedoch sollt euch vor dem Gebannten hüten, damit ihr nicht [an anderen] den Bann vollstreckt, [selbst] aber [etwas] von dem Gebannten nehmt und das Lager Israels zum Bann macht und es ins Unglück bringt.* Die Beute von Jericho stand unter Josuas *Cherem*, und er erklärte dem Volk, dass es schlimme Folgen haben würde, wenn sein Verbot missachtet wurde. Das gesamte Lager der Israeliten würde der Zerstörung anheimfallen, wenn einige von ihnen seinen Befehlen nicht gehorchten. Diese Aussage legt den Grundstein für die Ereignisse in Josua 7.

In Vers 19 werden die Gegenstände aufgelistet, die dem Herrn geweiht werden sollten: *Alles Silber und Gold sowie die bronzenen und eisernen Geräte sollen dem Herrn heilig sein: In den Schatz des Herrn soll es kommen.*

Vers 20 berichtet über den Fall Jerichos: *Da erhob das Volk das Kriegsgeschrei, und sie stießen in die Hörner. Und es geschah, als das Volk den Schall der Hörner hörte, da erhob das Volk ein großes Kriegsgeschrei. Da stürzte die Mauer in sich zusammen, und das Volk stieg in die Stadt, ein jeder gerade vor sich hin, und sie nahmen die Stadt ein.* In Vers 20a werden zwei Handlungen berichtet: Das Volk schrie, und die Priester bliesen ihre Schofare. Als das Volk die Posaunen hörte, stieß es ein lautes Geschrei aus, und die Mauer fiel ein. Wiederum heißt es im Hebräischen, dass sie „an ihren Platz" fiel. Das gesamte Bauwerk stürzte ein, bis auf den Teil, in dem sich Rahabs Haus befand. In Hebräer 11,30 wird erklärt, dass dies ein übernatürliches Ereignis war: *Durch Glauben fielen die Mauern Jerichos, nachdem sie sieben Tage umzogen worden waren.* Nachdem Jerichos Schutz beseitigt worden war, stürmten die Israeliten geradewegs hinein, und die Stadt wurde eingenommen.

Vers 21 berichtet von der Anwendung des Cherem-Fluches: *Und sie vollstreckten den Bann an allem, was in der Stadt war, an Mann und Frau, an Alt und Jung, an Rind, Schaf und Esel, mit der Schärfe des Schwertes.*

Die Leute fragen oft, warum diese totale Zerstörung nötig war. Vier Antworten können gegeben werden:

131 Raschi, *The Book of Joshua*, S. 40.
132 Drucker, *Yehoshua*, S. 185-186.

1. Die Zerstörung beruhte auf religiösen und nicht auf politischen oder militärischen Gründen (5Mo 7,2-6; 12,2-3).
2. Sie beruhte auf einem göttlichen Befehl. Da Gott heilig, rechtschaffen und gerecht ist, ist das, was er befiehlt, auch richtig und gerecht, ob die Menschen es verstehen oder nicht (2Mo 17,14; 5Mo 7,2; 20,10-18; Jos 8,2).
3. Es war Gott, der Jericho und die anderen kanaanäischen Städte zerstörte. Israel war nur ein Werkzeug in seiner Hand (Jos 6,2; 24,8).
4. Die Sündhaftigkeit der Völker rechtfertigte die Zerstörung. Außerdem bewahrte die Zerstörung die religiöse Reinheit Israels (5Mo 20,18).

Die vierte Antwort ist in der Schrift klar gegeben.

Wie bereits erwähnt, lautet die rabbinische Interpretation des Mauerfalls, dass sie „in einem Augenblick im Boden versank".[133] Diese Interpretation führte zu der Entwicklung der folgenden messianischen Implikation:

> R' Jehoschua Ben Karchah sagte: „Das Schofar wurde ausschließlich zum Nutzen Israels geschaffen." Das Schofar begleitete die Übermittlung der Tora an Israel. In *2. Mose* 19,19 heißt es: *Und dann ertönte die Stimme des Schofars lauter und lauter.* Und auf Grund des Schofars fiel die Mauer von Jericho. In der Zukunft wird Gott das Schofar blasen, wenn er den Messias aus dem Hause Davids offenbaren wird, wie Sacharja 9,14 sagt: *HASHEM/ELOHIM wird das Schofar blasen.* Gott wird auch das Schofar blasen, wenn die Juden aus der Diaspora versammelt werden, wie es in Jesaja 27,13 heißt: *Und es wird geschehen an jenem Tag, dass ein großes Schofar geblasen wird, und sie werden kommen, die verloren waren im Lande Assyrien und die Ausgestoßenen im Lande Ägypten, und werden HASHEM anbeten auf dem heiligen Berge zu Jerusalem.*[134]

4. Die Rettung von Rahab (6,22-25)

Obwohl der Cherem-Fluch die totale Zerstörung Jerichos bedeutete, berichten die Verse 22-25 nun von der Rettung Rahabs und ihrer Familie, der einzigen Ausnahme von der Regel. In Vers 22 steht Josuas Befehl: *Zu den beiden Männern, die das Land ausgekundschaftet hatten, sagte Josua: Geht in das Haus der Hure und führt die Frau sowie alles, was zu ihr gehört, von dort heraus, wie ihr es ihr geschworen habt!*

133 Ebd., S. 187.
134 Ebd.

Vers 23 beschreibt die Rettung: *Da gingen die jungen Männer, die Kundschafter, hinein und führten Rahab und ihren Vater und ihre Mutter und ihre Brüder und alles, was zu ihr gehörte, hinaus: Alle ihre Verwandten führten sie hinaus; sie brachten sie außerhalb des Lagers Israels unter.* Rahab und ihre Familie galten als unrein, und so wurden sie zunächst außerhalb des Lagers beherbergt. Diese entsprach Versen wie 3. Mose 14,8-9; 4. Mose 5,1-4 und 5. Mose 23,3. In der rabbinischen Tradition war die Trennung notwendig, bis Rahab und ihre Verwandten offiziell zum Judentum konvertiert waren.[135]

Die Verse 24-25 enthalten mehrere Folgen des Banns. Vers 24a berichtet von der Zerstörung Jerichos, und das war Teil des Cherem-Fluches: *Die Stadt aber und alles, was darin war, verbrannten sie mit Feuer.* Vers 24b zeigt die Auswirkungen des Aspektes von Cherem, welcher die Weihung bestimmter Gegenstände zum Dienst Gottes betraf: *Das Silber jedoch und das Gold und die bronzenen und eisernen Geräte legten sie in den Schatz des Hauses des Herrn.* Die Edelmetalle und andere Gegenstände wurden in die Schatzkammer der Stiftshütte gelegt. Vers 25 berichtet abschließend von der Auswirkung des Banns auf das Hause Rahabs: *So ließ Josua die Hure Rahab und das Haus ihres Vaters sowie alles, was zu ihr gehörte, am Leben. Und sie wohnte mitten in Israel bis zum heutigen Tag, weil sie die Boten versteckte, die Josua gesandt hatte, um Jericho auszukundschaften.* Nachdem Rahab und ihre Familie gerettet worden waren, änderte sich der Status der Hure. Sie blieb bis zum Ende ihrer Tage in Israel wohnen. Diese Aussage zeigt, dass sie zu der Zeit, als das Buch geschrieben wurde, noch lebte. Die Geschichte ihrer Rettung endet mit der erneuten Erwähnung des Grundes, aus dem sie gerettet wurde: Sie hatte die israelitischen Kundschafter versteckt, die Josua gesandt hatte. Rahab und ihre Familie hatten sich dem Gott Israels verschrieben und waren daher nicht mehr der Zerstörung des Cherem-Fluches ausgeliefert, sondern erfreuten sich der Segensfacette des abrahamitischen Bundes.

Wie bereits erwähnt, behauptet die rabbinische Tradition, dass Rahab Josua heiratete und die Ahnfrau von acht Priestern und Propheten wurde. Diese Lehre widerspricht jedoch nicht nur dem, was im Neuen Testament gelehrt wird, sondern wirft auch halachische Fragen auf. 5. Mose 7,3 gebietet: *Und du sollst dich nicht mit ihnen* [den Kanaanitern] *verschwägern. Deine Tochter darfst du nicht seinem Sohn geben, und seine Tochter darfst du nicht für deinen Sohn nehmen.* Der folgende Text hilft zu erklären, wie Rabbiner Josuas Ehe mit einer kanaanitischen Frau rechtfertigen konnten:

135 Siehe z. B. Drucker, *Yehoshua*, S. 189.

Die Frage der Zulässigkeit von Mischehen mit kanaanitischen Proselyten wird im Talmud diskutiert. Es gab einige Autoritäten, die es verboten. Ihnen zufolge stellt sich die Frage, wie man mit der Geschichte bezüglich Rahabs umgehen sollte. Um diese Frage zu beantworten, behaupten einige, dass Rahab und ihre Familie nicht kanaanitischer Herkunft waren, sondern sich im Land aufhielten. Andere sind der Meinung, dass diejenigen, die sich vor der Invasion der Israeliten bekehrten, angenommen werden konnten. Wieder andere sind der Meinung, dass der Allmächtige um der reuigen Rahab willen eine besondere Dispens gewährt hat.[136]

Einige behaupten, dass dieses Verbot [Kanaaniter zu heiraten] nur für die sieben [kanaanitischen] Völker gilt. Rachav, obwohl sie eine Kanaaniterin war, stammte nicht von den sieben Völkern ab (*Tosafos*, *Megilla* 14b). Nach *Rambam* (*Hil. Issurei Biah*, 12,1) gilt dieses Verbot nur für einen nicht-jüdischen Kanaaniter; sobald Rachav zum Judentum konvertierte, war das Verbot also nicht mehr anwendbar. *Tosafos* (*Sotah* 35b) behauptet, dass Josua Rachav auf Gottes Befehl hin heiratete. Nach *Koren Orah* vertritt *Tosafos* (*Megilla* 14b) auch die Ansicht, dass das Verbot, eine Kanaaniterin zu heiraten, erst vierzehn Jahre nach dem Einzug der Israeliten in das Land begann.[137]

5. Die Folgen der Eroberung von Jericho (6,26-27)

Jericho war bereits der Zerstörung geweiht, aber nun, in Vers 26, fügte Josua dem Cherem-Fluch einen Eid hinzu: *So ließ Josua damals schwören: Verflucht vor dem Herrn sei der Mann, der sich aufmachen und diese Stadt Jericho [wieder] aufbauen wird! Mit seinem Erstgeborenen wird er ihren Grund legen, und mit seinem Jüngsten ihre Tore einsetzen.* Josua verfluchte jeden, der versuchte, Jericho wiederaufzubauen. Der Vers umfasst sowohl den Beginn eines solchen Bauprojekts (das Legen des Fundaments) als auch die letzte Phase (das Einsetzen der Tore). Diese Prophezeiung erfüllte sich erst Jahrhunderte später, zur Zeit Ahabs. Walvoord bemerkt dazu:

> Das Verbot des Wiederaufbaus wurde erst in den Tagen von König Ahab, 500 Jahre später, übertreten. Damals versuchte Hiël, der Betheliter, als Zeichen des Glaubensabfalls jener Zeit, die Mauern Jerichos

136 Raschi, *The Book of Joshua*, S. 43.
137 Drucker, *Yehoshua*, S. 189-190.

wiederaufzubauen, aber es kostete ihn das Leben seiner beiden Söhne Abiram und Segub (1. Könige 16,34).[138]

Allerdings war Jericho auch zwischen Josua und Ahab immer wieder einmal für kurze Zeit bewohnt und wird so in Josua 18,21; Richter 3,13 und 2. Samuel 10,5 dargestellt. Josua selbst teilte die Stadt sogar dem Stamm Benjamin zu. Verletzten diese kurzen Momente der Belagerung und Inbesitznahme Jerichos den Fluch Josuas? Wie Keil und Delitzsch erklären, lautet die Antwort nein:

> Das Wort „baut" […] bezieht sich nicht auf die Errichtung von Häusern an der Stelle der Stadt, die zu Asche verbrannt worden war, sondern auf die Wiederherstellung der Stadt als Festung, wobei das Wort […] [*banah*] häufig verwendet wird, um die Befestigung einer Stadt zu bezeichnen (z.B. 1 Könige xv.17; 2 Chron. Xi.6, xiv.5, 6). Dies ergibt sich allgemein daraus, dass eine Stadt nicht durch die Errichtung einer Anzahl von Häusern an einem Ort gegründet wird, sondern dadurch, dass diese Häuser durch eine Umfassungsmauer zu einem geschlossenen Ganzen zusammengefügt werden […] Wäre das Errichten der Tore ein Zeichen für die Vollendung der Mauer und damit für die Wiederherstellung der Stadt als Festung, so kann das in der Parallelstelle erwähnte „Gründen" (Grundlegung) nur als Hinweis auf die Gründung der Stadtmauer verstanden werden. Diese Sicht des Fluches, die sowohl durch die Wortwahl im Text als auch durch die Fakten gut gestützt wird, wird auch durch die nachfolgende Geschichte bestätigt. Josua selbst teilte Jericho den Benjaminitern zu, […] was beweist, dass sie es bewohnen sollten; und dementsprechend finden wir die Stadt der Palmen, d.h. Jericho, danach als bewohnten Ort erwähnt.[139]

Mit anderen Worten, jedes Mal, wenn in der Zeit zwischen Josua und Ahab Jericho wieder besiedelt wurde, war es einfach nur ein Ort, an dem Menschen lebten. Es wurde bis Ahab nie wieder als ummauerte, befestigte Stadt aufgebaut. Daher trat Josuas Fluch über Jericho erst in 1. Könige 16,34 in Kraft.

Nach Vers 27 verbreitete sich Josuas Ruf schnell im ganzen Land, weil Gott mit Josua war, wie er es in 1,5 versprochen hatte: *Und der Herr war mit Josua, und die Kunde von ihm verbreitete sich durch das ganze Land.*

---

138 Walvoord, *The Bible Knowledge Commentary*, S. 343.

139 Keil & Delitzsch, *Biblical Commentary on The Old Testament: Joshua, Judges, Ruth*, S. 75.

Die Einnahme von Jericho markierte den letzten der rituellen Aspekte der Eroberung des Landes, die auf die Zeremonien der Beschneidung, des Passahfestes, der Trompeten, der Stadtumkreisungen, der Bundeslade und der Zahl Sieben folgten. Ab nun wandten die Israeliten typische militärische Strategien an. Dies zeigt das Prinzip, dass Gott nicht immer alles genau gleich macht, denn von nun an wollte er andere Mittel als diese rituellen Methoden anwenden.

C. Achans Sünde (7,1-26)

Während die Verse 1-26 sich hauptsächlich mit der Sünde Achans befassen, behandeln sie auch die Folgen dieser Sünde, wie die Niederlage Israels bei Ai.

1. Die Sünde (7,1)

Vers 1 beginnt mit der Darstellung der kollektiven Verantwortung der Israeliten: *Doch die Söhne Israel vergriffen sich in Untreue an dem Gebannten.* Das hebräische Wort für „Untreue" ist *maal* und bedeutet „eine untreue oder verräterische Handlung". Das Wort bezeichnet einen Vertrauensbruch (siehe z.B. 3Mo 5,15). Der Vertrauensbruch in Josua 7,1 richtete sich gegen Gott, dem vorenthalten wurde, was für ihn abgesondert und geweiht worden war. Obwohl nur ein Mann sündigte, trug das ganze Volk die Verantwortung, weshalb der Vers besagt, dass ganz Israel untreu gehandelt habe, und weshalb diese Sünde in Vers 15 *eine Schandtat in Israel* genannt wird.

Von der kollektiven Verantwortung geht der Vers über zur individuellen Verantwortung: *Und Achan, der Sohn des Karmi, des Sohnes Sabdis, des Sohnes Serachs, vom Stamm Juda, nahm [etwas] von dem Gebannten.* Achans Abstammung wird nur bis zu Serach zurückverfolgt. Gemäß 1. Mose 38,15-30 war dieser der Sohn der Unzucht Judas. In 1. Chronik 2,7 wird sein Name *Achar* geschrieben, was die Bedeutung in „Unruhestifter" ändert. Die Folge von Achans Sünde war, dass *der Zorn des Herrn gegen die Söhne Israel entbrannte.*

Mehrere rabbinische Beobachtungen sind hier von Interesse:

> *Die Kinder Israels vergriffen sich.* Weil die einzelnen Israeliten nicht auf die Übertretungen ihrer Nächsten achteten, sieht die Schrift die ganze Nation als schuldig an. Wenn Gott Sünder direkt bestraft, bestraft er nur diejenigen, die persönlich gesündigt haben. Wenn er jedoch Sünder indirekt bestraft, indem er ihnen seinen göttlichen Schutz entzieht,

können auch andere leiden, die die Untat nicht begangen haben. Gott entzog wegen der Sünde Achans dem Volk seinen göttlichen Schutz während der Schlacht von Ai mit dem Ergebnis, dass 36 Israeliten im Kampf fielen.

Als Josua diesen Bericht schrieb, zeichnete er sorgfältig Achans Stammbaum auf, um zu zeigen, dass Achan aus einer ehrbaren Familie stammte. Das verstärkt die Schwere seines Fehlverhaltens.
Der Zorn HASHEMs wurde entfacht [...] *Daas Sofrim* erklärt, dass Gott normalerweise mit Israel mit dem Attribut der [...] *verlängerten Geduld* umgeht. Obwohl die Gemeinschaft Übertretungen begeht, zögert Gott die Bestrafung hinaus, in der Hoffnung, dass die Juden Buße tun werden. Doch wenn Gottes Zorn schließlich entbrennt, wird dieses Attribut ausgesetzt. [...] Diese Argumentation erklärt, wie die Sünde eines Einzelnen die Bestrafung der gesamten Gemeinschaft nach sich ziehen kann.[140]

2. Die Niederlage bei Ai (7,2-5)

Wie er zuvor Kundschafter nach Jericho ausgesandt hatte, so sandte Josua in Vers 2 nun erneut Männer aus, um seinen nächsten Schritt vorzubereiten: *Und Josua schickte Männer von Jericho nach Ai, das bei Bet-Awen, östlich von Bethel [liegt], und sagte zu ihnen: Geht hinauf und kundschaftet das Land aus! Und die Männer gingen hinauf und kundschafteten Ai aus.* Ai liegt westlich von Jericho und hoch im Bergland von Ephraim. Der Text setzt die Stadt in die Nähe von Bet-Awen und Bethel. Der Tyndale-Kommentar zu Josua identifiziert Ai ferner mit „et-Tell, Bet-Awen mit Tell Maryam und Bethel mit den Überresten der palästinensischen Stadt Beitin."[141] Die genaue Lage von Ai ist jedoch weiterhin umstritten.[142]

Ein rabbinischer Kommentar merkt an:

Der Rest des Kapitels betrifft die Strafe, die Israel für Achans Sünde auf sich nehmen musste (*Malbim*). *Lev Aharon* deutet an, dass die Tatsache, dass Josua Kundschafter aussenden musste, selbst eine Strafe war, denn sie zeigte, dass Josua keine prophetische Vision erhalten hatte und folglich die Schlacht gegen Ai auf normale militärische Art und Weise führen musste. Josua erkannte zu diesem Zeitpunkt nicht, dass

140 Drucker, *Yehoshua*, S. 193-194.
141 Hess, *Tyndale Old Testament Commentaries, Vol. 6 – Joshua*, S. 159.
142 Siehe Karte 3 im Anhang.

das Fehlen einer spektakulären göttlichen Intervention eine Strafe war, weil er dachte, dass der Rest der Eroberung militärisch ausgetragen werden sollte.[143]

In Vers 3 erhielt Josua den Bericht der Kundschafter: *Als sie zu Josua zurückkamen, sagten sie zu ihm: Es muss nicht das ganze Volk hinaufziehen. Etwa zweitausend oder dreitausend Mann mögen hinaufziehen und Ai schlagen. Bemühe nicht das ganze Volk dorthin, denn sie sind [nur] wenige!* Die Kundschafter machten einen sehr praktischen Vorschlag, denn Jericho lag etwa 180 Meter unter dem Meeresspiegel und Ai 800 Meter darüber. Das hieß, dass die Israeliten einen Aufstieg von fast 1000 Höhenmetern durch Wüstengebiet zu einer ziemlich heißen Jahreszeit überwinden mussten. Die Kundschafter gaben außerdem an, dass die Armee von Ai klein war. Nach Josua 8,25 lebten jedoch 12.000 Menschen in Ai, und so war die Einschätzung der Kundschafter falsch. Die Israeliten dachten, sie könnten ihren Feind mit 3.000 ihrer eigenen Soldaten besiegen. Später, in Josua 8,1, befahl ihnen Gott, die ganze Armee gegen Ai antreten zu lassen. In dieser Geschichte verbirgt sich also eine gewisse Ironie. In Kadesch-Barnea überschätzten die Israeliten die Stärke ihrer Feinde, während sie sie hier unterschätzten.

Die Verse 4-5 berichten von der Niederlage der Israeliten, beginnend in Vers 4 mit dem Angriff: *Da zogen von dem Volk etwa dreitausend Mann hinauf; aber sie flohen vor den Männern von Ai.* Vers 5 berichtet von den Verlusten: *Und die Männer von Ai erschlugen von ihnen etwa 36 Mann und jagten ihnen nach vom Tor bis nach Schebarim und schlugen sie am Abhang. Da zerschmolz das Herz des Volkes und wurde zu Wasser.* Wegen der Sünde eines Mannes starben 36 jüdische Soldaten. Der Vers enthält die einzige Erwähnung von Schebarim, und die Lage des Ortes ist bis heute unbekannt. Die Soldaten von Ai schlugen die Israeliten auf dem steilen Abstieg zurück ins Jordantal mit dem Ergebnis, dass das Volk vor Angst gelähmt war. Der Ausdruck „das Herz des Volkes zerschmolz“ wurde zuvor zweimal bezüglich der Kanaaniter verwendet (Jos 2,11; 5,1), aber jetzt ist es Israel, welches den Mut verliert.

Eine rabbinische Ansicht dieses Abschnitts lautet wie folgt:

Die Weisen sagen uns, dass mehr als 36 Seelen hätten umkommen müssen; doch aufgrund des Verdienstes Abrahams, der einen Altar in der Nähe von Ai errichtete (*1Mo* 12,8), blieben die meisten der Israe-

143 Drucker, *Yehoshua*, S. 194.

liten unversehrt (*Radak*). Abraham hatte prophetisches Wissen über eine zukünftige Sünde, die in dieser Gegend geschehen würde, und betete bei Ai für seine Nachkommen, wodurch die meisten von ihnen vor dem Tod bewahrt wurden (*Raschi* zu *1Mo* 12,8).[144]

Der Talmud bietet eine weniger wörtliche Sichtweise, die besagt, dass nur ein Mann starb:

> „Und die Männer von Ai erschlugen von ihnen etwa 36 Männer" (Jos 7,5). In einer *Baraita* wird gelehrt: 36 Männer wurden buchstäblich getötet; dies ist die Aussage von Rabbi Jehuda. Rabbi Neḥemia sagte zu Rabbi Jehuda: Aber waren es denn genau 36 Männer? Hieß es nicht nur: „Ungefähr 36 Männer"? Vielmehr ist dies eine Anspielung auf Jair, den Sohn Manasses, der getötet wurde, und der selbst in seiner Bedeutung der Mehrheit des Sanhedrins, also 36 Männern, gleichkam.[145]

Dieser talmudische Traktat behauptet, dass Jair, der Sohn Manasses, derart bedeutend war, dass sein Leben dem Wert von 36 der 71 Richter des Sanhedrins entsprach.

3. Die Antwort von Josua (7,6-9)

Josuas Reaktion auf die Niederlage bei Ai wird in den Versen 6-9 beschrieben. Vers 6 zeigt seine körperliche Reaktion: *Und Josua zerriss seine Kleider und fiel auf sein Angesicht zur Erde, vor der Lade des Herrn, bis zum Abend, er und die Ältesten von Israel, und sie warfen Staub auf ihr Haupt.* Das Zerreißen der Kleider, das sich vor Gott Niederwerfen und die Sache mit dem Staub waren Zeichen der Trauer.

Im vorherigen Punkt wurden die beiden primären rabbinischen Ansichten bezüglich des Todes der 36 israelitischen Soldaten erwähnt. Während eine Gruppe von Weisen den Abschnitt wörtlich nimmt, behauptet die andere Gruppe, dass nur eine Person starb, wenn auch eine wichtige. In beiden Szenarien sind die Trauerbekundungen gerechtfertigt. Wenn nur Jair, der Sohn Manasses, gestorben wäre, wäre Josua verpflichtet gewesen, um ihn zu trauern, „denn, wenn ein Gelehrter stirbt, ist, was die Trauer betrifft, das ganze Volk wie seine Verwandten."[146] Auch der Tod von 36 Soldaten

144 Drucker, *Yehoshua*, S. 196.

145 *bT. Sanhedrin* 44a.

146 Raschi, *The Book of Joshua*, S. 45.

erforderte Trauer, da es sich bei ihnen laut der Rabbiner um rechtschaffene oder zumindest fromme Männer handelte.[147]

Die Verse 7-9 liefern Josuas verbale Antwort. In Vers 7 sprach er eine Klage aus: *Und Josua sagte: Ach, Herr, Herr! Wozu hast du denn dieses Volk über den Jordan geführt, um uns [doch] in die Hand der Amoriter zu geben, damit sie uns vernichten? Hätten wir uns doch entschlossen, jenseits des Jordan zu bleiben!* Diese Klage hat die Rabbiner dazu geführt, Josua zu kritisieren:

> Rav Naḥman sagt, dass Rav sagt: Was ist die Bedeutung dessen, was geschrieben steht: „Der arme Mann spricht Bitten, aber der reiche Mann antwortet mit Frechheit" (Sprüche 18,23)? „Der arme Mann spricht Bitten" – das ist eine Anspielung auf Mose, der Gott in einem Ton des Flehens und der Beschwichtigung ansprach. „Aber der Reiche antwortet mit Unverschämtheit" – das ist eine Anspielung auf Josua, der in einer streitlustigen Weise zu Gott sprach.[148]

Der Soncino-Kommentar merkt an, dass nicht einmal Josuas Kummer sein Verhalten gegenüber Gott rechtfertigte. Zwar waren ähnliche Worte schon früher gesprochen worden, wie z.B. in 4. Mose 14,2, „aber damals kamen sie vom Volk, während Josua der Anführer war."[149]

Vers 8 erklärt, dass die Niederlage im Kampf um Ai bei Josua Ratlosigkeit auslöste: *Bitte, Herr, was soll ich sagen, nachdem Israel seinen Feinden den Rücken gekehrt hat?*

In Vers 9 erwähnte Josua die mögliche Reaktion der Kanaaniter: *Die Kanaaniter und alle Bewohner des Landes werden es hören! Und sie werden uns umzingeln und unsern Namen von der Erde ausrotten! Was wirst du [dann] für deinen großen Namen tun?* Dieser Schlüsselsatz offenbart Josuas wahre Sorge. Wenn die Kanaaniter in der Lage sein sollten, den Namen von Gottes auserwähltem Volk auszulöschen, was würde dann aus Gottes eigenem Namen und aus seiner Herrlichkeit werden? Gott hatte die Israeliten mit Zeichen und Wundern in das Land geführt. Während ihr Name nicht von Bedeutung war, war Gottes Name sicherlich wichtig. Wenn Gott es zuließ, dass Israel zerstört würde, würde dies nicht auch die Ehre seines Namens zerstören? Gott hatte Israel dieses Land versprochen. Welches Volk würde es in diesem Land noch geben, welches seinen Namen ehrte, wenn der ihre zerstört war?

---

147 Siehe: ebd.

148 *bT. Sanhedrin* 44a.

149 Cohen, „Joshua and Judges", *Soncino Books of the Bible*, S. 34.

Die Jüdische Enzyklopädie bemerkt die folgende Verbindung zwischen dem Namen Gottes und dem Namen Israels:

> Israel ist das Volk Gottes. Israel kann diese Beziehung zu ihm nicht auflösen. Dies kommt in der Definition von Gottes Namen als „ehjeh ascher ehjeh" zum Ausdruck […] Wie ein König den Schlüssel seines Schmuckkästchens mit einer Kette befestigen kann, damit er nicht verloren geht, so hat Gott seinen Namen mit Israel verbunden, damit das Volk nicht verschwindet (Yer. Ta'an. 65d).[150]

Der Soncino-Kommentar stimmt zu, dass Gott seinen Namen mit dem Israels verbunden hat. Daher kann die Niederlage Israels zur Entwürdigung seines Namens führen. Außerdem ist Gottes Ruhm „mit dem Überleben Israels verbunden".[151] Drei Beobachtungen können hier gemacht werden:

1. Während Josuas Klage anfangs wie das Murren des Volkes in der Wüste geklungen haben mag, zeigen die nachfolgenden Verse, dass es ihm in erster Linie um die Ehre Gottes ging.
2. In Kadesch-Barnea hatten sich die Israeliten des vorsätzlichen Ungehorsams schuldig gemacht, aber hier waren sie verwirrt, weil sie sicher waren, dass sie den Willen Gottes taten.
3. Das Volk trauerte nicht nur über den Verlust der 36 Männer, sondern auch darüber, dass ihr erster Versuch, eine kanaanäische Stadt im verheißenen Land zu erobern, gescheitert war.

4. Gottes Antwort (7,10-15)

Die Verse 10-15 beinhalten Gottes Antwort auf Josuas Fragen. Der Bericht beginnt in Vers 10 mit einem Befehl und einer Zurechtweisung: *Da sprach der Herr zu Josua: Steh auf! Warum liegst du denn auf deinem Angesicht?* Der Punkt der göttlichen Frage ist, dass Josua die Ursache des Unglücks nicht bei Gott, sondern in den Sünden seines eigenen Volkes suchen musste.

In Vers 11 erklärte Gott diese Ursache: *Israel hat sich versündigt, sie haben meinen Bund übertreten, den ich ihnen geboten habe. Und sie haben sogar von dem Gebannten genommen und haben es gestohlen und haben es verheimlicht und es zu ihren Geräten gelegt!* Gott ging vom Allgemeinen zum Konkreten

150 Isidore Singer, Hrsg., *The Jewish Encyclopedia* (New York und London: Funk and Wagnalls Company, 1906), S. 8.

151 Cohen, „Joshua and Judges", *Soncino Books of the Bible*, S. 35.

über. Was das Allgemeine betrifft, so stellte er fest, dass Israel seinen Bund verletzt hatte. Ihn zu halten wurde als eine Bundesverpflichtung angesehen. Was das Konkrete anbelangt, so wies Gott darauf hin, dass Dinge, die ihm geweiht waren, gestohlen und unter den Besitztümern des Volkes versteckt worden waren. Die Beobachtung, die hier gemacht werden muss, ist die folgende: Obwohl sich nur ein Mann schuldig gemacht hatte, verwendete Gott das Pluralpronomen „sie". Da Israel eine Bundesgemeinschaft ist, gilt das Prinzip der kollektiven Verantwortung.

Vers 12 beschreibt detailliert die Folgen für Israel: *Die Söhne Israel werden vor ihren Feinden nicht [mehr] bestehen können. Den Rücken werden sie ihren Feinden zuwenden [müssen], denn sie sind zum Bann geworden. Ich werde nicht mehr mit euch sein, wenn ihr nicht das Gebannte aus eurer Mitte ausrottet.* Das Problem war nicht, dass die Kanaaniter stärker waren, sondern dass Israel schwächer geworden war. In der Tat war Israel unter den Cherem-Fluch gefallen und selbst ein Bann geworden. Dies war eine Umkehrung von Josua 6,26. Nur, wenn der Fluch aufgehoben wurde, konnte Israel wieder siegen. Zusätzlich war es so, dass Gott nicht mehr mit dem Volk sein würde, solange es nicht die geweihten Gegenstände aus seiner Mitte entfernte und zerstörte. Wie Hess betont, „war das Problem nicht der vorsätzliche Ungehorsam, sondern die Unwissenheit über eine geheime Sünde."[152] Gottes Warnung bestand nicht darin, dass er das Volk vernichten würde. Er enthüllte lediglich das Problem, welches dazu geführt hatte, dass Israel besiegt worden war.

In Vers 13 erklärte Gott die Verpflichtung des Volkes: *Steh auf, heilige das Volk und sprich: Heiligt euch für morgen! Denn so spricht der Herr, der Gott Israels: Gebanntes ist in deiner Mitte, Israel. Du wirst vor deinen Feinden nicht bestehen können, bis ihr das Gebannte aus eurer Mitte weggetan habt.* Gott rief die Israeliten dazu auf, sich zu heiligen, und erklärte erneut, dass sie nur dann siegreich sein würden, wenn sie die geheiligten Dinge aus ihrer Mitte entfernten.

In Vers 14 wird der Ablauf dargelegt: *Darum sollt ihr am [kommenden] Morgen nach euren Stämmen herantreten. Und es soll geschehen: der Stamm, den der Herr treffen wird, soll herantreten nach den Sippen; und die Sippe, die der Herr treffen wird, soll herantreten nach den Häusern; und das Haus, das der Herr treffen wird, soll herantreten nach den Männern.* Die Suche nach dem Schuldigen sollte am Morgen des nächsten Tages beginnen. Das Ausschlussverfahren sollte vier Schritte beinhalten: von den Stämmen zu den Sippen, von den Sippen zu den Haushalten, von den Haushalten zu den Einzelpersonen und von den Einzelpersonen zu einer bestimmten Person.

---

152 Hess, *Tyndale Old Testament Commentaries, Vol. 6 – Joshua*, S. 163.

Es gibt mehrere rabbinische Ansichten bezüglich der Enthüllung des Schuldigen. Rabbi Kimchi lehrte: „Josua ließ das ganze Volk vor der Bundeslade vorbeigehen, und der Schuldige wurde gefangen und konnte sich vorübergehend nicht bewegen."[153] Andere bemerkten: „Die Methode der Auswahl wird nicht angegeben; wahrscheinlich geschah es durch das Los"[154] oder durch „eine Verlosung".[155] Ein Midrasch behauptet, dass der Schuldige durch den Gebrauch der Urim und Thummim, welche sich auf dem Brustschild des Hohepriesters befanden, entlarvt wurde:

> Und Josua ging hin und zerriss seine Kleider und fiel auf sein Angesicht zur Erde vor der Bundeslade Gottes und suchte Buße zu tun, und der Heilige, gepriesen sei Er, ließ sich von ihm besänftigen und sprach zu ihm: Josua! Israel hat die Sünde der Übertretung begangen in der Sache der geweihten Dinge, wie es heißt: „Israel hat gesündigt" (Jos 7,11). Josua blickte auf die zwölf Steine, die auf dem Brustschild des Hohepriesters lagen und die den zwölf Stämmen entsprechen. Bei jedem Stamm, der eine Übertretung begangen hatte, wurde das Licht (seines Steins) trübe, und er sah den Stein des Stammes Juda, dessen Licht trübe wurde. Und er wusste, dass der Stamm Juda in der Sache des Geweihten eine Übertretung begangen hatte. Und er warf das Los, und es fiel auf Achan, wie es heißt: „Und er brachte herzu sein Haus, Mann für Mann; und Achan, der Sohn Karmis, wurde genommen" (Jos 7,18).[156]

Die Rabbiner bemerkten, wie wichtig das Ausschlussverfahren war:

> Nur durch das Miterleben dieser von der göttlichen Vorsehung geleiteten Auslosung konnte das Volk sicher sein, dass der Täter korrekt identifiziert wurde. Hätte Josua dessen Identität sofort offenbart, hätten die Leute möglicherweise behauptet, dass Josua Achan wegen irgendeines persönlichen Grolls anklagte, statt weil er wirklich der Schuldige war (*Meam Loez*).[157]

Hier können vier Beobachtungen gemacht werden. Erstens sagte Gott dem Volk nicht direkt, wer sich der Sünde schuldig gemacht hatte; er tat dies nur durch das Ausschlussverfahren. Zweitens sollte der Prozess des Aus-

153 Drucker, *Yehoshua*, S. 203.

154 Cohen, „Joshua and Judges", *Soncino Books of the Bible*, S. 36.

155 Drucker, *Yehoshua*, S. 203.

156 *m. Pirkei de-Rabbi Eliezer* 38, abgerufen von https://www.sefaria.org.

157 Drucker, *Yehoshua*, S. 203.

schlussverfahrens, wie erwähnt, aus vier Schritten bestehen, wobei die Auswahl von den Stämmen zu den Sippen (oder Familien), von den Sippen zu den Haushalten und schließlich von den Haushalten zu den Einzelpersonen eingegrenzt wurde. Drittens unterstrich diese Eliminierung die Verwicklung des ganzen Volkes in das Vergehen. Außerdem lenkte sie die Aufmerksamkeit auf das schuldige Individuum. Viertens wurde in Übereinstimmung mit der rabbinischen Tradition die Auswahl mit Hilfe der Urim und Thummim getroffen, d.h. der zwölf Steine, die am Brustschild des Hohenpriesters befestigt waren. Die hebräischen Worte bedeuten „Lichter" und „Vollkommenheiten". Die Steine antworteten auf Ja- und Nein-Fragen. Wenn die Antwort „Ja" war, leuchteten die Steine auf. Wenn die Antwort „Nein" war, leuchteten sie nicht. Die Rabbiner ordneten jeden Stein einem der zwölf Stämme zu. Daher lehrten sie, wie im obigen Midrasch-Zitat zu sehen ist, dass der Stein des Stammes, in dem sich der Schuldige befand, erlosch. Dieser Stamm wurde dann weiter durch das Los untersucht, so dass am Ende nur noch der eigentliche Sünder übrigblieb.

In Vers 15 erklärte Gott schließlich, wie die Strafe des Sünders auszusehen hatte: *Und es soll geschehen: wer mit dem Gebannten angetroffen wird, soll mit Feuer verbrannt werden, er selbst und alles, was zu ihm gehört; denn er hat den Bund des Herrn übertreten und eine Schandtat in Israel begangen.* Vers 25 fügt hinzu, dass der Schuldige sowohl gesteinigt als auch mit Feuer verbrannt werden musste. Laut der Rabbiner war die Steinigung notwendig, weil der Mann an dem Tag gesündigt hatte, als Jericho eingenommen wurde, was zufällig ein Sabbat war. Außerdem wurde er verbrannt, weil er gegen den Cherem-Fluch verstoßen hatte.[158] Der eigentliche Grund ist ein doppelter: Erstens hatte der Sünder den Bund Gottes übertreten, und zweitens hatte er in Israel eine Schandtat begangen. Das hebräische Wort für „Schandtat" ist *nebalah*. Es wird in der Heiligen Schrift auf verschiedene Weise verwendet. Am häufigsten taucht es im Zusammenhang mit Unmoral auf (1Mo 34,7; 5Mo 22,21; Rich 19,23; 20,6; 2Sam 13,12). Die zweite Verwendung bezieht sich auf etwas Törichtes oder auf eine selbstsüchtige Haltung (1Sam.25,25). Die dritte Verwendung ist die einer gottlosen Rede (Jes 32,6). Aber im Großen und Ganzen ist *nebalah* ein technischer Begriff für eine eklatante Sünde.

5. Die Identifizierung des Sünders (7,16-21)

Die Identifizierung des Sünders umfasst die Verse 16-18, beginnend in

158 Siehe: Drucker, *Yehoshua*, S. 204.

Vers 16 mit Josua, der die Suche nach dem Schuldigen einleitete: *Josua machte sich früh am Morgen auf und ließ Israel herantreten nach seinen Stämmen; da wurde der Stamm Juda getroffen.* Die erste Stufe des Prozesses betraf die Stämme, und das Licht der Urim und Thummim fiel auf Juda. Die zweite Stufe wird in Vers 17a beschrieben: *Dann ließ er die Sippen von Juda herantreten; und es traf die Sippe der Serachiter.* Aus dem Stamm Juda fiel das Licht auf die Serachiter. Vers 17b beschreibt die dritte Stufe: *Und er ließ die Sippe der Serachiter herantreten nach den Männern; da wurde Sabdi getroffen.* Aus der Sippe der Serachiter fiel das Licht auf das Haus des Sabdi. In 1. Chronik 2,6 wird sein Name als Simri angegeben. Schließlich enthält Vers 18 die vierte Stufe: *Und er ließ sein Haus herantreten nach den Männern; da wurde Achan getroffen, der Sohn des Karmi, des Sohnes Sabdis, des Sohnes Serachs, vom Stamm Juda.* In diesem letzten Schritt fiel das Licht auf ein Mitglied des Hauses von Sabdi: Achan.

Zwei Beobachtungen können hier gemacht werden:

1. Gott hätte Achan namentlich identifizieren können, aber er bediente sich eines sehr langsamen Prozesses. Er tat dies, um seinem Volk einen notwendigen Eindruck von der Schwere seiner Sünde zu vermitteln.
2. Der Vorgang ist ein Beispiel für ein Prinzip, welches in Sprüche 16,33 zu finden ist: *Im Gewandbausch schüttelt man das Los, aber all seine Entscheidung kommt vom Herrn.* Anstelle von Losen wurden im Falle Achans die Urim und Thummim verwendet, aber das Prinzip aus Sprüche 16,33 gilt immer noch: Der Herr hat das Ergebnis bestimmt.

Vers 19 offenbart die Ermahnung Josuas: *Da sagte Josua zu Achan: Mein Sohn, gib doch dem Herrn, dem Gott Israels, die Ehre und gib ihm das Lob und teile mir mit, was du getan hast! Verschweige nichts vor mir!* Der Ausdruck „gib dem HERRN die Ehre“ war eine heilige Formel der Anbetung, die einen Menschen dazu aufgeforderte, vor dem Angesicht Gottes die Wahrheit zu bekennen (Joh 9,24). Der Talmud leitet aus diesem Vers ab, dass alle zum Tode Verurteilten ermutigt werden sollten, ihre Sünden zu bekennen, damit ihnen ein Platz im kommenden Zeitalter garantiert würde:

> MISCHNA: Wenn der Verurteilte etwa zehn Ellen vom Ort der Steinigung entfernt ist, sagt man zu ihm: Bekenne deine Übertretungen, denn der Weg aller, die hingerichtet werden, ist das Bekennen. Denn wer seine Sünden bekennt und bereut, hat einen Anteil an der kom-

menden Welt. Denn so finden wir in Bezug auf Achan, dass Josua zu ihm sagte: „Mein Sohn, bitte gib dem Herrn, dem Gott Israels, die Ehre und bekenne Ihm deine Schuld." (Jos 7,19). Und im nächsten Vers heißt es: „Und Achan antwortete Josua und sprach: Ja, ich habe gesündigt gegen den Herrn, den Gott Israels, und solches und solches habe ich getan." Und woher wird abgeleitet, dass Achans Bekenntnis die Sühne für ihn bewirkt hat? Es wird von der folgenden Aussage abgeleitet: „Und Josua sprach: Warum hast du Unheil über uns gebracht? Der Herr wird dich heute plagen." (Jos 7,25). Josua sagte zu Achan wie folgt: „An diesem Tag deines Gerichts bist du geplagt, aber in der kommenden Welt wirst du nicht geplagt werden."[159]

Die Verse 20-21 offenbaren Achans Schuldbekenntnis, beginnend in Vers 20 mit einer allgemeinen Anerkennung der Situation: *Da antwortete Achan dem Josua und sagte: Es ist wahr, ich habe gegen den Herrn, den Gott Israels, gesündigt, das und das habe ich getan.* Die Einzelheiten der Sünde werden in Vers 21 dargelegt: *Ich sah unter der Beute einen schönen Mantel aus Schinar sowie zweihundert Schekel Silber und einen Goldbarren, sein Gewicht fünfzig Schekel. Ich bekam Lust danach, und ich nahm es, und siehe, es ist im Innern meines Zeltes im Boden verscharrt und das Silber darunter.* Achan beschrieb seine Sünde in drei Stufen. Die erste Stufe war, dass er in der Beute Silber und Gold und ein schönes Gewand aus Babylonien gesehen hatte. Das hebräische Wort für „babylonisch" ist *Schinar*, und das ist der Name des Landes, in dem mit dem Turmbau zu Babel der Götzendienst seinen Anfang genommen hat (1Mo 11). Die zweite Stufe war, dass er diese kostbaren Dinge begehrte. In der dritten Stufe nahm er sie und verbarg sie in der Erde in seinem Zelt.

6. Achans Hinrichtung (7,22-26)

Der Bericht über Achans Hinrichtung beginnt in den Versen 22-23 mit dem Auffinden der geweihten Gegenstände. Josua sandte ein paar Männer zu Achans Zelt: *Da schickte Josua Boten hin, und sie liefen zum Zelt; und siehe, es war in seinem Zelt verscharrt und das Silber darunter* (Vers 22). Dann kam die Übergabe des Diebesguts: *Sie nahmen es aus dem Innern des Zeltes und brachten es zu Josua und zu allen Söhnen Israel, und sie schütteten es vor dem Herrn hin* (Vers 23). Da diese Gegenstände Cherem waren, gehörten sie Gott und wurden vor ihm niedergelegt.

159 *bT. Sanhedrin* 43b.

Vers 24 berichtet von den Vorbereitungen zur Hinrichtung: *Da nahm Josua und ganz Israel mit ihm Achan, den Sohn des Serach,*[160] *sowie das Silber, den Mantel und den Goldbarren und seine Söhne, seine Töchter, seine Rinder, seine Esel und seine Schafe, sein Zelt und alles, was zu ihm gehörte, und sie brachten sie hinauf ins Tal Achor.* Der Prozess begann mit der kollektiven Verpflichtung. Josua und alle anderen Israeliten mussten an der Hinrichtung teilnehmen, denn eine gemeinschaftliche Schuld erfordert eine gemeinschaftliche Beseitigung der Schuld. Die Liste von Achans Eigentum umfasst nicht nur materielle Gegenstände, sondern auch Menschen und Tiere. Die Familie muss von dem Verbrechen gewusst haben, da die Beute im Familienzelt begraben worden war. Außerdem schloss das Cherem-Urteil über Achan seine Nachkommen ein, da der Bann über ihn und alles, was zu ihm gehörte, verhängt worden war. Sein Name wurde wahrhaftig aus Israel ausgelöscht, und er hat keine Abstammungslinie mehr. Der Ort der Hinrichtung war das Tal von Achor. Die genaue Lage dieses Tals ist unbekannt, aber es muss in der Nähe von Jericho liegen.

Ein Punkt der Beobachtung bezieht sich auf ein Gebot in 5. Mose 24,16, das besagt: *Nicht sollen Väter um der Söhne willen getötet werden und Söhne sollen nicht um der Väter willen getötet werden; sie sollen jeder für seine [eigene] Sünde getötet werden.* Es stellt sich die Frage, ob die Art der Bestrafung, die Achan und seine Familie erfahren sollten, gegen dieses Gebot verstieß. Die Antwort ist Nein. Der Abschnitt in 5. Mose handelt von menschlicher, nicht von göttlicher Bestrafung. Achans Sünde betraf den Cherem-Fluch. Er hatte Hand an das gelegt, was Gott geweiht war, und deshalb sollten er und seine ganze Familie bestraft werden wie eine Stadt, die dem Götzendienst verfallen war (5. Mose 13,15-17).

Vers 25 beschreibt die Hinrichtung: *Und Josua sagte: Wie du uns ins Unglück gebracht hast, so wird der Herr dich heute ins Unglück bringen! Und ganz Israel steinigte ihn, und sie verbrannten sie mit Feuer und bewarfen sie mit Steinen.* Die Rabbiner interpretieren die Formulierung „heute" als einen Hinweis auf die Gewissheit, dass Achan zwar im Hier und Jetzt Schwierigkeiten hatte, diese aber im kommenden Zeitalter nicht mehr haben werde. Vielmehr werde er „die Freude des Paradieses mit den Gerechten erleben".[161] Der Soncino-Kommentar zu Josua erklärt: „Von wenigen Ausnahmen abgesehen, galten im Judentum Beichte und Tod als Sühne für die eigenen Mis-

160 Der Soncino-Kommentar zu Josua macht die folgende Beobachtung: „In Vers 18 wird Achan als der Urenkel von Zerah beschrieben; aber *Ben* (Sohn) bedeutet im Hebräischen oft einfach nur ‚Nachkomme'" (in Cohen, „Joshua and Judges", *Soncino Books of the Bible*, S. 38).

161 Raschi, *The Book of Joshua*, S. 52. Siehe auch: *bT. Sanhedrin* 43b.

setaten, und selbst der verurteilte Verbrecher sicherte sich dadurch seinen Anteil am Jenseits."[162] Was die Hinrichtung betrifft, so nahm ganz Israel daran teil. Im Hebräischen werden zwei verschiedene Wörter für die Steinigung verwendet. Das erste ist *ragam*. Es wird verwendet, um den Akt der Steinigung als Form der Todesstrafe zu beschreiben. Das zweite Wort ist *saqal*. Keil und Delitzsch stellen fest, dass sich dieser Begriff „nicht auf die Steinigung als Methode der Hinrichtung bezieht, sondern auf das Werfen von Steinen auf die Leichen, nachdem sie verbrannt worden waren. Der so entstandene Steinhaufen diente als Mahnmal für die Schande, die gesühnt worden war."[163]

Die Rabbiner debattierten über den Vorgang der Hinrichtung. Einige paraphrasierten den Vers, um das Rätsel der wiederholten Steinigung aufzulösen, und sagten: „Und ganz Israel steinigte ihn mit Steinen und verbrannte ihn mit Feuer, (nachdem) sie ihn mit Steinen gesteinigt hatten."[164] Der Talmud stellt fest:

> In Bezug auf Achans Bestrafung heißt es in dem Vers: „Und sie verbrannten sie mit Feuer und steinigten sie mit Steinen." Die Gemara fragt: Haben sie ihn mit zwei Strafen bestraft? Ravina sagt: „Das, was zum Verbrennen geeignet war, z.B. ein Kleidungsstück, wurde zum Verbrennen herausgenommen, und das, was zum Steinigen geeignet war, z.B. ein Tier, wurde zum Steinigen herausgenommen."[165]

Raschi verstand die Stelle anders und sagte, „dass Achan nur gesteinigt wurde".[166] Rabbi Kimchi hingegen beobachtete, dass „als Achan zum Verbrennen geführt wurde, ihn die Schaulustigen aus Zorn steinigten. Als sie im Tal von Achor ankamen, wurden Achan und seine ganze Habe verbrannt. Danach stapelten sie Steine auf seine Asche, um ein Zeichen zu setzen."[167]

Vers 26 schließt den Bericht über die Hinrichtung, indem es das Denkmal und den Namen erklärt: *Und sie errichteten einen großen Steinhaufen über ihm, der bis zum heutigen Tag [noch da ist]. Da wandte sich der Herr von seinem glühenden Zorn ab. Darum nannte man diesen Ort Tal Achor bis zum heutigen Tag.* Der Vers erklärt, dass die Israeliten einen großen Steinhaufen

162 Cohen, „Joshua and Judges", *Soncino Books of the Bible*, S. 38.
163 Keil & Delitzsch, *Biblical Commentary on The Old Testament: Joshua, Judges, Ruth*, S. 83.
164 Raschi, *The Book of Joshua*, S. 52.
165 *bT. Sanhedrin* 44a.
166 Drucker, *Yehoshua*, S. 208.
167 Ebd.

aufhäuften und so ein Denkmal errichteten. Dies war eine übliche Methode, mit der sündige oder verfluchte Menschen begraben wurden (Jos 8,28-29; 2Sam 18,17). Die Formulierung „bis zum heutigen Tag" bedeutet, dass die Gedenkstätte noch sichtbar war, als das Buch Josua geschrieben wurde. Was den Namen der Grabstätte betrifft, so wurde sie „Tal Achor" genannt. „Achor" stammt von dem hebräischen Wort *achar*, welches „ins Unglück bringen" bedeutet. So war das Tal Achor das „Tal der Not". Erneut erklärt der Vers, dass dem so war *bis zum heutigen Tag*. Das Ereignis wird auch in Jesaja 65,10 und Hosea 2,17 erwähnt. Die Hosea-Passage prophezeit, dass das Tal Achor eines Tages ein Tor der Hoffnung werden wird.

Die Rabbiner sind sich nicht einig, woran Achan genau schuldig war. Raschi glaubte, dass Achan hingerichtet wurde, weil er den Sabbat verletzte.[168] Nachmanides (1194-1270) behauptete, dass jeder, der Gegenstände stahl, welche vom Sanhedrin oder vom König mit einem Bann belegt worden waren, mit der Todesstrafe belegt wurde. Andere Rabbiner meinten, dass Achan gegen Josua rebelliert hatte, der zu dieser Zeit die Position eines Königs innehatte. In der Erkenntnis, dass eine Person nur auf die Aussage von zwei oder drei Zeugen hin zum Tode verurteilt werden konnte, behauptete Rambam in *Hilchot Sanhedrin* 18,6, dass es sich bei Achans Fall um „eine vorübergehende Aussetzung des Toragesetzes handelte, die in seltenen Notfällen erlaubt ist, etwa um andere von der Sünde abzuhalten."[169] Schließlich gab es einige Rabbiner, die anerkannten, dass Achan „auf Anweisung Gottes an Josua" hingerichtet wurde.[170]

D. Die Eroberung von Ai (8,1-29)

Nachdem Achans Sünde bestraft und die Gefahr für die ganze Nation beseitigt war, leitete Gott Josua an, Ai ein zweites Mal anzugreifen. Dieses Mal würde er vor seinem Volk hergehen, und Ai würde fallen. Die Eroberung der Stadt wird in den Versen 1-29 beschrieben.

1. Die Verheißung Gottes (8,1-2)

In den Versen 1-2 gab Gott Josua erneut ein Versprechen. Er begann in Vers 1 mit Worten des Trostes: *Und der Herr sprach zu Josua: Fürchte dich*

168 Siehe: ebd., S. 209.
169 Ebd.
170 Ebd. Siehe: *Chasam Sofer, Orach Chaim*, 208.

nicht und erschrick nicht! Darauf folgt der Befehl: *Nimm das ganze Kriegsvolk mit dir und mache dich auf, zieh hinauf nach Ai! Siehe, ich habe den König von Ai sowie sein Volk, seine Stadt und sein Land in deine Hand gegeben.* Diesmal sollte Josua das ganze Heer mitnehmen, nicht nur zwei- oder dreitausend Soldaten wie zuvor. Gott versprach, dass er Ai in seine Hände geben würde.

Vers 2 enthält zwei Vergleiche mit dem Angriff auf Jericho (Jos 6,2-5), wobei einer eine Ähnlichkeit zu dem Kampf um Ai herausstellt und der andere einen Unterschied. Bezüglich des Punktes der Ähnlichkeit sagte Gott: *Du sollst mit Ai und seinem König das tun, was du mit Jericho und seinem König getan hast.* Dann kam der Unterschied: *Jedoch seine Beute und sein Vieh dürft ihr unter euch aufteilen. Lege du der Stadt einen Hinterhalt von der Rückseite her!* Mit diesen Worten erlaubte Gott den Israeliten, mit dem Plündern zu beginnen. Gott erklärte auch, wie Ai erobert werden sollte. Josua und sein Heer sollten hinter der Stadt einen Hinterhalt legen. Gott würde ihnen den Sieg schenken, aber es sollte nicht durch ein Wunder geschehen, sondern durch eine militärische List. Ein Punkt, der beachtet werden sollte, ist, dass Gottes spezifische Anweisungen die Täuschung des Feindes erforderten. Genauso wie Rahab ihre eigenen Leute in Jericho getäuscht hatte, beinhalteten Gottes Anweisungen an Josua die Täuschung des Feindes, denn dies war Krieg.

Zu der in den Versen 1-9 dargelegten Taktik und dem Verlauf der Dinge in den folgenden Versen können einige Beobachtungen gemacht werden. Josua wählte 30.000 Männer aus und schickte sie bei Nacht auf einen 20 Kilometer langen Marsch zur Westseite von Ai, wo sie sich auf die Lauer legen sollten (Verse 3-4). Diese Soldaten sollten die Angriffstruppe sein, die bereit war, die Stadt von dieser Seite aus einzunehmen. Am nächsten Tag führte Josua das Hauptheer Israels bis zur Nordseite der Stadt (Vers 11). Diese Truppen sollten als Ablenkungsmanöver dienen, um das Heer von Ai aus der Stadt herauszulocken und sie einem Angriff von Westen her auszusetzen (Verse 13-17). Weitere 5.000 Mann wurden ausgesandt, um zwischen Bethel und Ai im Hinterhalt zu liegen (Vers 12). Sie wurden zur Verteidigung eingesetzt, um zu verhindern, dass sich das Heer aus Bethel mit Ai verbünden und die 30.000 Mann auf der Westseite der Stadt besiegen konnte.

Die Rabbiner skizierten die Szene folgendermaßen:

1. Josua schickte zwei Tage vor der Schlacht eine Gruppe von Soldaten in den Hinterhalt.
2. Das Hauptheer Israels positionierte sich vor Ai.

3. Josua entsandte 5.000 Mann, die eine zweite Flanke bilden sollten.
4. Die Armee von Ai griff Israel an.
5. Josua gab vor zu fliehen.
6. Als sie sahen, dass Israel sich zurückzog, stürmten alle bewaffneten Männer aus Ai heraus und schlossen sich dem ersten Vorstoß ihrer Armee an. Daraufhin schloss sich auch die Armee von Bethel der Verfolgung an.
7. Die Gruppe der israelitischen Soldaten, die im Hinterhalt warteten, überfiel das wehrlose Ai und setzte die Stadt in Brand.
8. Josua sah Ai brennen, befahl seinen Männern umzukehren und besiegte die feindlichen Truppen.
9. Dann kehrte Israel nach Ai zurück und tötete die Bevölkerung der Stadt.[171]

In diesem speziellen Fall kommt die rabbinische Interpretation sehr nahe an das heran, was im biblischen Text steht.

2. Die Anweisungen bezüglich des Angriffs (8,3-8)

Die Verse 3-8 enthalten Josuas Anweisungen an die 30.000 Soldaten, die an der Westseite von Ai eingesetzt werden sollten. Vers 3 beschreibt die Auswahl: *Da machte sich Josua mit dem ganzen Kriegsvolk auf, um nach Ai hinaufzuziehen. Und Josua wählte 30 000 Mann, tüchtige Krieger, aus und sandte sie bei Nacht aus.* Diese einleitende Aussage fasst die Auswahl der Einsatztruppe, die im Hinterhalt warten sollte, zusammen.

Die Verse 4-8 beschreiben Josuas genaue Anweisungen an dieses Kontingent, beginnend in Vers 4 mit dem Zweck der Auswahl: *Er befahl ihnen: Seht, ihr sollt euch in den Hinterhalt legen, hinter der Stadt! Entfernt euch nicht zu sehr von der Stadt, sondern seid alle bereit!* Der Hinterhalt sollte sich westlich von Ai positionieren, so nah wie möglich an der Stadt.

In den Versen 5-6 erläuterte Josua seine eigene Rolle und erwähnte drei Schritte. Erstens: *Ich aber und das ganze Volk, das bei mir ist, wir wollen nahe an die Stadt heranrücken* (Vers 5a). Zweitens: *Und es soll geschehen, wenn sie herauskommen, uns entgegen, wie beim ersten Mal, so wollen wir vor ihnen fliehen* (Vers 5b). Drittens: *Sie werden uns nachsetzen, bis wir sie von der Stadt abgeschnitten haben. Denn sie werden [sich] sagen: Sie fliehen vor uns wie beim ersten Mal! Wenn wir dann vor ihnen fliehen werden* (Vers 6). Zweimal verwendete Josua die Formulierung „wie beim ersten Mal“. Er ging also davon aus, dass das Heer von Ai so reagieren würde wie beim ersten Angriff.

171 Diese Liste basiert auf Drucker, *Yehoshua*, S. 214.

In den Versen 7-8 beschrieb Josua die genaue Aufgabe der 30.000 Männer und erklärte, dass sie zwei Dinge tun sollten. Erstens sollten sie laut Vers 7 die Stadt einnehmen: *dann sollt ihr euch aus dem Hinterhalt aufmachen und die Stadt einnehmen. Der Herr, euer Gott, wird sie in eure Hand geben.* Die Männer sollten sich aus dem Hinterhalt erheben und die Stadt einnehmen, denn Gott würde Ai in ihre Hände geben. Zweitens sollten sie laut Vers 8 die Stadt zerstören: *Und es soll geschehen, wenn ihr die Stadt eingenommen habt, dann sollt ihr sie in Brand stecken; nach dem Wort des Herrn sollt ihr [es] tun. Seht, ich habe es euch befohlen.* Sobald die israelitischen Streitkräfte Ai eingenommen hatten, sollten sie die Stadt im Gehorsam gegenüber Gottes Befehl in Brand stecken. Auch hier sollte man erkennen, dass die Anweisungen, die von Josua kamen, die Anweisungen von Gott selbst waren.

3. Der Plan des Angriffs (8,9-13)

Vers 9 spricht von zwei Kontingenten oder Truppen: *Da schickte Josua sie los, und sie begaben sich in den Hinterhalt und blieben zwischen Bethel und Ai, westlich von Ai. Josua aber verbrachte jene Nacht mitten unter dem Volk.* Nachdem sie mit Josuas Anweisungen ausgesandt worden war, postierte sich die erste Truppe, bestehend aus den 30.000 Soldaten, am Ort des Hinterhalts westlich von Ai. Das zweite Heer bestand aus Josua und seinen Soldaten, die diese Nacht bei den Israeliten verbrachten.

Dieses zweite Kontingent war das Hauptheer, das in den Versen 10-13 näher beschrieben wird. Die Verse 10-11 zeigen Josuas Marsch nach Ai. Der Zeitpunkt dieses Ereignisses wird in Vers 10 erwähnt: *Und Josua machte sich des Morgens früh auf und musterte das Volk. Dann zog er mit den Ältesten Israels vor dem Volk her nach Ai hinauf.* Josua unternahm zwei Handlungen: Erstens versammelte er sein Heer, und zweitens marschierten er und die Ältesten vor den Soldaten nach Ai. Vers 11 beschreibt die Aktion im Detail: *Und alles Kriegsvolk, das bei ihm war, zog hinauf und rückte heran, und sie kamen vor die Stadt. Sie lagerten sich nördlich von Ai, sodass das Tal zwischen ihnen und Ai war.* Der Vers liefert ein geographisches Detail. Josua positionierte das Hauptheer nördlich von Ai auf der gegenüberliegenden Seite eines Tals, das zwischen ihm und der Stadt lag.

In Vers 12 geht es um das dritte Kontingent, das aus 5.000 Mann bestand: *Er hatte aber etwa fünftausend Mann genommen und sie als Hinterhalt zwischen Bethel und Ai gelegt, westlich von der Stadt.* Der Vers offenbart den Grund für das geographische Detail, welches im vorherigen Vers angegeben wurde. Dieses Kontingent versteckte sich in dem oben erwähnten Tal.

Vers 13 nennt noch einmal die drei Teile des israelitischen Heeres: *Und so stellten sie das Volk auf, das ganze Lager, das nördlich von der Stadt war, und sein Ende westlich von der Stadt. Und Josua zog in dieser Nacht mitten in die Talebene.* Die erste Abteilung stellte sich nördlich von Ai auf, die zweite war der Hinterhalt im Westen, und das dritte Kontingent, zu dem auch Josua gehörte, zog ins Tal. Nun waren alle drei Abteilungen bereit, den Angriff, die List, den Hinterhalt und die Einnahme der Stadt zu beginnen.

4. Die Antwort von Ai (8,14-17)

Die Verse 14-17 beschreiben die Antwort von Ai, beginnend in Vers 14 mit dem Angriff: *Und es geschah, als der König von Ai es sah, da rückten die Männer der Stadt in aller Frühe eilends aus, Israel entgegen zum Kampf, er und sein ganzes Volk, zur Begegnung*[172] *vor der Steppe.*[173] Die Männer von Ai warteten nicht, bis die Israeliten die Stadt angriffen. Stattdessen machten sie sich früh am Morgen auf den Weg ins Tal, um sie dort anzugreifen. Die Formulierung „an einen bestimmten Ort“[174] bedeutet „wie Josua es geplant hatte“. Der geographische Hinweis „vor der Araba“[175] zeigt an, dass dies ein Teil des Jordantals war. Der König von Ai wusste nichts von dem Kontingent, welches im Westen der Stadt versteckt war, denn er war der Araba zugewandt, was bedeutet, dass er nach Osten blickte. Außerdem sah er zwar die 5.000 Israeliten auf der Ostseite in Richtung der Steppe, aber er sah nicht das Hauptheer dahinter.

Vers 15 enthüllt die List: *Josua und ganz Israel ließen sich nun von ihnen schlagen und flohen zur Wüste hin.*

Die Verse 16-17 beschreiben die Verfolgung Israels, beginnend in Vers 16a mit der Tat selbst: *Da wurde das ganze Volk, das in der Stadt war, zusammengerufen, um ihnen nachzujagen.* Das Ergebnis ist in den Versen 16b-17 zu sehen: *Und sie jagten Josua nach und wurden von der Stadt abgeschnitten. Da blieb kein Mann in Ai und Bethel zurück, der nicht hinter Israel her ausgezogen wäre. Und sie ließen die Stadt offenstehen und jagten Israel nach.* Die List funktionierte. Die Stadt war nun menschenleer und ohne Verteidi-

172 Anm. der Übersetzerin: Die Übersetzer der Elberfelder Bibel haben einen entscheidenden Teil des Verses ausgelassen, nämlich das hebräische Wort לַמּוֹעֵד, welches entweder „an einem bestimmten Ort“ oder „zu einer bestimmten Zeit“ bedeutet. In einer Fußnote steht beim Wort „Begegnung“: „o. zum Begegnungsort“. Auch diese Übersetzung lässt einen entscheidenden Teil aus dem hebräischen Text aus, nämlich dass dies ein ganz bestimmter Begegnungsort war. Auf dieses Wort bezieht sich Dr. Fruchtenbaum aber in seinem Kommentar zu diesem Vers, und so ist diese mangelhafte Übersetzung bedauerlich.

173 Anm. der Übersetzerin: In einer Fußnote schreibt die Elberfelder Bibel: „w. vor der Araba“.

174 In der Elberfelder als „zur Begegnung“ übersetzt.

175 In der Elberfelder als „vor der Steppe“ übersetzt.

gung. Der Abschnitt zeigt auch, dass das Heer von Bethel gekommen war, um dem Heer von Ai beizustehen. Infolgedessen nahm Israel letztlich zwei Städte ein und nicht nur eine.

5. Die Niederlage von Ai (8,18-29)

Die Niederlage von Ai ist in den Versen 18-29 aufgezeichnet, wobei die Verse 18-23 den Sieg auf dem Feld und die Verse 24-28 die Ereignisse rund um die Einnahme der Stadt selbst beschreiben. Der Abschnitt endet in Vers 29 mit der Hinrichtung des Königs von Ai.

a. Der Sieg auf dem Feld (8,18-23)

Vers 18 beginnt mit einem göttlichen Befehl: *Da sprach der Herr zu Josua: Strecke das Kurzschwert, das in deiner Hand ist, gegen Ai aus; denn in deine Hand will ich es geben* (Vers 18a). Das Kurzschwert war so etwas wie eine Lanze, die nun nach Ai ausgestreckt werden sollte. Dies sollte das Zeichen sein, dass Gott den Israeliten den Sieg geben würde. Im Gehorsam *streckte Josua das Kurzschwert, das in seiner Hand war, gegen die Stadt aus* (Vers 18b).

Vers 19 offenbart, dass die Einnahme der Stadt in vier Schritten erfolgte: *Der Hinterhalt aber hatte sich eilends aus seiner Stellung aufgemacht, und sie liefen, als er seine Hand ausstreckte. Und sie kamen zur Stadt, nahmen sie ein, und sie eilten und steckten sie in Brand.* Der erste Schritt war, dass sich die Männer, die sich westlich von Ai versteckt hatten, schnell von ihrer Stellung erhoben. Im zweiten Schritt stürmten sie vorwärts, sobald sie Josuas ausgestreckten Arm sahen. Der dritte Schritt bezieht sich auf den Einzug in die Stadt und die Einnahme derselben. Im vierten und letzten Schritt setzten sie sie schnell in Brand.

Vers 20 zeigt, welche Wirkung dieser Angriff auf das Heer von Ai hatte: *Und die Männer von Ai wandten sich um und sahen, und siehe, der Rauch von der Stadt stieg zum Himmel auf. Da war in ihnen keine Kraft mehr zu fliehen, weder hierhin noch dorthin. Und das Volk, das [bisher] zur Wüste geflohen war, wandte sich [nun] um gegen den Verfolger.* Als die Männer von Ai sich umdrehten und ihre Stadt in Rauch aufgehen sahen, versuchten sie zu fliehen. Aber sie konnten weder den Feind angreifen noch in ihre Stadt zurückkehren, denn die israelitischen Truppen, die sich als besiegt und auf der Flucht ausgegeben hatten, wandten sich nun zum Kampf gegen ihre Verfolger.

Die Verse 21-22 berichten von der Abschlachtung des Heeres von Ai, beginnend in Vers 21 mit dem Kampf zwischen den Kriegsparteien außerhalb der Stadt: *Denn als Josua und ganz Israel sahen, dass der Hinterhalt die Stadt eingenommen hatte und dass der Rauch der Stadt aufstieg, da kehrten sie um und schlugen die Männer von Ai.* Dann kam in Vers 22 die Verstärkung: *Diese waren ja aus der Stadt ihnen entgegen ausgezogen, sodass sie [nun] mitten zwischen Israel waren, die einen [kamen] von hier und die andern von dort. Und sie erschlugen sie, bis [von] ihnen kein Entronnener oder Entkommener mehr übrig blieb.* Das Heer, das die Stadt eingenommen hatte, kam nun auf das Schlachtfeld, um Josua und die anderen Soldaten zu unterstützen. Sie kämpften bis zum Ende und ließen niemanden am Leben.

Vers 23 beschreibt die Gefangennahme des Königs von Ai: *Den König von Ai hingegen ergriffen sie lebendig und brachten ihn zu Josua.*

b. Die Ausrottung der Bürger und die endgültige Zerstörung von Ai (8,24-28)

Nachdem sie alle Soldaten von Ai getötet hatten, drangen die Israeliten erneut in die Stadt ein und töteten ihre Bewohner. Der Bericht wird in den Versen 24-28 beschrieben, wobei Vers 24 einen Hinweis auf den Zeitpunkt dieses Ereignisses gibt: *Und es geschah, als Israel alle Bewohner von Ai auf dem Feld, in der Wüste, wohin sie ihnen nachgejagt waren, umgebracht hatte und sie alle durch die Schärfe des Schwertes gefallen waren, bis sie vollständig aufgerieben waren, da kehrte ganz Israel um nach Ai, und sie schlugen es mit der Schärfe des Schwertes.* Nachdem die Soldaten von Ai und ihre Verbündeten getötet worden waren, wandten sich die Israeliten gegen die Menschen, die sich in der Stadt versteckt hielten.

Vers 25 fügt dem Bericht die folgende Einzelheit hinzu: *[Die Zahl] aller Männer und Frauen, die an diesem Tag fielen, war zwölftausend, alle Leute von Ai.* Die gesamte Bevölkerung der Stadt bestand aus 12.000 Bürgern, und sie alle wurden an diesem einen Tag getötet.

Vers 26 offenbart die symbolische Bedeutung der Lanze: *Josua aber zog seine Hand, die er mit dem Kurzschwert ausgestreckt hatte, nicht zurück, bis er an allen Bewohnern von Ai den Bann vollstreckt hatte.* Josuas Handlung während der Schlacht erinnert an den Feldzug Moses gegen Amalek (2Mo 17,11). Der Talmud kommentiert diesen Vorfall:

> „Und es geschah, als Mose seine Hand hochhielt, da siegte Israel; und als er seine Hand niederließ, da siegte Amalek“ (2. Mose 17,11). Es darf gefragt werden: Führten die Hände des Mose Krieg, wenn er sie erhob, oder unterbrachen sie Krieg, wenn er sie senkte? Vielmehr will der Vers sagen, dass das jüdische Volk, solange es seine Augen nach oben richtete und sein Herz dem Vater im Himmel unterwarf, siegte, aber wenn nicht, fiel es.[176]

176 *bT. Rosch Haschana* 29a.

Von Bedeutung ist, dass das Zeichen des Mose darin lag, dass er während des Feldzugs seine Hände oben hielt. Bei Josua bestand das Zeichen in der Lanze, die er in seinen ausgestreckten Händen hielt.

In Vers 27 wird eine Ausnahme gemacht: *Nur das Vieh und die Beute dieser Stadt erbeutete Israel für sich, nach dem Wort des Herrn, das er dem Josua befohlen hatte.* Ai stand nicht in gleichem Maße unter dem Cherem-Fluch wie Jericho. Zwar fielen die Menschen unter diesen Bann und wurden deshalb getötet, ihr Vieh blieb aber unversehrt. Zudem durften die Israeliten bestimmte Gegenstände als Beute mitnehmen.

Vers 28 berichtet über die Zerstörung von Ai: *Und Josua brannte Ai nieder und machte es zu einem ewigen Hügel der Öde, bis zum heutigen Tag.* Im Gegensatz zu Jericho wurde Ai zu Lebzeiten des Autors nicht wiederaufgebaut. Es blieb eine Ruine während der Zeit der Richter und Könige. Erst als das jüdische Volk aus Babylon zurückkehrte, wurde es wiederaufgebaut (Esra 2,28). Dies beweist, dass das hebräische Wort *olam*, welches „ewig" bedeutet, Ewigkeit anders versteht, als es die deutsche Sprache tut. Es spricht nur vom Ende einer Zeitspanne, und in diesem Fall ist diese Zeitspanne das Leben des Autors.

c. Die Hinrichtung des Königs (8,29)

Vers 29 beschreibt die Hinrichtung des Königs von Ai, der in Vers 23 gefangen genommen worden war: *Und den König von Ai ließ er an einen Baum hängen bis zum Abend. Und bei Sonnenuntergang gab Josua Befehl, und sie nahmen seine Leiche vom Baum herunter und warfen sie an den Eingang des Stadttores und errichteten über ihr einen großen Steinhaufen, [der] bis zum heutigen Tag [da ist].* Nach der Hinrichtung ließ man den Leichnam bis zum Sonnenuntergang hängen. Dann wurde er im Gehorsam gegenüber dem mosaischen Gesetz vom Baum heruntergenommen (5Mo 21,22-23). Auf Josuas Befehl hin wurde der Leichnam des Königs entfernt, am Eingang des Stadttores niedergeworfen und mit einem großen Steinhaufen bedeckt. In einer Erklärung der Kontinuität stellt der Bericht fest, dass diese Begräbnisstätte noch da war, als das Buch verfasst wurde.

Zwei Beobachtungen können hier gemacht werden:

1. Die Niederlage von Ai rückte Israel nun vom Rand des Gelobten Landes im Jordantal in die Mitte des Landes und in das Hügelland, welches ein viel strategischerer Ort war.
2. Die Einnahme sowohl von Ai als auch von Bethel bedeutete, dass das Bergland von Ephraim nun in israelitischer Hand war, was das nächste Ereignis ermöglichte.

E. Der Bund am Berge Ebal (8,30-35)

Nach dem Sieg von Ai nahm sich Josua Zeit, bestimmte Anweisungen zu erfüllen, die Mose im Deuteronomium gegeben hatte, und so bewegt sich die Erzählung des Buches Josua von der Beschreibung äußerer Ereignisse, wie etwa Kriegsgeschehen, zu einem inneren Ereignis, das geistlicher Natur war. Die Schilderung dieses Ereignisses wird in den Versen 30-35 behandelt, beginnend in Vers 30 mit dem Bau eines Altars: *Damals baute Josua dem Herrn, dem Gott Israels, einen Altar auf dem Berg Ebal.* Diese Tat war ein Zeichen des Gehorsams gegenüber den Anweisungen von Mose in 5. Mose 27,1-8. Mose hatte befohlen, dass Josua nach der Überquerung des Jordans auf dem Ebal einen Altar für die Erneuerung des Bundes bauen sollte. Die Tatsache, dass die Israeliten in der Lage waren, den Berg ohne Widerstand zu besteigen, zeigt, dass sie mit der Einnahme von Ai und Bethel die Kontrolle über das Hügelland von Ephraim erlangt hatten. Es zeigt auch die jüdische Kontrolle über Sichem, denn diese Stadt liegt zwischen dem Berg Ebal und dem Berg Garizim. Die Tatsache, dass es keine Aufzeichnungen über Kämpfe in Sichem gibt, bedeutet aller Wahrscheinlichkeit nach dies: Sichem wurde bereits als durch Eroberungsrecht zu Israel gehörend anerkannt, und zwar seit 1. Mose 34, als die beiden Söhne Jakobs die Einwohner von Sichem überwanden. Diese Art von Eroberungsrecht war im Altertum relativ üblich. In Josua 12 gibt es eine Liste von Königen, die von Josua getötet wurden. In dieser Liste taucht der König von Sichem nicht auf.

Vers 31 liefert die Grundlage für den Bau des Altars: *wie Mose, der Knecht des Herrn, den Söhnen Israel geboten hatte, wie im Buch des Gesetzes des Mose geschrieben steht, einen Altar von unbehauenen Steinen, über denen man kein Eisen geschwungen hatte. Und sie brachten darauf dem Herrn Brandopfer dar und schlachteten Heilsopfer.* Die Grundlage für den Bau des Altars war das mosaische Gesetz. In 2. Mose 20,25 wurden genaue Anweisungen gegeben, wie ein Altar für Gott auszusehen hatte, und Josua sorgte dafür, dass der Altar in Sichem nach diesen Vorgaben gebaut wurde. Was die Opfergaben anbelangt, so waren sie identisch mit denen, die am Berg Sinai in 2. Mose 20,24 dargebracht wurden. Der Berg Ebal sollte also als Erinnerung an den am Berg Sinai geschlossenen Bund dienen. Der Soncino-Kommentar zu Josua liefert eine rabbinische Interpretation:

> Der Zweck des Altars war es, (durch Sühne) das Leben zu erhalten, während das Eisen es zerstört (durch das Schwert). Es ist daher nicht angemessen, dass der Zerstörer über den Bewahrer erhöht werden soll. Außerdem fördert der Altar den Frieden zwischen Israel und seinem

Vater im Himmel. Wenn es nun in der Tora heißt: *Du sollst kein eisernes Werkzeug an ihnen erwecken,* an Steinen, die weder sehen noch hören noch sprechen, weil sie den Frieden zwischen Israel und seinem Vater im Himmel fördern, wie viel mehr wird derjenige, der den Frieden zwischen Mensch und Nachbar, zwischen Mann und Frau, zwischen Familie und Familie fördert, von Trübsal verschont bleiben.[177]

Vers 32 konzentriert sich auf die Abschrift des Gesetzes: *Und er schrieb dort auf die Steine eine Abschrift des Gesetzes des Mose, die er vor den Söhnen Israel geschrieben hatte.* Nach rabbinischer Tradition bezeichnet der Begriff *Torat Mosche* („das Gesetz des Mose") sowohl das Schriftgesetz als auch das mündliche Gesetz. Die Weisen behaupten, dass Gott Mose beide Gesetze gegeben hat. „Deshalb fährt der Vers mit *den er schrieb* fort, um anzuzeigen, dass sich dieser Vers nur auf die schriftliche Tora bezieht."[178] Aus biblischer Sicht wurde nur das schriftliche Gesetz von Gott gegeben, und nun sollte es auf diese Steine kopiert werden. Die Rabbiner bemerkten:

> *Eine Wiederholung der Tora des Mose.* Es gibt eine Meinungsverschiedenheit unter den Kommentatoren bezüglich der Erklärung dieses Satzes: *R' Saadja Gaon* behauptet, dass nur eine Zusammenfassung jedes der 613 Gebote der Tora auf die Steine geschrieben wurde. Radak befürwortete diese Interpretation. *Ramban* […] argumentierte, dass die Israeliten verpflichtet waren, jeden Vers des Pentateuch auf diese Steine zu schreiben […] Er vermutete, dass entweder die Steine sehr groß waren oder dass ein Wunder für genügend Platz sorgte […] *Metzudos* legte nahe, dass nur das *Buch Deuteronomium* aufgeschrieben wurde, denn dieses Buch wird oft als […] die Wiederholung der Tora bezeichnet.[179]

Die Rabbiner unterscheiden sich auch in ihrer Meinung über das Verfahren, mit dem die Tora auf die Steine geschrieben wurde. Diese Steine waren rau, wie konnte man also etwas auf sie schreiben? Irgendwie mussten sie glatt gemacht werden. Einige jüdische Gelehrte schlugen vor, dass die Israeliten die Worte direkt auf die Steine schrieben „und sie anschließend mit Kalk über die Schrift tünchten."[180] Andere meinten, dass sie zuerst die Steine getüncht und dann die Worte geschrieben haben. Ein rabbinischer Kommentar zu Josua merkt an: „Obwohl R[ashi] angibt, dass die *Israeliten*

177 Cohen, „Joshua and Judges", *Soncino Books of the Bible*, S. 45.
178 Drucker, *Yehoshua*, S. 225.
179 Ebd., S. 224-225.
180 Raschi, *The Book of Joshua*, S. 60.

die Steine abblätterten, ist es unwahrscheinlich, dass sie den Kalk abblätterten, auf dem die Gebote geschrieben waren. Es ist wahrscheinlicher, dass sie den Kalk, der als Zement zwischen den Steinen diente, abblätterten."[181] Schließlich könnten die Steine mit Gips überzogen worden sein: „Eine sorgfältige Untersuchung von 5. Mose xxvii. 4, 8 und Josua viii. 30-32 wird zu der Meinung führen, dass das Gesetz auf oder in den Gips geschrieben wurde, mit dem diese Säulen überzogen waren. Dies konnte leicht geschehen, und eine solche Schrift war in der Antike üblich."[182]

Was die Notwendigkeit betrifft, das Gesetz auf die Steine zu übertragen, bemerkt Cohen:

> Dem König wurde ebenfalls befohlen, ein solches Exemplar [des mosaischen Gesetzes] zu schreiben und es sein ganzes Leben lang zu studieren (5Mo xvii. 18f.). In beiden Fällen war der Zweck derselbe: König und Bürger müssen gleichermaßen ihre Pflichten und ihre Rechte kennen, für beides war das Gesetz des Mose der Wächter und Garant. [*Und er schrieb dort auf die Steine eine Abschrift des Gesetzes des Mose,*] *die er vor den Söhnen Israel geschrieben hatte*, damit es alle kennen. Die Idee einer privilegierten Klasse von Gebildeten ist dem Judentum fremd. Es tritt vielmehr für eine geistige und intellektuelle Demokratie ein.[183]

Vers 33a zeigt, dass die ganze Gemeinde anwesend war: *Und ganz Israel sowie seine Ältesten und Aufseher und seine Richter standen an dieser und an jener [Seite] der Lade, den Priestern, den Leviten gegenüber, die die Lade des Bundes des Herrn trugen, der Fremde wie der Einheimische.* Ganz Israel war anwesend, auch die Ältesten und Beamten, Richter und Priester. Es waren auch Heiden anwesend, die mit den Israeliten ins Land gezogen waren. Vers 33b erwähnt dann die Aufteilung der Stämme und die beiden Berge: *die eine Hälfte* [stand] *gegen den Berg Garizim hin und die andere Hälfte gegen den Berg Ebal hin, wie Mose, der Knecht des Herrn, vormals geboten hatte, das Volk Israel zu segnen.* Die Stämme Simeon, Levi, Juda, Issaschar, Josef und Benjamin stellten sich vor dem Berg Garizim auf. Ruben, Gad, Asser, Sebulon, Dan und Naftali stellten sich vor den Berg Ebal. Sie taten dies in Übereinstimmung mit den Anweisungen aus 5. Mose 27. Diejenigen, die vor dem Berg Garizim standen, sollten die Segnungen aussprechen, welche das Halten des

181 Ebd., S. 60-61.

182 Cohen, „Joshua and Judges", *Soncino Books of the Bible*, S. 45.

183 Ebd.

Gesetzes mit sich bringen würde. Diejenigen, die vor dem Berg Ebal standen, sollten die Flüche für den Ungehorsam gegen das Gesetz aussprechen.

Vers 34 beschreibt die Verlesung des Gesetzes: *Danach las er alle Worte des Gesetzes, den Segen und den Fluch, ganz wie es im Buch des Gesetzes geschrieben steht.* Darauf folgt der Gehorsam in Vers 35: *Es war kein Wort von allem, was Mose geboten hatte, das Josua nicht der ganzen Versammlung Israels vorgelesen hätte, ebenso den Frauen, den Kindern und dem Fremden, der in ihrer Mitte lebte.* Die Tatsache, dass das ganze Volk dem Verlesen des Gesetzes zuhörte, bedeutet, dass sie ihm zustimmten und sich ihm unterwarfen. Der Vers erwähnt Fremde, die unter den Juden lebten und mit ihnen durch die Lande reisten. Laut Rabbinern wie Radak waren dies Heiden: „Die Schrift verwendet den Ausdruck *reisten*, um anzudeuten, dass diese Heiden beschlossen, mit den Juden zu reisen und zum Judentum zu konvertieren, nachdem sie von den Wundern gehört hatten, die Gott an den Juden tat."[184]

F. Die Gibeoniter (9,1-27)

1. Rabbinische Beobachtungen zu Josua 9

Einleitend zu Kapitel 9 sollen einige Bemerkungen zur rabbinischen Auslegung dieses Abschnitts gemacht werden. Der jüdische Bibelkommentator Isaak Ben Judah Abarbanel (1437-1508) bemerkte:

> Die Könige [von Kanaan] hörten, dass Josua einen Altar gebaut und die Tora auf seine Steine geschrieben hatte. Da die Tora als die jüdische Verfassung bezeichnet werden kann, war es so, als ob Josua sein Gesetz auf fremdem Boden etablierte. Er spielte die Rolle des Eroberers, der seine Flagge auf erobertem Gebiet aufstellt. Er stellte daher eine Bedrohung für alle Könige von Kanaan dar. Dementsprechend bildeten sie eine vereinte Front, um sich ihm entgegenzustellen.[185]

Das jüdische Gesetz verlangte, dass die Israeliten Frieden anboten, bevor sie sich auf einen militärischen Konflikt einließen. Rabbi Mosche Ben Maimon (auch bekannt als Rambam) erklärte dazu in seinem Werk *Melachim uMilchamot*:

184 Drucker, *Yehoshua*, S. 227.
185 Raschi, *The Book of Joshua*, S. 63.

Man sollte gegen niemanden Krieg führen, bis man ihm die Möglichkeit zum Frieden angeboten hat, wie es in 5. Mose 20,10 heißt: *Wenn du dich einer Stadt näherst, um gegen sie Krieg zu führen, sollst du ihr eine friedliche Regelung vorschlagen.* Wenn der Feind das Friedensangebot annimmt und sich zur Erfüllung der sieben Mitzvot verpflichtet, die den Nachkommen Noahs befohlen wurden, sollte keiner von ihnen getötet werden. Vielmehr sollten sie unterworfen werden, wie es in 5. Mose 20,11 heißt: *Sie sollen deine Untertanen sein und dir dienen.*[186]

Aufgrund dieses Konzepts stellt der Mesorah-Kommentar zu Josua fest:

Der Talmud (*Jerusalem Schiwi'is* 6,1) lehrt, dass Josua drei schriftliche Proklamationen an die sieben Nationen, die *Eretz Israel* bewohnten, sandte, bevor die Israeliten den Jordan überquerten. Obwohl der genaue Wortlaut dieser Proklamationen nicht aufgezeichnet ist, wiederholten sie zweifellos eine Tatsache, die allen bekannt war: Dass es dank göttlicher Sanktion Israels Bestimmung war, das Land in Besitz zu nehmen, welches Gott ihrem Patriarchen Abraham versprochen hatte.[187]

Rambam vertrat folgende Meinung über den Inhalt der drei Proklamationen, die Josua an die sieben Nationen schickte:

Josua schickte drei Briefe an die Kanaaniter, bevor er das verheißene Land betrat: Als erstes schrieb er ihnen: „Wer fliehen will, soll fliehen." Danach schickte er eine zweite Botschaft: „Wer eine friedliche Einigung wünscht, der soll Frieden schließen." Schließlich schrieb er: „Wer Krieg will, soll kämpfen."[188]

Unter Bezugnahme auf Josuas zweite Proklamation legte der Talmud Voraussetzungen für die Möglichkeit fest, dass die kanaanitischen Völker im Land bleiben konnten:

186 Mosche Ben Maimon, *Melachim uMilchamot* 6:1, übersetzt von Elijahu Touger, abgerufen von www.chabad.org. Alle nachfolgenden Zitate aus dem Werk des Rambam werden von derselben Website zitiert.

187 Drucker, *Yehoshua*, S. 227.

188 Mosche Ben Maimon, *Melachim uMilchamot* 6:5.

1. Jeder Kanaaniter, der bleiben wollte, musste die sieben noahidischen Gesetze befolgen.[189]
2. Er durfte keine Führungspositionen anstreben.
3. Er musste „den König sowohl durch […] Arbeit als auch durch finanzielle Beiträge unterstützen."[190]

Als Reaktion auf diese Proklamationen geschah zur Zeit der Eroberung Folgendes:

> Die Girgaschiter flohen nach Afrika und die einunddreißig kanaanitischen Könige (aufgelistet in Kapitel 12) beschlossen, den Israeliten militärisch entgegenzutreten. Die Gibeoniter, von denen in diesem Kapitel [Josua 9] die Rede ist, reagierten jedoch auf eine dritte Weise. Sie versuchten, vor den Juden zu verbergen, dass sie von den Hewitern (einem der sieben Völker) abstammten, und verkleideten sich als Abgesandte einer fernen Nation. Dann behaupteten sie, von all den Wundern inspiriert worden zu sein, die Gott für die Juden in Ägypten gewirkt hatte, und baten die Israeliten, mit ihnen einen Friedensbund zu schließen.[191]

Als er über einen möglichen Grund für die Entscheidung der Gibeoniter nachdachte, eine List anzuwenden, anstatt sich entweder den Israeliten zu unterwerfen oder aus dem Land zu fliehen, bemerkte Rambam: „Als Josua die Botschaft an die Gibeoniter […] sandte, nahmen sie sie zunächst nicht an. Sie kannten die Gesetze Israels nicht und dachten, dass man ihnen nie eine friedliche Lösung anbieten würde."[192] Andere Rabbiner boten abweichende Erklärungen an. Die Quintessenz ist, dass Josua schließlich die List durchblickte. Zu diesem Zeitpunkt hatten die Israeliten bereits einen Eid geschworen und versprochen, den Gibeonitern keinen Schaden zuzufügen. Nach jüdischem Gesetz musste sich Josua an diesen Schwur halten, denn die Regel war:

> Rabbi Jehuda sprach: „Wenn sich jemand aufgrund eines Gelübdes, das der Öffentlichkeit bekannt war, von seiner Frau scheiden ließ, darf er sie nicht wieder heiraten, aber wenn er sich aufgrund eines Gelüb-

---

189 Nach *bT. Sanhedrin* 56a lauten diese sieben Gesetze wie folgt: „Den Nachkommen Noahs, d. h. der gesamten Menschheit, wurde befohlen, sieben Mitzvot zu beachten: Die Mitzwa, Gerichtshöfe zu errichten; das Verbot, den Namen Gottes zu verfluchen; das Verbot der Götzenanbetung; das Verbot bestimmter sexueller Beziehungen; das Verbot des Blutvergießens; das Verbot des Raubes; und das Verbot, einen Teil eines lebenden Tieres zu essen."

190 Drucker, *Yehoshua*, S. 227.

191 Ebd.

192 Mosche Ben Maimon, *Melachim uMilchamot* 6:5.

des, das der Öffentlichkeit nicht bekannt war, von ihr scheiden ließ, darf er sie wieder heiraten.“ Rabbi Jehoschua Ben Levi fragte: „Was ist die Begründung von Rabbi Jehuda für diese Regelung? Worauf stützt er die Unterscheidung, ob die Öffentlichkeit von dem Gelübde weiß oder nicht?“ Im Toraabschnitt, der den Umgang der Juden mit dem Volk von Gibeon beschreibt, steht geschrieben: „Und die Kinder Israel schlugen sie nicht, denn die Fürsten der Gemeinde hatten ihnen geschworen“ (Jos 9,18). Dies lehrt, dass ein Gelübde, welches in aller Öffentlichkeit abgelegt wurde, nicht aufgehoben werden kann. Auch in diesem Fall, wenn sie einen Eid abgelegt hat, der in der Öffentlichkeit bekannt ist, kann er nicht aufgehoben werden.[193]

Wie Rambam jedoch betonte, steht es einem frei, den Eid zu brechen, wenn er unter falschen Annahmen geleistet wurde:

> Warum war es so schwer für die Fürsten Israels, die Angelegenheit zu akzeptieren, bis zu dem Punkt, dass sie die Gibeoniter mit dem Schwert erschlagen wollten, wenn sie nicht einen Eid geschworen hätten? Weil sie einen Bund mit ihnen geschlossen haben und es in 5. Mose 7,2 heißt: „Du sollst keinen Bund mit ihnen schließen.“ Die Gesetze, die den Status der Kanaaniter regelten, schrieben vor, dass sie als Sklaven hätten unterworfen werden sollen.[194]

Die folgende talmudische Passage stimmt mit der Meinung des Rambam überein: „Da die Leute von Gibeon zu ihnen sagten: *Wir sind aus einem fernen Land gekommen* (Jos 9,6), und sie nicht aus einem fernen Land kamen, war der Eid in Bezug auf das jüdische Volk überhaupt nicht wirksam, da er unter falschem Vorwand geleistet wurde.“[195]

In Anbetracht des jüdischen Gesetzes und der Worte Rambams ist es überraschend, dass die Israeliten davon abgesehen haben, die Gibeoniter zu vernichten. Die Erklärung, die von jüdischen Gelehrten wie Rambam angeboten wird, lautet wie folgt:

> Da ihnen der Eid unter falschen Vorwänden gegeben wurde, wäre es gerecht gewesen, sie wegen der Irreführung zu töten, wenn nicht der Name Gottes dadurch entehrt worden wäre.[196]

193 *bT. Gittin* 46a.
194 Mosche Ben Maimon, *Melachim uMilchamot* 6:5.
195 *bT. Gittin* 46a.
196 Mosche Ben Maimon, *Melachim uMilchamot* 6:5.

> Dass das jüdische Volk die Gibeoniter nicht tötete, wie sie es mit den anderen Nationen taten, die im Land Kanaan wohnten, obwohl das Gelübde nicht gültig war, lag an der Heiligkeit von Gottes Namen. Wenn sie sie getötet hätten, hätten sie Gottes Namen entweiht, indem sie ihr Wort nicht erfüllten, obwohl dieses Gelübde unrechtmäßig und deshalb gar nicht in Kraft war.[197]

In einem Versuch, das, was über das jüdische Gesetz und die rabbinischen Antworten auf die Fragen, die sich aus Josuas Entscheidungen in Bezug auf die Gibeoniter ergeben, gesagt wurde, zu harmonisieren, stellt der Mesorah-Kommentar fest:

> Josua erlaubte den Gibeonitern, inmitten der Israeliten zu leben. Aber er verbannte sie in die Knechtschaft und machte sie zu Wasserschöpfern und Holzhackern. Auf diese Weise ging Josua am angemessensten mit ihnen um, denn die Gibeoniter wollten die von Josuas zweiter Proklamation geforderte Knechtschaft vermeiden und täuschten deshalb die Israeliten. Nachdem ihre List aufgedeckt worden war, legte Josua ihnen dieselben Beschränkungen auf, die sie gehabt hätten, wenn sie sich ergeben hätten (*Ramban* zu *5Mo* 20,11).[198]

2. Der politische Kontext - 9,1-2

Vers 1 beschreibt, wie die Nachricht von der Ankunft der Israeliten einige kanaanitische Könige erreichte: *Und es geschah, als alle Könige [es] hörten, die jenseits des Jordan waren, auf dem Gebirge und in der Niederung und an der ganzen Küste des großen Meeres in Richtung zum Libanon hin, [nämlich] die Hetiter und die Amoriter, die Kanaaniter, die Perisiter, die Hewiter und die Jebusiter*. Der Satzteil „als alle Könige es hörten" ähnelt einem Ausdruck aus Josua 10,1 und 11,1. Dort stellt er ein Vorspiel für militärische Auseinandersetzungen dar. Die Formulierung „jenseits des Jordan" wird im Buch Josua siebzehnmal verwendet. Manchmal bezieht er sich auf das Ostufer des Jordan oder auf das, was Transjordanien genannt wird; andere Male wird er für das Westufer des Flusses verwendet oder für das, was Cisjordanien genannt wird. In diesem Zusammenhang wird der Ausdruck für die cisjordanische Seite verwendet, da alle im Vers genannten geographischen Ele-

197 *bT. Gittin* 46a.
198 Drucker, *Yehoshua*, S. 229.

mente am Westufer des Flusses liegen. Der Ausdruck „Niederung" bezieht sich auf die Schefelah. Der Ausdruck „großes Meer" beschreibt das Mittelmeer. Zwei Beobachtungen können hier gemacht werden. Erstens erwähnt der Vers drei große Nord-Süd-Regionen des Landes (das Hügelland, die Schefelah und die Küstenebene). Zweitens sind die beiden anderen Nord-Süd-Regionen, d.h. die Araba und das Bergland der Amoriter, bereits unter jüdischer Kontrolle.

Als sie von der Ankunft der Israeliten hörten, reagierten einige der kanaanitischen Könige, indem sie in Vers 2 ihre Kräfte vereinigten: *da versammelten sie sich allesamt, um einmütig gegen Josua und gegen Israel zu kämpfen.* Dies war eine andere Reaktion als die, welche zuvor in Josua 5,1 aufgezeichnet wurde, wo die Kanaaniter sich nicht trauten zu kämpfen. Da nun bekannt war, dass die Israeliten eine Schlacht bei Ai verloren hatte, war die Vorstellung ihre Unbesiegbarkeit erschüttert worden.

Zu Josua 9,1-2 können zwei Beobachtungen gemacht werden. Erstens dienen diese Verse im Wesentlichen als Einleitung zu Josua 10-11. Dazwischen wird das Bündnis mit den Gibeonitern beschrieben. Eine zweite Beobachtung besteht darin, eine Aussage aus dem Jerusalemer Talmud wieder aufzugreifen, die im vorherigen Abschnitt besprochen wurde. Laut Traktat *Schiwi'is* 6,1 schickte Josua drei schriftliche Verkündigungsbriefe an die sieben kanaanitischen Völker, bevor er den Jordan überquerte. In diesen Briefen erklärte er, dass es Israels Bestimmung war, das Land zu besitzen, und dass das Land den Patriarchen versprochen worden sei. Der erste Brief bot jedem kanaanitischen Volk, das verschont werden wollte, an, das Land sofort zu verlassen. Der zweite Brief sagte, dass diejenigen, die sich entschieden zu bleiben, dies unter der Bedingung tun konnten, dass sie die noahidischen Gesetze befolgten. Dies bedeutete, dass sie keine Führungspositionen anstreben durften und dass sie den König Israels durch ihre Arbeit und finanziellen Beiträge unterstützen mussten. Im Grunde genommen mussten sie sich bereiterklären, Israels Sklaven zu werden. Der dritte Brief verfügte, dass die Nichteinhaltung der ersten beiden Proklamationen eine Kriegserklärung gegen die Kanaaniter nach sich ziehen würde. Nach der rabbinischen Überlieferung beschlossen einige der kanaanitischen Könige, aus dem Land zu fliehen, andere blieben, um zu kämpfen, und die Gibeoniter beschlossen, die Tatsache zu verbergen, dass sie Hewiter und deshalb eines der sieben Völker waren, die zerstört werden sollten. Sie schlossen einen Friedensbund mit Israel. Dies ist der rabbinische Glaube. Es ist jedoch unwahrscheinlich, dass Josua den Kanaanitern diese Optionen wirklich gegeben hat. Das mosaische Gesetz, welches für ihn bindend war, verfügte ihre totale Vernichtung.

3. Die Täuschung durch die Gibeoniter (9,3-15)

Die Verse 3-5 enthüllen das Täuschungsmanöver der Gibeoniter. In Vers 3 wird die Ursache dargelegt: *Die Bewohner von Gibeon aber hatten gehört, was Josua an Jericho und an Ai getan hatte.* Der Kontrast zwischen den ersten beiden Versen dieses Kapitels und Vers 3 besteht darin, dass, während die Völker in den Versen 1-2 beschlossen, auf die Ankunft der Israeliten zu reagieren, indem sie sich auf einen Krieg vorbereiteten, suchte Gibeon einen Weg, Frieden zu bewirken.

Vers 4a erklärt das Täuschungsmanöver: *Da handelten auch sie mit List und gingen und verstellten sich als Boten.* Das Wort „List" impliziert die Vorspiegelung von Tatsachen, und so bedeutet es, dass die Gibeoniter bewusst nach einem Weg suchten, die Israeliten zu täuschen. Die Ironie ist, dass sie Hewiter waren, ein kanaanitischer Stamm, der Sichem besessen hatte, aber die Region durch die Täuschung von Simeon und Levi verloren hatte. Jetzt waren die Hewiter dabei, Israel zu betrügen. In dem Vers heißt es weiter, dass die Gibeoniter vorgaben, als Boten zu kommen. Andere Übersetzungen haben hier das Wort „Abgesandte". Die Aufgabe eines Abgesandten oder Botschafters ist es, Frieden auszuhandeln. Die Gibeoniter könnten erfahren haben, dass es Israel verboten war, innerhalb des verheißenen Landes mit ihren Feinden Friedensabkommen zu schließen, dass sie dies aber mit fernen Ländern tun konnten (5Mo 7,1-2; 20,10-18). Das mag sie dazu verleitet haben, so zu tun, als kämen sie aus einem solchen fernen Land.

Die Verse 4b-5 offenbaren die Mittel der Täuschung, beginnend in Vers 4b mit einigen Gegenständen, die die Gibeoniter auf die Esel ihrer Abgesandten luden: *Sie nahmen abgenutzte Säcke für ihre Esel und abgenutzte, zerrissene und geflickte Weinschläuche.* Wörtlich heißt es im Hebräischen, dass diese Weinschläuche „zusammengebunden" waren. In der Antike gab es zwei Möglichkeiten, zerrissene Weinschläuche zu reparieren. Die erste Möglichkeit war, einen Flicken einzusetzen. Die zweite Art war, das zerrissene Stück in Form eines Beutels abzubinden, und das ist die Art, wie es hier im Einklang mit dem gibeonitischen Täuschungsmanöver gemacht wurde. Vers 5 fügt hinzu: *sowie abgenutzte, geflickte Schuhe an ihre Füße und zogen abgenutzte Kleidung an. Und das gesamte Brot ihrer Wegzehrung war vertrocknet [und] zu Brotkrumen geworden.* Mit diesen Mitteln der Täuschung näherten sich die Gibeoniter den Israeliten.

In Vers 6 kamen sie in Gilgal an: *Und sie gingen zu Josua ins Lager nach Gilgal und sagten zu ihm und zu den Männern von Israel: Aus einem fernen Land kommen wir. Nun denn, schließt mit uns einen Bund!* Es gab drei Städte namens Gilgal im Land Israel. Manche behaupten, dass das Gilgal von

Vers 6 nicht mehr das Gilgal des Jordantals war, sondern das des Berglandes. Der Text deutet jedoch nicht darauf hin, dass ein Ortswechsel stattgefunden hatte. Das Lager der Israeliten befand sich also immer noch im Gilgal des Jordantals. Die Gibeoniter traten an Josua und seine Männer heran und erklärten erstens, dass sie aus einem fernen Land kämen, und zweitens, dass sie ein Friedensabkommen mit Israel schließen wollten.

Vers 7 zeigt die Antwort Israels: *Da sagten die Männer von Israel zu den Hewitern: Vielleicht wohnst du in meiner Mitte, und wie könnte ich [da] mit dir einen Bund schließen?* Die Hewiter waren Nachkommen von Ham (1Mo 10,15-20). Die Gefahr, die die Israeliten spürten, war, dass die Gibeoniter in der Nähe des Landes leben würden, welches sie gerade erobern wollten. Wenn dem so wäre, wie konnten sie dann ein Bündnis mit ihnen schließen? Die Skepsis und das Zögern der Israeliten beruhte auf dem Verbot Gottes, einen Bund mit den Bewohnern Kanaans zu schließen (2Mo 23,28-32; 34,11-12; 4Mo 33,55; 5Mo 7,1-2).

Vers 8a liefert die Antwort der Gibeoniter: *Sie sagten zu Josua: Deine Knechte sind wir!* Nachdem sie behauptet hatten, aus einem fernen Land zu kommen und einen Friedensvertrag mit Israel schließen zu wollen, war dies die dritte Behauptung: Die Gibeoniter waren bereit, Vasallen Israels zu werden. Nach Vers 8b führte diese Erklärung zu Josuas Frage: *Wer seid ihr, und woher kommt ihr?* Josua wollte mehr Informationen über die nationale Identität dieses Volkes und über das Land, aus dem es stammte.

Die Verse 9-13 offenbaren die Antworten der Gibeoniter. Auf die Frage nach der Herkunft sagten sie zu Josua in Vers 9a: *Aus einem sehr fernen Land sind deine Knechte gekommen.* Dann gaben sie in den Versen 9b-10 eine Reihe von Gründen für ihr Kommen an. In Vers 9b sagten sie: *um des Namens des Herrn, deines Gottes, willen. Denn wir haben die Kunde von ihm vernommen, alles, was er in Ägypten tat.* Die Art, wie sie diese Aussage formulierten, könnte bedeuten, dass sich die Gibeoniter sogar zum Gott Israels bekehren wollten. Es folgt ein zweiter Grund in Vers 10: *und alles, was er den beiden Königen der Amoriter tat, die jenseits des Jordan waren, Sihon, dem König von Heschbon, und Og, dem König von Baschan, der zu Aschtarot [wohnte].* Die Gibeoniter wussten sehr wohl, was der Gott Israels für sein Volk getan hatte. Es ist bemerkenswert, dass sie Ereignisse erwähnten, die in der fernen Vergangenheit geschehen waren, wie die in Ägypten vierzig Jahre zuvor. Sie erwähnten auch, was in jüngerer Zeit mit den beiden Königen der Amoriter in Transjordanien geschehen war. Auch Rahab bezog sich gegenüber den israelitischen Kundschaftern auf dieselben Ereignisse, und diese Geschehnisse hatten ihre Bekehrung bewirkt. Was die Gibeoniter jedoch nicht erwähnten, ist das, was sich gerade in Cisjordanien ereignet hatte. Indem sie diese Ereignisse ausließen, erweckten sie den

Eindruck, dass sie zu weit weg wohnten, um bereits davon gehört zu haben.

In Vers 11 erklärte die gibeonitische Delegation weiter: *Da sagten unsere Ältesten und alle Bewohner unseres Landes zu uns: Nehmt Wegzehrung mit auf den Weg und geht ihnen entgegen und sagt zu ihnen: Eure Knechte sind wir; nun denn, schließt mit uns einen Bund!* Mit anderen Worten, es war eine einheitliche Entscheidung der Ältesten und des ganzen Volkes gewesen, mit den Israeliten einen Friedensvertrag abzuschließen.

In den Versen 12-13 legten sie Beweise vor, um zu zeigen, dass das, was sie sagten, wahr war. Der erste Beweis wird in Vers 12 erwähnt: *Da ist unser Brot. [Noch] warm haben wir es zur Wegzehrung aus unsern Häusern mitgenommen am Tag, als wir auszogen, um zu euch zu gehen; und nun siehe, es ist vertrocknet und zu Brotkrumen geworden.* Das Brot, das sie frisch gebacken und warm mitgenommen hatten, war ausgetrocknet und schimmelig geworden. Der zweite Beweis sind die Weinschläuche aus Vers 13a: *Und diese Weinschläuche, die neu waren, als wir sie füllten, siehe, sie sind zerrissen.* Der dritte Beweis ist der Zustand ihrer Kleidung, beschrieben in Vers 13b: *Und diese unsere Kleider und unsere Schuhe sind abgenutzt von dem sehr langen Weg.*

Vers 14 zeigt das Versagen Israels: *Da nahmen die Männer von ihrer Wegzehrung. Den Mund des Herrn aber befragten sie nicht.* Das Versagen beginnt mit der Abmachung. Die Israeliten aßen von der Speise, die die Gibeoniter mitgebracht hatten, und das sollte Teil des Bundesmahls sein, was zeigt, dass die Täuschung erfolgreich war. Das eigentliche Versagen der Israeliten bestand darin, dass sie den Herrn nicht befragt hatten. Das war ein unentschuldbarer Fehler, denn sie hatten Zugang zu den Urim und Thummim.

In Vers 15 geht es um den Bund: *Und Josua machte Frieden mit ihnen und schloss mit ihnen einen Bund, sie am Leben zu lassen; und die Fürsten der Gemeinde schworen ihnen.* Der Vers erwähnt zuerst die Rolle Josuas. Er war derjenige, der diesen Friedensvertrag abschloss. Inhalt und Zweck des Bundes war es, die Gibeoniter am Leben zu lassen. Dies spiegelt die Denkweise anderer Verträge des alten Nahen Ostens wider. Mit diesem Bündnis erkannten die Gibeoniter die Macht Israels an, sie am Leben zu lassen. Im Gegenzug wurden sie die Vasallen Israels. Der Vers erwähnt auch die Rolle der Anführer Israels. Im Hebräischen werden sie *Nessiei ha-Edah* genannt, ein Ausdruck, der achtmal in 2. Mose, 4. Mose und Josua vorkommt. Diese Fürsten dienten zusammen mit Mose, Josua und dem Hohepriester ihrem Volk. Später, in Josua 22,30, werden diese Männer in Angelegenheiten der transjordanischen Stämme involviert sein.

4. Die Entdeckung der Täuschung (9,16-21)

Die Verse 16-21 beschreiben, wie die List der Gibeoniter aufgedeckt wurde. Der Bericht beginnt in Vers 16 mit der Enthüllung: *Und es geschah nach Ablauf von drei Tagen, nachdem sie einen Bund mit ihnen geschlossen hatten, da hörten sie, dass jene aus ihrer Nähe waren und mitten unter ihnen wohnten.* Der Vers gibt einen Hinweis auf den Zeitpunkt des Ereignisses. Drei Tage, nachdem der Friedensvertrag geschlossen worden war, erfuhren die Israeliten von der Täuschung. Im hebräischen Text enthält der Vers einen Parallelismus in den Satzteilen „da hörten sie, dass jene aus ihrer Nähe waren" und „mitten unter ihnen wohnten." Beide Satzteile beinhalten die hebräischen Wörter für „sie" (*hem*) und „Nähe" oder „Nachbar" (*qarob* oder *karav*). Die Parallelität lautet wie folgt:

Zeile 1: „Nachbarn waren sie für sie."
Zeile 2: „In der Nähe von ihnen lebten sie."

In Vers 17 wird erklärt, wie das Täuschungsmanöver aufflog: *Da brachen die Söhne Israel auf und kamen zu ihren Städten am dritten Tag; ihre Städte aber waren Gibeon, Kefira, Beerot und Kirjat-Jearim.* Die Israeliten waren dabei, ihre Stellung im Bergland von Ephraim zu festigen. Als sie durch das eroberte Gebiet reisten, entdeckten sie, dass die Leute, mit denen sie drei Tage zuvor einen Friedensvertrag abgeschlossen hatten, dort ansässig waren. Der Vers listet die Städte der Hewiter auf, wobei Gibeon offensichtlich der Anführer der Täuschung war. Alle vier Städte befanden sich im Stammesgebiet von Benjamin.

Vers 18 offenbart das Ergebnis der Entdeckung: *Und die Söhne Israel schlugen sie nicht, weil die Fürsten der Gemeinde ihnen bei dem Herrn, dem Gott Israels, geschworen hatten. Da murrte die ganze Gemeinde über die Fürsten.* Der Eid war im Namen Jahwehs geleistet worden, und deshalb musste er eingehalten werden (3Mo 19,12). Als Anführer des Volkes hätten die Fürsten mehr Einsicht zeigen und den Willen des Herrn suchen sollen, und so murrte die ganze Gemeinde gegen sie.

Die Verse 19-21 beinhalten die beiden Antworten der Anführer Israels. Die erste Antwort wird in den Versen 19-20 gegeben, beginnend in Vers 19 mit der Erinnerung an den Eid, den sie geschworen hatten: *Und alle Fürsten sagten zu der ganzen Gemeinde: Wir haben ihnen bei dem Herrn, dem Gott Israels, geschworen, und nun können wir sie nicht antasten.* Weil die Fürsten diesen Eid auf den Namen ihres Gottes geschworen hatten, konnten sie die Gibeoniter nicht auslöschen. In Vers 20 erklärten die Fürsten, was aufgrund dieses Eides von ihnen verlangt wurde: *Das wollen wir ihnen tun und sie am*

Leben lassen, damit nicht ein Zorn über uns kommt um des Eides willen, den wir ihnen geschworen haben. Weil sie den Eid in Gottes Namen geschworen hatten, konnten sie jetzt nicht gegen sein Wort verstoßen, sonst würde Gottes Zorn über sie kommen. Dass dies tatsächlich geschehen konnte, sehen wir in 2. Samuel 21. Das hebräische Wort für „Zorn" ist *ketzev*. In Josua wird es nur noch ein einziges Mal verwendet, nämlich in 22,20. Wie Hess anmerkt, „erinnert es dort an den göttlichen Zorn, der wegen der Sünde Achans über Israel kam, vermutlich in Form einer militärischen Niederlage. Die Anführer Israels wollen eine Wiederholung der Katastrophe von Kapitel 7 vermeiden. Deshalb müssen sie ihr Wort halten, koste es, was es wolle."[199]

Die zweite Antwort findet sich in Vers 21: *Und die Fürsten sagten zu ihnen: Sie sollen am Leben bleiben. Und sie wurden Holzhauer und Wasserschöpfer für die ganze Gemeinde, wie die Fürsten ihnen zugesagt hatten.* Der Friedensvertrag hielt die Israeliten davon ab, die Gibeoniter, die sie betrogen hatten, auszulöschen. Aber durch denselben Vertrag wurde dieses Volk nun zum Vasallen Israels und die Gibeoniter wurden in die Kategorie der Sklavenarbeiter eingeordnet.

5. Der Status der Gibeoniter (9,22-27)

Die Verse 22-27 beschreiben den Status der Gibeoniter. Die Beschreibung beginnt in Vers 22 mit einer Anschuldigung: *Und Josua rief sie und redete zu ihnen: Warum habt ihr uns getäuscht und gesagt: „Sehr weit sind wir von euch weg", da ihr doch mitten unter uns wohnt?* Josua rief die Gibeoniter herbei und beschuldigte sie, ihn und sein Volk betrogen zu haben. Die Gibeoniter hatten zwar behauptet, sie seien aus einem fernen Land, aber in Wahrheit waren sie Nachbarn.

Vers 23 hält das Ergebnis fest: *Und nun, verflucht seid ihr! Ihr sollt nicht aufhören, Knechte zu sein, sowohl Holzhauer als auch Wasserschöpfer für das Haus meines Gottes!* Das Ergebnis war ein Fluch. Die Gibeoniter würden niemals aus ihrer Unterwerfung unter Israel entlassen werden. Der Ort ihrer Knechtschaft würde das Haus des Gottes Israels sein. Insbesondere sollten sie als Holzfäller und Wasserträger im Dienste der Stiftshütte stehen. Das mosaische System der Opfer und Waschungen erforderte eine große Menge an Holz und Wasser, und diese sollten nun von den Gibeonitern bereitgestellt werden. Nach 5. Mose 29,11 war diese Arbeit für die unterste Klasse von Menschen reserviert. Indem die Gibeoniter so zu Sklaven der Stiftshütte gemacht worden waren, stellten sie de facto keine Bedrohung mehr für Israel

199 Hess, *Tyndale Old Testament Commentaries, Vol. 6 – Joshua*, S. 200.

dar. Auch verhinderte es, dass die Israeliten in Versuchung gerieten, dem Götzendienst der Gibeoniter zu folgen. Diese Versuchung war der Hauptgrund, aus dem das Volk keine Bündnisse mit den Bewohnern des Landes schließen sollte. Diese Gefahr war nun jedoch gebannt, und der Fluch würde zudem verhindern, dass Israel seinen Bund mit den Gibeonitern brach.

Die Verse 24-25 enthalten die Antwort der Gibeoniter, beginnend in Vers 24 mit dem Grund für ihre Täuschung: *Sie antworteten Josua und sagten: Weil deinen Knechten zuverlässig berichtet wurde, dass der Herr, dein Gott, seinem Knecht Mose geboten hat, euch das ganze Land zu geben und alle Einwohner des Landes vor euch auszurotten, darum fürchteten wir sehr um unser Leben, [als wir] von euch [hörten], und haben das getan.* Die Gibeoniter entwickelten diese List aufgrund dessen, was sie von anderen gehört hatten. Als sie erfuhren, dass der Gott Israels Josua das ganze Land geben und seine Bewohner vernichten würde, fürchteten sie um ihr Leben. Für die Gibeoniter war die Täuschung ein strategischer Zug, um diesem Schicksal zu entkommen, und deshalb kann man ihnen wirklich keinen Vorwurf machen. Die Antwort der Gibeoniter zeigt die Erfüllung der Prophezeiungen des Mose (2Mo 15,14-16; 23,27-28; 5Mo 2,25; 11,25).

Vers 25 bestätigt die Unterwerfung der Gibeoniter: *Und nun siehe, wir sind in deiner Hand. Wie es gut und wie es recht ist in deinen Augen, uns zu tun, [so] mach [es mit uns]!* Sie waren nun die Knechte und Vasallen der Israeliten, was bedeutete, dass sie ihrer Gnade ausgeliefert waren. Es bedeutete aber auch, dass Israel nun verpflichtet war, sie zu schützen. Genau dieses Thema wird in Kapitel 10 zur Sprache kommen.

Die Verse 26-27 zeigen, dass Josuas Vereinbarung mit den Gibeonitern zwei Ergebnisse hatte. Das erste Ergebnis ist in Vers 26 zu sehen: *Und er machte es so mit ihnen und rettete sie aus der Hand der Söhne Israel; und sie brachten sie nicht um.* Indem Josua die Gibeoniter vor dem Zorn Israels rettete, machte er seinem Namen alle Ehre: „Jahweh ist die Rettung." Das zweite Ergebnis ist in Vers 27 zu sehen: *So machte Josua sie an jenem Tag zu Holzhauern und Wasserschöpfern für die Gemeinde und für den Altar des Herrn, bis zum heutigen Tag, an dem Ort, den er erwählen würde.* Das Ergebnis ist die Knechtschaft der Gibeoniter. Die Objekte ihres Dienstes waren die Israeliten und die Stiftshütte. Ihr Status als Vasallen dauerte „bis zum heutigen Tag", d.h. er war immer noch gültig, als das Buch geschrieben wurde. Die Formulierung „an dem Ort, den er erwählen würde" verbindet das Buch Josua mit 5. Mose, welches die angemessene Vorgehensweise bei der Anbetung des Gottes Israels und den richtigen Ort beschreibt (5Mo 12,5.11.14.18.21.26; 14,23). Letzterer war ursprünglich in Silo, aber letztendlich würde er in Jerusalem sein.

Drei Beobachtungen können hier gemacht werden. Erstens versuchte König Saul in Verletzung eben dieses Bundes, die Gibeoniter zu vernichten (2Sam 21,1-9). Dies brachte Gottes Zorn über Israel während der Herrschaft Davids. Eine zweite Beobachtung ist, dass die Gibeoniter später als *Nethimim* bekannt wurden, was so viel wie „Geweihte" oder „Tempeldiener" bedeutet. Als solche hatten sie einen ehrenvollen Platz im Tempeldienst inne (1Chr 9,2; Esra 8,20; Neh. 7,60). Eine dritte Beobachtung ist, dass Israel bis jetzt seine eigenen militärischen Ziele gewählt hatte. Sie entschieden sich zuerst für einen Angriff auf Jericho, gefolgt von einem Angriff auf Ai. Infolge des Bündnisses mit den Gibeonitern und der nachfolgenden Ereignisse begannen die Kanaaniter, das Muster der Eroberung zu bestimmen. Anstatt dass Israel die einzelnen Konflikte initiierte, wurde die Eroberung zu einer Antwort auf kanaanitische Bedrohungen. Dies wird in den Kapiteln 10 und 11 zu sehen sein.

G. Der zentrale Feldzug (10,1-43)

Der Bericht über den zentralen Feldzug umfasst das gesamte zehnte Kapitel von Josua. Das Vermeiden der Tötung der Gibeoniter in Kapitel 9 machte es notwendig, dass die Israeliten ihren Vasallen zu Hilfe kamen, als bestimmte amoritische Kriegsherren sie angriffen. Wie in der Schlacht um Jericho ging Gott seinem Volk voran und schenkte ihm den Sieg.

1. Die Allianz (10,1-5)

Ein Bericht über Israels Siege in Jericho und Ai erreichte den König von Jerusalem. Die Verse 1-2 offenbaren, wie er auf diese Nachricht reagierte, beginnend in Vers 1 mit einer Zusammenfassung des Berichts selbst: *Und es geschah, als Adoni-Zedek, der König von Jerusalem, hörte, dass Josua Ai eingenommen und an ihm den Bann vollstreckt habe, dass er es mit Ai und seinem König ebenso gemacht habe, wie er es mit Jericho und seinem König gemacht hatte, und dass die Bewohner von Gibeon Frieden mit Israel gemacht hätten und in ihrer Mitte seien.* Der Name Adoni-Zedek ähnelt dem Namen eines anderen Königs von Jerusalem: Melchisedek. Beide Namen enden auf das hebräische Wort *Zedek*, was „Gerechtigkeit" bedeutet. Während Adoni-Zedek mit „Herr der Gerechtigkeit" übersetzt werden kann, bedeutet Melchisedek „König der Gerechtigkeit". Folglich ist der Begriff *Zedek* der Titel oder die Bezeichnung der jebusitischen Dynastie von Jerusalem. Das Folgende ist eine rabbinische Spekulation über den Namen:

> Alle Könige von Jerusalem wurden entweder Malchi Tzedek oder Adoni Tzedek genannt. Es ist passend, das Wort *tzedek* (Rechtschaffenheit) in Bezug auf Jerusalem zu verwenden, denn die Stadt war das Zentrum der Rechtschaffenheit (*Radak*). *Daas Sofrim* erklärt, dass Jerusalem das *beis medrasch* (Haus des Studiums) von Noahs Sohn Sem und seinem Urenkel Ever beherbergte, von dem gerechte Urteile ausgingen.[200]

Neben dem Namen des Königs erwähnt Vers 1 noch einen anderen Namen, nämlich den der Stadt Jerusalem. Bis dahin erschien dieser Name in der Bibel nur in seiner Abkürzung als *Salem*. Der Bericht an den König Adoni-Zedek bestand aus zwei Teilen: Erstens erwähnte er die Eroberung Ais und zweitens den Verrat der Gibeoniter. Das Problem war, dass die Gibeoniter zu Israels Verbündeten geworden waren. Das machte sie zu einem Feind, der sich im Gegensatz zu anderen Streitmächten innerhalb der Landesgrenzen befand.

Das Ergebnis dieses Berichts ist in Vers 2 zu sehen: *Da fürchteten sie sich sehr. Denn Gibeon war eine große Stadt, wie eine der Königsstädte, ja, es war größer als Ai, und alle seine Männer waren Krieger*. Gibeon lag an der Kreuzung zweier wichtiger Straßen.[201] Die erste war eine Fernstraße, welche die Gebiete südlich von Kanaan mit denen im Norden verband und die einzige brauchbare Route durch das Bergland darstellte. Die zweite Straße führte nach Beth-Horon und war die beste Ost-West-Verbindung zwischen Jerusalem und der Küste. Somit bedrohte der Treueschwur der Gibeoniter zu Israel Jerusalems Versorgungslinien sowohl von Norden als auch von Westen. Wie Paul Wright feststellt, „musste jeder König von Jerusalem, sei es Adoni-Zedek oder Salomo, eine gute Beziehung zu Gibeon haben oder er riskierte Isolation und Stagnation."[202] Gibeon war in der Tat eine große oder wichtige Stadt. Sie hatte eine sehr gute Armee und hätte den angreifenden Israeliten einen starken Widerstand leisten können. Stattdessen war sie nun mit Israel verbündet.

Durch diese neue Situation bedroht, schlossen die Kanaaniter ihr eigenes Bündnis, das in den Versen 3-4 beschrieben wird. Vers 3 offenbart den Aufruf: *Und Adoni-Zedek, der König von Jerusalem, sandte zu Hoham, dem König von Hebron, und zu Piram, dem König von Jarmut, und zu Jafia, dem König von Lachisch, und zu Debir, dem König von Eglon, und ließ [ihnen] sagen*. Die Allianz bestand aus fünf Königen, deren Gebiete die

200 Drucker, *Yehoshua*, S. 241.

201 Siehe Karte 2 im Anhang.

202 Paul H. Wright, *Rose Then and Now Bible Map Atlas with Biblical Background and Culture* (Torrance, CA: Rose Publishing, 2012), S. 36.

Städte des Berglandes von Juda und der Schefelah umfassten und demzufolge große geographische Regionen darstellten. Vers 4 enthält einen Aufruf zu den Waffen: *Kommt zu mir herauf und helft mir, dass wir Gibeon schlagen! Denn es hat mit Josua und mit den Söhnen Israel Frieden gemacht.* Zwei Beobachtungen sollten hier gemacht werden. Erstens haben sowohl Jerusalem als auch Gibeon dasselbe über die Israeliten gehört, aber die Könige der beiden Städte reagierten unterschiedlich auf die Nachrichten. Der eine bemühte sich um einen Friedensschluss, der andere rüstete sich zum Krieg. Zweitens ist dies die einzige Stelle in Josua, an der ein kanaanäischer König eine Botschaft an einen anderen kanaanäischen König schickt. Hess' Kommentar zu diesem Punkt offenbart die Verbindung zu den El-Amarna-Briefen:

> Im 14. Jahrhundert v.Chr. schrieben Jerusalems Könige mindestens fünf Briefe an den Pharao, die sich auf ihre Stadt und deren Sicherheit bezogen. Diese Briefe, die Teil einer als Amarna-Briefe bekannten Sammlung sind, sind länger und ausführlicher als zeitgenössische Sendschreiben anderer [kanaanäischer] Stadtoberhäupter. In vielen Fällen enthalten sie ein Kolophon [eine Schlussformel], welcher an den Schreiber des Pharaos gerichtet ist, der den Brief lesen und mit dem Staatsoberhaupt besprechen sollte. In einem der Briefe wurde der Schreiber gebeten, überzeugende Worte zu verwenden. Die elegante Rhetorik dieser Briefe ist durch dreimalige Wiederholung wichtiger Punkte gekennzeichnet. Im Gegensatz zu den Amarna-Briefen ist die Botschaft von Vers 4 überraschend kurz und besteht im hebräischen Text aus nur dreizehn Wörtern. Dies kann als Zusammenfassung des Briefes gedacht sein, oder es kann den eigentlichen Text widerspiegeln, dessen Kürze die Dringlichkeit betonen sollte.[203]

Vers 5 zeigt, wie die anderen Kanaaniter auf die Botschaft Adoni-Zedeks reagierten: *Da sammelten sich die fünf Könige der Amoriter und zogen hinauf: der König von Jerusalem, der König von Hebron, der König von Jarmut, der König von Lachisch, der König von Eglon, sie und alle ihre Heerlager; und sie belagerten Gibeon und kämpften gegen die Stadt.* Es war dem König von Jerusalem in der Tat gelungen, eine Allianz zu bilden. Er und seine Alliierten marschierten nun in Richtung Gibeon und belagerten die Stadt.

Hier können vier Beobachtungen gemacht werden:

---

203 Hess, *Tyndale Old Testament Commentaries, Vol. 6 – Joshua*, S. 208.

1. Anfänglich waren die Kanaaniter vor Angst gelähmt gewesen, aber nun ergriffen sie die Initiative und organisierten sich gegen Israel. Dies sieht man sowohl hier als auch im elften Kapitel.
2. Die ursprüngliche Lähmung war auf die Tatsache zurückzuführen, dass Israel jede Schlacht gewonnen hatte, sowohl die auf der Ostseite des Jordans als auch die auf der Westseite, einschließlich Jericho. Daher galt Israel als unbesiegbar.
3. Die Niederlage bei Ai zeigte jedoch, dass Israel besiegt werden konnte, und nun wurde versucht, Armeen für genau diesen Zweck zusammenzutrommeln. Sogar die spätere Eroberung von Ai konnte damit erklärt werden, dass sie auf einer Täuschung basierte. Wären die Soldaten von Ai nicht auf die List hereingefallen, hätten sie vielleicht gewonnen.
4. Durch Achans Sünde hatte Israel einen entscheidenden militärischen Vorteil verloren, nämlich den reduzierten Kampfgeist der Kanaaniter.

2. Gibeons Hilferuf (10,6)

Vers 6 gibt die Antwort von Gibeon auf den drohenden Angriff des Bundes der kanaanäischen Könige wieder: *Da sandten die Männer von Gibeon zu Josua ins Lager nach Gilgal und ließen sagen: Zieh deine Hände nicht ab von deinen Knechten! Komm eilends zu uns herauf und rette uns und hilf uns! Denn gegen uns haben sich versammelt alle Könige der Amoriter, die im Gebirge wohnen.* Der gibeonitische Bote musste etwa 40 Kilometer zurücklegen, um zum Lager der Israeliten in Gilgal zu kommen.

3. Die Schlacht (10,7-27)

a. Das Wunder des Hagels (10,7-11)

Als Antwort auf den Notschrei der Gibeoniter kam Josua ihnen zu Hilfe. Vers 7 zeigt seine Zusage: *Da zog Josua von Gilgal hinauf, er und alles Kriegsvolk mit ihm und alle tüchtigen Krieger.*

Vers 8 offenbart die göttliche Botschaft: *Und der Herr sprach zu Josua: Fürchte dich nicht vor ihnen! Denn in deine Hand habe ich sie gegeben; kein Mann von ihnen wird vor dir standhalten.*

Vers 9 beschreibt den Angriff: *Und Josua kam plötzlich über sie. Die ganze Nacht war er von Gilgal hinaufgezogen.* Der Angriff überraschte die Alliierten, weil Josua und seine Männer in der Nacht nach Gibeon marschierten. Dieser 40 Kilometer lange Marsch von Gilgal führte von 300 m unter dem

Meeresspiegel bis etwa 750 m über dem Meeresspiegel bergauf. Für den König von Jerusalem und die antigibeonitische Liga kam der Angriff völlig unerwartet, und so wurden sie überrumpelt.

Vers 10 beschreibt den Sieg Israels mittels zweier Strategien: *Der Herr aber verwirrte sie vor Israel. Und er fügte ihnen bei Gibeon eine schwere Niederlage zu und jagte ihnen nach auf dem Weg zur Höhe von Beth-Horon und schlug sie bis Aseka und bis Makkeda.* Gott war in diesem Kampf für die erste Strategie verantwortlich und stürzte die Kanaaniter in Verwirrung. Israel führte die zweite Strategie aus und besiegte die Feinde militärisch bei Gibeon. Diejenigen, die dem Angriff entkamen, verfolgte er entlang der Straße, die hinauf nach Beth-Horon führte. Es gab zwei Städte mit dem Namen Beth-Horon, Ober-Beth-Horon und Unter-Beth-Horon, die etwa drei Kilometer voneinander entfernt lagen. Die Israeliten verfolgten ihre Feinde bis nach Aseka und Makkeda und legten dabei weitere 40 km zurück. Aseka lag in der Nähe des Tals von Elah in der Schefelah. Die Rabbiner betrachten das Dorf als Teil von Judas Gebiet.[204] Die Lage von Makkeda ist ungewiss. Dieser Vers fasst einfach das gesamte geographische Gebiet zusammen, in dem die Schlacht stattfand.

Das Folgende ist eine rabbinische Beobachtung bezüglich des Berichts über den Angriff:

> Gott schützte Israel oft, indem er seine Angreifer in große Verwirrung stürzte (siehe *2Mo* 14,24; 23,27 und *5Mo* 7,23). Obwohl die Angreifer der Israeliten auf einer höhergelegenen Ebene stationiert waren, verfolgten die Juden sie dennoch. Dieses Vorgehen widersprach militärischer Norm, die besagt, dass die höher gelegene Armee üblicherweise offensiv und nicht defensiv vorgeht. Das Ereignis beweist das Ausmaß des göttlichen Schutzes, den die Juden genossen.[205]

Vers 11 beschreibt Gottes wunderbare Hilfe für die Israeliten: *Und es geschah, als sie vor Israel flohen – sie waren [gerade] am Abhang von Beth-Horon –, da warf der Herr große Steine vom Himmel auf sie herab, bis Aseka, sodass sie umkamen. Es waren mehr, die durch die Hagelsteine umkamen, als [die, welche] die Söhne Israel mit dem Schwert umbrachten.* Gott kam den Israeliten zu Hilfe, indem er große Hagelkörner auf den Feind herabschleuderte. In der kabbalistischen Tradition hatten diese Hagelkörner ihren Ursprung in Mose:

---

204 Siehe: Cohen, „Joshua and Judges", *Soncino Books of the Bible*, S. 55.
205 Ebd.

> Diese Steine hingen in der Luft seit den Tagen von Mose, der Hagelkörner auf Ägypten fallen ließ. Nachdem die Plage des Hagels geendet hatte, blieben die Hagelkörner in der Luft hängen. Erst jetzt, da Josua ein passender Nachfolger von Mose war, fielen sie vom Himmel. Dieses Wunder wird als so wichtig angesehen, dass jeder, der diese Felsen betrachtet, den besonderen Segensspruch aufsagen muss: „Der an diesem Ort Wunder für unsere Vorfahren getan hat."[206]

Die wundersame Natur des Sieges kann auf drei Arten gesehen werden:

1. Gott gab den jüdischen Streitkräften die Kraft zu kämpfen, nachdem sie in der Nacht über 40 km zurückgelegt hatten, alles bergauf, gefolgt von einer fast 50 km langen Verfolgung des Feindes.
2. Die Hagelkörner fielen auf die Amoriter, aber nicht auf die Israeliten, und so töteten sie ausschließlich den Feind und keinen einzigen jüdischen Soldaten.
3. Es wurden mehr Amoriter durch Hagelkörner getötet als durch das Schwert.

Was das übernatürliche Element dieses Kampfes betrifft, so wurde bereits erwähnt, dass die Israeliten nach Gottes wundersamem Eingreifen bei Jericho nur noch militärische Strategien anwenden würden. Solange Josua jedoch seinen Teil zur Schlacht beitrug und taktisch vorging, wie er es hier in Kapitel 10 tat, intervenierte Gott gelegentlich auch mit einigen wundersamen Ereignissen.

b. Das Wunder des langen Tages (10,12-15)

In Vers 12 wandte sich Josua im Gebet an Gott: *Damals redete Josua zum Herrn, [und zwar] an dem Tag, als der Herr die Amoriter vor den Söhnen Israel dahingab, und sagte vor den Augen Israels: Sonne, stehe still zu Gibeon, und Mond, im Tal Ajalon!* Hess kommentiert Josuas ungewöhnliche Bitte mit den folgenden Gedanken:

> Der Pass von Beth Horon führt nach Westen hinunter in das Tal von Ajalon. Dort tobte die Schlacht, als Josua rief, dass die Sonne bei Gibeon im Osten und der Mond im Tal von Ajalon im Westen stillstehen sollte. Die Standorte dieser Himmelskörper legen nahe, dass das

206 Raschi, *The Book of Joshua*, S. 72. Diese Interpretation findet sich in dem kabbalistischen Werk *Zohar*, *Bereshit* 54b.

Geschehen so früh am Morgen stattfand, dass sowohl Sonne als auch Mond sichtbar waren.[207]

Die Rabbiner bemerkten: „Wir wissen, dass Gibeon und Ajalon in einiger Entfernung voneinander lagen, weil Gibeon im Gebiet von Benjamin lag und Ajalon im Gebiet von Dan."[208]

Vers 13 liefert die Antwort auf Josuas Gebet: *Da stand die Sonne still, und der Mond blieb stehen, bis das Volk sich an seinen Feinden gerächt hatte. Ist das nicht geschrieben im Buch Jaschar? Die Sonne blieb stehen mitten am Himmel und beeilte sich nicht unterzugehen, ungefähr einen ganzen Tag lang.* Im Hebräischen bildet dieser Vers eine chiastische Struktur:

A. „stand still" (Vers 13a)
  B. „die Sonne" (Vers 13a)
  B. „der Mond" (Vers 13b)
A. „blieb stehen" (Vers 13b)

Das Buch Jaschar, eine Quelle, die nicht mehr verfügbar ist, wird auch in 2. Samuel 1,18 erwähnt.

Vers 14 beleuchtet die Einzigartigkeit dieses Ereignisses: *Und es war kein Tag wie dieser, weder vorher noch danach, dass der Herr [so] auf die Stimme eines Menschen gehört hätte; denn der Herr kämpfte für Israel.* Der Vers spricht zunächst die Besonderheit des Tages an, indem er sagt, dass es weder vorher noch nachher einen Tag wie diesen gegeben hat. Dann wird die Einzigartigkeit des Mittels angesprochen, nämlich dass Gott auf einen Menschen hörte. Die Grundlage für Gottes Antwort ist, dass er für Israel kämpfte.

Vers 15 schließt die Ereignisse des Tages folgendermaßen ab: *Dann kehrte Josua – und ganz Israel mit ihm – ins Lager nach Gilgal zurück.*

c. Fünf Interpretationsmöglichkeiten

Die Interpretationsmöglichkeiten für das, was tatsächlich an diesem Tag geschah, fallen in fünf Kategorien. Die erste Ansicht basiert auf dem hebräischen Wort für „stillstehen", *dom*. Einige behaupten, dass der Begriff mit „ablassen" oder „aufhören" übersetzt werden sollte, wie dies in 2. Könige 4,6 und Klagelieder 2,18 der Fall ist. Würde man den Begriff so übersetzen, wäre Josuas Gebet, die Sonne möge stillstehen, eine Bitte um Schutz vor den Strahlen, die auf die jüdischen Truppen herabbrannten, und der

207 Hess, *Tyndale Old Testament Commentaries, Vol. 6 – Joshua*, S. 216.
208 Drucker, *Yehoshua*, S. 251.

Hagel würde als Antwort auf dieses Gebet angesehen werden, da ein solches Unwetter nicht aus blauem Himmel kommt. Diese Interpretation versucht, das Wunder zu umgehen und den Text nicht so zu akzeptieren, wie er geschrieben ist.

Die zweite Ansicht ist, dass Josua, da er früh am Morgen angriff, darum betete, dass die Sonne ausbleiben und das Halbdunkel anhalten möge. Wiederum wird die Antwort auf sein Gebet in dem Unwetter gesehen, welches die Sonnenstrahlen blockierte. Aber auch dies scheint eine Ansicht zu sein, die versucht, die einfache Lesart des Textes zu umgehen, nämlich, dass dies ein wahres Wunder von unglaublichem Ausmaß war. Daher sind die ersten beiden Ansichten für bibeltreue Gläubige nicht haltbar.

Die dritte Ansicht ist, dass die Sonne und der Mond kanaanäische Gottheiten waren, und dennoch mussten sie dem Gott Israels gehorchen, weil er ihr Schöpfer war. Auch dies ist biblisch nicht zu rechtfertigen.

Die vierte Ansicht ist, dass Gott tatsächlich die Erdrotation verlangsamt oder gar angehalten hat, während die Sonne über Josua stand, so dass der Tag 48 und nicht 24 Stunden dauerte. Es gibt Parallelen in alten Geschichten und Kulturen, die von einem solch langen Tag sprechen.[209] Der Text selbst sagt nur, dass die Sonne am Himmel stehenblieb und einen Tag lang nicht unterging (Vers 13). Der Ausdruck „sie beeilte sich nicht unterzugehen" könnte implizieren, dass sich die Erdrotation verlangsamte, so dass sich der Tag verlängerte, ohne dass es zu einem kompletten Stillstand kam. Dies ist eine Ansicht, die problemlos von denen vertreten werden kann, die die Bibel wörtlich nehmen.

Die fünfte Ansicht ist, dass es keine Verlangsamung der Erdrotation gab, sondern dass ein lokales Wunder stattfand, bei dem für 48 Stunden in irgendeiner Weise die Sonnenstrahlen auf das Schlachtfeld fielen. Diese Option ähnelt dem, was zur Zeit des Jesaja und des Hiskia mit der Sonnenuhr passierte (2. Kön. 20,8-11; Jes. 38,7-8). Diese Interpretation erfordert nicht, dass die Erde aufhörte, sich zu drehen, oder dass sie langsamer wurde, obwohl ein solches Wunder bei Gott nicht als unmöglich angesehen wird. Es wird einfach angenommen, dass, während sich die Erde weiterhin mit ihrer normalen Geschwindigkeit drehte, die Sonnenstrahlen auf irgendeine Weise 48 Stunden lang auf ein bestimmtes Gebiet fielen. Während diese Interpretation auch eine gültige Ansicht ist, die von Bibelgläubigen vertreten wird, ist es am besten, den Text einfach so zu nehmen, wie er geschrieben ist.

---

209 Siehe: Hess, *Tyndale Old Testament Commentaries, Vol. 6 – Joshua*, S. 216.

d. Rabbinische Auslegungen

Rabbinische Mutmaßungen bezüglich des Wunders des langen Tages lassen sich in mehreren Beispielen finden. Der Soncino-Kommentar zu Josua macht eine wichtige Anmerkung bezüglich des Zusammenspiels von Sonne und Mond und wie ein solches Wunder die gesamte Himmelssphäre aus der Ordnung geworfen haben könnte:

> *und die Sonne stand still, und der Mond blieb stehen.* Die Schrift geht davon aus, dass, wenn die Sonne stehen bleibt, auch der Mond stehen bleibt, und dass, wenn die Sonne weitergeht, auch der Mond weitergeht. Das ist eine Annahme, die ganz im Einklang mit dem steht, was wir als Tatsache kennen, die aber ganz und gar nicht mit der […] Unwissenheit der Zeit übereinstimmt, in der das Buch Josua geschrieben wurde. Wie kommt es, dass die Bibel nicht den Stempel dieser Unwissenheit trägt und dass sie hier mit einer der größten modernen Entdeckungen [der Wissenschaft] übereinstimmt? Gottes Inspiration von Josua und dem Schreiber des Buches erklärt dies vollständig.[210]

Im Talmud dreht sich die Diskussion zunächst um das in Vers 13 erwähnte Buch Jaschar und führt dann zu einer Debatte unter den Rabbinern über die Dauer des Wunders:

> Die Gemara zitiert eine Reihe von Erklärungen in Bezug auf das sogenannte Buch Jaschar. Der Vers lautet: „Und die Sonne stand still, und der Mond blieb stehen, bis das Volk sich an seinen Feinden gerächt hatte. Steht dies nicht im Buch Jaschar geschrieben?“ (Jos 10,13). Die Gemara fragt: Was ist das Buch Jaschar? Rabbi Ḥiyya bar Abba sagt, dass Rabbi Joḥanan sagt: Das ist die Genesis, das Buch von Abraham, Isaak und Jakob, welche die „Gerechten“ [*Jescharim*] genannt wurden, wie es heißt: „Lass mich den Tod der Gerechten [*Jescharim*] sterben“ (Numeri 23,10).
>
> Die Gemara fragt: Und wo wird in 1. Mose angedeutet, dass die Sonne für Josua stillstehen würde? Der Vers sagt in Bezug auf Ephraim, welcher Josuas Vorfahre war: „Und sein Same wird zu einer Menge von Völkern werden“ (1. Mose 48,19). Die Gemara fragt: Wann wird er eine Schar von Völkern werden? Er wurde eine Schar von Völkern zu der Zeit, als die Sonne für Josua an ihrem Platz stand, wie es geschrieben steht: „Und die Sonne blieb in der Mitte des Himmels und beeilte

210 Cohen, „Joshua and Judges“, *Soncino Books of the Bible*, S. 56.

sich nicht, einen ganzen Tag lang unterzugehen“ (Jos 10,13).

Die Gemara fragt nach: Und wie viel Zeit verging, bis die Sonne endlich unterging? Rabbi Jehoschua Ben Levi sagte, dass es 24 Stunden dauerte: Sie wanderte sechs Stunden über den Himmel und stand sechs Stunden still und wanderte wieder sechs Stunden und stand sechs Stunden still, so dass die ganze Angelegenheit einen ganzen Tag dauerte.

Rabbi Elazar sagte, dass es 36 Stunden dauerte: Die Sonne wanderte sechs Stunden lang und stand 12 Stunden lang, und sie wanderte wiederum sechs Stunden und stand 12 Stunden lang still, sodass die akkumulierte Zeit ihres Stillstehens die eines ganzen Tages war. Rabbi Schmuel bar Naḥmani sagte: 48 Stunden verstrichen, bevor die Sonne unterging. Sie wanderte sechs Stunden und stand 12 Stunden lang still, und dann wanderte sie sechs Stunden und stand 24 Stunden lang still, wie es heißt: „Und die Sonne blieb in der Mitte des Himmels“, und dann: „Und sie beeilte sich nicht, einen ganzen Tag lang unterzugehen.“ Daraus lässt sich ableiten, dass sie zunächst nicht einen ganzen Tag lang stehen blieb. Vielmehr stand sie zunächst für 12 Stunden still und wurde später für einen ganzen Tag ausgesetzt.

Manche behaupten, dass diese Weisen nicht darüber uneinig waren, wie viel Zeit verstrichen war, bevor die Sonne unterging. Vielmehr waren sie sich uneinig über die zusätzliche Zeit, um die der Tag verlängert wurde. Rabbi Jehoschua Ben Levi sagte: 24 Stunden wurden zu diesem Tag hinzugefügt, weil die Sonne sechs Stunden wanderte und 12 Stunden stand und wieder sechs Stunden wanderte und weitere 12 Stunden stillstand, was bedeutete, dass ihre Standzeit einen ganzen Tag dauerte. Rabbi Elazar sagte, dass 36 Stunden hinzugefügt wurden: Die Sonne wanderte sechs Stunden und stand 12 Stunden lang still, und dann wanderte sie sechs Stunden und stand weitere 24 Stunden lang still. In Bezug auf die zweite Aussetzung heißt es im Vers: „Und einen Tag lang beeilte sie sich nicht, unterzugehen.“

Rabbi Schmuel bar Naḥmani sagte: Die Zeit, in der die Sonne an ihrem Platz stand, betrug insgesamt 48 Stunden. Die Sonne bewegte sich sechs Stunden und stand 24 Stunden still, und dann bewegte sie sich weitere sechs Stunden und stand weitere 24 Stunden lang still. Seine Argumentation ist, dass der Vers den Stillstand der Sonne ihrer Bewegung gegenüberstellt: So wie die Sonne einen ganzen Tag lang in Bewegung ist, so erstreckte sich auch ihr Stillstand über einen ganzen Tag.[211]

211 *bT. Avodah Zorah*, 25a.

Der biblische Text macht keine Aussage bezüglich der genauen Dauer des Wunders, aber die Rabbiner machten die folgende Beobachtung:

> Nach der wörtlichsten Bedeutung des Textes blieb die Sonne für 24 Stunden stehen. Auch wenn es militärisch nicht notwendig war, die Bewegung der Sonne für diese Zeitspanne anzuhalten, hätte eine kürzere Unterbrechung die genaue Beziehung gestört, die zwischen der Rotation der Sonne und den regulären Umdrehungen der anderen Himmelskörper aufrechterhalten werden muss.[212]

Die ausführliche Debatte unter den Rabbinern bezüglich dieses bemerkenswerten Wunders zeigt seine Bedeutung. Wie Drucker schrieb: „Die Tatsache, dass Josua die Sonne in ihrer Umlaufbahn zum Stehen brachte, ist eines der berühmtesten Wunder der Bibel. In der Tat wird dieses Ereignis sogar in den zeitgenössischen Literaturen anderer Kulturen aufgezeichnet […] Dieses Wunder war ein weiterer Fall, in dem Gott das Versprechen erfüllte, welches er Josua gegeben hatte."[213]

Bedeutete das Wunder, dass Josua wichtiger war als Mose? Der Talmud beantwortet diese Frage, indem er feststellt:

> Die Weisen lehrten: In Bezug auf drei Menschen brach die Sonne durch und schien um ihretwillen zu einer unregelmäßigen Zeit: Mose, Josua und Nakdimon Ben Gurion. Die Gemara fragt: Zugegeben, der Fall von Nakdimon Ben Gurion ist durch die oben erwähnte Überlieferung bekannt. Auch der Fall von Josua wird von einem Vers abgeleitet, wie er geschrieben steht: „Und die Sonne stand still, und der Mond blieb stehen, bis sich das Volk an seinen Feinden gerächt hatte" (Jos 10,13). Doch woher leiten wir ab, dass die Sonne für Mose auf übernatürliche Weise schien?
>
> Rabbi Elazar sagte: Es wird durch verbale Analogie zwischen „Ich will anfangen" und „Ich will beginnen" abgeleitet. In Bezug auf Mose steht geschrieben: „An diesem Tag will ich anfangen, Schrecken und Furcht vor dir auf die Völker unter dem ganzen Himmel zu legen" (5Mo 2,25). Und in Bezug auf Josua steht geschrieben: „Heute will ich beginnen, dich in den Augen von ganz Israel groß zu machen, damit sie erkennen: Genauso wie ich mit Mose gewesen bin, werde ich mit dir sein" (Jos 3,7). Die wiederholte Verwendung des Ausdrucks „Ich

212 Drucker, *Yehoshua*, S. 252.
213 Ebd., S. 248.

will beginnen (oder anfangen)" deutet darauf hin, dass alle Wunder, die für Josua getan wurden, auch für Mose vollbracht wurden.[214]

Bezüglich des Tages, an dem das Wunder geschah, bemerkten die Rabbiner: „Da die Israeliten am Sabbat keinen Krieg führen wollten, sah Josua es als notwendig an, dass die Sonne am Freitag stehen blieb."[215]

Ein weiterer rabbinischer Kommentar zu Josua erwähnt eine Debatte unter den jüdischen Gelehrten bezüglich eines Lobliedes, welches Josua angeblich an Gott gewandt rezitierte:

> Obwohl der Text des Lobpreises in [...] [Josua 10,12-13] fehlt, informiert uns die Schrift, dass Josua nach seinem Gebet zu Gott dennoch den Allmächtigen lobpries. Es ist auch möglich, dass die Worte: „Sonne, stehe still über Gibeon usw." das Gebet umfassen, während der gesamte Vers 13 den Lobgesang umfasst, den Josua dem Allmächtigen vortrug.[216]

Zahlreiche rabbinische Quellen zeigen, dass dieser Gedanke unter den jüdischen Gelehrten ausführlich diskutiert wurde.[217] Es stellt sich die Frage, warum sie so etwas überhaupt debattiert haben sollten. Die Antwort liegt in der Idee Rambams, dass die Himmelskörper lebendig sind und ständig Gott preisen. Da Josua die Sonne bat, stillzustehen, „musste er einen Ersatz für das Loblied liefern, das die Sonne singt, während sie sich bewegt."[218] Raschi bemerkte, dass Josua „anstelle der Sonne ein Lied rezitierte, da er der Sonne befahl: Sei still! D.h. sei still (indem du es unterlässt), (dein) Lied vorzutragen. Und solange sie schweigt, steht sie still [...], denn die ganze Zeit ihrer Rotation rezitiert sie (ihr) Lied."[219]

Im Kontext dieser Idee von Josuas Lied bemerkt der Soncino-Kommentar:

> Einige moderne Kommentatoren versuchen, das übernatürliche Element aus der Begebenheit zu eliminieren. Sie tun dies, indem sie die poetische Form der Sprache betonen, die sie so verstehen, dass sie nicht mehr impliziert als: „Möge Gott uns den Sieg gewähren, bevor die Sonne untergeht." Die Erzählung wurde jedoch schon sehr früh so verstanden, dass sie sich auf eine wundersame Verlängerung des Tages bezieht. Dies geht aus Ecclesiasticus 46,4 [dem apokryphen Buch

214 *bT. Taanit* 20a.
215 Drucker, *Yehoshua*, S. 248.
216 Raschi, *The Book of Joshua*, S. 72.
217 Siehe: Drucker, *Yehoshua*, S. 248-249.
218 Ebd., S. 249.
219 Raschi, *The Book of Joshua*, S. 72.

Sirach] hervor, wo es heißt: „Ging nicht die Sonne durch seine Hand zurück? Und ist nicht ein Tag wie zwei geworden?“[220]

Eine andere Frage, die die Rabbiner zu beantworten suchten, ist, warum Josua überhaupt befahl, die Sonne stillstehen zu lassen. In der Zusammenfassung ihrer Vorschläge lässt sich festhalten, dass einige meinten, Josua tat dies, um die Flucht der Amoriter in die Dunkelheit zu verhindern. Andere vertraten die gegenteilige Ansicht und sagten, dass Josua durch dieses Wunder die Sicherheit seines eigenen Volkes gewährleisten wollte. Die Verfolgung des Feindes bei Nacht wäre schwierig und gefährlich gewesen. Wieder andere behaupteten, Josua wollte verhindern, dass sein Volk den Sabbat entweihte. Da die Schlacht an einem Freitag stattfand, musste sie vor Sonnenuntergang beendet sein. Dann gab es Rabbiner, die behaupteten, dass Josua das Wissen der Israeliten über Gott vertiefen wollte, als sie das Land betraten. „Er wollte demonstrieren, dass Gott nicht nur Herr über die irdischen Angelegenheiten ist (wie die Belagerung von Jericho beweist), sondern dass er auch der Herr des gesamten Universums ist und die Bahnen der Himmelskörper kontrollieren kann.“[221] Schließlich behaupteten einige Rabbiner, dass Josua das Wissen über den Gott Israels in der ganzen Welt verbreiten wollte, und eine solche wundersame Niederlage der Amoriter hätte die Erfüllung seines Wunsches garantiert. Sie hätte auch garantiert, dass kein Astrologe den israelitischen Sieg „den Launen des Tierkreises“,[222] also der Stellung der Sterne zuschreiben konnte. Letztlich zeigte das Wunder, dass Gott selbst für Israel kämpfte:

> *Malbim* kommentiert, dass dieses Ereignis insofern ungewöhnlich war, als dass das gesamte Wunder nur zu dem Zweck geschah, die Tatsache bekannt zu machen, dass *HASHEM für Israel kämpfte*. Militärisch gesehen bedurfte es dieses Wunders nicht, da Josua bereits kurz vor dem Sieg stand (*Meam Loez*).[223]

e. Die Entdeckung der Könige (10,16-21)

Die Verse 16-21 folgen dem literarischen Gesetz der Wiederholung, einem Prinzip, das in der gesamten Heiligen Schrift zu finden ist. Ein Ereignis wird in zwei oder mehr Versionen aufgezeichnet. Beim zweiten Mal, wenn es erzählt wird, werden zusätzliche Details geliefert. Die Geschichte der

220 Cohen, „Joshua and Judges“, *Soncino Books of the Bible*, S. 55.
221 Siehe: Drucker, *Yehoshua*, S. 250.
222 Ebd., S. 251.
223 Ebd., S. 253.

Eroberung Kanaans liefert ein Beispiel für dieses Gesetz der Wiederholung.

Die Entdeckung der fünf Könige aus den Verses 3-5 wird in den Versen 16-21 beschrieben. Vers 16 berichtet über ihr Verstecken: *Jene fünf Könige aber flohen und versteckten sich in der Höhle zu Makkeda.* In Vers 17 wird erwähnt, dass Josua einen Bericht über die Könige erhielt: *Da wurde dem Josua mitgeteilt: Die fünf Könige sind gefunden worden, versteckt in der Höhle zu Makkeda.*

In den Versen 18-19 geht es um Josuas Reaktion auf den Bericht, wobei Vers 18 seine Anweisungen offenbart: *Und Josua sagte: Wälzt große Steine an den Eingang der Höhle und stellt Männer an ihr auf, um sie zu bewachen!* Den Ausgang der Höhle zu versperren, würde die Könige an der Flucht hindern, während Josua die Verfolgung der Kanaaniter beendete. Vers 19 beschreibt diese Verfolgung im Detail: *Ihr aber, steht nicht still, [sondern] jagt euren Feinden nach und schlagt ihre Nachhut! Lasst sie nicht in ihre Städte kommen! Denn der Herr, euer Gott, hat sie in eure Hand gegeben.* Josua wies auf die Verantwortung seiner Truppen hin. Anstatt stehen zu bleiben, sollten sie ihre Feinde verfolgen, die Truppen von hinten angreifen und dafür sorgen, dass sie ihre befestigten Städte nicht erreichten, wo es viel schwieriger gewesen wäre, sie zu überwinden. Obwohl Gott den Israeliten den Sieg versprochen hatte, setzte er zur Umsetzung dieses Sieges Menschen ein, und so zögerte er sich hinaus.

Die Verse 20-21 beschreiben das Ende der Schlacht. Vers 20 berichtet von der Niederlage der Kanaaniter: *Und es geschah, als Josua und die Söhne Israel ihnen endgültig eine sehr schwere Niederlage zugefügt hatten, bis sie vollständig aufgerieben waren – die Entronnenen von ihnen aber entkamen in die befestigten Städte.* Die Israeliten besiegten den größten Teil der Kanaaniter, und die, die entkommen konnten, versteckten sich in ihren befestigten Städten. Diese wurden später von Israel angegriffen. In Vers 21 kehrten Josua und seine Männer nach Makkeda zurück: *da kehrte das ganze Volk im Frieden zu Josua zurück, in das Lager nach Makkeda; niemand spitzte seine Zunge gegen die Söhne Israel.* Der Sieg der Israeliten war so überwältigend, dass er im Lande Achtung hervorrief. Keiner wagte es mehr, ein Wort gegen sie auszusprechen. Der Vers ähnelt einem Ausdruck aus 2. Mose 11,7, wo es heißt: *Aber gegen keinen von den Söhnen Israel wird [auch nur] ein Hund seine Zunge spitzen, vom Menschen bis zum Vieh.* Die Redewendung bedeutet, dass niemand Israel gegenüber Feindseligkeit zeigte.

f. Die Hinrichtung der Könige (10,22-27)

Die fünf kanaanitischen Könige hatten in den Versen 3-5 den Aufstand gegen die Israeliten und ihre Verbündeten begonnen. Seitdem waren sie in einer Höhle gefangen gehalten worden. Nun wurden sie auf Josuas Befehl in Vers 22 vorgeführt: *Und Josua sprach: Öffnet den Eingang der Höhle und bringt diese fünf Könige aus der Höhle zu mir heraus!* Vers 23 zeigt den Gehorsam von Josuas Männern: *Und sie taten also und brachten diese fünf Könige zu ihm aus der Höhle heraus: den König von Jerusalem, den König von Hebron, den König von Jarmuth, den König von Lachisch und den König von Eglon.*

Vers 24 berichtet von der Demütigung der fünf Könige, beginnend mit Josuas Befehl: *Und es geschah, als sie diese Könige zu Josua herausgebracht hatten, da rief Josua alle Männer von Israel [zusammen] und sagte zu den Anführern der Kriegsleute, die mit ihm zogen: Tretet heran, setzt eure Füße auf die Nacken dieser Könige!* (Vers 24a) Darauf folgt der Gehorsam von Josuas Männern: *Da traten sie heran und setzten ihre Füße auf ihre Nacken* (Vers 24b). Diese Handlung symbolisierte die vollständige Unterwerfung des Feindes.

Vers 25 berichtet von einer Ermutigung, welche Josua seinen Männern zukommen ließ: *Und Josua sagte zu ihnen: Fürchtet euch nicht und erschreckt nicht, seid stark und mutig! Denn genauso wird der Herr mit allen euren Feinden verfahren, gegen die ihr kämpft.* Die Grundlage der Ermutigung war die göttliche Verheißung. Gott würde alle Feinde Israels bezwingen.

Vers 26 offenbart die Hinrichtung der Könige in zwei Stufen. Die erste Stufe wird in Vers 26a beschrieben: *Danach erschlug Josua sie. Er tötete sie.* Die zweite Stufe steht in Vers 26b: *und* [er] *hängte sie an fünf Bäumen auf; und sie blieben an den Bäumen aufgehängt bis zum Abend.*

Vers 27 behandelt das Begräbnis der Könige: *Und es geschah zur Zeit des Sonnenuntergangs, da gab Josua Befehl, und man nahm sie von den Bäumen herab und warf sie in die Höhle, wo sie sich versteckt [gehalten] hatten. Und man legte große Steine vor den Eingang der Höhle, [die noch] bis zum heutigen Tag [da sind].* Wiederum bezieht sich die Formulierung „bis zum heutigen Tag“ auf den Zeitpunkt, an dem das Buch geschrieben wurde.

4. Die Eroberung der Städte (10,28-39)

Auf die Hinrichtung der fünf kanaanitischen Könige und die Niederlage ihrer Armeen folgte die Eroberung ihrer Städte in einer Reihe von schnellen Überfällen, die in den Versen 28-39 beschrieben sind.

Der Abschnitt beginnt in Vers 28 mit der Einnahme von Makkeda: *Und Josua nahm an demselben Tag Makkeda ein und schlug es mit der Schärfe des Schwertes. Und an seinem König, an der Stadt und an allem Leben, das in ihr war, vollstreckte er den Bann: Er ließ keinen Entronnenen übrig. Und er machte es mit dem König von Makkeda, wie er es mit dem König von Jericho gemacht hatte.* An demselben Tag, an dem Josua die fünf Könige in der Höhle von Makkeda hinrichtete, eroberte er die Stadt Makkeda. Die Beschreibung der Zerstörung zeigt, dass er keine Überlebenden zurückließ. Der Vers stellt dann einen Vergleich an, indem er sagt, dass Josua mit dem König von Makkeda ebenso verfuhr, wie er es mit dem König von Jericho getan hatte. In Kapitel 6 wurde nicht erwähnt, wie der König von Jericho ums Leben kam. Aber dieser Vers zeigt, dass er im Kampf starb.

Die Verse 29-30 befassen sich mit der Zerstörung von Libna. Der Bericht beginnt in Vers 29a mit einer Übergangserklärung: *Dann zog Josua und ganz Israel mit ihm von Makkeda nach Libna.* Es folgt eine kurze Aussage über die Schlacht selbst: *und kämpfte gegen Libna* (Vers 29b). Vers 30a zeigt, dass die Israeliten die Stadt dank göttlicher Hilfe einnehmen konnten: *Und der HERR gab auch dies in die Hand Israels mitsamt seinem König.* Darauf folgt in Vers 30b die Vernichtung der Bevölkerung: *und er schlug sie mit der Schärfe des Schwerts und alle Seelen, die darin waren, und ließ keinen darin übrig.* Der Vers schließt mit einem Vergleich: *Und er tat mit ihrem König, wie er mit dem König von Jericho getan hatte* (Vers 30c).

Die Verse 31-32 beschreiben die Einnahme von Lachisch. Vers 31 leitet das Geschehen mit den folgenden Worten ein: *Dann zog Josua und ganz Israel mit ihm von Libna nach Lachisch; und er belagerte es und kämpfte gegen es* (Vers 31a). Dann kam die Schlacht selbst: *und* [sie] *lagerten sich gegen sie und kämpften gegen sie* (Vers 31b). Vers 32a beschreibt, dass auch diese Stadt dank göttlicher Hilfe eingenommen wurde: *Und der Herr gab Lachisch in die Hand Israels. Und er nahm es am zweiten Tag ein.* Alle anderen Städte wurden an einem Tag erobert, aber aufgrund der Stärke von Lachisch dauerte es zwei Tage, diese Stadt zu erobern. Die rabbinische Tradition bringt dieses Ereignis mit dem Wunder des langen Tages in Verbindung:

> Laut *Abarbanel* fanden alle Schlachten, die in den vorherigen Versen aufgezeichnet wurden, an dem Tag statt, an dem die Sonne stillstand. Als die Israeliten in Lachisch ankamen, war die Sonne im Begriff, unterzugehen, also schlugen sie dort ihr Lager auf. Nach der Überlieferung blieb die Sonne am Freitag stehen, und so schlugen die Israeliten ihr Lager für den Sabbat auf. Wenn es in Vers 32 heißt, dass sie *am zweiten Tag* Krieg gegen Lachisch führten, bezieht sich das auf den

zweiten Tag des Lagers der Israeliten, den Sonntag. So vermieden sie, am Sabbat (*Meam Loez*) kämpfen zu müssen.[224]

Auf die Schilderung der Einnahme von Lachisch folgt in Verse 32b die Vernichtung der Bevölkerung dieser Stadt: *und* [Josua] *schlug es mit der Schärfe des Schwertes und alles Leben, das darin war.* Der Vers endet mit einem Vergleich: *genauso, wie er Libna getan hatte* (Vers 32c).

Die nächste Stadt, die eingenommen wurde, war Geser. Der Bericht beginnt in Vers 33a mit dem Angriff der Stadt: *Damals zog Horam, der König von Geser, herauf, um Lachisch zu helfen.* Dies ist der einzige Bericht im Buch Josua, in dem ein Stadtstaat einem anderen zu Hilfe kommt, während ein Krieg im Gange ist. Diese Aktion fand statt, während Lachisch belagert wurde, was erklären könnte, warum es zwei Tage dauerte, diese Stadt einzunehmen. Die Entscheidung von Geser, Lachisch zu unterstützen, führte jedoch nur dazu, dass dessen Heer besiegt wurde: *Aber Josua schlug ihn und sein Volk, sodass keiner entrinnen konnte* (Vers 33b). Der Vers bezieht sich nur auf Gesers Heer. Dies Stadt selbst wurde nicht erobert und blieb bis zur Zeit Salomos unter kanaanitischer Kontrolle.

Der Bericht über die Gefangennahme von Eglon wird in den Versen 34-35 gegeben. Vers 34 beginnt mit einer Überleitung: *Dann zog Josua und ganz Israel mit ihm von Lachisch nach Eglon* (Vers 34a). Dann beschreibt der Vers die Schlacht: *und sie belagerten es und kämpften gegen es* (Vers 34b). Vers 35 berichtet von der Vernichtung der Bevölkerung: *Und sie nahmen es an demselben Tag ein und schlugen es mit der Schärfe des Schwertes. Und an allem Leben, das darin war, vollstreckte er den Bann an demselben Tag* (Vers 35a). Wie in den vorangegangenen Berichten endet der Vers mit einem Vergleich: *genauso, wie er es mit Lachisch gemacht hatte* (Vers 35b). Die Eroberung von Eglon vervollständigt die Eroberung der Schefelah. Von dort aus zog Josua in das Bergland von Juda.

Die Einnahme von Hebron wird in den Versen 36-37 beschrieben, beginnend in Vers 36 mit einer Überleitung: *Dann zog Josua und ganz Israel mit ihm von Eglon nach Hebron hinauf, und sie kämpften gegen es.* Vers 37 beschreibt die Vernichtung der Bevölkerung: *Und sie nahmen es ein und schlugen es mit der Schärfe des Schwertes mitsamt seinem König und allen seinen Städten und allem Leben, das darin war: Er ließ keinen Entronnenen übrig* (Vers 37a). Die Formulierung „mitsamt allen seinen Städten" bezieht sich auf die nahegelegenen, nicht ummauerten Städte, die unter der Gerichtsbarkeit von Hebron standen. Der Bericht schließt mit einem Vergleich:

224 Drucker, *Yehoshua*, S. 259.

genauso, wie er es mit Eglon gemacht hatte: Er vollstreckte den Bann an ihm und an allem Leben, das darin war (Vers 37b). Josua eroberte Hebron, wie er die Stadt Eglon erobert hatte, und er tötete alle ihre Bürger.

Debir war die letzte Stadt, die die Israeliten in diesem Feldzug einnahmen. Der Bericht steht in den Versen 38-39, beginnend in Vers 38 mit einer Überleitung: *Dann wandte sich Josua und ganz Israel mit ihm nach Debir und kämpfte gegen es.* Vers 39a berichtet von der Schlacht: *Und er nahm es ein mitsamt seinem König und allen seinen Städten.* Die Vernichtung der Bevölkerung wird als nächstes beschrieben: *Und sie schlugen sie mit der Schärfe des Schwertes und vollstreckten an allem Leben, das darin war, den Bann: Er ließ keinen Entronnenen übrig* (Vers 39b). Der Bericht endet mit einem Vergleich: *Wie er es mit Hebron gemacht und wie er es mit Libna und seinem König gemacht hatte, ebenso machte er es [auch] mit Debir und seinem König* (Vers 39c). Der Sieg über Debir vollendet die Eroberung des Berglandes von Juda mit Ausnahme der Stadt Jerusalem.

5. Die Zusammenfassung des zentralen Feldzugs (10,40-42)

Die Verse 40-42 fassen das Ausmaß von Israels Feldzug im Süden Kanaans zusammen, beginnend in Vers 40 mit einer Auflistung der einzelnen geographischen Gebiete: *So schlug Josua das ganze Land, das Gebirge, das Südland, die Niederung, die Berghänge und all ihre Könige: Er ließ keinen Entronnenen übrig. An allem Lebenden vollstreckte er den Bann, wie der HERR, der Gott Israels, geboten hatte.* Der Begriff „Gebirge" umfasst sowohl das Bergland von Ephraim als auch das Bergland von Juda. Der Begriff „Südland" bezieht sich auf den Negev. Dann kommt „die Niederung", womit die Schefelah gemeint ist. Schließlich gibt es noch die „Berghänge", d.h. die Hänge, die steil ins Jordantal abfallen. Neben dem Land unterwarf Josua auch alle seine Könige und vernichtete die gesamte Bevölkerung. Diese Handlung war die Umsetzung des Cherem-Fluches, und seine Grundlage war Gottes Befehl.

An dieser Stelle muss zum Verständnis dieses Fluches oder Banns zusätzliche Information vermittelt werden. Bisher wurde besprochen, was der Fluch implizierte, jetzt aber müssen einige zusätzliche Bereiche beachtet werden. Der Cherem-Fluch sollte die Reinheit Israels bewahren und dem Volk dabei helfen, die Sünden der Kanaaniter zu vermeiden. Der Aspekt der Reinheit wurde bereits in der Betrachtung von Josua 5 betont. Der Fluch konzentrierte sich auf die rituelle Reinheit, die drei Dinge betraf: erstens die Beschneidung (Jos 5,2-9), zweitens das Wiedereinsetzen des Passahfestes (Jos 5,10-12) und drittens die Anbetung des Anführers des Heeres des Herrn (Jos 5,13-15). Was die Sünden der Kanaaniter betrifft, so waren dies

Götzendienst und Unzucht (3Mo 18,24-30; 5. Mose 9,4-5). Den Kanaanitern war reichlich Gelegenheit gegeben worden, Buße zu tun (1Mo 15,16). Zudem sollte bemerkt werden, dass diejenigen, die unter den Cherem-Fluch fielen, auf eine bestimmte Gruppe von Stämmen in einem begrenzten Gebiet und für eine begrenzte Zeit beschränkt waren.

Ein weiterer Punkt, der zu beachten ist, ist, dass die Grundlage des Cherem-Fluches über die Kanaaniter Noahs Fluch über den vierten Sohn Hams war. Dieser Sohn hieß Kanaan. Als Noah den Fluch in 1. Mose 9,25 aussprach, verfluchte er nicht Ham, sondern sagte: „Verflucht sei Kanaan." Die Stämme, mit denen Josua bei der Eroberung des Landes zu tun hatte, waren Nachkommen dieses Kanaans, des vierten Sohnes Hams. Gemäß dem abrahamitischen Bund wurden diesen Menschen vier ganze Jahrhunderte Zeit gegeben, um Buße zu tun. Schließlich erreichten sie jedoch den Punkt, an dem es kein Zurück mehr gab und ihr Kelch der Schuld endgültig voll war (1Mo 15,16). Anstatt Buße zu tun, verfielen die Kanaaniter in alle Formen des Okkultismus, welche in 5. Mose 18,9-14 aufgelistet sind. Das bedeutet, dass sie eine geistliche Bedrohung für Israel darstellten. Das Buch der Richter zeigt, wie groß die Bedrohung durch sie wirklich war. Gott beabsichtigte, die Welt durch Israel zu segnen, und der Cherem-Fluch war notwendig, um geistlichen Schaden von seinem auserwählten Volk abzuwenden. Wie die Geschichte von Rahab zeigt, wussten die Kanaaniter um den Gott Israels und um seine große Macht, sie reagierten aber nicht darauf.

Eine letzte Anmerkung zum Cherem-Fluch ist, dass Gott selbst angeordnet hatte, dass die kanaanitischen Völker ausgerottet werden mussten, und es gibt keine Ungerechtigkeit bei Gott. Er hat das Recht, sowohl Einzelpersonen als auch Nationen zu bestrafen (5Mo 20,16-17).

In Vers 41 werden die Grenzen des eroberten Landes beschrieben: *Und Josua schlug sie von Kadesch-Barnea bis Gaza und das ganze Land Goschen bis Gibeon.* Kadesch-Barnea und Gaza markierten die Südgrenze, während Goschen und Gibeon die Nordgrenze darstellten. Der Vers listet nur das eroberte Gebiet in Josua 10 auf und nicht das, was in Kapitel 11 noch eingenommen werden sollte.

Vers 42 unterstreicht die göttliche Hilfe: *Und alle diese Könige sowie ihr Land nahm Josua auf einmal. Denn der Herr, der Gott Israels, kämpfte für Israel.*

6. Die Schlussfolgerung (10,43)

Vers 43 schließt den Bericht über die Eroberung ab und bringt die Erzählung wieder dorthin zurück, wo sie in Vers 15 aufgehört hat: *Dann kehrte Josua und ganz Israel mit ihm ins Lager nach Gilgal zurück.*

H. Der Feldzug im Norden (11,1-14)[225]

1. Die Allianz gegen Josua (11,1-5)

Der israelitische Sieg im südlichen Teil Kanaans alarmierte die Könige im nördlichen Teil des Landes. In einem Versuch, die Eroberung zu stoppen, bildeten mehrere von diesen Königen eine Konföderation. Die Verse 1-3 listen die Mitglieder des Bündnisses auf, wobei Vers 1 ihren Anführer nennt: *Und es geschah, als Jabin, der König von Hazor, es hörte, sandte er zu Jobab, dem König von Madon, und zum König von Schimron und zum König von Achschaf.* Richter 4,2 spricht auch von einem Jabin, dem König von Hazor. Die beiden Männer können jedoch nicht dieselbe Person gewesen sein. Daher könnte „Jabin" ein dynastischer Name dieses Königreichs gewesen sein. In seinem Kommentar zu Josua weist Hess darauf hin:

> [Der Name Jabin] stammt entweder von der hebräischen Wurzel *bin* ab oder von dem Wort *bni. Bin* bedeutet „erkennen", und *bni* bedeutet „bauen". Obwohl erstere Wurzel grammatikalisch wahrscheinlicher ist, findet sie sich seltener in Personennamen. Abgeleitet von der Wurzel *bni* […] wurde Jabin mit Jabni-Addu verglichen, dem König eines in den Mari-Texten bekannten [Dorfes] Hazor. *Bni* hat auch sein Gegenstück in dem Wort *ib-ni,* welches Teil eines Namens ist, der in einer altbabylonischen Keilschrifttafel erscheint, die in Hazor gefunden wurde.[226]

Nachdem er von den in Josua 10 beschriebenen Ereignissen gehört hatte, wurde Jabin der Anführer dieser Allianz von Königen aus dem Norden. Er sandte eine Nachricht an Jobab, den König von Madon, sowie an die Könige von Schimron und Achschaf.

Vers 2 fügt hinzu, dass Jabin auch *den Königen, die im Norden im Gebirge und in der Steppe südlich von Kinneret und in der Niederung und im Hügelland von Dor im Westen waren,* Nachricht gab. Das hier erwähnte Gebirge ist Obergaliläa. Der Begriff „Steppe" sollte eigentlich mit „Araba" übersetzt werden. Er bezieht sich auf die Südseite des Sees Genezareth und den ganz nördlichen Teil des Jordantals. Die Niederung ist Untergaliläa, und das Hügelland von Dor liegt an der nördlichen Meeresküste.

Vers 3 fügt hinzu, dass Jabin die Nachricht auch an die folgenden Volksstämme schickte: *zu den Kanaanitern im Osten und im Westen, zu den Amo-*

225 Siehe Karte 5 im Anhang.

226 Hess, *Tyndale Old Testament Commentaries, Vol. 6 – Joshua*, S. 228.

ritern, den Hetitern, den Perisitern und den Jebusitern auf dem Gebirge und zu den Hewitern am Fuß des Hermon im Land Mizpa. Der Ausdruck „Jebusiter auf dem Gebirge" bezieht sich auf einen nördlichen Zweig desselben Stammes, der Jerusalem besaß. Die Hewiter sind vom gleichen Stamm wie die Gibeoniter, aber ihr Gebiet lag weiter nördlich.

Vers 4a berichtet von der Versammlung der Könige: *Und sie zogen aus, sie und ihr ganzes Heerlager mit ihnen, ein Volk, [so] zahlreich wie der Sand, der am Ufer des Meeres ist, an Menge, sowie sehr viele Pferde und Wagen.* Es wird ein Vergleich gezogen zwischen dem Sand am Meeresufer und der Anzahl der Menschen, die zu diesem Bündnis gehörten. Die Redewendung wird mehrmals in der Schrift verwendet. Zum Beispiel bezeichnet sie in Richter 7,12 die Kamele der Midianiter; in 1. Samuel 13,5 bezieht sie sich auf die Philister; und in Jeremia 15,8 verkündet Gott, dass er die Witwen Israels zahlreicher machen wolle als den Sand am Meer. Eine ähnliche Redewendung ist „die Sterne des Himmels". In 5. Mose 1,10 heißt es, dass Gott die Bevölkerung Israels derart vermehren wird, dass sie mit den Sternen des Himmels vergleichbar werden. In Nahum 3,16 wird die Redewendung in Bezug auf die Kaufleute von Ninive verwendet. Der Vers endet mit der Bemerkung, dass diese Bündnispartner mit einem ganzen Arsenal von Pferden und Streitwagen kamen.

Vers 5 nennt den Ort des Kampfes: *All diese Könige trafen zusammen. Sie kamen und lagerten miteinander am Wasser Merom, um gegen Israel zu kämpfen.*

2. Die Niederlage der Allianz (11,6-9)

Die Verse 6-9 beschreiben den Sieg der Israeliten über das Nordbündnis. Der Abschnitt beginnt in Vers 6 mit göttlichen Anweisungen, einer Ermutigung und einer Ermahnung: *Da sprach der Herr zu Josua: Fürchte dich nicht vor ihnen! Denn morgen um diese Zeit werde ich sie alle vor Israel zu Erschlagenen machen. Ihre Pferde sollst du lähmen und ihre Wagen mit Feuer verbrennen.* Gott wiederholte die Anweisungen, die er Josua vor dem Angriff auf Ai und vor dem Angriff auf die Südkonföderation erteilt hatte. Josua sollte sich nicht fürchten, denn Gott hatte versprochen, ihm das Land zu geben. Dann gab der Herr zwei Befehle: Erstens musste Josua die Pferde der Kanaaniter lähmen. Das bedeutete, dass er die Sehnen an den Sprunggelenken der Tiere durchtrennte. Das würde die Pferde für den Krieg unbrauchbar machen, aber sie konnten noch für häusliche Zwecke verwendet werden. Zweitens mussten die Israeliten die Streitwagen ihrer Feinde verbrennen. Hätte Israel eine große Menge an militärischen Waffen und eine große

Anzahl von Streitwagen gesammelt, hätten sie ihre Abhängigkeit von Gott verloren, ein Punkt, der in 5. Mose 17,16 angesprochen wird.

Vers 7 berichtet über den Angriff: *Und Josua und alles Kriegsvolk mit ihm kam plötzlich über sie am Wasser Merom, und sie überfielen sie.* Die Allianz hatte sich an einem See nördlich des Sees Genezareth versammelt, welcher „Wasser von Merom" genannt wurde. Von dort wollten sie die Israeliten angreifen. Stattdessen erlitten sie einen Überraschungsangriff auf ihr eigenes Lager.

In Vers 8 kam der Sieg: *Und der Herr gab sie in die Hand Israels, und sie schlugen sie und jagten ihnen nach bis Sidon, der großen [Stadt], und bis Misrefot-Majim und bis in die Talebene von Mizpe im Osten. Und sie schlugen sie, sodass ihnen kein Entronnener übrigblieb.* Gottes Aufgabe war es, die Kanaaniter in die Hand Israels zu geben. Israels Aufgabe war es, sie militärisch zu besiegen und sie zu verfolgen, bis alle getötet waren.

Vers 9 zeigt Josuas Gehorsam gegenüber Gottes Anweisungen: *Josua machte es mit ihnen, wie der Herr ihm gesagt hatte: Ihre Pferde lähmte er, und ihre Wagen verbrannte er mit Feuer.*

3. Die Eroberung von Hazor und den Städten der Allianz (11,10-14)

Bevor wir uns mit diesem Abschnitt beschäftigen, sollte eine Beobachtung gemacht werden. Einige Kommentare zum Buch Josua fassen die Verse 12-23 zu einer Einheit zusammen. Dieser Kommentar betrachtet die Verse 12-14 jedoch als einen integralen Bestandteil der Diskussion bezüglich des Nordfeldzuges, weshalb diese Verse separat behandelt werden. Es gibt aber durchaus gute Gründe, die Verse 12-23 als eine Einheit zu sehen, die die Eroberung Kanaans zusammenfasst. Ein Grund ist die markante Form dieser Einheit. Hess erklärt:

> In den vorherigen Versen dominiert die übliche hebräische Wortfolge: Das Verb beginnt jeden Satz, und das Subjekt und die Nebensätze folgen. In den Versen 12-23 jedoch stehen die Nebensätze regelmäßig vor dem Hauptverb im Satz. Diese Struktur hebt das hervor, was am Anfang des Satzes gesagt wird, und erlaubt es, zwei oder mehr Verben zu gruppieren, um eine wiederkehrende Betonung zu erreichen. Dies wird in Vers 12 veranschaulicht. Obwohl man das bei Betrachtung von englischen Bibelübersetzungen nicht erkennen kann, beginnt der hebräische Text mit *Alle Städte dieser Könige mit all ihren Königen.* Die Handlungen Josuas – nämlich, dass er die Städte einnahm, die Könige mit der Schärfe des Schwertes schlug und den

Bann am Volk vollstreckte – folgen dann schnell aufeinander. Dies vermittelt den Eindruck von der Geschwindigkeit und Effektivität, mit der das Land erobert wurde.[227]

Wir wollen zunächst die zweite Phase des Konflikts im Norden Kanaans besprechen (Verse 10-14), bevor wir im nächsten Abschnitt die Zusammenfassung der Eroberung behandeln (Verse 15-23).

Die Verse 10-11 konzentrieren sich auf Hazor. Der Bericht beginnt in Vers 10 mit der Einnahme dieser Stadt: *In jener Zeit kehrte Josua um und nahm Hazor ein, und seinen König erschlug er mit dem Schwert. Denn Hazor war damals die Hauptstadt all dieser Königreiche.* Vers 11 berichtet von der Vernichtung der Bevölkerung: *Und sie schlugen alles Leben, das darin war, mit der Schärfe des Schwertes, indem sie den Bann [an ihnen] vollstreckten: Nichts Lebendes blieb übrig. Hazor aber verbrannte er mit Feuer.*

In Vers 12 geht es um die Städte der Konföderation: *Alle Städte dieser Könige mit all ihren Königen nahm Josua ein und schlug sie mit der Schärfe des Schwertes. Er vollstreckte den Bann an ihnen, wie Mose, der Knecht des Herrn, befohlen hatte.* Zuerst nahm Josua die Städte ein, schlug dann ihre Könige und tötete schließlich die Bevölkerung. Er tat dies auf den Befehl von Mose.

Vers 13 stellt einen Kontrast zwischen den Städten des Bundes und Hazor dar: *Nur all die Städte, die auf Hügeln standen, verbrannte Israel nicht, ausgenommen Hazor allein, [das] verbrannte Josua.* Die Israeliten verbrannten nur Hazor und ließen die anderen Städte unversehrt. Richter 4 zeigt jedoch, dass Hazor schnell wiederaufgebaut und erneut von Kanaanitern besiedelt wurde. Daher mussten die Israeliten es eines Tages wieder zurückerobern.

In Vers 14 gibt es eine weitere Unterscheidung, dieses Mal bezüglich der Beute und der Bevölkerung: *Die ganze Beute dieser Städte sowie das Vieh plünderten die Söhne Israel für sich. Doch alle Menschen schlugen sie mit der Schärfe des Schwertes, bis sie sie vernichtet hatten: Sie ließen nichts Lebendes übrig.* Während die Israeliten das Vieh und gewisse Wertsachen erbeuteten, löschten sie die Bevölkerung dieser Städte völlig aus.

I. Die Zusammenfassung der Eroberung (11,15-23)

Die Verse 15-23 fassen die Eroberung des restlichen Landes zusammen, beginnend in Vers 15 mit der Erkenntnis, dass die Ereignisse den Befehl des Mose erfüllten: *Wie der Herr seinem Knecht Mose befohlen hatte, so*

227 Hess, *Tyndale Old Testament Commentaries*, Vol. 6 - Joshua, S. 236.

befahl Mose Josua, und so machte es Josua. Er unterließ nichts von allem, das der Herr dem Mose befohlen hatte. Zu diesem Vers können drei Beobachtungen gemacht werden. Erstens ging die Befehlskette von Gott zu Mose und von Mose zu Josua. Obwohl Josuas Gehorsam wiederholt zu sehen war, bedeutet das nicht, dass jeder Befehl erfüllt wurde, denn das folgende Kapitel wird zeigen, dass vieles unerledigt blieb. Außerdem schlossen die Israeliten entgegen Gottes Gebot in Kapitel 9 einen Bund mit einem kanaanitischen Stamm. Der Punkt ist, dass Josua jedes Gebot des Mose erfüllte, soweit es in seiner Macht lag, und es gab keinen absichtlichen Akt des Ungehorsams, auch nicht, als der Bund mit den Gibeonitern geschlossen wurde.

Die zweite Beobachtung ist, dass der Vers in einer chiastischen Struktur geschrieben wurde:

A. „Wie der HERR seinem Knecht Mose geboten hat, so hat Mose Josua geboten."
  B. „Und so tat Josua."
  B. „Er ließ nichts unerledigt."
A. „Von allem, was der HERR dem Mose geboten hat."

Eine dritte Beobachtung ist, dass Josua alles, was er vollbrachte, als Nachfolger von Mose tat, und so war sein Gehorsam vollständig.

Die Verse 16-17a handeln von der Eroberung einer Liste von geographischen Gebieten: *So nahm Josua dieses ganze Land, das Gebirge, den ganzen Süden, das ganze Land Goschen, die Niederung und die Steppe, das Gebirge Israel und seine Niederung, von dem kahlen Gebirge, das gegen Seïr ansteigt, bis Baal-Gad in der Talebene des Libanon, am Fuße des Berges Hermon.* Die Liste der geographischen Gebiete umfasst acht spezifische Regionen:

1. *Das Gebirge*: also sowohl das Bergland von Ephraim als auch das von Juda;
2. *Den ganzen Süden*: der Negev;
3. *Das ganze Land Goschen*: nicht das Goschen von Ägypten, sondern das im Stammesgebiet von Juda, welches in Josua 15,51 wieder erwähnt wird;
4. *Die Niederung*: die Schefelah;
5. *Die Steppe*: eigentlich die Araba, also das Jordantal vom See Genezareth bis zum Toten Meer;
6. *Das Gebirge Israel*: die Berge von Obergaliläa; *und seine Niederung*: die Hügel von Untergaliläa;
7. *Das kahle Gebirge*: eigentlich Berg Halak, der heute *Jebl Halaq*

genannt wird; *das gegen Seïr ansteigt*: edomitisches Gebiet, südlichster Punkt der Eroberung;
8. *Baal-Gad in der Talebene, am Fuße des Berges Hermon*: markiert den nördlichen Punkt der Eroberung.

Vers 17b erwähnt die Gefangennahme und Hinrichtung der Könige: *Und alle ihre Könige nahm er gefangen, erschlug sie und tötete sie.*

Vers 18 offenbart die Dauer des Eroberungszuges: *Lange Zeit führte Josua mit all diesen Königen Krieg.* Der Feldzug dauerte insgesamt sieben Jahre. Das Buch Josua listet nicht jede Schlacht der Israeliten auf, sondern konzentriert sich auf die wichtigsten Ereignisse.

Einige Rabbiner haben Josua aufgrund dieses Verses kritisiert und behauptet, dass er den Grund nennt, warum Josua nicht bis zum Alter von 120 Jahren gelebt hat:

> Unsere Meister sagten: „Es steht über Josua geschrieben (in Jos 1,5): *Wie ich mit Mose gewesen bin, werde ich mit dir sein.* Mose ist 120 Jahre alt geworden und so hätte Josua ebenso lang leben können wie unser Lehrer. Und warum wurde sein Leben um zehn Jahre verkürzt? Weil zu der Zeit, als der Heilige, gesegnet sei Er, zu Mose (in 4. Mose. 31,2) sagte: *Nimm Rache für die Söhne Israel* […], obwohl (auch) die Ankündigung (seines) Todes angekündigt war, zögerte er die Sache nicht hinaus. Vielmehr zeigte er Eile, (wie es) (in 4. Mose 31,6) heißt: *Und Mose sandte sie.* Aber Josua tat dies nicht. Als er gegen 31 Könige in den Krieg zog, sagte er: ‚Wenn ich sie töte, werde ich sofort sterben, wie es unserem Lehrer Mose widerfuhr.' Was hat er stattdessen getan? Er zögerte den Krieg mit ihnen hinaus, wie es (in Josua 11,18) heißt: *Lange Zeit führte Josua mit all diesen Königen Krieg.* (So) sprach der Heilige, gepriesen sei Er, zu ihm: ‚Das ist es, was du getan hast? Siehe, ich will deine Jahre um zehn Jahre verkürzen.' Salomo sagte (darüber in Sprüche 19,21): *Viele Gedanken sind im Herzen eines Mannes; aber der Ratschluss des Herrn, er kommt zustande.*"[228]

Vers 19 erwähnt sowohl Krieg als auch Frieden: *Es gab keine Stadt, die sich den Söhnen Israel friedlich ergab, außer den Hewitern, die in Gibeon wohnten, alles [andere] nahmen sie im Kampf ein.*

Vers 20 konzentriert sich auf den Plan Gottes: *Denn vom Herrn kam es,*

---

228 *m. Bamidbar Rabbah* 22:6, abgerufen von www.sefaria.org.

dass sie ihr Herz verstockten, [sodass es] zum Krieg mit Israel [kam], damit an ihnen der Bann vollstreckt wurde, ohne dass ihnen Gnade widerfuhr, sondern dass sie vernichtet wurden, wie der Herr dem Mose befohlen hatte. Gott verstockte die Herzen der kanaanitischen Völker, sodass sie gegen Israel in den Krieg zogen. Indem er dies tat, erfüllte er seine göttliche Absicht, die Kanaaniter zu vernichten, wie er es Mose geboten hatte.

Die Verse 21-22 berichten über den Kampf mit den Anakiten, welche in manchen Bibelübersetzungen auch Enakiter genannt werden. Vers 21 handelt von ihrer Vernichtung: *Zu jener Zeit kam Josua und rottete die Enakiter aus von dem Gebirge, von Hebron, von Debir, von Anab und von dem ganzen Gebirge Juda und von dem ganzen Gebirge Israel: Mitsamt ihren Städten vollstreckte Josua an ihnen den Bann.* Die Anakiter hatten 40 Jahre zuvor die zehn israelitischen Kundschafter erschreckt (4Mo 13,22.28.31.33; 5Mos. 9,2). Josua aber ließ sich von ihrer Körpergröße nicht einschüchtern und hatte kein Problem damit, diesen Volksstamm auszulöschen. Sein Handeln erfüllte eine Verheißung, die Gott Israel in 5. Mose 9,1-3 gegeben hatte, nämlich, dass er die Anakiten vernichten werde.

Vers 22 teilt das Gebiet der Anakiter in drei Teile auf: *Es blieben keine Enakiter im Land der Söhne Israel übrig. Nur in Gaza, in Gat und in Aschdod blieben sie übrig.* In dem Gebiet, das tatsächlich von Israel erobert wurde, wurden alle anakitischen Bewohner vernichtet. Daher spielten sie in der späteren biblischen Geschichte keine Rolle mehr. Allerdings nahm Josua Gaza, Gat und Aschdod nicht ein, und die Anakiter blieben in diesen Gebieten. Später wurden diese zu philistäischen Städten.

Zwei Beobachtungen sollten hier gemacht werden:

1. Während das Buch Josua die Anakiter erwähnt, spricht es nirgendwo über die Nephilim.
2. Dies beweist, dass die zehn Kundschafter gelogen haben, als sie behaupteten, im verheißenen Land Nephilim gesehen zu haben. Diese Kreaturen haben die Sintflut von 1. Mose 6-9 nicht überlebt.

In Vers 23 schließt der Schreiber den Bericht über die Eroberung mit einer zusammenfassenden Aussage ab: *Und so nahm Josua das ganze Land [ein], ganz wie der Herr zu Mose geredet hatte. Und Josua gab es Israel zum Erbteil, nach ihren Abteilungen, entsprechend ihren Stämmen. Und das Land hatte Ruhe vom Krieg.* Dieser Vers ist als eine allgemeine Aussage zu verstehen, nicht als eine absolute Tatsache. Was auf die Eroberung des Landes folgt und in Passagen wie Josua 13 und Richter 1 beschrieben wird, zeigt, dass es Ausnahmen gab. Tatsächlich musste sogar ein relativ großer Teil des Landes noch erobert werden. Sogar innerhalb des eroberten Gebiets gab es noch Gegenden, die von den Kanaanitern kontrolliert wurden, wie etwa Jerusalem und Gezer.

Während Vertreter der Ersatztheologie diese Tatsache nicht anerkennen, hat die rabbinische Theologie die biblische Aussage klar erkannt. Der Soncino-Kommentar zum Beispiel stellt fest: „*das ganze Land*, d.h. das Land als Ganzes, obwohl viele Gebiete in kanaanitischer Hand blieben."[229] Der Mesorah-Kommentar fügt hinzu: „Obwohl viele Teile des Landes noch nicht erobert waren, erklärt *Meam Loez*, dass die oben genannten Könige die wichtigsten waren; deshalb war es so, als ob Josua das ganze Land erobert hätte."[230] Tatsächlich wird die vollständige Erfüllung der Verheißungen des abrahamitischen Bundes in Bezug auf das Land erst im messianischen Königreich eintreten.

Der Vers bekräftigt, dass Josua das Land auf göttlicher Grundlage erobert hat. Er endet mit einer weiteren zusammenfassenden Aussage, die besagt, dass Josua das Land als Erbteil an Israel weitergab. Dies ist das erste Mal, dass das hebräische Wort *nachalah*, welches „Erbe" bedeutet, im Buch Josua verwendet wird. Der Begriff wird noch 50-mal in insgesamt 43 Versen erscheinen. Das Land ist ein Erbe, weil es Israel von Gott gegeben wurde. Es ist ein göttliches Geschenk. Josua sollte jedem Stamm einen bestimmten Teil des Landes zum Besitz geben, und die Aussage fasst zusammen, was bald folgen wird. Das Ergebnis war, dass das Land Ruhe vor Krieg hatte. Diese Aussage wird in Josua 14,15 wiederholt. Obwohl also ein Großteil des Landes noch nicht eingenommen war, würde es keinen allumfassenden Krieg mehr geben. Von nun an würden lediglich Stammeskämpfe ausgefochten werden.

Bevor wir dieses Kapitel verlassen, können drei Beobachtungen gemacht werden. Erstens gibt es grundlegende Prinzipien bezüglich heiliger Kriege im Buch Josua: Der Urheber der Eroberungszüge war Gott selbst. Ausgeführt wurden sie von Israel, und das Ergebnis der Kriege war Ruhe. Zweitens ist zu Josuas militärischer Strategie anzumerken, dass alle seine Schlachten offensiv waren. Er wartete nicht darauf, dass der Feind zu ihm kam. Oft nutzte er das Element der Überraschung. Er schickte seine Soldaten, um den Feind auf der Flucht zu bedrängen, damit er sich nicht neu gruppieren oder in seine Städte entkommen konnte. Drittens kann man in Bezug auf Josuas geistliche Führung sagen, dass er zu dem Versprechen stand, das

229 Cohen, „Joshua and Judges", *Soncino Books of the Bible*, S. 68.
230 Drucker, *Yehoshua*, S.274.

Rahab gegeben wurde, obwohl er keine Rolle bei dessen Zustandekommen hatte. Außerdem hielt er sein Wort gegenüber den Gibeonitern, obwohl sie es durch Täuschung erhalten hatten. Schließlich nutzte er seine Position nicht zum persönlichen Vorteil. Das ist das Kennzeichen von guter geistlicher Leitung.

J. Die Liste der besiegten Könige (12,1-24)

Kapitel 12 setzt den im vorigen Kapitel begonnenen Rückblick und die Zusammenfassung des Umfangs von Israels Siegen im Land Kanaan fort, indem es eine detaillierte Liste der besiegten Könige liefert.

1. Die Eroberung des Ostufers des Jordan (12,1-6)

Die Verse 1-6 fassen die Eroberung der Gebiete in Transjordanien, also auf der Ostseite des Jordan durch Mose zusammen. Vers 1 beschreibt diese Region: *Dies sind die Könige des Landes, die die Söhne Israel schlugen und deren Land sie in Besitz nahmen jenseits des Jordan, gegen Sonnenaufgang, vom Fluss Arnon bis zum Berg Hermon, und die ganze Steppe nach Osten zu.* Wie in den folgenden Versen gibt es mehrere geographische Begriffe, die einer Erklärung bedürfen. Die Formulierung „jenseits des Jordan, gegen Sonnenaufgang" bezieht sich auf das Ostufer des Jordan. Der Arnon war die südliche Grenze dieses transjordanischen Gebiets und der Berg Hermon seine nördliche Grenze. Den Rabbinern zufolge war der Hermon unter drei weiteren Namen bekannt. Die Sidonier nannten ihn *Sirjon*, was „Brustschild" bedeutet (5Mo 3,9; Ps 29,6). Die Amoriter nannten ihn *Senir* (5Mo 3,9; vgl. Hes. 27,5). Zu seinem dritten Namen bemerkt der Soncino-Kommentar: „Der Berg war auch als *Sion* bekannt (was vielleicht ‚erhöht' bedeutet; 5Mo iv. 48), da er über 2700 Meter hoch ist."[231] Die westliche Grenze des Gebietes war die Araba, durch die der Jordan fließt. Der Fluss trennte Transjordanien von Cisjordanien. Der Hintergrund zu dem, was in Vers 1 beschrieben wird, ist in 4. Mose 21,21-35 und 5. Mose 2,16-3,11 zu finden.

Nachdem das Gebiet beschrieben wurde, listen die Verse 2-3 nun die Könige auf. Der erste König, der erwähnt wird, ist Sihon. Zu seiner Herrschaft heißt es in Vers 2: *Sihon, der König der Amoriter, der in Heschbon wohnte, er herrschte [über das Gebiet] von Aroër an, das am Ufer des Flusses Arnon [liegt], und zwar von der Mitte des Flusstales an, und über das halbe*

---

231 Cohen, „Joshua and Judges", *Soncino Books of the Bible*, S. 69.

Gilead bis an den Fluss Jabbok, die Grenze der Söhne Ammon. Sihon herrschte über die Amoriter, und die Hauptstadt seines Gebietes war Heschbon. Die Grenze seines Königreichs verlief von der Stadt Aroër im Süden bis zum Fluss Jabbok, welcher seine Nordgrenze darstellte. Dieses Gebiet umfasste die Hälfte von Gilead.

Vers 3 liefert weitere Einzelheiten bezüglich der Grenzen von Sihons Königreich: *und über die Steppe bis an den See Kinneret im Osten, und bis ans Meer der Steppe, das Salzmeer, im Osten, nach Bet-Jeschimot hin und im Süden an den Fuß der Abhänge des Pisga.* In Bezug auf den See Kinneret, also dem See Genezareth, stellt der Soncino Kommentar fest:

> *Der See Kinneret.* Der zweite See, in den der Jordan im Norden mündet, wonach er seinen Lauf fortsetzt, bis er schließlich das Tote Meer erreicht. Dieser See ist auch als das Meer von Gennasereth und das Meer von Tiberias bekannt und ist etwa 22 km lang und 10 km breit. Das Gebiet war von großer Schönheit und Fruchtbarkeit, und sein Obst war berühmt.

Der See Genezareth markierte Teile der westlichen Grenze Transjordaniens sowie die Westgrenze von Ogs Königreich. Bet-Jeschimot lag nordöstlich des Toten Meeres (in diesem Vers „Salzmeer" genannt). Pisga lag genau östlich des nördlichen Endes des Toten Meeres. Der Jordan fließt vom See Genezareth zum Toten Meer.

Der zweite König wird in den Versen 4-5 erwähnt. Vers 4 verrät seinen Namen: *Und das Gebiet des Königs Og von Baschan, von dem Rest der Refaïter, der in Aschtarot und in Edreï wohnte.* In 1. Mose 14,4-7 brach ein Krieg zwischen mehreren Königen aus, die Tributpflichtige und Vasallen von Kedor-Laomer, dem König von Elam, waren.[232] Unter den Aufständischen waren auch die Refaïter. Der Begriff „Rest" verrät nun, dass die Vorfahren von Og die Schlacht überlebten, während die Mehrheit der Refaïter von Kedor-Laomer getötet worden waren. Nach 5. Mose 2,20 nannten die Ammoniter diese Nachkommen der Refaïter Samsummiter, ein Wort, welches „Flüsterer" oder „Murrer" bedeutet. 5. Mose 2,21 offenbart, dass die Refaïter so groß waren wie die Anakiter. Daher bezieht sich die Bezeichnung „Samsummiter" auf die Ehrfurcht, die dieses Volk durch sein Aussehen hervorrief. König Og regierte von zwei Hauptstädten aus: Aschtarot und Edreï.

232 Elam entspricht den heutigen Provinzen Ilam und Chuzestan im südlichen Iran. Es umfasste auch einen Teil des heutigen Südiraks. Historische Aufzeichnungen beweisen, dass die Zivilisation von Elam um 3.200 v.Chr. begann und sich über Tausende von Jahren erstreckte.

Nach Vers 5 umfasste sein Gebiet folgende geographische Punkte: *Und er herrschte über das Hermongebirge, über Salcha und über ganz Baschan bis an die Grenze der Geschuriter und der Maachatiter und [über] halb Gilead [bis an] die Grenze Sihons, des Königs von Heschbon.* Die nördliche Grenze von Ogs Königreich umfasste den Hermon, die Stadt Salcha und die Region von Baschan. Die westliche Grenze wurde durch die Gebiete der Geschuriter und der Maachatiter markiert, was in etwa den Golanhöhen entspricht. So herrschte Og über die nördliche Hälfte von Gilead, und im Süden grenzte sein Königreich an das von Sihon.

Vers 6 zeigt die Aufteilung des Gebietes unter Mose: *Mose, der Knecht des Herrn, und die Söhne Israel schlugen sie. Und Mose, der Knecht des Herrn, gab es als Besitz den Rubenitern, den Gaditern und dem halben Stamm Manasse.* Nach der Eroberung des Transjordanlandes hatte Mose das Land unter diesen Stämmen aufgeteilt (5Mo 3,12-17).

2. Die Eroberung des Westufers des Jordan (12,7-24)

Die Verse 7-23 beschreiben die Eroberung des cisjordanischen Gebietes unter Josua. Der Abschnitt beginnt in den Versen 7-8 mit einer zusammenfassenden Aussage, gefolgt von einer Liste der besiegten Könige in den Versen 9-24.

Vers 7 leitet den Abschnitt ein, indem er das Gebiet beschreibt: *Dies sind die Könige des Landes, die Josua und die Söhne Israel schlugen diesseits des Jordan, im Westen, von Baal-Gad an in der Talebene des Libanon bis an das kahle Gebirge, das nach Seïr hin ansteigt. – Und Josua gab es den Stämmen Israels zum Besitz nach ihren Abteilungen.* Im Norden reichte das cisjordanische Gebiet bis Baal-Gad, einem Ort in der Nähe des Berges Hermon im Libanon-Tal. Im Süden reichte es bis zum kahlen Gebirge, also dem Berg Halak südlich des Toten Meeres, der sich in Richtung Seïr erhebt. Josua verteilte das Land an die diversen Stämme Israels.

Vers 8 gibt zusätzliche Informationen bezüglich der Geografie: *im Gebirge, in der Niederung, in der Steppe, an den Abhängen, in der Wüste und im Süden – die Hetiter, die Amoriter, die Kanaaniter, die Perisiter, die Hewiter und die Jebusiter.* Das Gebirge, welches in diesem Vers erwähnt wird, umfasst sowohl das Bergland von Ephraim als auch das von Juda. Die Niederung ist die Schefelah. Der Begriff „Wüste" bezieht sich auf die Wüste von Juda, und der Süden ist der Negev.

Die Verse 9-24a listen die Könige auf. Die folgende Tabelle enthält diese Liste sowie ggf. einige Zusatzbemerkungen zu den einzelnen Namen.

Liste der 31 Könige (Jos 12,9-24a)			
Vers	König	Biblischer Kommentar	Zusätzliche Kommentare
9	Der König von Jericho	einer	
9	Der König von Ai	das neben Bethel liegt	
10	Der König von Jerusalem	einer	Die Stadt selbst wurde bis zur Zeit Davids nicht eingenommen.
10	Der König von Hebron	einer	
11	Der König von Jarmut	einer	
11	Der König von Lachisch	einer	
12	Der König von Eglon	einer	
12	Der König von Geser	einer	Die Stadt selbst wurde erst in den Tagen Salomos eingenommen.
13	Der König von Debir	einer	
13	Der König von Geder	einer	
14	Der König von Horma	einer	
14	Der König von Arad	einer	
15	Der König von Libna	einer	
15	Der König von Adullam	einer	
16	Der König von Makkeda	einer	
16	Der König von Bethel	einer	Dies zeigt, dass die Armee von Bethel, als sie Ai zu Hilfe kam, zusammen mit ihrem König besiegt wurde.
17	Der König von Tappuach	einer	
17	Der König von Hefer	einer	
18	Der König von Afek	einer	

18	Der König von Scharon	einer	
19	Der König von Madon	einer	
19	Der König von Hazor	einer	
20	Der König von Schimron-Meron	einer	
20	Der König von Achschaf	einer	
21	Der König von Taanach	einer	
21	Der König von Megiddo	einer	
22	Der König von Kedesch	einer	
22	Der König von Jokneam am Karmel	einer	
23	Der König von Dor	im Hügelland von Dor: einer	
23	Der König von Goijm zu Gilgal	einer	
24	Der König von Tirza	einer	

Die meisten dieser Städte werden in den historischen Abschnitten, welche im Buch Josua über die Details der Eroberung sprechen, nicht erwähnt, was wiederum zeigt, dass nur Höhepunkte der Schlachten und Ereignisse aufgezeichnet wurden. Zu diesen Höhepunkten gehören der Kampf um Jericho, die Schlacht von Ai, der zentrale Feldzug, der südliche Feldzug und der nördliche Feldzug. Diese Kriege allein hätten keine sieben Jahre gedauert, aber es dauerte sieben Jahre, um alle in diesen Versen aufgelisteten Könige zu besiegen.

Vers 24b schließt den Bericht über die Eroberung ab, indem es zusammenfasst: *Alle Könige [zusammen] waren 31.* Insgesamt wurden 31 Personen aufgezählt, aber das sind nur die cisjordanischen Könige. Wenn man die transjordanischen Könige Sihon und Og hinzufügt, ist die Gesamtzahl 33.

4. Kapitel

Die Besiedlung des Landes (Jos 13,1-21,45)

Dieser Abschnitt zeugt von der Verheißung Gottes, dass jeder Stamm sein eigenes Gebiet im verheißenen Land erhalten sollte. Wie sich zeigen wird, gab es innerhalb der diversen Stammesgebiete Bereiche des kanaanitischen Widerstands. Diese bilden den Hintergrund für die Kämpfe im Buch der Richter. Sie zeigen, dass Israel nie das ganze verheißene Land eingenommen hat.

Der Erzählung der Kapitel 13-21 lässt sich wie folgt einteilen:

1. Einführung (13,1-7)
2. Die transjordanischen Stämme (13,8-33)
3. Die cisjordanischen Stämme (14-19)
4. Die Zufluchtsstädten (20)
5. Die levitischen Städte (21)

A. Das unbesiegte Gebiet (13,1-7)

Vers 1a umrahmt mit den folgenden Worten die Umstände dieses nächsten Abschnitts im Buch Josua: *Als [nun] Josua alt und hochbetagt war*. Es war einige Zeit vergangen, und Josua war alt geworden. Man vermutet, dass er zu dieser Zeit zwischen 80 und 85 Jahren alt war. Da erhielt er eine Botschaft, die in den Versen 1b-7 beschrieben wird. Die Botschaft kam von Gott: *da sprach der Herr zu ihm: Du bist alt geworden und bist hochbetagt, und sehr viel Land ist [noch] übrig, das in Besitz genommen werden muss* (Vers 1b). Gott stellte zwei grundlegende Tatsachen fest. Erstens sprach er Josuas fortgeschrittenes Alter an, und zweitens erwähnte er, dass es auch nach sieben Jahren der Feldzüge noch sehr große Gebiete gab, die eingenommen werden mussten. Josuas Alter deutet darauf hin, dass er nicht mehr in der Lage sein würde, die Eroberung zu vollenden, und von diesem Zeitpunkt an würden die einzelnen Stämme dies selbst tun müssen.

Ein rabbinischer Kommentar erkennt diese Tatsache an, indem er fragt: „Josua hat nicht das ganze Land *Eretz Israel* erobert. Aber was sind die Grenzen des Landes und was genau hatte Josua unbesiegt gelassen?“[233] Als Antwort auf diese Frage zitieren die Rabbiner 1. Mose 15,18: *An jenem Tag schloss der Herr einen Bund mit Abram und sprach: Deinen Nachkommen habe ich dieses Land gegeben, vom Strom Ägyptens an bis zum großen Strom, dem Euphratstrom*. Der Strom Ägyptens heißt auch Wadi El Arisch.

2. Mose 23,31 definiert die Grenzen weiter: *Und ich werde deine Grenze festsetzen: [Sie soll reichen] vom Schilfmeer bis an das Meer der Philister und von der Wüste bis an den Strom, denn ich werde die Bewohner des Landes in deine Hand geben, sodass du sie vor dir vertreiben wirst*. Das Schilfmeer ist das Rote Meer im Süden. Das Meer der Philister ist das Mittelmeer. Die Wüste liegt im Osten, und der Strom ist der Euphrat.

Zu dieser Region wird in 5. Mose 11,24 hinzugefügt: *Jeder Ort, auf den eure Fußsohle treten wird, wird euch gehören: von der Wüste und dem Libanon und vom Strom, dem Strom Euphrat an, bis an das westliche Meer wird euer Gebiet sein*. Erneut bezieht sich der Begriff „Wüste“ auf die Wüste im Osten. Das westliche Meer ist das Mittelmeer. In Josua 1,4 wird wiederholt, dass der Libanon dem israelitischen Gebiet hinzugefügt wird.

Aus diesen Passagen schlossen die Rabbiner:

> Wie es in der *Tosefta* gelehrt wird (*Terumot* 2,12): Was ist Eretz Israel und was ist außerhalb von Eretz Israel? Jeder Hang, der in einem Winkel von Turei Amnon in Syrien und nach innen zu Eretz Israel hin abfällt, ist Teil von Eretz Israel. Von Turei Amnon und nach außen, in Richtung Norden, wird als außerhalb von Eretz Israel betrachtet. In Bezug auf die Inseln [*nissin*], die im Meer sind, betrachtet man sie, als ob eine Schnur über sie gespannt wäre, von Turei Amnon im Norden bis zum Fluss Ägyptens, Wadi El-Arisch, im Süden. Von der Schnur aus und nach innen, d.h. nach Osten, ist Eretz Israel; von der Schnur aus und nach außen, d.h. nach Westen, wird als außerhalb von Eretz Israel betrachtet. Dies ist die Meinung der Rabbiner.

233 Drucker, *Yehoshua*, S. 287.

Rabbi Jehuda sagt: Jeder Ort, der direkt gegenüber von Eretz Israel liegt, einschließlich des Meeres selbst, wird als Teil von Eretz Israel betrachtet, wie es heißt: „Und die Westgrenze: Sie soll für euch das große Meer und das Küstengebiet sein; das soll für euch die Westgrenze sein" (4Mo 34,6). Nach dieser Meinung wird das gesamte Gebiet direkt gegenüber von Eretz Israel als Teil des Landes betrachtet.

Und in Bezug auf die Inseln, die an den Seiten liegen, die weder im Norden noch im Süden genau aufgereiht sind, betrachtet man sie, als ob eine Schnur über sie gespannt wäre, im Norden von Kefalorja, westlich von Turei Amnon, bis zum Atlantischen Ozean, und im Süden vom Fluss Ägyptens westwärts bis zum Atlantischen Ozean. Die Inseln, die von der Schnur aus und nach innen liegen, sind Teil von Eretz Israel, während die von der Schnur aus und nach außen außerhalb von Eretz Israel liegen.[234]

In Kommentaren zu dieser talmudischen Passage bemerkten Rabbiner wie Rambam, dass die nordöstliche Grenze Israels der Euphrat sein sollte. Andere fügten diese Beobachtung hinzu:

Überraschenderweise wird jedoch, wenn die Schrift die Grenzen des Landes in *4. Mose* 34,2ff. konkret beschreibt, der Fluss Euphrat nicht erwähnt. Tatsächlich ist laut *T'vuos HaAretz* der am weitesten nördlich gelegene Punkt Tzedad – etwa 188 km südlich des Euphrats […]

Im Norden konnte Josua nicht einmal das Land erobern, das sich bis zu der in *4. Mose* 34 erwähnten Nordgrenze erstreckte. Seine Eroberungen gingen nur bis nach Ba'al Gad […] und Tzidor Rabba (19,28). Das Land nördlich dieser Städte bis Har HaHar blieb unbesiegt.

Unterstützung für diese Behauptung kann in Kapitel 12 gefunden werden, wo die 31 Könige aufgezählt werden, die Josua besiegt hat. Kein Königreich nördlich von Kedesch und Chatzor ist aufgeführt. Außerdem, als König David Joab aussandte, um das Volk zu zählen, reiste er nur bis nach Dan und Sidon (*2. Samuel* 24,6), was ebenfalls darauf hindeutet, dass die Juden das Land noch nicht bis zu der in *4. Mose* 34 beschriebenen nördlichen Grenze besiedelt hatten.

Laut *T'vuos HaAretz* verteilte Josua nichts von dem Land nördlich von Sidon Rabba und Ba'al Gad, da er dieses Gebiet nicht erobert hatte. So finden wir, dass alle Städte, die in den Gebieten von Naftali

234 *bT. Gittin* 8a.

und Ascher erwähnt werden, sich nicht weiter nördlich als diese beiden Städte erstreckten.[235]

Die Verse 2-6a listen die noch nicht eingenommenen Gebiete des verheißenen Landes auf, beginnend in Vers 2 mit einer Region im Süden: *Dies ist das Land, das [noch] übrig ist: alle Bezirke der Philister und ganz Geschur.*

Es folgen in Vers 3 die Grenzen des südlichen Gebietes, auch Ebene der Philister genannt: *vom Schihor an, der vor Ägypten [fließt], bis zur Grenze von Ekron im Norden – es wird zum Gebiet der Kanaaniter gerechnet –, die fünf Fürsten der Philister: der Gaziter, der Aschdoditer, der Aschkeloniter, der Gatiter, der Ekroniter und die Awiter.* Die südliche Grenze dieser Ebene verlief entlang des Flusses Schihor im Osten von Ägypten. Die nördliche Grenze war das Gebiet von Ekron. Die Region galt als kanaanitisch und wurde nicht den Ägyptern zugerechnet. Der Text erwähnt die Anführer der Philister, und zum ersten Mal werden sie im hebräischen Text als *Seren* bezeichnet. Dies ist die Wiedergabe des griechischen Wortes *tyrannos*,[236] welches die ägäisch-griechischen Ursprünge der Philister zeigt. Ihre Städte waren Gaza, Aschdod, Aschkelon, Gat und Ekron. Der letzte Begriff, der in diesem Vers erwähnt wird, ist „Awiter", oder in Hebräisch *Avvim*. Die Avvim waren die ursprünglichen Kanaaniter, die in der Ebene der Philister lebten, bevor sie von diesen enteignet wurden (2. Mose 2,23).[237] Nach Vers 4a lebten die Avvim *im Süden*.[238]

Die Verse 4b-6a beschreiben das unbesiegte Gebiet entlang der Küstenebene und nördlich von Baal Gad, beginnend in Vers 4b mit dem nordwestlichen Abschnitt: *im Süden das ganze Land der Kanaaniter und Meara, das den Sidoniern gehört, bis Afek, bis an die Grenze der Amoriter.* Der Begriff „Land der Kanaaniter" bezieht sich auf den Westen dieser Region. Meara war eine Höhlenregion im Libanon und gehörte zur phönizischen Ebene. Im Osten lag Afek. Die Formulierung „Grenze der Amoriter" bezieht sich auf das Gebiet der Golanhöhen.

---

235 Drucker, *Yehoshua*, S. 288.

236 Siehe: Hess, *Tyndale Old Testament Commentaries, Vol. 6 – Joshua*, S. 255.

237 In 5. Mose 2,23 wird erwähnt, dass die *Caphtorim* die Avvim zerstörten. Laut der *Encyclopedia Judaica* war Caphtor ein Ort, der entweder im Gebiet des Ägäischen Meeres oder an der Südküste Kleinasiens lag. Nach Amos 9,7; Jeremia 47,4 und möglicherweise 1. Mose 10,14 kamen die Philister aus Caphtor. Für zusätzliche Informationen, siehe: Isidore Singer, ed. Eintrag für ‚Caphtor'. *The Jewish Encyclopedia*. https://www.studylight. org/encyclopedias/tje/c/caphtor.html. 1901.

238 Genau wie im masoretischen Text hat die Elberfelder Bibel den Ausdruck „im Süden" an den Anfang von Vers 4 angefügt. Der Ausdruck passt jedoch besser zu Vers 3, da er die Avvim beschreibt, die im Süden lebten.

Vers 5 fügt das folgende Gebiet hinzu: *und das Land der Gebaliter und der ganze Libanon gegen Sonnenaufgang, von Baal-Gad, am Fuß des Hermongebirges, bis man nach Hamat kommt.* Die Formulierung „Land der Gebaliter" bezieht sich auf das heutige Byblos im Libanon. Der Rest des Verses beschreibt den Nordosten von Baal-Gad unterhalb des Berges Hermon bis nach Lebo-Hamat. Die Beschreibung des nordwestlichen Teils des noch zu erobernden Gebietes schließt in Vers 6a mit der Erwähnung: *alle Bewohner des Gebirges, vom Libanon an bis Misrefot-Majim, alle Sidonier.*

Die Verse 6b-7 berichten über die Aufteilung Cisjordaniens. Die göttliche Verheißung wird in Vers 6b gegeben: *Ich selbst werde sie vor den Söhnen Israel vertreiben. Nur verlose [das Land] für Israel als Erbteil, wie ich dir befohlen habe!* Im hebräischen Text wird durch die Satzstellung das Personalpronomen „ich" hervorgehoben. Josua konnte das Land unter den Stämmen aufteilen, weil das Versprechen Gottes es garantierte. Auf Gottes Verheißung folgt sein eigentlicher Befehl, Israel das Land als Erbe zuzuteilen. In Vers 7 werden die Empfänger dieses Erbes genannt: *Und nun verteile dieses Land als Erbteil unter die neun Stämme und den halben Stamm Manasse!* Bezüglich der Verteilung des Landes macht der Soncino-Kommentar die folgende Beobachtung:

> *Verlose dieses Land.* Die psychologische Gefahr, auf unbestimmte Zeit ohne greifbare Früchte der Eroberung zu kämpfen, war offensichtlich. Den Stämmen musste ein Gefühl des Besitzes vermittelt werden. Daher war die Verteilung des Landes ohne Verzögerung zwingend notwendig. Andererseits würde die Landverteilung dazu führen, dass die nationalen Bindungen gelockert würden; die Stämme würden mehr und mehr an ihre eigenen Gebiete und immer weniger an die nationale Ebene denken. Solange Josua lebte, wurde diese Tendenz unterdrückt; aber mit seinem Tod manifestierte sie sich deutlich, wie aus dem Buch der Richter ersichtlich ist.
>
> [Der Ausdruck] *dieses Land* [bezieht sich auf das] [...] Land Kanaan (Cisjordanien), ob erobert oder nicht. In Bezug auf das nicht eroberte Land würde die Verteilung das Volk zu noch größeren Anstrengungen anspornen.[239]

Zu Josua 13 und den folgenden Kapiteln können vier Beobachtungen gemacht werden. Die erste Beobachtung ist, dass nun die eigentliche Inbesitznahme des verheißenen Landes beginnt. Wie wir sehen werden, gab es fünf Arten, wie diese Besitznahme erfolgte:

239 Cohen, „Joshua and Judges", *Soncino Books of the Bible*, S. 73.

1. Durch Eroberung: Die Israeliten mussten noch um Teile des Landes kämpfen.
2. Durch Vorsehung: Es wurde das Los geworfen.
3. Auf Wunsch: Kaleb und Otniël mussten den Anteil, den sie erhielten, einfordern.
4. Nach Fähigkeit: Die Stämme mussten in der Lage sein, das Land, welches ihnen zugewiesen wurde, auch gegen ihre Feinde verteidigen zu können. Einige hatten zu wenig Land; andere, wie der Stamm Dan, hatten zu viel. Wenn sie das Land nicht halten konnten, mussten sie es verlassen und an einen anderen Ort ziehen.
5. Durch Glauben: Kalebs Glaube an Gottes Verheißungen trug ihn 45 Jahre lang. Dies wird in Josua 14,6-15 erklärt.

Die zweite Beobachtung ist, dass die Verpflichtung, das Land in Besitz zu nehmen, manchmal scheiterte. Zum Beispiel gelang es Juda in Josua 15,63 nicht, die Jebusiter zu vertreiben. Josua 16,10 zeigt, dass die Ephraimiten aufgrund eines Kompromisses das Land nicht in Besitz nehmen konnten. Schließlich musste Josua in 18,3 die Israeliten wegen ihrer Nachlässigkeit bei der Erfüllung ihrer Pflichten zurechtweisen. Unfähigkeit, Kompromisse und Nachlässigkeit verhinderten also zuweilen die Inbesitznahme des Landes.

Die dritte Beobachtung betrifft die Stammeszuteilungen. Nicht jeder Stamm erhielt sein Gebiet auf die gleiche Weise. 15 Punkte können hier angeführt werden:

1. Die Stämme eroberten oder besetzten nicht alle Städte, die in Kapitel 13-19 aufgeführt sind. Obwohl ihnen diese Städte zugeteilt wurden, gelang es ihnen zum Teil nicht, sie zu erobern.
2. Die Stämme wurden auch nicht in allen ihren Gebieten sesshaft. Stattdessen bewohnten die Kanaaniter weiterhin viele der Regionen.
3. Einige der Städte wurden erst viele Jahrhunderte später, etwa in der Zeit Davids oder Salomos, von Israel bewohnt.
4. Einige dieser Städte, wie die im Gebiet des Libanon, wurden nie von Israel bewohnt.
5. Juda und die beiden Stämme Josefs bekamen den größten Teil des Landes. Dies erfüllte den Segen Jakobs aus 1. Mose 49.
6. Für Juda und Benjamin gibt es sowohl eine detaillierte Auflistung ihrer Städte als auch eine genaue Beschreibung der Grenzen ihrer Gebiete.
7. Für Ephraim werden die Südgrenze sowie die Grenze zwischen seinem Gebiet und dem von Manasse detailliert angegeben.

8. Die Nordgrenze von Manasse wird nur allgemein beschrieben.
9. Weder für den Stamm Ephraim noch für den Stamm Manasse gibt es eine Liste von Städten.
10. Für Simeon gibt es nur eine Auflistung der Städte, aber es werden keine Grenzen genannt.
11. Für Dan gibt es nur eine Liste von Städten.
12. Es gibt keine Beschreibung des nördlichen Gebietes von Dan.
13. In Bezug auf die galiläischen Stämme findet sich eine Mischung aus aufgelisteten Grenzen und Städten.
14. Die Beschreibung des Gebietes von Ruben und Gad enthält ebenfalls eine Liste von Grenzen und Städten, aber die Grenzen sind nicht im Detail angegeben.
15. Das Gebiet des halben Stammes von Manasse wird nur sehr allgemein beschrieben.

Diese 15 Punkte führen aus, was in Josua 11,23 angedeutet wurde. Dieser Punkt ist wichtig, weil Ersatztheologen diesen Vers oft benutzen, um zu lehren, dass alle Landverheißungen in den Tagen Josuas erfüllt wurden. Doch während Josua 11,23 aussagt, dass das ganze Land an Israel gegeben wurde, geschah dies mit den im 13. Kapitel von Josua aufgelisteten Ausnahmen. Tatsache ist also, dass Israel nie das ganze verheißene Land besessen hat, weder unter Josua noch unter David und Salomo. Erst im messianischen Königreich wird das Volk der Juden das gesamte verheißene Land besitzen.

Die vierte Beobachtung betrifft die Philister. Im Buch Josua wird kein Konflikt mit dieser Volksgruppe erwähnt. Diese Tatsache unterstützt die Theorie, dass das Buch um 1.400 v.Chr. geschrieben worden sein muss. Wäre es zweihundert Jahre später entstanden, hätte es keinen Weg gegeben, die Philister unterwähnt zu lassen. Josua hätte ihnen bei seinen Eroberungszügen nicht ausweichen können, da sie zu diesem Zeitpunkt bereits eine Großmacht in der südlichen Küstenebene waren. Doch die Philister spielen erst im Buch der Richter eine wichtigere Rolle.

B. Die Verteilung des transjordanischen Gebietes (13,8-33)

Während im ersten Teil von Kapitel 13 (Verse 1-7) das Gebiet westlich des Jordan behandelt wurde, welches noch erobert werden musste, geht es im zweiten Teil (Verse 8-33) um die Gebiete in Transjordanien, die Mose vor seinem Tod aufgeteilt hatte.

1. Das Gebiet östlich des Jordan (13,8-14)

Die Verse 8-12 beschreiben das Gebiet östlich des Jordan, wobei in Vers 8 das Erbe der transjordanischen Stämme besprochen wird: *Mit ihm haben die Rubeniter und die Gaditer ihr Erbteil empfangen, das Mose ihnen gegeben hat jenseits des Jordan im Osten, wie Mose, der Knecht des Herrn, es ihnen gab.* Die Formulierung „mit ihm" bezieht sich auf den Halbstamm Manasse.

Die Verse 9-12 beschreiben Transjordanien, wobei die Verse 9-10 zuerst das Königreich Sihons erwähnen: *von Aroër an, das am Ufer des Flusses Arnon [liegt], und von der Stadt, die mitten im Flusstal [liegt], und die ganze Ebene [von] Medeba bis Dibon und alle Städte Sihons, des Königs der Amoriter, der König zu Heschbon war, bis zur Grenze der Söhne Ammon.* Das Königreich Sihons umfasste den südlichen Teil Transjordaniens. Die Verse 11-12a beschreiben dann das Königreich von Og, welches im Norden des Gebietes lag: *und Gilead und das Gebiet der Geschuriter und der Maachatiter und das ganze Hermongebirge und ganz Baschan bis nach Salcha, das ganze Reich des Og in Baschan, der König zu Aschtarot und zu Edreï war. Er war von dem Rest der Refaïter übrig geblieben.* Diese Königreiche von Sihon und Og umfassten das, was auf der ersten Karte im Anhang Ammon, Gilead und Baschan genannt wird.

Vers 12b liefert die Grundlage für die Eroberung dieses Gebietes: *Mose aber hatte sie geschlagen und vertrieben.*

Vers 13 weist auf das Versagen der Israeliten hin: *Aber die Söhne Israel vertrieben die Geschuriter und die Maachatiter nicht. Und so blieben Geschur und Maacha mitten in Israel wohnen bis zum heutigen Tag.*

In Vers 14 wird die Situation des Stammes Levi besprochen: *Nur dem Stamm Levi gab er kein Erbteil. Die Feueropfer des Herrn, des Gottes Israels, das ist sein Erbteil, wie er ihm gesagt hatte.* Die Tatsache, dass Levi kein Land erhielt, wird in Josua 13,33; 14,3-4 und 18,7 wiederholt. Der Vers stellt jedoch fest, dass Levi ein priesterliches Erbteil erhielt. Die Formulierung „wie er ihm gesagt hatte" bezieht sich auf das Gesetz des Mose.

2. Der Stamm Ruben (13,15-23)

Die Verse 15-23 befassen sich mit dem Gebiet, welches dem Stamm Ruben zugeteilt wurde. Zusätzlich zu den Orten, die in den vorherigen Versen genannt wurden, werden neue Orte und insbesondere die Namen von Städten aufgelistet. Vers 15 stellt den Stamm vor: *Und Mose gab dem Stamm der Söhne Ruben [seinen Anteil] nach ihren Sippen.* Bis zu diesem Punkt in der Erzählung des Buches Josua wurde die Zuteilung des transjordanischen Gebietes nur allgemein erwähnt. Nun beginnt die Beschreibung der genauen Grenzen der transjordanischen Stämme, wie der Soncino-Kommentar hervorhebt:

> Das Land zwischen dem Arnon und dem Jabbok wurde zwischen Ruben und Gad aufgeteilt. Im Süden wurde es von Moab und im Osten von Ammon begrenzt. Der südliche Bereich wurde Ruben gegeben und reichte vom Fluss Arnon bis zur Einmündung des Jordan in das Tote Meer. Gads Teile lagen entlang der Ufer des Jordan und im Osten und reichten nach Norden bis zum See von Chinneroth (See Genezareth), wobei der nördliche Teil von Mahanaim aus sehr schmal war. Nördlich davon lag das Gebiet von Halb-Manasse, welches ganz Baschan umfasste.[240]

In Vers 16 wird die Grenze von Rubens Gebiet folgendermaßen beschrieben: *Es wurde ihnen das Gebiet [zuteil]: von Aroër an, das am Ufer des Flusses Arnon [liegt], und von der Stadt, die mitten im Flusstal [liegt], und die ganze Ebene bei Medeba.*

In den Versen 17-20 findet sich eine Liste von 13 Städten, die zu Rubens Gebiet gehörten:

Liste der 13 Städte in Rubens Gebiet (Verse 17-20)

#	Name der Stadt
1	Heschbon und all seine Städte, die in der Ebene sind
2	Dibon
3	Bamot-Baal
4	Bet-Baal-Meon
5	Jahaz
6	Kedemot
7	Mefaat
8	Kirjatajim
9	Sibma
10	Zeret-Schahar auf dem Berg der Talebene
11	Bet-Peor
12	die Abhänge des Pisga
13	Bet-Jeschimot

240 Cohen, „Joshua and Judges", *Soncino Books of the Bible*, S. 77.

Vers 21 beschreibt das Königreich Sihons, welches Ruben zugeteilt war: *und alle Städte der Ebene sowie das ganze Reich Sihons, des Königs der Amoriter, der König zu Heschbon war, den Mose schlug, ihn und die Fürsten von Midian: Ewi, Rekem, Zur, Hur und Reba, die Fürsten Sihons, die das Land bewohnten.* Die Namen der Midianiter, die in der moabitischen Ebene von den Israeliten besiegt wurden, erscheinen auch in 4. Mose 31,8.

In Vers 22 wird eine beiläufige Aussage über Bileam gemacht: *Und Bileam, den Sohn des Beor, den Wahrsager, brachten die Söhne Israel mit dem Schwert um, außer den von ihnen Getöteten.* Die Einzelheiten von Bileams Eskapaden sind in 4. Mose 22-24 nachzulesen. Weitere Hinweise auf ihn finden sich in 5. Mose 23,4-5; Nehemia 13,2 und Micha 6,5. Der Punkt, den Josua 13,22 macht, ist sein Tod. Bileam wurde von den Israeliten mit dem Schwert erschlagen, und der Vorfall ist in 4. Mose 31,8 aufgezeichnet. Der Vorfall wird hier erwähnt, weil er in demselben Gebiet stattgefunden hatte.

Nach dem Talmud war Bileam ein Prophet „für die Völker der Welt“,[241] also für die Heiden. Allerdings „erreichte er den Gipfel der göttlichen Gabe nur vorübergehend, zu Ehren Israels, denn die Mehrheit seiner Prophezeiungen bezogen sich auf Israel.“[242] Einige Rabbiner, wie z.B. Ramban, meinten, dass Bileam „kein wirklicher Prophet war. Gott gewährte ihm die Gabe der Prophetie nur in dieser einen Nacht und nicht, weil er sie verdient hätte, sondern weil Gott Israel ehren wollte.“[243] Der Talmud sagt, dass Bileam vielleicht als Prophet begann, dass er seine Gabe aber verlor, nachdem er versucht hatte, Israel zu verfluchen:

> Es wird gesagt: „Und Bileam, den Sohn des Beor, den Wahrsager, brachten die Söhne Israel mit dem Schwert um, außer den von ihnen Getöteten“ (Jos 13,22). Die Gemara fragt: War er ein Wahrsager? Er ist ein Prophet. Rabbi Joḥanan sagt: Ursprünglich war er ein Prophet, aber er verlor seine Fähigkeit zur Prophezeiung und blieb nur ein Wahrsager.[244]

Zu der Frage, warum Bileam im Königreich Sihon und nicht „in Pesor, seiner Heimat“[245] erschlagen wurde, bemerkten die Rabbiner:

> In Bezug auf Bileam heißt es: „Und sie brachten die Könige von Midian

241 *bT. Bava Batra* 15b.
242 Raschi, *The Book of Joshua*, S. 95.
243 Drucker, *Yehoshua*, S. 301.
244 *bT. Sanhedrin* 106a.
245 Drucker, *Yehoshua*, S. 300.

> um, [zusätzlich] zu den von ihnen Erschlagenen: Ewi und Rekem und Zur und Hur und Reba, fünf Könige von Midian; und auch Bileam, den Sohn Beors, brachten sie mit dem Schwert um" (4. Mose 31,8). Die Gemara fragt: Was hat Bileam dort gesucht? Welche Rolle spielte er in diesem Krieg? Er lebte in Aram. Rabbi Joḥanan sagt: Er ging hin, um für die 24.000 Mitglieder des jüdischen Volkes, welche er mit seinem Ratschlag getötet hatte, bezahlt zu werden. Mar Zutra Bar Tovija sagt, dass Rav sagt, dass dies mit dem folgenden Sprichwort der Leute übereinstimmt: Ein Kamel geht hin, um sich Hörner zu suchen, und die Ohren, die es hatte, werden ihm abgetrennt. Bileam war nicht nur erfolglos beim Eintreiben seines Honorars, er verlor auch sein Leben.[246]

Was den Tod Bileams durch das Schwert betrifft, so haben die Rabbiner beobachtet:

> Bileam hatte die Macht des Wortes an sich gerissen. Diese Macht war das Vorrecht und die althergebrachte Waffe der Israeliten, die durch Gebet siegten. So tötete nun Pinhas, der den Angriff gegen Midian anführte, Bileam mit der traditionellen Waffe Esaus: „Und durch dein Schwert sollst du leben" (Raschi). Pinhas selbst erschlug Bileam [...] und vollendete damit das Werk des Zorns, welches er in Schittim mit der Ermordung von Simri und Cozbi begonnen hatte.[247]

Vers 23 schließt den Bericht über Ruben ab, indem er die westliche Grenze und das Erbteil des Stammes zusammenfasst: *Die Grenze der Söhne Ruben war der Jordan und das angrenzende Gebiet. Das ist das Erbteil der Söhne Ruben, nach ihren Sippen, die Städte und ihre Dörfer.*

3. Der Stamm Gad (13,24-28)

Die Verse 24-28 handeln von dem Gebiet, das dem Stamm Gad zugeteilt wurde. Wiederum erwähnen die Verse Namen, die in den vorherigen Abschnitten nicht aufgeführt sind. Vers 24 stellt den Stamm vor: *Und Mose gab dem Stamm Gad, den Söhnen Gad, [ihren Anteil,] nach ihren Sippen.*

Die Verse 25-27 beschreiben die Grenzen und Städte, beginnend in Vers 25 mit der Südgrenze: *Und es wurde ihnen das Gebiet [zuteil]: Jaser und alle Städte Gileads und das halbe Land der Söhne Ammon bis nach Aroër, das*

246 *bT. Sanhedrin* 106a.
247 Raschi, *The Book of Joshua*, S. 95.

Rabba gegenüber[liegt]. Das Gebiet von Gad umfasste die Städte von Gilead und einen Teil des Landes, welcher ursprünglich einmal den Ammonitern gehört hatte. Dies scheint ein Verstoß gegen 5. Mose 2,19 zu sein, wonach dieses Gebiet weiterhin den Ammonitern gehören sollte. Allerdings war es seit der Zeit des Mose von den Amoritern erobert worden und gehörte somit nun diesem Volksstamm durch Eroberungsrecht. Als die Israeliten die Amoriter und das Königreich von Sihon eroberten, übernahmen sie das Land von den Amoritern und nicht von den Ammonitern, und so gab es keinen Verstoß gegen den Befehl aus 5. Mose 2,19.

Vers 26 setzt die Beschreibung des Gebietes Gads fort: *und von Heschbon bis Ramat-Mizpe und Betonim, und von Mahanajim bis an die Grenze von Debir*. Darauf folgt in Vers 27 die Aufzählung mehrerer Städte: *und in der Talebene: Bet-Haram, Bet-Nimra, Sukkot und Zafon, der Rest des Reiches Sihons, des Königs von Heschbon, der Jordan und das angrenzende [Gebiet] bis an das Ende des Sees Kinneret, jenseits des Jordan nach Osten zu*. Das Gebiet von Gad umfasste die vier Städte, die in diesem Vers erwähnt werden: Bet-Haram, das dort liegt, wo der Jabbok-Fluss auf den Jordan stößt; Bet-Nimra, das etwa 15 km nördlich des Toten Meeres liegt; Sukkot, das östlich des Jordans und nördlich des Jabboks liegt; und Zaphon, dessen genaue Lage nicht bekannt ist. Sihon, der König von Heschbon, war der König über alle Amoriter. Ein jüdisches Lexikon fasst zusammen, was über ihn bekannt ist:

> [Sihon:] Amoritischer König des Ostjordanlandes, dessen Reich sich vom Arnon im Süden bis zum Jabbok im Norden und vom Jordan im Westen bis zur Wüste im Osten erstreckte (4. Mose xxi. 24; Richter xi. 22). Nach Josua xii. 3 und xiii. 27 gehörte die Wüste Araba zwischen dem Jabbok und dem See Genezareth zu Sihons Gebiet. Seine Hauptstadt war Heschbon, die er vom König von Moab erobert hatte (4. Mose xxi. 26). Er war auch der Oberherr von Midian, und die fünf midianitischen Könige, die schließlich von den Israeliten erschlagen wurden (4. Mose xxxi. 8), waren seine Vasallen (Jos. xiii. 21). Als die Israeliten Sihon um Erlaubnis baten, durch sein Gebiet zu ziehen, verweigerte er sie und sammelte ein Heer bei Jahaz, wo er von den Eindringlingen, die sein Reich in Besitz nahmen, besiegt und getötet wurde (4. Mose 21-25; Josua xiii. 21; Richter xi. 19-22). Sihon wurde wie Og, der König von Baschan, als ein großer und mächtiger Monarch angesehen (Ps. cxxxvi. 17-19).[248]

248 Emil G. Hirsch, Jacob Zallel Lauterbach und Wilhelm Bacher, „Sihon", *The Jewish Encyclopedia* (New York and London: Funk and Wagnalls, 1905), Vol. 11, S. 335.

Vers 28 beschließt den Abschnitt über Gad, indem er das Erbe des Stammes zusammenfasst: *Das ist das Erbteil der Söhne Gad nach ihren Sippen, die Städte und ihre Dörfer.*

4. Der Stamm Manasse (13,29-31)

Die Verse 29-31 beschreiben das Gebiet des halben Stammes Manasse. Außer den Städten von Jaïr wurden alle anderen Ortsnamen bereits erwähnt. Vers 29 stellt den Stamm vor: *Und Mose gab dem halben Stamm Manasse [seinen Anteil]. Und dem halben Stamm der Söhne Manasse wurde nach ihren Sippen [Folgendes zuteil].*

Die Verse 30-31a geben die Grenzen und Städte an, beginnend in Vers 30 mit den Grenzen: *Ihr Gebiet war: von Mahanajim an ganz Baschan, das ganze Reich des Og, des Königs von Baschan, und alle Zeltdörfer Jaïrs, die in Baschan [liegen], sechzig Städte.* Darauf folgen in Vers 31a die Namen weiterer Gebiete und Städte: *Und das halbe Gilead und Aschtarot und Edreï, die Städte des Reiches des Og in Baschan,*

Vers 31b beschließt den Abschnitt, indem er das Erbteil des Stammes zusammenfasst: [Diese] *[wurden] den Söhnen des Machir, des Sohnes Manasses, [zuteil,] der Hälfte der Söhne Machir, nach ihren Sippen.* Machir war der einzige Sohn Manasses (4Mo 26,29). Da ein Nachkomme des einen automatisch auch ein Nachkomme des anderen war, wurden die Namen Manasse und Machir zu Synonymen.

5. Zusammenfassende Aussage (13,32-33)

Vers 32 fasst die Landzuteilungen östlich des Jordan noch einmal zusammen: *Das ist es, was Mose in den Steppen Moabs als Erbe ausgeteilt hat, jenseits des Jordan [bei] Jericho, nach Osten zu.* Ruben, Gad und der halbe Stamm Manasse erhielten von Mose dieses transjordanische Gebiet.

Vers 33 wiederholt die Aussage von Vers 14: *Aber dem Stamm Levi gab Mose kein Erbteil. Der Herr, der Gott Israels, er ist ihr Erbteil, wie er ihnen zugesagt hat.* Dem Stamm Levi wurde kein Land zugeteilt, sondern er erhielt den Herrn selbst als Erbteil. Die Grundlage für diese Verheißung war das Gesetz des Mose.

C. Einführung in die Verteilung Kanaans (14,1-5)

Nachdem das Buch Josua die Verteilung des Landes östlich des Jordan diskutiert hat, wendet sich die Erzählung nun den Zuteilungen auf der Westseite zu. Vers 1 erwähnt zunächst die Führungsverantwortung im Umgang mit der Aufteilung des Landes: *Und dies ist es, was die Söhne Israel als Erbe im Land Kanaan erhielten, was ihnen der Priester Eleasar und Josua, der Sohn des Nun, und die Familienoberhäupter der Stämme der Söhne Israel als Erbe austeilten.* Die Verantwortung, das Land unter den verschiedenen Stämmen zu verteilen, ruhte auf den Schultern mehrerer Männer, von denen einer Eleasar, der Priester, war. Sein Name wird hier zum ersten Mal im Buch Josua erwähnt. In der Tora taucht er in Passagen wie 4. Mose 27,19-22 und 34,17 auf.

Vers 2 gibt die Art der Verteilung an: *durch das Los ihres Erbteils, wie der Herr durch Mose geboten hatte betreffs der neun Stämme und des halben Stammes.* Hier können zwei Beobachtungen gemacht werden. Die erste Beobachtung ist, dass die Anführer der Israeliten bei der Aufteilung des Landes zwei Prinzipien anwenden sollten. Das erste Prinzip war, dass die Größe des Gebietes durch die Größe des Stammes bestimmt werden sollte (4Mo 26,53-54; 33,54). Das zweite Prinzip war, dass das Land durch das Los verteilt werden sollte, und auch die Position innerhalb des Landes wurde auf diese Weise bestimmt. Dies geschah in Übereinstimmung mit 4. Mose 26,54. Die Größe des Gebietes basierte also auf der Größe des Stammes, aber wo im Land das Stammesgebiet liegen würde, sollte durch das Los bestimmt werden.

Die zweite Beobachtung ist, dass der Text nicht detailliert beschreibt, wie das Losverfahren zustande gekommen ist. Dies ist ein weiteres Beispiel dafür, dass dort, wo die Bibel schweigt, die Rabbiner das Bedürfnis verspüren, viel zu sagen. Der Talmud vermittelt die rabbinische Ansicht darüber, wie das Los-System funktionierte:

> Elazar, der Hohepriester, war mit dem *Urim VeTummim* bekleidet, und Josua und das ganze jüdische Volk standen vor ihm, und ein Gefäß mit den Namen der Stämme und ein anderes mit den Namen der Grenzen der zwölf verschiedenen Regionen von Eretz Israel wurden vor ihn gestellt.
>
> Und Elazar stellte mithilfe des göttlichen Geistes die jeweiligen Landzuweisungen fest und sagte in Übereinstimmung mit der Benachrichtigung der *Urim VeTummim*: „Der Name des Stammes Sebulon geht nun aus dem Gefäß mit den Losen hervor, und das Gebiet, dessen Grenze Akko ist, geht aus dem anderen Gefäß hervor." Nachdem er dies gesagt

hatte, mischte er die Lose im Gefäß der Stämme und das Los Sebulons fiel in seine Hand. Dann mischte er die Lose im Gefäß der Grenzen, und die Grenze von Akko kam in seiner Hand zum Vorschein.

Und Elazar wiederholte den Vorgang und stellte die Landzuordnungen mithilfe des göttlichen Geistes fest, bevor er sprach: „Der Name des Stammes Naftali taucht nun auf, und die Region, deren Grenze Ginnosar ist, taucht mit ihm aus dem anderen Gefäß auf." Nachdem er dies gesagt hatte, mischte er die Lose im Gefäß der Stämme und das Los von Naftali erschien in seiner Hand. Dann mischte er die Lose im Gefäß der Grenzen und die Grenze von Ginnosar fiel in seine Hand. Und so tat er es für jeden einzelnen Stamm.[249]

In der Heiligen Schrift wird nur die Auslosung erwähnt. Alles andere ist die mündliche Überlieferung der Rabbiner. Die Empfänger des Landes sollten jedenfalls die neun Stämme und der halbe Stamm Manasse sein.

Die Verse 3-4 liefern die Erklärung für die Verteilung dieses Landes, beginnend in Vers 3 mit einer Erinnerung an die Situation im transjordanischen Gebiet sowohl für die zweieinhalb Stämme als auch für den Stamm Levi: *Denn das Erbteil der zwei Stämme und des halben Stammes hatte Mose jenseits des Jordan gegeben. Den Leviten aber hatte er kein Erbteil in ihrer Mitte gegeben.* Vers 4 erwähnt den Stamm Josefs, bevor er zusätzliche Informationen über Levi liefert: *Denn die Söhne Josef bildeten zwei Stämme, Manasse und Ephraim. Und man gab den Leviten kein Teil im Land, außer den Städten zum Wohnen und deren Weideplätzen für ihr Vieh und für ihre Habe.* Was für Transjordanien galt, sollte auch für Cisjordanien gelten. Die Leviten sollten keinen Anteil am Land erhalten, sondern nur Städte, in denen sie wohnen konnten. Das hebräische Wort für „Weideplätze" ist *migrash.* Wörtlich bedeutet es „gemeinsames Land" oder „Weideland". Es findet sich zweimal in der Tora (3Mo 25,34; 4Mo 35,2-7), aber es taucht 57 weitere Male im Buch Josua auf, und zwar im Kapitel 21, das sich mit dem Erbteil der Leviten beschäftigt. Die Weideflächen erlaubten es den Leviten, Schafe und Rinder zu halten.

Vers 5 liefert die Grundlage für diese Anordnung: *Wie der Herr dem Mose geboten hatte, so taten die Söhne Israel, und sie verteilten das Land.*

249 *bT. Bava Batra* 122a.

D. Das Erbteil Kalebs (14,6-15)

Der Bericht über Kalebs Erbe wird in zwei Teilen abgedeckt. Der erste Teil erscheint hier, in Josua 14,6-15, und der zweite Teil umfasst Josua 15,13-19.

Vers 6a leitet das Geschehen mit den folgenden Worten ein: *Da traten die Söhne Juda vor Josua in Gilgal.* Der Stamm Juda kam, um sein Erbteil zu empfangen, und das Ereignis wird in Kapitel 15 ausführlich beschrieben. Kaleb war ein Mitglied dieses Stammes, und dieser Moment bot ihm die Gelegenheit, eine Bitte vorzubringen. Diese wird in den Versen 6b-12 beschrieben.

Die Bitte beginnt in Vers 6b mit der Vorstellung von Kaleb: *und Kaleb, der Sohn des Jefunne, der Kenasiter.* Warum wurde Kaleb, der das Oberhaupt eines Hauses aus dem Stamme Juda war, Kenasiter genannt? Die Kenasiter gehörten zu den kanaanitischen Völkern (1. Mose 15,19). War Kaleb also ein Heide? Einige meinen in der Tat, dass er ein Konvertit zum Judentum war, aber das wird nirgendwo in der Schrift so gesagt, und heidnischen Proselyten wurde nicht einmal eine Stammesidentität gegeben, geschweige denn, dass sie das Oberhaupt eines jüdischen Stammes werden konnten. Der Ausdruck „Kenasiter" bedeutet lediglich, dass Kaleb ein Nachkomme von Kenas war (4Mo 32,12; Jos 15,17; Richter 1,13). Das Haus Kenas gehörte zum Geschlecht des Hezron. In 1. Chronik 2,18 wird Kaleb als Sohn von Hezron bezeichnet. Daher ist der Beiname „der Kenasiter" nicht so zu verstehen, dass er sich auf den kanaanitischen Stamm der Kenasiter bezieht, sondern dass Kaleb ein Nachkomme von Kenas war, der seinerseits von Hezron, dem Sohn von Perez und Enkel von Juda, abstammte (1. Chronik 2,5.18). In 1. Chronik 4,15 wird einer der Söhne Kalebs ebenfalls Kenas genannt, was zeigt, dass der Name in der Familie wiederholt wurde. Die Schlussfolgerung ist also, dass sich das Wort „Kenasiter" in diesem Fall nicht auf die Stammeszugehörigkeit, sondern auf die Abstammung bezieht. Als Nachkomme von Kenas gehörte Kaleb zum Stamm Juda. Er war der Bruder von Jerachmeel und zeugte eine Tochter namens Achsa (1. Chron. 2,42.49).

Bei der Diskussion über die Familie von Kaleb präsentierten die Rabbiner die folgende Lösung für die Bezeichnung „Kenasiter":

> In der Chronik heißt es: „Und Kaleb, der Sohn Hezrons, zeugte [Söhne] mit seiner Frau Asuba und mit Jeriot; und das sind ihre Söhne: Jescher und Schobab und Ardon" (1. Chronik 2,18). Die Gemara fragt: War Kaleb tatsächlich der Sohn von Hezron? War er nicht der Sohn von *Jefunne*, wie es der Vers in *4. Mose* 13,6 besagt? Die Gemara antwortet: Er war der Sohn von Hezron, aber er wird „Sohn von Jefunne"

genannt als eine Bezeichnung, die darauf hinweist, dass er ein Sohn war, der sich vom Rat der Kundschafter abwandte (*scheppana*).

Die Gemara fragt: Aber es ist trotzdem schwierig. Hezron konnte nicht sein Vater sein, denn Kaleb war der Sohn von Kenas, wie es geschrieben steht: „Da nahm es Otniël ein, der Sohn des Kenas, der Bruder Kalebs" (Richter 1,13). Dies würde bedeuten, dass Kaleb auch ein Sohn von Kenas war. Rava sagte: Kaleb war der Stiefsohn von Kenas, da er und Otniël eine gemeinsame Mutter, aber verschiedene Väter hatten.

Die Gemara kommentiert: Auch die Sprache eines anderen Verses ist aufgrund dieser Erklärung präzise, denn es steht geschrieben: „Kaleb, der Sohn des Jefunne, des Kenasiter, sagte zu ihm" (Jos 14,6). Obwohl sein Vater Jefunne und nicht Kenas war, wird er als „der Kenasiter" bezeichnet. Die Gemara akzeptiert diesen Beweis und erklärt: Man schließe daraus, dass die Erklärung von Rava richtig ist.[250]

Fasst man diese talmudische Interpretation zusammen, so wurde Kaleb „Kenasiter" genannt, weil er einen edomitischen Stiefvater namens Kenas hatte. Seine Familie gehörte jedoch zum Stamm Juda. Der Soncino-Kommentar fügt die folgende rabbinische Interpretation hinzu:

> In 1. Chronik ii. 18 wird der Name von Kalebs Vater als Hezron angegeben; aber hier, wie auch anderswo, kann das Wort „Sohn" einfach nur „Nachkomme" bedeuten. Es ist daher möglich, dass einer der Vorfahren Jefunnes ein Kenasiter war, der in den Stamm Juda einheiratete und Kaleb zeugte.[251]

Kaleb, welcher im ersten Teil des Verses zunächst einfach nur vorgestellt worden war, wandte sich nun mit folgender Mahnung an Josua: *Du kennst das Wort, das der Herr zu Mose, dem Mann Gottes, meinet- und deinetwegen in Kadesch-Barnea geredet hat* (Vers 6c). Zum Gebrauch des Ausdrucks „Mann Gottes" bemerkten die Rabbiner:

> Da diese Bezeichnung für Mose nur einmal im Pentateuch verwendet wird (*5Mo* 33,1), ist es besonders bedeutsam, dass Kaleb sie hier verwendet […] *Ramban* erklärt, dass der Titel „Mann Gottes" darauf hinweist, dass Moses Prophezeiung direkt von Gott stammte und seinen

250 *bT. Sotah* 11b-12a.

251 Cohen, „Joshua and Judges", *Soncino Books of the Bible*, S. 82.

> Willen repräsentierte [...] So untermauerte Kaleb seinen Anspruch auf Hebron, indem er Josua daran erinnerte, dass Mose, der der treue Überbringer des Willens Gottes war, ihm diese Stadt versprochen hatte.[252]

Die Verheißung, auf die sich Kaleb bezog, wurde 45 Jahre zuvor gegeben und in 4. Mose 14,24 und 5. Mose 1,36 aufgezeichnet.

In den Versen 7-8 wird Kalebs Treue während der Auskundschaftung des verheißenen Landes beschrieben. Vers 7 gibt den Zeitpunkt an: *Vierzig Jahre war ich alt, als Mose, der Knecht des Herrn, mich von Kadesch-Barnea aussandte, um das Land auszukundschaften; und ich brachte ihm Antwort, wie es in meinem Herzen war.* Vers 8 stellt den Kontrast dar: *Meine Brüder aber, die mit mir hinaufgezogen waren, machten das Herz des Volkes verzagt; ich aber bin dem Herrn, meinem Gott, treu nachgefolgt.* Während die zehn Kundschafter die Israeliten entmutigten und dadurch dazu verleiteten, nicht mehr auf Gott zu vertrauen, folgte Kaleb ihm von ganzem Herzen. Deshalb erhielt er die Verheißung von Mose, die in Vers 9 aufgezeichnet ist: *Da schwor Mose an demselben Tag: Wenn nicht das Land, auf das dein Fuß getreten ist, dir und deinen Söhnen für ewig zum Erbteil wird! Denn du bist dem Herrn, meinem Gott, treu nachgefolgt.* Mose versprach Kaleb zwei Dinge. Erstens war es den Israeliten bewusst, dass die Wüstenwanderung 40 Jahre dauern würde. Sie wussten auch, dass alle Menschen, die in Kadesch-Barnea älter als 20 Jahre alt waren, in der Wüste sterben sollten. Kaleb aber sollte diese Zeit überleben. Zweitens sollte er einen Teil des Landes erben.

Vers 10 offenbart Kalebs Alter und die Zeit, in der die Verheißung gegeben wurde: *Und nun siehe, der Herr hat mich am Leben erhalten, wie er geredet hat. Es sind [nun] 45 Jahre, seitdem der Herr dieses Wort zu Mose geredet hat, als Israel in der Wüste umherzog; und nun siehe, ich bin heute 85 Jahre alt.* Eine Beobachtung, die sich aus diesem Vers ergibt, ist, dass die Eroberung von Kanaan sieben Jahre gedauert haben muss. Kaleb war 40 Jahre alt, als er auszog, um das Land auszukundschaften. Jetzt war er 85 Jahre alt. Zwischen Kadesch-Barnea und diesem Zeitpunkt waren also 45 Jahre vergangen. Die eigentliche Wüstenwanderung dauerte insgesamt 38 Jahre. Damit betrug die Eroberung des Landes also sieben Jahre.

Nach rabbinischer Überlieferung dauerte auch die Teilung des Landes sieben Jahre, denn es heißt im Talmud:

> Als Josua *Eretz Israel* [...] aufteilte, sagte Kaleb zu ihm: Ich bin 85 Jahre alt. Es wird also festgestellt, dass sie das Land sieben Jahre lang eroberten.

252 Drucker, *Yehoshua*, S. 309.

Die Gemara fragt: Und woher leiten wir ab, dass es sieben Jahre waren, in denen das jüdische Volk *Eretz Israel* in angestammte Teile aufteilte? Die Gemara antwortet: Wenn Sie wollen, sagen Sie: Aus der Tatsache, dass sie das Land sieben Jahre lang erobert haben, ist es vernünftig anzunehmen, dass sie das Land sieben Jahre lang aufgeteilt haben. Und wenn Sie es wünschen, sagen Sie stattdessen: Aus der Tatsache, dass man nicht findet, dass das „14. Jahr, nachdem die Stadt geschlagen war" (Hesekiel 40,1) ein Jubeljahr war [...] es sei denn, das jüdische Volk brauchte sieben Jahre, um *Eretz Israel* aufzuteilen.[253]

Vers 11 offenbart Kalebs Zustand: *Ich bin heute noch so stark wie an dem Tag, als Mose mich aussandte. Wie meine Kraft damals, so ist meine Kraft jetzt, sowohl zum Kampf als auch um aus- und einzuziehen.* Kaleb wies darauf hin, dass er noch so stark war wie vor 45 Jahren. Die Art und Weise, wie der Satz im Hebräischen formuliert ist, deutet darauf hin, dass er in der Lage sein würde, alle Pflichten zu erfüllen, die mit einer Eroberung einhergingen.[254] Mit anderen Worten: Trotz seines fortgeschrittenen Alters würde Kaleb in der Lage sein, das Gebiet zu erobern, das er nun einfordern wollte.

Die Bitte wird in Vers 12 formuliert: *Und nun gib mir dieses Gebirge, von dem der Herr an jenem Tag geredet hat! Denn du hast an jenem Tag gehört, dass die Enakiter dort sind und große, feste Städte. Vielleicht ist der Herr mit mir, dass ich sie vertreibe, wie der Herr geredet hat.* Die Grundlage für die Bitte um das Gebiet war die Verheißung Gottes. Kaleb wandte sich direkt an Josua und erinnerte ihn daran, dass auch er an jenem schicksalhaften Tag in Kadesch-Barnea gewesen war, als Israel einen Punkt erreichte, von dem aus es kein Zurück mehr gab. Israel hatte die Verheißungen Gottes abgelehnt und war daraufhin bestraft worden. Weil Josua Zeuge dieses Vorfalls geworden war, konnte er die Wahrheit dessen bezeugen, was Kaleb als Nächstes zu sagen hatte: So wie vor 45 Jahren lebten die Anakiter immer noch in der von Kaleb gewünschten Region. Sie waren mächtige Krieger, die in großen und festen Städten hausten. Es sei noch einmal darauf hingewiesen, wie bemerkenswert es ist, dass weder Josua noch Kaleb jemals die Nephilim erwähnten (4Mo 13,30-33). Diese Kreaturen waren durch die Flut vernichtet worden, und so konnten die Kundschafter sie damals gar nicht im verheißenen Land gesehen haben. Die Grundlage von Kalebs Glauben, dass er das Gebiet der Anakiter würde erobern können, war sein Verständnis, dass

253 *bT. Arakhin* 13a.

254 Für Informationen über die hebräische Syntax und die rabbinische Debatte über diesen Vers, siehe: Drucker, *Jehoschua*, S. 312.

Gott mit ihm sein würde. Aufgrund von Gottes Versprechen würde er in der Lage sein, seine Feinde zu vertreiben.

Die Verse 13-14 berichten von der Erfüllung der Bitte Kalebs, beginnend in Vers 13 mit einem Segen: *Da segnete ihn Josua und gab dem Kaleb, dem Sohn des Jefunne, Hebron zum Erbteil.* Die Rabbiner machten die folgende Beobachtung bezüglich dieses Verses:

> *Abarbanel* erklärt, dass, nachdem Gott Kaleb die Stadt Hebron versprochen hatte, die göttlich angeordnete Auslosung bestimmte, dass der Stamm Juda genau das Stück Land erhalten sollte, auf dem Hebron lag. Auf diese Weise stellte die göttliche Vorsehung sicher, dass Kaleb, der Anführer des Stammes Juda, nicht von seinem Volk getrennt werden würde.[255]

Vers 14 offenbart Kalebs Lohn: *Daher wurde Hebron dem Kaleb, dem Sohn des Jefunne, dem Kenasiter, zum Erbteil bis zum heutigen Tag, weil er dem Herrn, dem Gott Israels, treu nachgefolgt war.* Josua gewährte Kalebs Bitte, weil dieser dem Gott Israels von ganzem Herzen gefolgt war.

Vers 15a fasst die Geschichte Hebrons zusammen: *Der Name Hebrons war aber vorher Stadt des Arba; der war der größte Mann unter den Enakitern gewesen.* Hebron wurde früher nach dem Anakiter Arba „Kirjat-Arba" genannt. Nach der rabbinischen Theologie steht der Name „Arba" entweder für den Mann, der in diesem Gebiet lebte, oder „für das hebräische Wort, das ‚vier' bedeutet. Dann bezieht es sich auf die vier berüchtigten Männer, die in diesem Gebiet lebten: Arba und seine Söhne Achiman, Schischai und Talmai."[256]

Ebenfalls gemäß rabbinischer Tradition zeichnete sich Kirjat-Arba, oder besser Hebron, durch sieben historische Besonderheiten aus. Erstens war es der Wohnort von Abraham und seinen drei Verbündeten Aner, Eschkol und Mamre (1Mo 14,13). Die Rabbiner glaubten, dass es kein Zufall war, dass diese vier rechtschaffenen Männer Hebron als ihre Heimatstadt wählten, da „die Atmosphäre dort sehr besonders und förderlich für Heiligkeit und Geistlichkeit ist."[257]

Zweitens waren sowohl Adam als auch Abraham, Isaak und Jakob in Hebron begraben.

Drittens war Hebron auch der Begräbnisort der Ehefrauen dieser vier Männer, nämlich von Eva, Sarah, Rebekka und Lea.

---

255 Drucker, *Yehoshua*, S. 325.
256 Ebd., S. 314.
257 Yerushalmi, *The Torah Anthology: The Book of Yehoshua*, S. 348.

Viertens galt, wie im obigen rabbinischen Zitat erwähnt, die Stadt auch als die Heimat von vier berühmten Riesen, nämlich Anak, Achiman, Schischai und Talmai. Laut der Rabbiner bedeutet der Name Anak „Riese". „Die besondere Atmosphäre von Hebron hatte Anak und seine Söhne außergewöhnlich groß und stark werden lassen. Kaleb wollte, dass seine Nachkommen dort lebten, damit sie diese Stärke erhalten und sie nutzen konnten, um Gott zu dienen."[258]

Fünftens war Hebron die Stadt, aus der Abraham auszog, um Lot zu retten und gegen die vier Könige zu kämpfen, die zu dieser Zeit die Gegend beherrschten. Laut der Rabbiner gewann er den Kampf aufgrund eines Wunders: „Weil das Wunder geschah, als Abraham von Hebron aus aufbrach, wird es Kirjat-Arba genannt, nach den vier Königen, die er besiegte."[259]

Sechstens wurde Abraham in Hebron beschnitten.[260]

Siebtens wurde die Stadt viermal in besonderer Weise erhöht oder aufgewertet:

> Die größte Eigenschaft von Hebron waren die vier Erhöhungen der Heiligkeit, die es im Laufe seiner Geschichte erlangte. Zuerst wurde es durch die Auslosung erhöht, da es Teil des Gebietes war, welches an den Stamm Juda fiel, den größten der Stämme. Es wurde weiter erhöht, als es Kaleb zugesprochen wurde, ohne dass es in einer zweiten Auslosung erneut gezogen werden musste. Dies war eine einzigartige Auszeichnung, die keine andere Stadt hatte. Drittens wählte Juda Hebron als eine der Städte aus, welche die Stämme an die Leviten übergaben. Viertens fiel Hebron, als die Lose unter den Familien der Leviten gezogen wurden, an die heiligste dieser Familien, nämlich die von Aaron, den Priestern.[261]

Vers 15b schließt den Abschnitt mit folgenden Worten ab: *Und das Land hatte Ruhe vom Krieg.* Diese Aussage stellt die Weichen für die Verteilung des Landes.

Wie sich in den folgenden Versen zeigen wird, verwendet der hebräische Text bei der Beschreibung der Stammesgrenzen immer wieder sechs Begriffe:

---

258 Ebd., S. 349.
259 Ebd., S. 350.
260 Drucker, *Yehoshua*, S. 314.
261 Yerushalmi, *The Torah Anthology: The Book of Yehoshua*, S. 350.

1. *Ve-jatza* („und ging hinaus");
2. *Ve-avar* („und überquerte");
3. *Ve-alah* („und stieg auf");
4. *Ve-nasav* („und ging herum");
5. *Ve-taar* („und erweitert");
6. *Ve-jarad* („und ging hinunter").

E. Der Stamm Juda (15,1-63)

Das Buch Josua beschreibt in vielen Versen die Grenzen und Städte von Juda. Die Tatsache, dass dieser Stamm seine Landzuteilung zuerst erhielt, zeigt die Vorrangstellung, welche er genoss.

In der rabbinischen Tradition waren Juda und Ephraim die ersten Stämme, die ihr Erbe erhielten, und dementsprechend wird auch die endgültige Erlösung in Form der beiden Messiasse (Messias Ben David und Messias Ben Josef) aus Ephraim und Juda kommen.[262]

1. Die Grenzen von Juda (15,1-12)

a. Die südliche Grenze (15,1-4)

Vers 1 bezeichnet den Stamm, der als erstes sein Erbteil erhalten sollte: *Und das Los fiel für den Stamm der Söhne Juda nach ihren Sippen zur Grenze Edoms hin, der Wüste Zin, auf das Südland zu, im äußersten Süden*. Im Südosten sollte Juda an Edom grenzen. Von diesem Punkt aus sollte sich die südliche Grenze nach Westen erstrecken, bis hin zum Mittelmeer. Sie führte südlich an der Wüste Zin vorbei. Der hebräische Text spricht hier eigentlich von *negeb*, was „zum Negev hin" bedeutet, und südlich der Wüste Zin liegt der Negev.[263] Die südwestliche Grenze war „im äußersten Süden", was auf Hebräisch *teiman* heißt. Das Wort bedeutet „südwärts am Ende des Südens", d.h. „im äußersten Süden des Landes".

Die Verse 2-4 liefern weitere Details bezüglich der südlichen Grenze Judas, beginnend in Vers 2 mit der erneuten Erwähnung der südöstlichen Grenzen: *Und ihre Südgrenze verlief vom Ende des Salzmeeres, von der [Meeres]zunge an, die sich nach Süden wendet*. Das hebräische Wort für „Meereszunge" ist *laschon*, was einfach nur „die Zunge" bedeutet. Der Begriff

262 Siehe: Drucker, *Yehoshua*, S. 315.
263 Siehe Karte 1 im Anhang.

bezieht sich auf die schmale Halbinsel, welche an der südöstlichen Ecke des Toten Meeres zu finden ist. Außerdem spricht der hebräische Text davon, dass sich diese Landzunge nach Süden wendet, und wieder wird hier das Wort *negeb* verwendet. Der Negev liegt auf der Westseite des Toten Meeres. Folglich markierte dies die südöstliche Ecke der Grenze des Stammes Juda.

In Vers 3 heißt es weiter: *und sie lief bis südlich vom Anstieg Akrabbim und ging hinüber nach Zin und stieg [dann] südlich von Kadesch-Barnea hinauf und ging hinüber nach Hezron, und sie stieg hinauf nach Addar und wandte sich nach Karka.* Von der Landzunge des Toten Meeres ging die Grenze westwärts an *Ma'aleh Akrabbim* vorbei, was wörtlich „Anstieg der Skorpione" bedeutet. Der Ausdruck beschreibt eine „Reihe hoher weißer Felsen, die die Araba etwa 12 km unterhalb des Toten Meeres durchschneidet".[264] Dann durchquerte die Grenze via dem Wadi Zin die Nordseite der Wüste Zin und lief südlich an Kadesch-Barnea vorbei. Von dort passierte sie Hezron und Addar und machte einen Bogen nach Karka.

Vers 4 beschreibt den weiteren Verlauf der Grenze: *[Dann] ging sie hinüber nach Azmon und lief aus am Bach Ägyptens, und die Grenze endete am Meer. Das soll eure Südgrenze sein.* Die Stadt Azmon wird auch in 4. Mose 34,4-5 erwähnt und lag an der äußersten Südgrenze Kanaans. Von dort aus vereinte sich die Grenze Judas mit dem Bach Ägyptens. Keil und Delitzsch identifizieren diesen Bach mit dem Wadi Al-Arisch und stellen fest, dass diese Grenze „zunächst einen nördlichen und dann einen nordwestlichen Verlauf nahm und sich in das Mittelmeer öffnete"[265], welches die südwestliche Ecke der Grenze markierte. Unter den Rabbinern gibt es zwei Meinungen bezüglich der genauen Identifizierung des Bachs von Ägypten. Einige stimmen mit der Einschätzung überein, dass es sich um das Wadi Al-Arisch handelt, das etwa 160 km östlich des Nils liegt. Andere schlagen vor, dass es sich um einen östlicher gelegenen Nebenfluss des Nils handelt.[266]

b. Die Ost-Grenze (15,5)

Vers 5 beschreibt die Ostgrenze des Gebietes von Juda: *Und die Grenze nach Osten war das Salzmeer bis an das Ende des Jordan. – Und die Grenze an der Nordseite war von der Meereszunge an, vom Ende des Jordan.* Das Tote Meer markierte die östliche Grenze. Die nördliche Ecke dieser Grenze war die Stelle, wo der Jordan in das Tote Meer mündet. Ihre südliche Ecke war die Landzunge des Toten Meeres. Wenn man also von Süden nach Nor-

264 Keil & Delitzsch, *Biblical Commentary on The Old Testament: Joshua, Judges, Ruth*, S. 151.
265 Ebd., S. 151-152.
266 Siehe: Drucker, *Yehoshua*, S. 319.

den blickt, begann die östliche Grenze des Gebietes von Juda am südlichen Ende des Toten Meeres und reichte bis zu der Stelle, wo der Jordan in das Tote Meer mündet.

c. Die nördliche Grenze (15,6-11)

Nachdem die südlichen und östlichen Grenzen des Gebietes Judas besprochen wurden, setzen die Verse 6-11 die Beschreibung der Stammesgrenzen gegen den Uhrzeigersinn fort und beschreiben den nördlichen Abschnitt. Vers 6 erwähnt die nordöstliche Ecke: *Und die Grenze stieg hinauf nach Bet-Hogla und ging hinüber nördlich von Bet-Araba; und die Grenze stieg hinauf zum Stein Bohans, des Sohnes Rubens.* Die Stadt Bet-Hogla lag einige Kilometer nordwestlich der Nordspitze des Toten Meeres im Gebiet von Benjamin (Jos 18,19.21). Bet-Araba war eine Stadt in der Wüste von Juda, die später ebenfalls zum Gebiet Benjamins gerechnet wurde (Jos 18,22). Im hebräischen Text von Josua 18,18 wird dieselbe Stadt *Ha-Arabah* („die Araba“) genannt. Von Bet-Araba ging die Grenze bis zum Stein von Bohan. Das hebräische Wort für „und stieg hinauf“ ist *ve-alah*, und dies ist ein Beispiel für die Verben, die in der Beschreibung der Landverteilung verwendet werden.[267] Was den Stein Bohans betrifft, so interpretierten einige Rabbiner den hebräischen Begriff für „Stein“ – *even* – so, dass er sich auf ein Gebiet bezog, welches von Rubens Sohn Bohan angeführt wurde. Sie sagten: „Vielleicht gab es dort einen großen Stein, der als Orientierungspunkt diente.“[268]Andere basierten ihre Meinung auf die Tatsache, dass die Nordgrenze Judas mit der Südgrenze Benjamins identisch war, und behaupteten: „Der Stein Bohans kann sehr wohl die in 18,17 erwähnte Stadt *Even* an der Südgrenze Benjamins sein.“[269]

Vom Stein Bohans zog sich die Grenze gegen Westen: *Die Grenze stieg dann vom Tal Achor hinauf nach Debir, und sie wandte sich nördlich nach Gilgal, welches dem Anstieg von Adummim gegenüber[liegt], der südlich vom Bach ist. Und die Grenze ging hinüber zum Wasser En-Schemesch und sie endete bei En-Rogel* (Vers 7). Die Grenze führte durch das Bergland. Debir ist der Name mehrerer Orte im gelobten Land, und dieser lag in der Nähe des Tals Achor. Dieses Tal wurde erstmals in Josua 7,24 als der Ort erwähnt, an dem Achan hingerichtet wurde. Das Gilgal in diesem Vers sollte nicht mit dem ersten Lager Israels im gelobten Land verwechselt werden. Vielmehr lag es gegenüber der Anhöhe von Adummim, die heute als *Ma'ale Adumim* bekannt ist.

---

267 Siehe: D. Das Erbteil Kalebs (14,6-15).
268 Drucker, *Yehoshua*, S. 320.
269 Ebd.

Die Grenze verlief dann weiter (hier erscheint das hebräische Wort *ve-avar*) in Richtung der Gewässer von En-Rogel, einem Ort, dessen Name „Quelle der Sonne" bedeutet und welcher in der Nähe von Jerusalem liegt.

Vers 8 fährt fort: *Und die Grenze stieg das Tal Ben-Hinnom hinauf, südlich zum Berghang der Jebusiter, das ist Jerusalem. Und die Grenze stieg an bis zum Gipfel des Berges, der [sich] vor dem Tal Hinnom nach Westen zu [erhebt], der am Ende der Refaïm-Talebene nach Norden zu [liegt].* Die Beschreibung der Grenze zeigt, dass Jerusalem nicht Teil des Stammes Juda war, sondern zum Stamm Benjamin gehörte. Nach dem Talmud „gibt es zwei Dattelbäume im Tal von Ben Hinnom, und Rauch steigt zwischen ihnen auf."[270] Dies ist zwar eine interessante Legende, aber die beiden Dattelbäume existieren nicht in diesem Tal.

Vers 9 beschreibt die Grenze in der Schefelah und der Küstenebene: *Dann zog sich die Grenze vom Gipfel des Berges herum in Richtung auf die Quelle Me-Neftoach und lief zu den Städten des Gebirges Efron hin. Die Grenze zog sich [dann] herum nach Baala, das ist Kirjat-Jearim.* Das hebräische Wort für „zog sich herum" ist *ve-taar*, und so ist dies ein weiteres Beispiel für die Liste von Begriffen, die zuvor im Zusammenhang mit der Aufteilung des Landes vorgestellt wurde. Neftoach wird heute mit der Quelle *Liftah*, nordwestlich von Jerusalem, identifiziert.[271] Der Vers verwendet dann das hebräische Wort *ve-jatza* für „und lief hin". Baala ist der Name von mehreren Orten in Israel. Dieser wird weiter spezifiziert als Kirjat-Jearim, was heute Abu Ghosh ist.

Vers 10 beschreibt die Fortsetzung der Grenze nach Westen: *Und von Baala wandte sich die Grenze nach Westen zum Gebirge Seïr und ging hinüber zum Nordabhang des Berges Jearim, das ist Kesalon, und sie stieg hinunter nach Bet-Schemesch und ging hinüber nach Timna.* Dieser Vers zeigt Beispiele für die Verwendung mehrerer Wörter, die zuvor aufgelistet wurden. Das erste Wort ist *ve-nasav*, welches hier mit „und wandte sich" übersetzt wird. Danach kommt *ve-avar*, was zweimal mit „und ging hinüber" übersetzt wird. Schließlich ist da noch *ve-jarad*, das mit „und stieg hinunter" übersetzt ist. Der Begriff „Berg Seïr" bezieht sich nicht auf die Bergkette in Edom, östlich des Toten Meeres, sondern auf einen Berg in Juda, möglicherweise den Saris, welcher 14 km westlich von Jerusalem liegt.[272] Sowohl der Name Jearim als auch der Name Kesalon werden nur in diesem Vers erwähnt. Es gibt drei Orte im gelobten Land, die Bet-Schemesch heißen. Zu dem Ort, welcher hier genannt wird, bemerken Keil und Delitzsch:

270 *bT. Eruvin* 19a.

271 Siehe: Keil & Delitzsch, *Biblical Commentary on The Old Testament: Joshua, Judges, Ruth*, S. 154.

272 Ebd., S. 155.

> *Bet-Schemesch* (d.h. Sonnenhaus), eine Priesterstadt im Gebiet von Juda (Kap. xxi. 16; 1Chron vi. 44), ist dasselbe wie *Ir-Schemesch* (Kap. xix. 41), ein Ort an der Grenze zu Dan, wo die Bundeslade von den Philistern deponiert wurde (1Sam vi. 9 ff.) und wo Amazja von Joas erschlagen wurde (2 Kön. xiv. 11.12; 2Chron xxv. 21). Zur Zeit des Ahas wurde die Stadt von den Philistern erobert (2Chron xxviii. 18).[273]

Die letzte Stadt, die in dem Vers erwähnt wird, ist Timna. Nach Josua 19,40-43 gehörte sie dem Stamm Dan.

Schließlich bringt Vers 11 die Beschreibung der nördlichen Grenze mit den folgenden Worten zu Ende: *dann lief die Grenze [weiter] zum Nordabhang von Ekron. Und die Grenze zog sich herum nach Schikkaron und ging hinüber zum Berg Baala, und sie lief aus bei Jabneel; und [somit] endete die Grenze am Meer.* Während bekannt ist, dass Ekron nordwestlich von Timna lag, sind die Standorte von Schikkaron und dem Berg Baala unbekannt. Es wird angenommen, dass Jabneel das Jabneh von 2. Chronik 26,6 ist.[274] Das Mittelmeer markierte die nordwestliche Ecke der Grenze.

d. Die westliche Grenze (15,12)

Vers 12 beschreibt den letzten Abschnitt der Grenze von Juda: *Und die Westgrenze war das große Meer und die Küste.* Die westliche Grenze war eine einfache Markierung: das Mittelmeer.

Der Vers endet mit einer zusammenfassenden Aussage: *Das war die Grenze der Söhne Juda ringsum nach ihren Sippen.*

2. Kalebs Städte (15,13-19)

Die Verse 13-19 setzen den Bericht aus Josua 14,6-15 fort, in dem Kalebs Landzuteilung besprochen wurde. Da Kaleb zu Juda gehörte, werden nun im Zusammenhang mit dem Erbteil dieses Stammes zusätzliche Informationen bezüglich seines Gebietes gegeben. Die Verse 13-14 konzentrieren sich auf Hebron, wobei in Vers 13 wiederholt wird, dass dies Kalebs Erbteil war: *Und dem Kaleb, dem Sohn des Jefunne, gab er ein Teil inmitten der Söhne Juda nach dem Befehl des Herrn an Josua: die Stadt des Arba, des Vaters Enaks, das ist Hebron.* Da Kaleb vom Stamm Juda war, wird sein besonderes Erbe als Teil des Gebietes von Juda beschrieben, was es natürlich auch war.

Es war nun an der Zeit, dass Kaleb sein Gebiet einnahm und die Anaki-

273 Ebd.

274 Siehe: ebd.; Drucker, *Yehoshua*, S. 324.

ter vertrieb. Vers 14 beschreibt, wie ihm das gelang: *Und Kaleb vertrieb von dort die drei Söhne Enaks, Scheschai und Ahiman und Talmai, Kinder Enaks.* Er griff den Feind von Hebron aus an. Die Namen der Söhne Enaks werden auch in 4. Mose 13,22 erwähnt, und die rabbinischen Traditionen bezüglich dieser Männer wurden bereits im Zusammenhang mit der Besprechung von Josua 14,6-15 aufgelistet.

Der zweite Ort, der als nächstes in den Versen 15-19 erwähnt wird, ist Debir, wobei die Verse 15-17 von der Einnahme dieser Stadt handeln. Vers 15 konzentriert sich auf die Eroberung selbst: *Und von dort zog er hinauf gegen die Bewohner von Debir; der Name von Debir war aber früher Kirjat-Sefer.* Wie bereits erwähnt, gab es im gelobten Land mehrere Orte mit dem Namen Debir, und dieser befand sich südlich von Hebron. Während dieses Debir in der Vergangenheit auch Kirjat-Sefer hieß, entspricht es heute der arabischen Stadt Rabud.

Vers 16 offenbart Kalebs Gelübde: *Und Kaleb sagte: Wer Kirjat-Sefer schlägt und es einnimmt, dem gebe ich meine Tochter Achsa zur Frau.* Es gibt eine talmudische Tradition bezüglich des Namens Achsa. Den Rabbinern zufolge wurde dieser Name von den Radikalen[275] der drei Buchstaben *Kaf, Ajin* und *Samech* abgeleitet, aus denen das hebräische Wort für „Zorn", *kas,* besteht:

> „Und Kaleb sprach: Wer Kirjat-Sefer besieht und es einnimmt, dem will ich Achsa, meine Tochter, zum Weibe geben. Und Otniël, der Sohn des Kenas, der Bruder Kalebs, nahm es ein, und er gab ihm Achsa, seine Tochter, zum Weibe." [Jos 15,16-17] […] Und warum wird sie Achsa genannt? Der Grund ist, dass jeder, der sie sieht, zornig (*ko'es*) wurde über seine eigene Frau, die nicht so schön war wie Achsa.[276]

Vers 17 berichtet von der Eroberung Otniëls: *Da nahm es Otniël ein, der Sohn des Kenas, der Bruder Kalebs; und er gab ihm seine Tochter Achsa zur Frau.* Der Vers wirft erneut die Frage nach der Beziehung von Kaleb, Otniël und Kenas auf. Der hebräische Text lässt zwei Übersetzungsmöglichkeiten zu. Die erste entspricht der Art, wie der Vers in der Elberfelder übersetzt wurde, nämlich „der Sohn des Kenas, der Bruder Kalebs". Diese Übersetzung macht Kenas zum Bruder von Kaleb. Die zweite Möglichkeit, wie das Hebräische gelesen werden könnte, ist „der Sohn des Kenas und der Bruder des Kaleb". Bei dieser Lesart ist Otniël der Bruder Kalebs. Die zweite Mög-

275 Anm. der Übersetzerin: Die meisten hebräischen Verben bestehen aus einer Wurzel von drei Buchstaben, den sogenannten Stammkonsonanten, auch Radikale bzw. Wurzelradikale genannt. Diese sind in der Regel in allen Verbformen vorhanden.

276 *bT. Temurah* 16a.

lichkeit ist die gebräuchlichere, und sie folgt der masoretischen Betonung. Daher ist die Formulierung „Sohn des Kenas" gleichbedeutend mit Kenasiter (Jos 14,6). Nach Richter 1,13 und 3,9 war Otniël der jüngere Bruder von Kaleb, was ihn zu Achsas Onkel machte.

Wie zuvor besprochen, boten die Rabbiner zwei Interpretationen an, wie Kaleb mit Kenas verwandt war. Eine Möglichkeit ist, dass Kalebs Mutter nach dem Tod ihres ersten Mannes Jefunne den Kenas heiratete. Während sie mit Jefunne den Sohn Kaleb zeugte, brachte sie in ihrer Ehe mit Kenas einen zweiten Sohn auf die Welt, den sie Otniël nannte. Da Kaleb im Haushalt seines Stiefvaters Kenas aufwuchs, erhielt er den Beinamen „der Kenasiter". Die andere Möglichkeit ist, dass Kaleb und Otniël Vollbrüder waren und dass er seinen Beinamen nur erhielt, weil einer seiner Vorfahren Kenas hieß.[277] Die beste Möglichkeit ist, Otniël als den jüngeren Bruder von Kaleb zu betrachten, und so war Achsa seine Nichte. Das mosaische Gesetz erlaubte die Ehe zwischen Onkel und Nichte, und so sündigte Kaleb nicht, als er Otniël seine Tochter zur Frau gab.

Die Verse 18-19 berichten über Achsas Bitte, wobei Vers 18 den Zeitpunkt dieses Ereignisses verrät: *Und es geschah, als sie herbeikam, da trieb sie ihn an, von ihrem Vater ein Feld zu fordern. Und sie sprang vom Esel herab. Da sagte Kaleb zu ihr: Was hast du?* Zur Zeit der Hochzeit drängte Achsa Otniël, ihren Vater um ein Feld oder Acker zu bitten. Dies war zusätzlich zur Stadt, die er von Kaleb erhalten sollte. Offensichtlich brauchte sie Land, denn Debir hatte keine eigene Wasserquelle. Sie überzeugte Otniël zwar davon, die Bitte zu stellen, aber am Ende war sie diejenige, die an Kaleb herantrat. Auf die Frage ihres Vaters, was er für sie tun könne, antwortete sie in Vers 19: *Gib mir einen Segen! Denn ein [dürres] Südland hast du mir gegeben. So gib mir auch Wasserquellen! Da gab er ihr die oberen Quellen und die unteren Quellen.* Im Hebräischen steht statt des Ausdrucks „Südland" *Negev*, und so könnte der Text folgendermaßen übersetzt werden: „Du hast mir Land im Negev gegeben." Debir lag im Hügelland von Juda und nicht im Negev, aber die Pointe dessen, was Achsa sagte, ist, dass die Stadt dem Negev insofern glich, als der Boden zwar genauso gut war, aber dass es an Wasser fehlte. Um dieses Problem zu lösen, bat sie ihren Vater um Quellen, und er gewährte ihr diese Bitte.

Die Verse 16-19 werden in Richter 1,12-15 wiederholt.

277 Siehe: Raschi, *The Book of Joshua*, S. 106; Cohen, „Joshua and Judges", *Soncino Books of the Bible*, S. 89; Drucker, *Yehoshua*, S. 327; *bT. Sotah* 11b-12a.

3. Die Städte von Juda (15,20-63)

Nach dieser kurzen Unterbrechung, in der sich der Text auf eine besondere Familie des Stammes Juda konzentriert hat, kehrt er nun zum Stamm als Ganzem zurück. Bevor die Städte im Negev, in der Schefelah und in den anderen Regionen, die zu Juda gehörten, besprochen werden, macht Vers 20 eine allgemeine Aussage: *Das war das Erbteil des Stammes der Söhne Juda nach ihren Sippen.*

a. Städte im Negev (15,21-32)

Die Verse 21-32 listen die Städte im Negev auf, beginnend in Vers 21a mit der Einführung des Gebietes: *Und die Städte am Rand des Stammes der Söhne Juda, zur Grenze von Edom im Süden hin, waren.* Die Verse 21b-32a enthalten dann eine Liste von 36 Städten, die hier in Tabellenform wiedergegeben wird.

Liste der 36 judäischen Städte im Negev		
#	Name der Stadt	Kommentar
1	Kabzeel	
2	Eder	
3	Jagur	
4	Kina	
5	Dimona	
6	Adada	
7	Kedesch	
8	Hazor	
9	Jitnan	
10	Sif	
11	Telem	
12	Bealot	
13	Hazor-Hadatta	Es kann sich um zwei verschiedene Städte gehandelt haben.
14	Kerjot-Hezron, das ist Hazor	Dies können auch zwei Städte gewesen sein.
15	Amam	
16	Schema	
17	Molada	

18	Hazar-Gadda	
19	Heschmon	
20	Bet-Pelet	
21	Hazar-Schual	
22	Beerscheba	
23	Bisjotja	
24	Baala	
25	Ijim	
26	Ezem	
27	Eltolad	
28	Kesil	
29	Horma	
30	Ziklag	
31	Madmanna	
32	Sansanna	
33	Lebaot	
34	Schilhim	
35	Ajin	
36	Rimmon	

Vers 32b schließt die Liste ab, indem er eine Gesamtzahl angibt: *Alle Städte sind 29* [an der Zahl] und [dazu noch] *ihre Dörfer*. Die eigentliche Liste enthält insgesamt 36 Namen. Wenn zwei der Städte keine zusammengesetzten, sondern separate Namen hatten, würde sich die Gesamtzahl möglicherweise sogar noch auf 38 erhöhen. Die Diskrepanz zwischen den Zahlen lässt sich folgendermaßen erklären: Neun der Städte wurden später an den Stamm Simeon verteilt (Jos 19,1-9), und so wurden in der obigen Gesamtzahl nur die Städte berücksichtigt, die tatsächlich von Juda besiedelt wurden.

Die Rabbiner vertraten unterschiedliche Ansichten über die Diskrepanz zwischen der in Vers 32 angegebenen Summe und der tatsächlichen Liste in den hebräischen Schriften. Einer der Rabbiner, der die oben genannte Ansicht vertrat, war Raschi. Andere jüdische Gelehrte behaupteten, dass manche der Städte „bloße Dörfer waren und daher nicht als Städte gezählt werden."[278]

278 Cohen, „Joshua and Judges", *Soncino Books of the Bible*, S. 92.

b. Städte in der Schefelah (15,33-44)

Die Verse 33-44 befassen sich mit den Städten der Schefelah, die in Vers 33a je nach Übersetzung „Hügelland" oder „Niederung" genannt wird. Die Elberfelder schreibt: *In der Niederung*. Dann gruppiert der Text die aufgelisteten Städte und Dörfer und präsentiert sie in drei Teilen. Die erste Gruppierung wird in den Versen 33b-36a beschrieben:

Erste Gruppierung der judäischen Städte in der Schefelah (Verse 33b-36a)	
#	Name
1	Eschtaol
2	Zora
3	Aschna
4	Sanoach
5	En-Gannim
6	Tappuach
7	Enam
8	Jarmut
9	Adullam
10	Socho
11	Azeka
12	Schaarajim
13	Aditajim
14	Gedera
15	Gederotajim

Vers 36b liefert die Gesamtzahl: *vierzehn Städte und [dazu noch] ihre Dörfer*. Wieder scheint es eine Diskrepanz zwischen der tatsächlichen Liste der Städte und der Gesamtzahl zu geben. Die Rabbiner boten zwei Antworten an, um dieses Problem zu lösen. Die erste Möglichkeit ist, dass Tappuach und Enam keine getrennten Städte waren, sondern ein Ort mit einem Doppelnamen, wobei die Quellen von Enam als Wasserquelle für Tappuach dienten. Eine zweite Möglichkeit wäre, dass Gedera und Gederotajim eine und nicht zwei Städte waren.[279]

Die Verse 37-41a geben eine zweite Gruppierung von Städten an:

279 Siehe: Cohen, „Joshua and Judges", *Soncino Books of the Bible*, S. 92.

Zweite Gruppierung der judäischen Städte in der Schefelah (Verse 37-41a)	
#	Name
1	Zenan
2	Hadascha
3	Migdal-Gad
4	Dilan
5	Mizpe
6	Jokteel
7	Lachisch
8	Bozkat
9	Eglon
10	Kabbon
11	Lachmas
12	Kitlisch
13	Gederot
14	Bet-Dagon
15	Naama
16	Makkeda

Vers 41b gibt die Gesamtzahl an: *sechzehn Städte und [dazu noch] ihre Dörfer.*

Die Verse 42-44a listen eine dritte Gruppierung von Städten, die zum Stamm Juda gehörten:

Dritte Gruppierung der judäische Städte in der Schefelah (Verse 42-44a)	
#	Name
1	Libna
2	Eter
3	Aschan
4	Jiftach
5	Aschna
6	Nezib
7	Keïla
8	Achsib
9	Marescha

Vers 44b gibt die Gesamtzahl an: *neun Städte und [dazu noch] ihre Dörfer.*

c. Städte in der Küstenebene (15,45-47)

In den Versen 45-47 werden die Städte in der Küstenebene aufgeführt.

Liste der judäischen Städte in der Küstenebene (Verse 45-47)		
#	Name	Kommentar
1	Ekron und seine Tochterstädte und seine Dörfer; von Ekron an und westwärts alle, die seitlich von Aschdod [liegen], und [dazu noch] ihre Dörfer;	Vers 45-46
2	Aschdod, seine Tochterstädte und seine Dörfer	Vers 47a
3	Gaza, seine Tochterstädte und seine Dörfer, bis zum Bach Ägyptens und dem großen Meer und der Küste	Vers 47b Wadi Al-Arisch Mittelmeer

d. Städte im Bergland (15,48-60)

In den Versen 48-60 werden die judäischen Städte des Berglandes in fünf Gruppierungen aufgelistet. Die erste Gruppierung umfasst die Verse 48-51a und beginnt in Vers 48a mit der folgenden Einleitung: *Und im Gebirge.*

Erste Gruppierung der judäischen Städte im Bergland (Verse 48b-51a)	
#	Name
1	Schamir
2	Jattir
3	Socho
4	Danna
5	Kirjat-Sannah, das ist Debir
6	Anab
7	Eschtemo
8	Anim
9	Goschen
10	Holon
11	Gilo

Vers 51b gibt die Gesamtzahl an: *elf Städte und [dazu noch] ihre Dörfer.*
Die zweite Gruppierung findet sich in den Versen 52-54a.

Zweite Gruppierung der judäischen Städte im Bergland (Verse 52-54a)	
#	Name
1	Arab
2	Duma
3	Eschan
4	Janum
5	Bet-Tappuach
6	Afeka
7	Humta
8	Kirjat-Arba, das ist Hebron
9	Zior

Vers 54b gibt die Gesamtzahl an: *neun Städte und [dazu noch] ihre Dörfer*. Die dritte Gruppierung findet sich in den Versen 55-57a.

Dritte Gruppierung der judäischen Städte im Bergland (Verse 55-57a)	
#	Name
1	Maon
2	Karmel
3	Sif
4	Jutta
5	Jesreel
6	Jokdeam
7	Sanoach
8	Kajin
9	Gibea
10	Timna

Vers 57b gibt die Gesamtzahl an: *zehn Städte und [dazu noch] ihre Dörfer*. Die vierte Gruppierung findet sich in den Versen 58-59a.

Vierte Gruppierung der judäischen Städte im Bergland (Verse 58-59a)	
#	Name
1	Halhul
2	Bet-Zur

3	Gedor
4	Maarat
5	Bet-Anoth
6	Eltekon

Vers 59b gibt die Gesamtzahl an: *sechs Städte und [dazu noch] ihre Dörfer.* Die fünfte Gruppierung schließlich ist in Vers 60 zu sehen.

Fünfte Gruppierung der judäischen Städte im Bergland (V. 60a)	
#	Name
1	Kirjat-Baal, dasselbe ist Kirjat-Jearim
2	Rabba

Vers 60b gibt die Gesamtzahl an: *zwei Städte und [dazu noch] ihre Dörfer.*

e. Städte in der Wüste von Juda (15,61-62)
Die Verse 61-62a enthalten eine Liste der Städte in der Wüste von Juda, und der Abschnitt beginnt in Vers 61a mit den Worten: *In der Wüste.*

Liste der judäischen Städte in der Wüste von Juda (Verse 61b-62a)	
#	Name
1	Bet-Araba
2	Middin
3	Sechecha
4	Nibschan
5	die Salzstadt
6	En-Gedi

Vers 62b gibt die Gesamtzahl an: *sechs Städte und [dazu noch] ihre Dörfer.*

f. Der Status von Jerusalem (15,63)
Nach der Aufzählung der Städte in den verschiedenen Regionen Judas schließt Vers 63 den Abschnitt ab, indem er den Status Jerusalems hervorhebt: *Aber die Jebusiter, die Bewohner von Jerusalem, – die Söhne Juda konnten sie nicht vertreiben. Und die Jebusiter wohnen [zusammen] mit den*

Söhnen Juda in Jerusalem bis zum heutigen Tag. Weil es Juda nicht gelang, die Bewohner Jerusalems zu vertreiben, lebten die Jebusiter dort „bis zum heutigen Tag". Dieser Satz zeigt, dass das Buch Josua vor der Zeit Davids geschrieben worden sein muss, denn unter David wurde Jerusalem durch das Recht der Eroberung zu seiner Stadt. Was die Grenzen angeht, so wurde die Stadt dem Stamm Benjamin gegeben.

Ein rabbinischer Kommentar macht die folgende Beobachtung:

> Dieser Abschnitt kann auch in seinem einfachen Sinn verstanden werden: Jerusalem war so stark befestigt, dass es unmöglich war, das gesamte umliegende Gelände einzunehmen. Ein Feldzug gegen Jerusalem wäre ein zu kostspieliges Unterfangen gewesen. Die Kinder Judas wählten daher den Weg der „friedlichen Koexistenz", wie es im modernen Sprachgebrauch heißt. Erst in den Tagen des Königs David gelang es den jüdischen Heeren, im Rausch des Sieges über alle umliegenden Feinde, die Festung zu erobern. Diese Heldentat machte die Stadt Jerusalem auf ewig zur Stadt Davids.[280]

Obwohl Jerusalem zum Stamm Benjamin gehörte, stellt der Talmud fest, dass auch Juda einen Anteil an der Stadt hatte:

> Die Gemara erklärt den Streit in der zitierten *Baraita*: In Bezug auf welchen Grundsatz sind sich Rabbi Jehuda und die Rabbiner uneinig? Der erste *Tanna* behauptet: Jerusalem wurde nicht unter den Stämmen aufgeteilt, sondern gehörte dem gesamten jüdischen Volk, und als solches wird es nicht rituell unrein, wenn manche Bürger Lepra bekommen. Rabbi Jehuda hält fest: Jerusalem wurde unter den Stämmen Juda und Benjamin aufgeteilt. Daher gelten dort die gleichen *Halachot* der Unreinheit wie in allen anderen Städten in *Eretz Israel*.
>
> Die Gemara erklärt: Und dieser Streit entspricht dem Streit zwischen diesen *Tannaim*, wie er in einer *Baraita* gelehrt wurde: Welcher Teil des Tempels befand sich in dem Gebiet des Stammes Juda? Es war der Teil, der den gesamten Tempelberg umfasste, mit Ausnahme der Bereiche, die zu Benjamin gehörten, sowie den Kammern und den Höfen. Und welcher Teil des Tempels befand sich in dem Erbteil des Stammes Benjamin? Es war der Teil, der die Eingangshalle des Heiligtums, das Heiligtum selbst und das Allerheiligste einschließt. Und ein Streifen Land geht aus dem Gebiet Judas hervor und reicht in den Teil

280 Raschi, *The Book of Joshua*, S. 111.

des Gebietes von Benjamin hinein, auf dem der Altar gebaut ist. Und Benjamin, der Gerechte, sehnte sich täglich danach, diesen Streifen Land einzunehmen. Denn der Stamm war enttäuscht, dass der Streifen, der zum Stamm Juda gehörte, sein Stammesland durchschnitt, und wollte, dass Juda das Eigentum auf ihn übertrug, damit das Land mit dem Altar zu Benjamin gehören würde.[281]

F. Die Stämme Josefs (16,1-17,18)

Die Zuteilung für die Stämme Josefs wird in Josua 16,1-17,18 ausführlich beschrieben. Einleitend sei angemerkt, dass Josef zwei Söhne hatte, Ephraim und Manasse, und diesen wurden die Landanteile Josefs gegeben. Der Stamm Manasse war insofern etwas Besonderes, als die eine Hälfte Land in Transjordanien erhalten hatte und der anderen Hälfte ein Gebiet auf der Westseite des Flusses zugeteilt werden sollte. Der Soncino-Kommentar zu Josua merkt an:

> Der Landanteil Josefs markierte die nördlichste Grenze von Josuas Eroberungen und grenzte nicht an das Gebiet von Juda, da das Land zwischen ihnen anderen Stämmen zugeteilt wurde. Dennoch folgt der Bericht über Josefs Zuteilung unmittelbar auf die von Juda, weil der Stamm Ephraim in der Geschichte des Volkes eine herausragende Bedeutung hatte.[282]

1. Das Gebiet (16,1-4)

Vers 1a erwähnt die Methode, die zur Landverteilung eingesetzt wurde: *Und das Los kam heraus für die Söhne Josef.* Das letzte Mal, dass die Verteilung des Landes per Los erwähnt wurde, war im Zusammenhang mit Josua 14,1-5 und 15,1. Nachdem die Landzuteilung von Juda mit einem ausführlichen Exkurs bezüglich des Sonderstatus von Kaleb beschrieben wurde, kehrt der Bericht nun zu dieser Auslosung zurück. Die Nachkommen Josefs zogen ein Los, aber das Gebiet wurde zwischen zwei Stämmen aufgeteilt: Ephraim und Manasse. Die Reihenfolge basiert auf dem Segen Jakobs in 1. Mose 48. Daher wird in Vers 4 zuerst Manasse erwähnt, aber dann werden die Grenze und das Erbe von Ephraim detailliert beschrieben.

281 *bT. Yoma* 12a.
282 Cohen, „Joshua and Judges“, *Soncino Books of the Bible*, S. 96.

Die beiden Stämme erhielten einen Teil des zentralen Hügellandes südlich der Jesreel-Ebene und nördlich der Zuteilungen von Benjamin und Dan. Ephraim erhielt den südlichen Teil dieses Gebietes.

Die Verse 1b-3 beschreiben die Grenze Ephraims, wobei Vers 1b den Anfangspunkt markiert: *vom Jordan bei Jericho an, dem Wasser von Jericho im Osten: die Wüste, die von Jericho aus zum Gebirge von Bethel hinaufsteigt*. Die Beschreibung der Grenze beginnt am Jordan, östlich der Quellen von Jericho. Von dort führte sie durch die Wüste ins Bergland nach Bethel.

In Vers 2 wird die Beschreibung wie folgt fortgesetzt: *Und [die Grenze] ging aus von Bethel nach Lus und ging hinüber zum Gebiet der Arkiter, nach Atarot*. Bethel und Lus werden als zwei getrennte Städte bezeichnet, aber an anderer Stelle in der Bibel werden sie als ein und dieselbe Stadt identifiziert (z.B. 1Mo 28,19; Jos 18,13; Rich 1,23). Die einfache Lösung ist, dass der Name Bethel ursprünglich nicht der Stadt Lus selbst gegeben wurde, sondern dem Ort, an dem Jakob seinen Altar errichtete. Dieser Ort muss außerhalb der Stadt gelegen haben. Später aber wurde er wichtig, und so wurde sein Name auf die nahegelegene Stadt selbst übertragen. Jakobs Bethel war das, was heute als Burj-Beitin bekannt ist und zwischen Ai und dem heutigen Beitin liegt. Die antike Stätte von Lus-Bethel liegt im heutigen Beitin.

Vers 3 offenbart die Fortsetzung der Grenze nach Westen: *und stieg westwärts hinunter zum Gebiet der Jafletiter bis an das Gebiet vom unteren Bet-Horon und bis Geser; und sie endete am Meer*. Wie bereits erwähnt, gab es zwei Städte mit dem Namen Bet-Horon. Sie lagen recht nah aneinander und wurden manchmal auch als eine Stadt erwähnt. Wenn sie voneinander unterschieden werden sollten, wie in diesem Vers, dann sprach man von Ober-Bet-Horon und Unter-Bet-Horon. Das Meer, an welchem die Grenze endete, ist das Mittelmeer.

Vers 4 beschreibt das Gebiet als das Erbteil der Stämme: *So erhielten die Söhne Josefs, Manasse und Ephraim, ihr Erbteil*. Hier gab der Autor zuerst die genealogische Reihenfolge an, und die war Manasse und Ephraim. Dann fuhr er mit der Beschreibung der Landesgrenzen Ephraims fort und gab diesem Stamm in Übereinstimmung mit Jakobs Segen aus 1. Mose 48 den Vorrang.

2. Der Stamm Ephraim (16,5-10)

In den Versen 5-8a werden die Grenzen des Landes, welches dem Stamm Ephraim zugeteilt wurde, genauer definiert. Vers 5 beginnt mit dem südlichen Teil: *Es war aber [dies] die Grenze der Söhne Ephraim nach ihren Sippen: Die Grenze ihres Erbteils im Osten war Atrot-Addar bis Ober-Bet-Horon*. Ein

Teil der Südgrenze Ephraims, welche zugleich die Nordgrenze Benjamins war, führte also in Richtung Westen von Atarot-Addar bis zum oberen Bet-Horon. Vers 6 setzt die Beschreibung der Grenze fort, indem er zu einem Teil der Nordgrenze Ephraims springt: *Und die Grenze lief zum Meer hin, Michmetat im Norden. Und die Grenze wandte sich nach Osten nach Taanat-Silo und ging daran vorbei ostwärts nach Janoach.* Michmetat war der nördlichste Zipfel des Gebiets von Ephraim und lag am Berg Garizim. Östlich von dieser Stadt lag Taanat-Silo. Vers 7 fährt fort: *Dann stieg sie von Janoach hinab nach Atarot und Naara und stieß an Jericho und lief am Jordan aus.* Dieser Abschnitt beschreibt die östliche Grenze Ephraims, von der ein Teil der Jordan war. Schließlich beschreibt Vers 8a einen weiteren Teil der nördlichen Grenze: *Von Tappuach ging die Grenze westwärts zum Bach Kana, und sie endete am Meer.* Ephraim selbst hatte keinen Zugang zum Mittelmeer, aber der Bach Kana, der in Ephraim entspringt, floss von dort ins Meer. Der Soncino-Kommentar weist erneut darauf hin, dass Ephraim gemäß Genesis 48 „den Vorrang vor Manasse erhielt, obwohl er der Jüngere war."[283]

In den Versen 8b-9 geht es um das Erbteil Ephraims. Vers 8b gibt die grundlegende Tatsache an: *Das ist das Erbteil des Stammes der Söhne Ephraim nach ihren Sippen.* Vers 9 nennt weitere Einzelheiten: *Und die ausgesonderten Städte gehörten den Söhnen Ephraim mitten im Erbteil der Söhne Manasse: alle Städte und ihre Dörfer.* Einige der Städte, die Ephraim zugeschrieben wurden, gehörten eigentlich zu Manasse. Ein Beispiel hierfür ist Tappuach (Jos 17,8).

In Vers 10 geht es um den Status von Geser: *Aber sie trieben die Kanaaniter nicht aus, die in Geser wohnten. Und die Kanaaniter blieben inmitten von Ephraim wohnen bis zum heutigen Tag, und sie wurden zu fronpflichtigen Knechten.* Das Versagen der Ephraimiten, die Kanaaniter aus Geser zu vertreiben, führte dazu, dass diese weiterhin unter den Israeliten lebten. Allerdings mussten sie Knechtsarbeit verrichten. Dies bereitete den Boden für das, was in 1. Könige 9,16-17 geschehen würde, als der Pharao die Stadt eroberte und sie Salomo als Mitgift gab. Erneut erwähnte der Autor, dass die Situation *bis zum heutigen Tag* gleichgeblieben war, und das zeigt, dass das Buch vor der Zeit Salomos geschrieben worden sein muss.

3. Der Stamm Manasse (17,1-13)

Die Verse 1-13 handeln von der Landzuteilung an den Stamm Manasse, wobei die Verse 1-6 die Sippen des Stammes behandeln und die Verse 7-13 das eigentliche Gebiet beschreiben.

283 Cohen, „Joshua and Judges", *Soncino Books of the Bible*, S. 97.

a. Die Sippen von Manasse (17,1-6)

Vers 1 beginnt mit dem Los: *Und das Los fiel für den Stamm Manasse – denn er war Josefs Erstgeborener –, [und zwar] für Machir, den Erstgeborenen Manasses, den Vater Gileads. Denn der war ein Kriegsmann, und es wurden ihm Gilead und Baschan [zuteil].* Machir war nicht nur der erstgeborene Sohn, sondern auch der einzige Sohn Manasses (1Mo 50,23; 4Mo 26,29). Der Soncino-Kommentar erklärt:

> *Machir, der Erstgeborene von Manasse.* Ein Vergleich dieses Verses mit 4. Mose xxvi. 29ff. zeigt eine scheinbare Diskrepanz. Dort ist Machir der einzige Sohn Manasses (vgl. auch 1Mo 50,23), und Abieser usw. werden als *die Söhne Gileads* bezeichnet. Die Erklärung ist, dass der Ausdruck „Söhne", wie oft im Hebräischen, „Nachkommen" bedeutet, wobei diese Nachkommen nicht notwendigerweise die der ersten Generation sein müssen.[284]

Machir war der Vater von Gilead, und wieder bietet der Soncino-Kommentar eine Erklärung der Abstammungslinie:

> *der Vater Gileads.* Wörtl. „der Vater *des* Gilead", aber in Vers 3, wo der Sohn noch einmal persönlich genannt wird, wird der bestimmte Artikel weggelassen. Es ist daher wahrscheinlich, dass „die Sippe von Gilead" gemeint ist, und der Rest des Verses sollte folgendermaßen übersetzt werden: „weil er kriegerisch war, darum hatte er Gilead und Baschan". Diese Deutung wird durch 5. Mose iii. 14f. gestützt, wo berichtet wird, dass Jair, der Sohn Manasses, Baschan eroberte und Gilead Machir zugeteilt wurde, d.h. es sind Sippen und nicht Einzelpersonen gemeint.[285]

Josef erhielt ein doppeltes Erbteil, aber seine beiden Söhne erhielten getrennte Gebiete. Als der älteste Sohn Josefs erhielt Manasse einen doppelten Anteil, indem ihm Gebiete auf beiden Seiten des Jordan zugeteilt wurden. Machir, der wiederum der erstgeborene Sohn Manasses war, erhielt auch einen doppelten Anteil, indem er Gilead und Baschan bekam, die in Transjordanien lagen.

Vers 2 bietet eine Liste der anderen Sippen, beginnend mit einer einleitenden Aussage: *Und es* [das Los] *fiel für die übrigen Söhne Manasse nach ihren Sippen.* Dann werden diese Sippen folgendermaßen aufgelistet:

---

284 Ebd., S. 98.
285 Ebd., S. 99.

Liste der Sippen von Manasse (Jos 17,2b)		
#	Name	Kommentar
1	die Söhne des Abiëser	Gideon stammte aus dieser Sippe (Rich 6,34; 8,2)
2	die Söhne des Helek	
3	die Söhne des Asriël	
4	die Söhne des Sichem	
5	die Söhne des Hefer	
6	die Söhne des Schemida	

Der Vers endet mit einer abschließenden Identifizierung dieser Sippen: *das waren die Söhne Manasses, des Sohnes Josefs, die männlichen [Nachkommen] nach ihren Sippen.*

Die Verse 3-4 enthalten eine Nebenaussage über die Töchter Zelofhads. In Vers 3 wird die Familie als solches vorgestellt: *Und Zelofhad, der Sohn Hefers, des Sohnes Gileads, des Sohnes Machirs, des Sohnes Manasses, hatte keine Söhne, sondern nur Töchter. Und dies sind die Namen seiner Töchter: Machla, Noa, Hogla, Milka und Tirza.* Die Geschichte von Zelofhad wird in 4. Mose 27 erwähnt. Der Text verrät zwar nicht viel über diesen Mann, aber er stellt fest, dass er während der Wüstenwanderung starb und dass er keine Rolle in Korachs Rebellion gespielt hatte, obwohl er zum selben Stamm gehörte. Zelofhad hatte keine männlichen Nachkommen, aber fünf Töchter. Nach seinem Tod traten diese an Mose heran und legten einen Rechtsfall bezüglich des Erbes ihres Vaters vor. Vers 4 verrät, dass sie ihre Angelegenheit nun Josua und den anderen Anführern Israels darbrachten: *Und sie traten hinzu vor den Priester Eleasar und vor Josua, den Sohn des Nun, und vor die Fürsten und sagten: Der Herr hat Mose geboten, uns ein Erbteil unter unseren Brüdern zu geben. Da gab er ihnen nach dem Befehl des Herrn ein Erbteil unter den Brüdern ihres Vaters.* Die Töchter Zelofhads baten darum, dass ihnen das Erbe ihres Vaters zugeteilt würde. Ihre Bitte entsprach einem Gesetz, das in 4. Mose 27,1-11 und 36,1-12 zu finden ist. Diese Abschnitte besagen, dass die Töchter eines Mannes, der keine männlichen Nachkommen hat, ein Anrecht auf das Erbe ihres Vaters haben. Auf der Grundlage dieses Gesetzes teilte Josua den Töchtern von Zelofhad Land zu.

Der Talmud merkt an: „Die Töchter Zelofhads sind weise, sie sind Auslegerinnen von Versen, und sie sind fromm."[286] Eine andere rabbinische Lehrmeinung bezüglich der Töchter Zelofhads bezieht sich auf 4. Mose 27,3. In

286 *bT. Bava Batra* 119b.

diesem Vers sagten diese Frauen zu Moses, dass ihr Vater in seiner eigenen Sünde gestorben sei. Diese Aussage führte zu einer Debatte unter den Rabbinern. Der Talmud stellt das Problem dar:

> Wie es in einer *Baraita* gelehrt wird, zitiert der Vers die Töchter von Zelofhad: „Unser Vater ist in der Wüste gestorben; er war aber nicht inmitten der Rotte derer, die sich in der Rotte Korachs gegen den HERRN zusammenrotteten, sondern er ist in seiner eigenen Sünde gestorben; aber er hatte keine Söhne." (4Mo 27,3) […] „Unser Vater starb in der Wüste", das bezieht sich auf Zelofhad. „Und er war nicht inmitten der Rotte", das bezieht sich auf die Versammlung derjenigen, die das Land auskundschaften. „Die sich gegen den HERRN zusammenrotteten", das sind die Protestler. „In der Rotte Korachs", das ist eindeutig. Aus diesem Vers geht klar hervor, dass diejenigen, die zu diesen Kategorien gehören, keinen Anspruch auf einen Erbteil in *Eretz Israel* hatten.[287]

Mit anderen Worten: Hätte Zelofhad an der Rebellion Korachs teilgenommen, hätten seine Töchter nicht das Recht gehabt, sein Erbe einzufordern. Daher erklärten die Töchter, dass er in seiner eigenen Sünde, und nicht der des Korachs, gestorben sei. Raschi bemerkte:

> [Zelofhads Töchter] sahen sich gezwungen zu sagen, dass er keinen Anteil an der Sünde derer hatte, die sich auflehnten, noch war er Teil der Gruppe Korachs gewesen, die das Volk gegen den Heiligen, gepriesen sei Er, aufhetzte […], sondern er war nur durch seine eigene Sünde gestorben und hatte andere nicht dazu gebracht, mit ihm zu sündigen. – Was diese Sünde betrifft, sagte R. Akiba, dass er der Mann war, der am Sabbat Stöcke sammelte (4. Mose 15,32); R. Simeon sagte, dass er einer von denen war, die sich anmaßten, Gottes Gebot zu missachten (4. Mose 14,44).[288]

Der talmudische Traktat *Schabbat* 96b bemerkt bezüglich der Sünde Zelofhads:

> Zum Thema des Holzsammlers zitiert die Gemara das, was die Weisen in einer *Baraita* lehrten: Der Holzsammler, der in der Tora erwähnt wird, war Zelofhad, und es heißt: „Und als die Söhne Israel in der

287 *bT. Bava Batra* 118b.

288 *Raschi zu 4. Mose 27,3*; abgerufen von www.sefaria.org.

Wüste waren, da fanden sie einen Mann, der am Sabbattag Holz auflas" (4. Mose 15,32); und weiter unten, in der Berufung der Töchter Zelofhads, heißt es: „Unser Vater ist in der Wüste gestorben [...]" (Numeri 27,3). So wie dieser Mann in der Wüste Zelofhad war, so war auch im Fall des Holzsammlers der namenlose Mann in der Wüste Zelofhad; das ist die Aussage von Rabbi Akiva.[289]

Die Spekulationen der Rabbiner über Zelofhads Sünde führten schließlich zu ihrem gemeinsamen Urteil, dass Zelofhad doch ein gerechter Mann war, was seinen Töchtern erlaubte, sein Erbe einzufordern.[290]

Nachdem der Text in Josua 17 den besonderen Fall der Töchter Zelofhads geschildert hat, fährt er fort, die Aufteilung des Gebietes an den Rest des Stammes Manasse aufzuzeichnen. In Vers 5 geht es um die Anzahl der Anteile: *So fielen dem Manasse zehn Anteile zu, außer dem Land Gilead und Baschan, das jenseits des Jordan [liegt].* Der Sinn der in diesem Vers aufgeführten Einschränkung ist, dass die zehn Landanteile nur auf der cisjordanischen Seite lagen. Der Vers lässt das Gebiet, welches auf der transjordanischen Seite bereits verteilt worden war, unberücksichtigt. Vers 6a liefert den Grund für die zehn Anteile: *Denn die Töchter Manasses erhielten ein Erbteil unter seinen Söhnen.* Fünf Erbteile sollten an die fünf Sippen aus Vers 2 gehen und die anderen fünf an die Töchter Zelofhads. Der Soncino-Kommentar stellt fest, dass „die zehn Anteile nicht unbedingt gleich groß waren."[291]

Vers 6b erklärt die Situation Gileads: *Das Land Gilead aber wurde den übrigen Söhnen Manasses [zuteil].* Wie schon bei der Besprechung von Vers 1 erwähnt, gehörte diese Region auf der transjordanischen Seite dem Stamm Machir.

b. Das Gebiet von Manasse (17,7-13)

Das Gebiet von Manasse auf der Westseite des Jordan grenzte im Norden an die Gebiete von Issaschar, Sebulon und Asser und im Süden an die Gebiete von Benjamin, Ephraim und Dan. Eine natürliche Grenze im Osten war das Jordantal, und die westliche Grenze war das Mittelmeer. Die Verse 7-10 beschreiben diese Grenzen, beginnend in Vers 7 mit ihrem Südteil: *Die Grenze Manasses war von Asser nach Michmetat, das gegenüber von Sichem [liegt]. Und die Grenze ging [dann] nach rechts zu den Bewohnern von En-Tappuach hin.* Das Asser, welches in diesem Vers erwähnt wird, ist nicht der

289 *bT. Schabbat* 96b.
290 Siehe: Drucker, *Yehoshua*, S. 349.
291 Cohen, „Joshua and Judges", *Soncino Books of the Bible*, S. 99.

Stamm, sondern die Stadt Asser. Die Lage von Michmetat ist noch unbekannt. Sichem hingegen wird in 1. Mose und in anderen Büchern der Bibel häufig erwähnt und lag zwischen dem Berg Elbal und dem Berg Garizim. In späteren Zeiten wurde es eine wichtige Stadt in Samaria.

Vers 8 offenbart, dass der Bezirk En-Tappuach zwar zu Manasse gehörte, die Stadt an der Grenze zu Manasse aber dem Stamm Ephraim zugeteilt wurde: *Dem Manasse gehörte das Land Tappuach; aber Tappuach [selbst] an der Grenze Manasses gehörte den Söhnen Ephraim.*

Vers 9 erwähnt zwei Gewässer: *Und die Grenze stieg hinab zum Bach Kana, [und zwar] auf der Südseite des Baches. Diese Städte gehörten Ephraim inmitten der Städte Manasses. Und das Gebiet Manasses war nördlich vom Bach und endete am Meer.* Die Grenze verlief entlang der Mitte des Baches, sodass seine Südseite zu Manasse gehörte. Die Städte auf dieser Seite wurden jedoch zu Ephraim gerechnet. Das erwähnte Meer ist das Mittelmeer.

Vers 10 schließt die Beschreibung der Grenze und erklärt: *Nach Süden zu [gehörte es] Ephraim und nach Norden zu Manasse. Das Meer war seine Grenze. Und an Asser stießen sie im Norden, an Issaschar [dagegen] im Osten.* Das Land südlich des Baches war Ephraim zugeteilt, und das Land gegen Norden gehörte Manasse. Das hier erwähnte Asser ist der Stamm dieses Namens, und die Grenze endete mit dem Gebiet von Issaschar.

Vers 11 gibt eine Liste der Städte, die zu Manasse gehörten: *Und dem Manasse gehörte in Issaschar und in Asser: Bet-Schean und seine Tochterstädte, Jibleam und seine Tochterstädte, die Bewohner von Dor und seine Tochterstädte, die Bewohner von En-Dor und seine Tochterstädte, die Bewohner von Taanach und seine Tochterstädte und die Bewohner von Megiddo und seine Tochterstädte: das Dreihügelgebiet.* Manasse besaß mehrere Städte in den Gebieten von Issaschar und Asser. Das Dreihügelgebiet, welches in diesem Vers erwähnt wird, könnte sich auf Gebiete beziehen, in denen die oben genannten Städte lagen. Wenn ja, dann waren die drei Hügel der Berg Karmel, der Berg Tabor und der Berg Moreh.

Die Verse 12-13 berichten wieder von einem Versagen der Israeliten. Vers 12 erwähnt eine Zeit der Schwäche: *Aber die Söhne Manasse konnten diese Städte nicht in Besitz nehmen; so gelang es den Kanaanitern, in diesem Land wohnen zu bleiben.* Darauf folgt in Vers 13 die Beschreibung einer Zeit der Stärke: *Und es geschah, als die Söhne Israel stärker wurden, machten sie die Kanaaniter zu Zwangsarbeitern; aber sie vertrieben sie keineswegs.* Zwangsarbeit war nicht dasselbe wie Ausrottung, was der eigentliche Befehl Gottes an Mose gewesen war, und so führte auch die Zeit der Stärke nicht zu dem gewünschten Ergebnis. Vielmehr bereitete das Versagen in diesen Versen die Bühne für die Ereignisse, die später im Buch der Richter auftauchen, wo drei Dinge folgten:

1. Synkretismus, als die Israeliten begannen, religiöse Praktiken der Kanaaniter als Teil der Anbetung Jehovas anzunehmen;
2. Abtrünnigkeit, als sie vollends in den Götzendienst der Kanaaniter übergingen;
3. Weitere Kriege, was bedeutet, dass sie nicht mehr die Ruhe hatten, die Josua ihnen gab.

4. Die Klagen der Stämme Josefs (17,14-18)

In den Versen 14-18 brachten die Nachkommen Josefs zwei Beschwerden vor. Die erste Beschwerde findet sich in Vers 14: *Und die Söhne Josef redeten zu Josua: Warum hast du mir als Erbteil [nur] ein Los und einen Anteil gegeben? Ich bin doch ein zahlreiches Volk, weil der Herr mich so [reich] gesegnet hat!* Mit anderen Worten behaupteten die Nachkommen Josefs, dass ihre Landzuteilung angesichts ihrer großen Bevölkerung zu klein war. Laut der Volkszählung in 4. Mose 26,34 und 37 hatte Ephraim zu diesem Zeitpunkt 32.500 Männer, und Manasse bestand aus 52.700 Menschen. Dabei ist zu bedenken, dass bei solchen Volkszählungen nur die Männer über 20 Jahre gezählt wurden. Um die Gesamtbevölkerung zu erhalten, werden die Zahlen normalerweise mit vier multipliziert. Ephraim mag eine besondere Behandlung erwartet haben, weil Josua selbst zu diesem Stamm gehörte (4Mo 13,8).

Vers 15 gibt die Antwort Josuas wieder: *Da sagte Josua zu ihnen: Wenn du ein zahlreiches Volk bist, steige in den Wald hinauf und rode für dich dort im Land der Perisiter und der Refaïter, weil dir das Gebirge Ephraim zu eng ist!* Josua schlug die Abholzung des Waldes als Lösung des Problems vor. Diese hätte das Land für die Bepflanzung nutzbar gemacht. Da das Land im Gebirge lag, hätte diese Methode zu Terrassen geführt, welche es erlaubten, das abfließende Wasser aufzufangen und die Felder zu bewässern.[292]

Vers 16 offenbart die zweite Klage: *Die Söhne Josef aber sagten: Das Gebirge reicht für uns nicht aus, und bei allen Kanaanitern, die im Flachland wohnen, sind eiserne Wagen: bei denen in Bet-Schean und seinen Tochterstädten und bei denen im Tal Jesreel.* Die eisernen Streitwagen der Kanaaniter erlaubt eine Einordnung dieses Berichts in die Chronologie des Buches Josua. Wahrscheinlich fand die Landverteilung früh, nämlich kurz nach der Eroberung Kanaans statt, als diese Streitwagen für die Israeliten noch ein militärisches Thema waren. Die Vertreibung der Kanaaniter aus

292 Für Details bezüglich der Geschichte solcher Terrassen, siehe: Hess, *Tyndale Old Testament Commentaries, Vol. 6 – Joshua*, S. 287.

diesem Tal würde erst in Richter 4-5 unter Barak stattfinden, und dieses Ereignis spielte sich also vorher ab.

Die Verse 17-18 geben Josuas Antwort auf die zweite Beschwerde, beginnend in Vers 17a mit den Adressaten: *Da sagte Josua zum Haus Josef, zu Ephraim und zu Manasse.* Die Verse 17b-18 offenbaren den Inhalt dessen, was Josua sagte: *Du bist ein zahlreiches Volk und hast eine große Kraft. Du sollst nicht [nur] ein Los haben, sondern ein Gebirge soll dir [zuteil] werden. Es ist ja ein Wald, den kannst du roden, und [auch] seine Ausläufer sollen dir gehören. Denn du wirst die Kanaaniter vertreiben, auch wenn sie eiserne Wagen haben – auch wenn sie stark sind.* Nachdem Josua anerkannt hatte, dass Ephraim und Manasse tatsächlich zahlreich waren, fügte er hinzu, dass sie auch sehr stark waren. Er versprach, dass ihnen nicht nur ein Gebiet zugeteilt würde. Als erstes würden sie das Bergland erhalten, und sie würden es durch Abholzung nutzbar machen können. Dann sollte das Los noch einmal gezogen werden, und es würde ihnen die Täler zuteilen. Diese würden sie sich durch einen Feldzug gegen die Kanaaniter sichern. Hier handelte es sich also um einen neuen Ratschlag, und die Stämme Josefs mussten zwei Dinge tun:

1. Das Bergland roden, um es bebaubar zu machen;
2. Die Kanaaniter im Tal Jesreel und am Beth-Schean-Pass besiegen.

Die Rabbiner bemerkten, dass dies nicht das letzte Mal war, dass sich die Stämme Josefs beschwerten: „Beachte in der Unzufriedenheit, die das Haus Josef jetzt zum Ausdruck bringt, das Gemurmel der lauteren Klagen, die wir später von ihnen gegen Gibeon (Richter viii. 1-3), gegen Jiftach (Richter xii. 1-7) und gegen David (2. Samuel xx. 21) hören.“[293]

G. Die Vorbereitungen für die endgültige Teilung des Landes (18,1-10)

Die Verse 1-10 dienen als Einleitung für die Diskussion über die Landzuteilungen der übrigen Stämme, die in Josua 18,11-19,51 behandelt werden. In dieser Einleitung wurde die Stiftshütte in Silo errichtet und das Land vermessen.

293 Cohen, „Joshua and Judges“, *Soncino Books of the Bible*, S. 103.

1. Die Stiftshütte (18,1)

Bevor die übrigen Stämme ihr Erbe erhielten, zogen die Israeliten von Gilgal etwa 30 km nordwestlich nach Silo. Dort wurde eine Versammlung einberufen: *Und die ganze Gemeinde der Söhne Israel versammelte sich in Silo, und sie schlugen dort das Zelt der Begegnung auf; und das Land war vor ihnen unterjocht.* Silo wurde die neue Heimat der Stiftshütte und sollte es bis zur Zerstörung der Stadt durch die Philister in den Tagen von Eli und Samuel bleiben. Dieser Standort brachte das Zelt der Begegnung,[294] in dem die Bundeslade untergebracht war, in die Mitte des Landes. Der Vers besagt, dass die Israeliten nun ganz Kanaan kontrollierten. An anderer Stelle heißt es einfach, dass das Land Ruhe vom Krieg hatte (z.B.Jos 11,23; 14,15). Wie der Kontext jedoch zeigt, wurde nicht jede Stadt erobert, und so bedeutet der Begriff „unterjochen" nicht, dass es keine militärischen Auseinandersetzungen mehr gab. Es bedeutet einfach, dass keine nationalen Kriege mehr geführt werden mussten, die alle Stämme betrafen. Wie das Buch der Richter zeigt, waren alle Schlachten, die nach Josua 18 aufgezeichnet wurden, stammesbezogen und betrafen geographisch begrenzte Gebiete. Das Land als Ganzes war also zu diesem Zeitpunkt tatsächlich unter Israels Kontrolle gebracht worden.

Nach rabbinischer Überlieferung erfolgte die Errichtung der Stiftshütte in Silo 14 Jahre nach dem Einzug Israels in das Land, und sie blieb dort 389 Jahre, „bis während der Hohepriesterschaft Elis (1Sam iv. 11) die Philister die Bundeslade erbeuteten und Silo zerstörten."[295] Von dort ging die Stiftshütte nach Nob, dann nach Gibeon und schließlich nach Jerusalem. Alle vier Orte gehörten zum Stamm Benjamin.

2. Die Vermessung des Landes (18,2-10)

Die Verse 2-10 handeln von der Vermessung des Landes, das den verbleibenden Stämmen zugeteilt werden sollte. Vers 2 liefert den Umstand: *Es blieben aber unter den Söhnen Israel sieben Stämme übrig, die ihr Erbteil noch nicht [unter sich] verteilt hatten.*

Weil diese sieben Stämme ihr Erbteil noch nicht erhalten hatten, gab Josua mehrere Anweisungen, beginnend in Vers 3 mit einer Ermahnung: *Da sagte Josua zu den Söhnen Israel: Wie lange [noch] seid ihr [zu] nachlässig, um hinzugehen, um das Land in Besitz zu nehmen, das der Herr, der Gott*

---

294 Im Buch Josua findet sich der Begriff „Zelt der Begegnung" nur zweimal: hier und noch einmal in 19,51.

295 Cohen, „Joshua and Judges", *Soncino Books of the Bible*, S. 103.

eurer Väter, euch gegeben hat? Offensichtlich führten die verbliebenen sieben Stämme weiterhin einen nomadischen Lebensstil. Deshalb erinnerte sie Josua daran, dass sie ihr Erbe in Besitz nehmen mussten.

In Vers 4 gab er einen Befehl: *Nehmt euch drei Männer für [je] einen Stamm, die ich [dann] aussenden werde! Und sie sollen sich aufmachen, das Land durchwandern und es aufschreiben entsprechend ihrem Erbteil und [dann] zu mir kommen.* Die Stämme sollten 21 Männer ernennen, die Josua dann als Landvermesser aussenden würde. Als solche sollten sie mit Josuas Vollmacht durch das Land ziehen und erst dann zurückkehren, wenn sie es im Detail beschreiben konnten.

Die Verse 5-7 wiederholen, welche Stämme bereits ihren Anteil am Land erhalten hatten, wobei Vers 5 von Juda und den Stämmen Josefs spricht: *Sie sollen es unter sich in sieben Teile aufteilen. Juda soll auf seinem Gebiet bleiben gegen Süden, und das Haus Josef bleibt auf seinem Gebiet im Norden.* Die Stämme Judas und Josephs brachten die Zahl der berechtigten Stämme auf zehn. Da sie jedoch ihr Erbe bereits erhalten hatten, hatten sie kein Anrecht mehr auf zusätzliches Land. Vers 7 liefert weitere Informationen über die Zahl Sieben in diesem Vers.

In Vers 6 erklärte Josua, was die Landvermesser mit dem Ergebnis ihrer Arbeit tun sollten: *Ihr aber sollt das Land zu sieben Teilen aufschreiben und mir [das Verzeichnis] hierherbringen. Ich werde euch dann das Los werfen hier vor dem Herrn, unserem Gott.* Die Landvermesser sollten das Ergebnis ihrer Arbeit zu Josua bringen, der dann seinerseits dieses Land unter den sieben Stämmen aufteilen wollte. Da Josua nun in Silo war, wo sich die Stiftshütte und die Bundeslade befanden, würde diese Auslosung in der Gegenwart Gottes stattfinden. Die Stämme konnten sich also darauf verlassen, dass je nachdem, wie das Los fiel, sie genau das Gebiet erhalten würden, das Gott ihnen zukommen lassen wollte.

Vers 7 liefert den anderen Grund dafür, dass der Abschnitt nur von sieben Stammeszuteilungen spricht: *Denn die Leviten haben keinen Anteil in eurer Mitte, sondern das Priestertum des Herrn ist ihr Erbteil. Gad und Ruben und der halbe Stamm Manasse haben jenseits des Jordan, im Osten, ihr Erbteil empfangen, das Mose, der Knecht des Herrn, ihnen gegeben hat.* Der Stamm Levi sollte kein Land erhalten. Dann erwähnt der Vers Gad, Ruben und den halben Stamm Manasse, denen Land auf der Ostseite des Jordan zugeteilt worden war. Somit wurde die Zahl der Landesteile in Vers 5 auf sieben reduziert.

Die Verse 8-9 berichten von der Vermessung des Landes, beginnend in Vers 8 mit der Gehorsamshandlung: *Und die Männer machten sich auf und gingen hin. Und Josua befahl denen, die hingingen, um das Land aufzuschrei-*

ben: Geht hin, durchwandert das Land und schreibt es auf, und kommt wieder zu mir! Und hier werde ich euch das Los werfen vor dem Herrn, [hier] in Silo. Der Zweck der Vermessung war nicht, die Feinde der Israeliten auszuspionieren, sondern Informationen über die Beschaffenheit des Landes zu sammeln. Vers 9 zeigt die Erfüllung: *Da gingen die Männer und durchzogen das Land und schrieben es nach Städten zu sieben Teilen in einem Buch auf. Dann kamen sie [zurück] zu Josua ins Lager nach Silo.*

Schließlich wird in Vers 10 die Teilung durch das Los aufgezeichnet: *Da warf ihnen Josua das Los in Silo vor dem Herrn. Dort verteilte Josua das Land an die Söhne Israel entsprechend ihren Volksgruppen.* Dies ist eine zusammenfassende Aussage, und die nachfolgenden Abschnitte beschreiben die Details.

In Silo wurde der Rest des Landes nach denselben beiden Prinzipien aufgeteilt, die im Kontext von Josua 14,2-5 erwähnt wurden (4Mo 26,52-56; 33.54): Erstens bestimmte die Größe des Stammes die Größe des Landanteils, und zweitens wurde die geographische Lage durch das Los bestimmt.

H. Der Stamm Benjamin (18,11-28)

1. Das Gebiet (18,11-20)

Das Gebiet des Stammes Benjamin wird in den Versen 11-20 beschrieben, wobei Vers 11 die grundlegende Geografie beschreibt: *Und es kam herauf das Los des Stammes der Söhne Benjamin nach ihren Sippen. Das Gebiet ihres Loses erstreckte sich zwischen den Söhnen Juda und den Söhnen Josef.* Benjamins Gebiet sollte zwischen Juda im Süden und Ephraim und Manasse im Norden liegen.

Die Verse 12-20 unterteilen das Gebiet in vier Abschnitte: das Nord-, West-, Süd- und Ostviertel. Vers 12 beginnt die genauere Beschreibung der Grenze im Norden: *Ihre Grenze auf der Nordseite fing am Jordan an. Und die Grenze stieg im Norden den Abhang von Jericho hinauf und stieg auf das Gebirge im Westen und endete in der Wüste bei Bet-Awen.* Der Jordan war der östlichste Punkt, von dem aus die Grenze westwärts zog, vorbei an Jericho, durch das Gebirge und bis zur Wüste bei Bet-Awen. Vers 13 beschreibt den weiteren Verlauf: *Und von dort ging die Grenze hinüber nach Lus, zum Südabhang von Lus, das ist Bethel. Und die Grenze fiel ab nach Atrot-Addar, bei dem Berg, der südlich von dem unteren Bet-Horon [liegt].* Von Bet-Awen verlief die Grenze nach Lus und weiter in Richtung Süden bis nach Atrot-Addar.

Vers 14 beschreibt das westliche Viertel des Stammesgebietes Benjamins: *Dann zog sich die Grenze herum und wandte sich zur Westseite, südlich von dem Berg, der vor Bet-Horon nach Süden hin [liegt], und endete in Kirjat-Baal, das ist Kirjat-Jearim, eine Stadt der Söhne Juda; das war die Westseite.* Von dem unteren Bet-Horon wandte sich die Grenze in Richtung Süden und endete in Kirjat-Baal.

Die Verse 15-19 beschreiben das Südviertel des Stammesgebietes, beginnend in Vers 15 mit der Erwähnung seiner Westgrenzen: *Und die Südseite [begann] am Ende von Kirjat-Jearim. Und die Grenze lief nach Westen hin, und sie lief zur Quelle Me-Neftoach.* Die Grenze begann am Stadtrand von Kirjat-Jearim und zog sich westwärts bis zur Quelle des Dorfes Neftoach. Vers 16 fährt fort, die südliche Grenze zu beschreiben: *Und die Grenze lief hinab zum Fuß des Berges, der vor dem Tal Ben-Hinnom in der Talebene Refaïm nach Norden zu [liegt]. Und sie lief das Tal Hinnom hinab zum Südabhang der Jebusiter, und sie fiel ab nach En-Rogel hin.* Das Tal Ben-Hinnom liegt nördlich der Talebene Refaïm, und die Grenze Benjamins verlief durch dieses Tal hinunter zur Stadt der Jebusiter und nach En-Rogel. Nach Vers 17 setzte sie sich fort bis zum Stein Bohans: *und sie zog sich herum nach Norden zu, lief nach En-Schemesch und lief nach Gelilot hin, das dem Anstieg Adummim gegenüber[liegt]. Und sie lief hinab zum Stein Bohans, des Sohnes Rubens, hin.* Alle Ortsnamen wurden in den vorherigen Versen erwähnt, und wieder bezieht sich der Ausdruck „Anstieg Adummim“ auf *Ma'ale Adumim.* Vers 18 beschreibt einen weiteren Abschnitt der südlichen Grenze Benjamins: *und ging hinüber zum Berghang, der der Steppe im Norden gegenüber[liegt], und lief hinab zur Steppe.* Vom Stein Bohans verlief die Grenze hinunter in die Araba. Vers 19 beendet die Beschreibung der Südgrenzen des Stammesgebietes Benjamins mit den folgenden Worten: *Und die Grenze ging hinüber zum Nordabhang von Bet-Hogla, und die Grenze endete bei der Nordzunge des Salzmeeres, am Südende des Jordan. Das war die Südgrenze.* Dort, wo die Beschreibung der Südgrenze begann, endete sie auch, nämlich an der Stelle, wo der Jordan ins Tote Meer mündet.

Das Ostviertel des Gebiets von Benjamin wird in Vers 20a behandelt: *Und der Jordan begrenzte es an der Ostseite.*

Der Abschnitt endet in Vers 20b mit einer Zusammenfassung: *Das war das Erbteil der Söhne Benjamin nach seinen Grenzen ringsum, nach ihren Sippen.*

2. Die Städte (18,21-28)

Die Städte, die zum Stamm Benjamin gehörten, werden in den Versen 21-28 aufgeführt. Vers 21a leitet den Abschnitt mit den folgenden Worten ein: *Die Städte des Stammes der Söhne Benjamin nach ihren Sippen waren [...]* Die Städte werden dann in zwei Gruppen aufgelistet. Die erste Gruppierung wird in den Versen 21b-24a behandelt:

Erste Gruppierung der benjamitischen Städte (Verse 21b-24a)	
#	Name
1	Jericho
2	Bet-Hogla
3	Emek-Keziz
4	Bet-Araba
5	Zemarajim
6	Bethel
7	Awim
8	Para
9	Ofra
10	Kefar-Ammoni
11	Ofni
12	Geba

Vers 24b gibt die Gesamtzahl dieser ersten Gruppierung von benjamitischen Städten an: *zwölf Städte und ihre Dörfer.*

Die zweite Gruppierung findet sich in den Versen 25-28a:

Zweite Gruppierung der benjamitischen Städte (Verse 25-28a)		
#	Name	Kommentar
1	Gibeon	
2	Rama	
3	Beerot	
4	Mizpe	
5	Kefira	
6	Moza	
7	Rekem	
8	Jirpeel	
9	Tarala	
10	Zela	Nach 2. Samuel 21,14 ist Zela Sauls Begräbnisstätte.
11	Elef	

12	die Jebusiter, das ist Jerusalem	LXX, syrische und lateinische Übersetzung: Jebus. Dies zeigt, dass Jerusalem dem Stamm Benjamin gegeben wurde. Die Tatsache, dass der Autor erklären musste, dass sich der Ausdruck „die Jebusiter" auf Jerusalem bezieht, deutet auf ein frühes Datum des Buches Josua hin.
13	Gibea	
14	Kirjat	

Vers 28b nennt die Summe der Städte, die zum Stammesgebiet Benjamins gehörten, und macht dann eine zusammenfassende Aussage: *vierzehn Städte und ihre Dörfer. Das war das Erbteil der Kinder Benjamin nach ihren Sippen.*

I. Der Stamm Simeon (19,1-9)

1. Die Beziehung zu Juda (19,1)

In 1. Mose 49,5-7 verfluchte Jakob nicht nur Levi, sondern auch seinen Bruder Simeon. In Übereinstimmung mit Jakobs Fluch sollten weder Levi noch Simeon ein eigenes Gebiet im Land erhalten. Stattdessen sollten ihnen Städte innerhalb der anderen Stammesgebiete zugewiesen werden. Die Einzelheiten dieser Anordnung finden sich in Josua 20-21. Was den Stamm Simeon betrifft, so stellt Vers 1 fest, dass seine Städte in das Stammesgebiet von Juda fielen, und zwar auf dessen Südseite: *Und das zweite Los kam heraus für Simeon, für den Stamm der Söhne Simeon nach ihren Sippen. Und ihr Erbteil war mitten in dem Erbteil der Söhne Juda.*

Die rabbinische Tradition macht die folgende Beobachtung:

> *Für Simeon, für den Stamm der Söhne Simeons.* Simeon ist einzigartig in Bezug auf die Art und Weise, wie die Schrift das Ergebnis der Auslosung seines Erbteils vorstellt. Die Ergebnisse für die anderen Stämme werden entweder als „für Simeon" oder „für den Stamm der Söhne Simeons" vorgestellt. In diesem Vers aber verwendet die Heilige Schrift beide Ausdrücke. *Poras Josef* erklärt, dass der Stamm Simeon zwei verschiedene Arten von Erbe erhielt. Mittels der Auslosung erhielt er wie die anderen Stämme Städte, und daher verwendet die Schrift den Ausdruck „für den Stamm der Söhne Simeons". Außerdem erhielt dieser Stamm Städte vom Stamm Juda. Die Schrift weist durch die Formulierung „für Simeon" auf diese Art der Vererbung hin. *Ramban* (*1Mo* 49,7) erklärt,

dass dem Stamm Städte gegeben wurden, die über das Land verstreut lagen. *Poras Josef* versteht die Zerstreuung Simeons über das gesamte Gebiet Judas als Vergeltung für die Sünde, die der Anführer von Simeon (Zimri Ben Salu) mit der Midianiterin beging (siehe *4Mo* 25,6-15). Einige behaupten, dass die Schrift nur den Umfang des Stammesgebietes Simeons beschreibt und dass auch das Land, welches innerhalb dieser Grenzen enthalten ist, Simeon gewährt wurde (T'vuos HaAretz).[296]

2. Die Städte von Simeon (19,2-7)

In den Versen 2-7 werden die Städte Simeons in zwei Gruppierungen aufgeführt. Der Abschnitt beginnt in Vers 2a mit einer Einleitung: *Und es wurde ihnen zum Erbteil.* Dann fährt er fort, indem er in den Versen 2b-6a die erste Gruppierung von Städten nennt:

Erste Gruppierung der simeonitischen Städte (Verse 2-6a)	
#	Name
1	Beerscheba
2	Scheba
3	Molada
4	Hazar-Schual
5	Baala
6	Ezem
7	Eltolad
8	Betul
9	Horma
10	Ziklag
11	Bet-Markabot
12	Hazar-Susa
13	Bet-Lebaot
14	Scharuhen

Vers 6b gibt die Gesamtzahl an: *dreizehn Städte und ihre Dörfer*. Die Liste enthält eigentlich 14 Namen, aber die Diskrepanz lässt sich durch ein Wort in Vers 2 erklären. Im hebräischen Text heißt es „Beer-Scheba *und* Scheba". Die Übersetzer der Elberfelder Bibel haben das „und" ausgelassen. Doch, so

296 Drucker, *Yehoshua*, S. 374.

wie sich der hebräische Text liest, ist Scheba einfach ein anderer Name für Beerscheba, und damit besteht die Liste der Namen in der ersten Gruppierung in der Tat nur aus 13 Städten.

Die zweite Gruppierung der simeonitischen Städte ist in Vers 7a angegeben:

Zweite Gruppierung der simeonitischen Städte (Vers 7a)	
#	Name
1	Ain
2	Rimmon
3	Eter
4	Aschan

Vers 7b gibt die Gesamtzahl an: *vier Städte und ihre Dörfer.*

3. Zusammenfassende Aussagen (19,8-9)

Die Verse 8-9 machen zwei zusammenfassende Aussagen, beginnend in Vers 8 mit den Grenzen Simeons: *und alle Dörfer, die rings um diese Städte [liegen], bis Baalat-Beer, [das ist] Süd-Ramat. Das war das Erbteil des Stammes der Söhne Simeon nach ihren Sippen.*

Vers 9 greift die Beziehung zwischen Simeon und Juda wieder auf, die in Vers 1 thematisiert wurde: *Aus dem Anteil der Söhne Juda war das Erbteil der Söhne Simeon [genommen]; denn das Teil der Söhne Juda war zu groß für sie. Und so erhielten die Söhne Simeon ein Erbteil mitten in deren Erbteil.* Das Stammesgebiet war für Juda zu groß, um es allein zu besiedeln. Deshalb erhielten die Simeoniter ihr Erbteil innerhalb dieses Gebietes, und die Prophezeiung Jakobs erfüllte sich auf diese Weise. Später zogen viele Simeoniter nach Norden in das Stammesgebiet von Ephraim und Manasse (2Chr 15,9; 34,6).

J. Der Stamm Sebulon (19,10-16)

Sebulon ist einer der drei Stämme, die im Norden an Manasse grenzten. Er befand sich im westlichen Teil des unteren Galiläas. Östlich davon lag Issaschar, und die Rabbiner beobachteten eine interessante Beziehung zwischen diesen beiden Stämmen:

> Die Beziehung zwischen den Stämmen Issachar und Sebulon war einzigartig und berühmt. Sebulon versorgte Issachar mit all seinen

materiellen Bedürfnissen. Das befreite Issachar von der Last, seinen Lebensunterhalt verdienen zu müssen, und erlaubte es dem Stamm, den ganzen Tag dem Studium der Tora zu widmen. Für seine Großzügigkeit wurde Sebulon die erste Erwähnung in den Segnungen Jakobs (1Mo 49,13-14) und Moses (5Mo 33,18) zuteil.[297]

Sebulon wurde vor Issaschar erwähnt, obwohl Issaschar der Ältere war. Warum? Sebulons Haupttätigkeit bestand in Handelsgeschäften, während Issaschar sich dem Studium der Tora widmete, und sie hatten vereinbart, dass Sebulon seinen Verdienst mit Issaschar teilen sollte. Deshalb segnete Mose sie: *Freue dich, Sebulon, über deinen Auszug und du, Issaschar, über deine Zelte* (5. Mose 33,18). „Freue dich, Sebulon, wenn du ausziehst, um Geschäfte zu machen, denn Issaschar ist in deinen Zelten und studiert die Tora." Warum sollte Sebulon sich freuen? Weil die Tora *ein Baum des Lebens ist [...] für [alle], die sie ergreifen, und wer an ihr festhält, ist glücklich zu preisen* (Spr 3,18). Deshalb wurde Sebulon vor Issaschar erwähnt. Wenn Sebulon nicht gewesen wäre, hätte Issaschar die Tora nicht studieren können. Da Issaschar sich ausschließlich mit dem Studium der Tora beschäftigte und nicht mit Handelsgeschäften und so keine Arbeit verrichtete, steht über ihn geschrieben: *Und die Söhne Issaschar [solche], die die Zeiten zu beurteilen verstanden* (1Chr 12,33).[298]

In seinem Kommentar zu einem Midrasch, der sich mit diesem Thema befasst, bemerkt Drucker: „Wie passend, dass Sebulons Erbe in *Eretz Israel* vor dem von Issachar beschrieben wird, denn es war dieses Land, aus dem er tatsächlich die Mittel entwickelte, um Issachars ununterbrochenes Tora-Studium zu ermöglichen."[299]

Die Grenzbeschreibung des Gebietes Sebulons beginnt in Vers 10a mit einer einleitenden Aussage: *Und das dritte Los kam heraus für die Söhne Sebulon nach ihren Sippen*. Die Verse 10b-15a listen die Grenzen mit den Städten auf:

> *10b Und die Grenze ihres Erbteils war bis Sarid. 11 Und ihre Grenze stieg westwärts hinauf, und zwar nach Marala, und stieß an Dabbeschet und stieß an den Bach, der vor Jokneam [fließt]. 12 Und sie wandte sich von Sarid ostwärts gegen Sonnenaufgang zum Gebiet von Kislot-Tabor und verlief nach Daberat*

297 Drucker, *Yehoshua*, S. 377.

298 *m. Tanchuma, Vayechi* 11:2.

299 Drucker, *Yehoshua*, S. 377-378.

hin und stieg hinauf nach Jafia. [13] *Von dort ging sie nach Osten hinüber gegen [Sonnen]aufgang nach Gat-Hefer, nach Et-Kazin und lief nach Rimmon, das sich nach Nea hin erstreckt.* [14] *Und die Grenze zog sich darum herum nördlich nach Hannaton und endete im Tal Jiftach-El; […]* [15] *und Kattat, Nahalal, Schimron, Jidala und Bethlehem.*

Die folgende Liste wiederholt die einzelnen Städte und versieht sie mit einigen Kommentaren:

Liste der Grenzen und Städte des Gebiets von Sebulon (Verse 10b-15a)		
#	Name	Kommentar
1	Sarid	Diese Stadt war der Anfangspunkt der Südgrenze.
2	Marala	
3	Dabbeschet	
4	Jokneam	eine Schlucht
5	Kislot-Tabor	östliche Begrenzung
6	Daberat	
7	Jafia	
8	Gat-Hefer	
9	Et-Kazin	
10	Rimmon	
11	Nea	
12	Hannaton	nördliche Begrenzung
13	Jiftach-El	ein Tal
14	Kattat	
15	Nahalal	
16	Schimron	
17	Jidala	
18	Bethlehem	Dies ist Bethlehem in Galiläa.

Vers 15b gibt die Gesamtzahl an: *zwölf Städte und ihre Dörfer*. Der Grund für die Diskrepanz zwischen den tatsächlich aufgelisteten Namen und dieser Zusammenfassung ist nicht klar. Im Folgenden werden mögliche Erklärungen gegeben, wobei keine der beiden Schlussfolgerungen zweifelsfrei bewiesen werden kann:

> Die Gesamtzahl von *zwölf* in Vers 15 stimmt nicht [mit der Liste der Städte und Grenzen] überein, ebenso wenig wie die anderen Gesamtzahlen in den Versen 30 und 38. Die LXX lässt die Summen weg. Mög-

licherweise muss eine Lücke in der Aufzählung angenommen werden, wie in 15,59 und 21,39. Vielleicht gehörten auch andere Städte, die in der vorliegenden Aufzählung nicht vorkommen, zu den hier genannten zwölf Namen (vgl. 21,34; Richter 1,30). Diese Vermutung erlangt eine gewisse Plausibilität angesichts der Tatsache, dass Nazareth, eine der Städte Sebulons, hier nicht erwähnt wird.[300]

Die Zahl der Städte wird mit *zwölf* angegeben, obwohl nur fünf namentlich erwähnt werden. Es stimmt, dass einige Ausleger die fehlenden Namen in den Grenzorten gefunden haben, die in den Versen 11-14 erwähnt werden, denn nach Abzug von Kislot-Tabor und Daberat, die zu Issachar gehörten, ergeben die Namen Sarid, Marala, Dabbeschet, Jafia, Gat-Hefer, Et-Kazin und Hannaton nur sieben Städte. Dennoch ist diese Vermutung sehr unwahrscheinlich. Denn erstens wäre es nicht nur verwunderlich, die als Grenzen genannten Orte unter den Städten des zum Stamm gehörenden Gebietes zu finden, zumal einige der sogenannten Orte gar nicht zu Sebulon gehörten; sondern die Kopula *vav*, mit der die Aufzählung der Städte beginnt, ist ebenso verwunderlich, da diese in anderen Fällen mit [...] [*wehaju he'arim*, d.h. „und waren die Städte"] eingeleitet wird (so z.B. in Kap. xviii. 21, xv. 21). Und zweitens ist es an sich unwahrscheinlich, dass die anderen Städte Sebulons, mit Ausnahme der fünf in Vers 15 erwähnten, alle an der Grenze liegen sollten. Und schließlich fehlen tatsächlich die Städte Karta und Dimna, die Sebulon den Leviten überlassen hat (Kap. xxi. 34). Unter diesen Umständen ist es eine natürliche Schlussfolgerung, dass es hier eine Lücke im Text gibt, genauso wie in Kap. xv. 59 und xxi. 36.[301]

Nach der Aufzählung der Städte und der Summe folgt in Vers 16 eine zusammenfassende Erklärung: *Das war das Erbteil der Söhne Sebulon nach ihren Sippen, diese Städte und ihre Dörfer.* Die Grenzen lassen erkennen, dass das Gebiet Sebulons landumschlossen war. 1. Mose 49,13 sagt jedoch, dass der Stamm Zugang zum Meer haben würde. Wie aus Hesekiel 47-48 ersichtlich ist, wird sich dies im messianischen Königreich erfüllen, weil die Stammesgrenzen im Königreich anders sein werden als die, die hier in Josua zu finden sind.

300 M. H. Woudstra, *The New International Commentary on the Old Testament: The Book of Joshua* (Grand Rapids, MI: Eerdmans, 1981), S. 285.

301 Keil & Delitzsch, *Biblical Commentary on The Old Testament: Joshua, Judges, Ruth*, S. 195.

> Ein rabbinischer Kommentar erwähnt eine gegenteilige Überlieferung: Da Sebulon an der Küste wohnt und sein Gebiet größtenteils aus Bergregionen besteht, wandte sich dieser Stamm der Seefahrt und dem Handel zu und wurde zum Unternehmer für den Rest der Nation. Die jüdische maritime Liga zur Erschließung der Meeresressourcen des modernen [...] [Israels] hat deshalb den Namen ‚Sebulon' angenommen.[302]

K. Der Stamm Issaschar (19,17-23)

Der Stamm Issaschar erhielt als nächstes sein Erbteil. In Vers 17 steht: *Für Issaschar kam das vierte Los heraus, für die Söhne Issaschar nach ihren Sippen.*

Die Liste der Städte und Grenzen des Stammes wird in Vers 18a mit den folgenden Worten eingeleitet: *Und ihr Gebiet war.* Dann werden in den Versen 18b-22a die Namen aufgezählt:

Liste der Städte und Grenzen Issachars (Verse 18-22a)	
#	Name
1	Jesreel
2	Kesullot
3	Schunem
4	Hafarajim
5	Schion
6	Anaharat
7	Rabbit
8	Kischjon
9	Ebez
10	Remet
11	En-Gannim
12	En-Hadda
13	Bet-Pazzez
14	Und die Grenze stieß an Tabor
15	Schahazajim
16	Bet-Schemesch

302 Cohen, „Joshua and Judges", *Soncino Books of the Bible*, S. 112.

Vers 22b beendet die Liste mit den Worten: *und ihre Grenze endete am Jordan: sechzehn Städte und ihre Dörfer.* Nach dieser Beschreibung grenzte Issaschar im Norden an Naftali, im Nordwesten an Sebulon, im Süden an Manasse und im Osten an den Jordan. Es besaß Teile des östlichen Untergaliläa, einschließlich Teilen des Jesreel-Tals.

Vers 23 gibt die zusammenfassende Aussage: *Das war das Erbteil des Stammes der Söhne Issaschar nach ihren Sippen, die Städte und ihre Dörfer.*

L. Der Stamm Asser (19,24-31)

Das Gebiet des Stammes Asser erstreckte sich entlang des Mittelmeers von Karmel bis zur nördlichen Grenze Kanaans und umfasste die Akko-Ebene entlang des nördlichen Teils der Küste. Verse 24-25a leiten den Abschnitt mit den folgenden Worten ein: *Und das fünfte Los kam heraus für den Stamm der Söhne Asser nach ihren Sippen. Ihre Grenze war* [...]

Die Verse 25b-30a listen dann die Grenzen und die Städte Assers auf:

> 25b *Helkat, Hali, Beten und Achschaf,* 26 *Alammelech, Amad und Mischal. Sie stieß an den Karmel im Westen und an den Schihor-Libnat,* 27 *und sie kehrte um gegen Sonnenaufgang nach Bet-Dagon und stieß an Sebulon und an das Tal Jiftach-El im Norden, [dann an] Bet-Emek und Negiël, und sie lief links weiter nach Kabul,* 28 *Ebron und Rehob, Hammon und Kana bis nach Sidon, der großen [Stadt].* 29 *Und die Grenze kehrte um nach Rama und bis zur befestigten Stadt Tyrus. Und die Grenze kehrte um nach Hosa, und sie endete am Meer von Hebel nach Achsib; [...]* 30 *und Umma, Afek und Rehob.*

Im Folgenden werden die Namen der Grenzen und Städte Assers noch einmal in Form einer Liste aufgezählt, und es werden einige Kommentare hinzugefügt:

Liste der Grenzen und Städte von Assers Gebiet (Verse 25b-30a)		
#	Name	Kommentar
1	Helkat	südliche Begrenzung; Stadt
2	Hali	Stadt
3	Beten	Stadt

4	Achschaf	Stadt
5	Allammelech	Stadt
6	Amad	Stadt
7	Mischal	Stadt
8	Karmel	ein Gebiet
9	Schihor-Libnath	ein Fluss
10	Bet-Dagon	östliche Begrenzung; Stadt
11	Sebulon	Stammesgebiet
12	Jiftach-El	ein Tal im Norden
13	Bet-Emek	Stadt
14	Negiël	Stadt
15	Kabul	Stadt
16	Ebron	Stadt
17	Rehob	Stadt
18	Hammon	Stadt
19	Kana	Stadt
20	Sidon	Begräbnisstätte von Sebulon; eine große Stadt
21	Rama	westliche Begrenzung; Stadt
22	Tyrus	befestigte Stadt
23	Hosa	Stadt
24	Meer	Mittelmeer
25	Achsib	Stadt; einige Übersetzungen haben hier „von Hebel nach Achsib", und andere Übersetzungen schreiben „Machaleb und Achsib".
26	Umma	Stadt
27	Afek	Stadt
28	Rehob	Stadt

Vers 30b gibt die Gesamtzahl an: *zweiundzwanzig Städte mit ihren Dörfern.* Wie in Josua 19,15 ist der Grund für die Diskrepanz in den Zahlen nicht zu ermitteln. Der folgende Kommentar liefert eine mögliche Erklärung:

> Die Zahl „zweiundzwanzig [...]" stimmt nicht [mit der Liste] überein, da in den Versen 26-30 dreiundzwanzig Städte erwähnt werden, wenn wir Sidon, Tyrus und Achsib mitzählen, wie in Richter i. 31, 32. Die einzige Möglichkeit, die Zahlen in Übereinstimmung zu bringen, besteht darin, *Negiël* (Vers 27) als identisch mit *Nea* (Vers 13) zu betrachten. Aber dieser Punkt kann nicht mit Sicherheit bestimmt werden, da Asser andere Städte wie Akko und Aklaf erhielt,

die in dieser Liste fehlen und möglicherweise einfach herausgefallen sind.[303]

Vers 31 gibt eine zusammenfassende Erklärung: *Das war das Erbteil des Stammes der Söhne Asser nach ihren Sippen, diese Städte und ihre Dörfer.*

Das Buch der Richter zeigt, dass ein großer Teil des Gebiets von Asser in kanaanitischer Hand blieb. Es besagt auch, dass Asser die Bewohner von Akko, Sidon, Achsib, Afek, Rehob und einigen anderen Städten, die in der obigen Liste fehlen, nicht vertrieben hat (Rich 1,31). Die Rabbiner bemerkten, dass „die beiden nördlichen Königreiche Tyrus und Sidon ihre Identität für Hunderte von Jahren nach der Eroberung beibehielten."[304] Sie kommentierten auch „die außerordentliche Fruchtbarkeit des Anteils von Asser (*Siphre zu 5. Mose* xxxiii. 24f.)."[305] In der Tat enthielt das Land einige der nährreichsten Böden. Sein Zugang zum maritimen Teil des Landes steigerte seinen Wert noch mehr, und so konnte Asser „seinen Fuß in das Öl seiner üppigen Olivenhaine tauchen"[306], wie es 5. Mose 33,24 vorausgesagt hatte. Ein Midrasch bemerkt:

> Was Asser betrifft, so wird sein Brot fett sein (1Mo 49,20). Das heißt, seine Töchter sollen schön sein, wie es heißt: „Denn meine Töchter machen mich glücklich" (1Mo 30,13). *Mehr als die [andern] Söhne sei Asser gesegnet! Er sei der Liebling seiner Brüder (*5Mo 33,24) wegen seiner Töchter.[307]

Der Talmud fügt hinzu:

> Die Gemara schweift ab, um den Stammesanteil von Asser zu besprechen, in dem die Stadt Tekoa liegt: Die Weisen lehrten in einer *Baraita*: In seinem Segen an den Stamm Asser sagte Moses: „Er sei der Liebling seiner Brüder, er tauche in Öl seinen Fuß!" (5. Mose 33,24). Dies bezieht sich auf den Landesanteil Assers, da das Öl dort wie eine Quelle fließt. Die Gemara berichtet: Es heißt, dass die Bewohner von Laodizea einmal Öl brauchten. Sie bestellten einen nichtjüdischen Boten (*polmostos*) und sagten zu ihm: Geh und bring uns Öl im Wert von einer Million *Maneh* [ein hebräisches Gewicht für Gold

303 Keil & Delitzsch, *Biblical Commentary on The Old Testament: Joshua, Judges, Ruth*, S. 201-202.
304 Cohen, „Joshua and Judges", *Soncino Books of the Bible*, S. 115.
305 Ebd.
306 Ebd.
307 *m. Tanchuma, Vayechi* 13:1.

oder Silber, das einhundert Schekel Gold und sechzig Schekel Silber beträgt].[308]

Wenn man die Qualität des Gebietes von Asser bedenkt, was führte dann zu der Bedeutungslosigkeit des Stammes, die in 1. Chronik 27 zu sehen ist? Nach rabbinischer Überlieferung war es der „Reichtum des Stammes, begünstigt durch seine Nähe zu den unbesiegten Phöniziern“[309], der zu seinem Verfall führte, und so war er zur Zeit Davids „so unbedeutend, dass er aus der Liste der Oberhäupter der Stämme Israels gestrichen wurde (1Chr xxvii. 16-22).“[310]

M. Der Stamm Naftali (19,32-39)

Der Stamm Naftali erhielt das Gebiet östlich von Asser. Im Süden grenzte dieses Gebiet an Sebulon und Issaschar. Die Beschreibung der Grenzen findet sich in den Versen 33-34, gefolgt von einer Aufzählung der Städte in den Versen 35-38.

Vers 32 leitet den Abschnitt ein: *Für die Söhne Naftali kam das sechste Los heraus, für die Söhne Naftali nach ihren Sippen.* Die Verse 33-34a beschreiben den ersten Abschnitt der Grenzen und Städte:

> [33]*Und ihre Grenze war von Helef, von der Terebinthe bei Zaanannim, und Adami-Nekeb und Jabneel bis Lakkum, und sie endete am Jordan.* [34]*Und die Grenze wandte sich nach Westen in Richtung Asnot-Tabor und lief von dort nach Hukkok.*

Die aufgelisteten Namen benennen sowohl Städte als auch geographische Merkmale, welche in der folgenden Liste mit Kommentaren versehen sind:

308 *bT. Menachot* 85b.
309 Cohen, „Joshua and Judges“, *Soncino Books of the Bible*, S. 115.
310 Ebd.

Erste Auflistung der Grenzen und Städte des Gebiets von Naftali (Verse 33-34a)		
#	Name	Kommentar
1	Helef	Stadt
2	Zaanannim	Im Zusammenhang mit Zaanannim wird eine Terebinthe erwähnt. Terebinthen sind Eichen, und es muss in der Nähe von Zaanannim einen besonderen Baum gegeben haben, der allen bekannt war. Über Zaanannim ist nur bekannt, dass der Ort in der Nähe von Kades in Naftali lag.
3	Adami-Nekeb	Stadt; heute unter dem Namen Adamah bekannt
4	Jabneel	Stadt
5	Lakkum	Stadt; Lage ungekannt
6	Jordan	Fluss
7	Asnot-Tabor	Wendepunkt an der Grenze Naftali; genaue Lage unbekannt
8	Hukkok	Stadt; traditionelle Grabstätte von Habakuk

Vers 34b fährt fort: *Sie stieß im Süden an Sebulon, während sie im Westen an Asser stieß und an Juda am Jordan gegen Sonnenaufgang.* Der Begriff „Sonnenaufgang“ bezieht sich auf den Osten. Es gibt ein Problem mit der Erwähnung von Juda hier, weil die Stämme Juda und Naftali nicht aneinandergrenzten. Naftali lag weit innerhalb Galiläas, während sich Juda im Süden befand. Die Lösung, die sich aus der Gesamtheit der Schrift ergibt, ist, dass der Name Juda hier in Anlehnung an den Jordan steht, „im Sinne von ‚Juda am Jordan‘, wie ‚Jordan bei Jericho‘ in 4. Mose xxii. 1, xxvi. 3, etc.“[311] Das Wort „Juda“ steht hier also nicht für den gleichnamigen Stamm, sondern für die sechzig Städte Jairs, die östlich des Jordan lagen (Jos 13,30).[312] Der Begriff wird hier aufgeführt, weil Jair väterlicherseits zu Juda gehörte, wie man in 1. Chronik 2,21-22 sehen kann.

Die Rabbiner sahen hier auch ein Problem, und sie schlugen drei einzigartige Lösungen vor. Die erste Lösung war die Behauptung, dass Naftali den gesamten Jordan geerbt hat. Die Grenze Naftalis verlief also entlang aller Stämme, deren Grenzen durch den Fluss gebildet wurden. In Josua 19,34 wird nur Juda erwähnt, weil dieser Stamm am weitesten südlich lag. Daraus könnte man ableiten, dass alle anderen Gebiete, die an den Jordan grenzten, auch an das Erbteil von Naftali angrenzten.[313] Die zweite Lösung ist die

311 Keil & Delitzsch, *Biblical Commentary on The Old Testament: Joshua, Judges, Ruth*, S. 203.

312 Siehe: ebd.

313 Diese Ansicht wird dargestellt in: Rashi, *The Book of Joshua*, S. 132.

Behauptung, dass Naftali einen schmalen Korridor von Land entlang des gesamten Flusses erhielt. Die Stammesgebiete von Ephraim, Benjamin und Issachar reichten also nicht bis zum Jordan. Vielmehr wurden sie von demselben durch diesen schmalen Landstrich getrennt, der von Norden nach Süden verlief und zu Naftali gehörte. Daher verband sich das Erbe Naftalis im Norden mit dem von Juda im Süden.[314] Die dritte Möglichkeit ist die Behauptung, dass „das Juda, auf das sich der Vers bezieht, möglicherweise nicht das Gebiet von Juda ist, sondern das moderne *Seid Juda* (‚der Herr Juda'), ein Dorf am östlichen Arm des Jordan."[315]

In den Versen 35-38a werden einige weitere Städte aufgeführt. Der Abschnitt wird mit den folgenden Worten eingeleitet: *Befestigte Städte waren* (Vers 35a). Darauf folgen die Namen dieser Orte:

Zweite Liste der Städte im Gebiet von Naftali (Verse 35b-38a)		
#	Name	Kommentar
1	Ziddim	befestigte Stadt
2	Zer	
3	Hammat	
4	Rakkat	
5	Kinneret	
6	Adama	
7	Rama	
8	Hazor	
9	Kedesh	traditionelle Begräbnisstätte von Debora und Barak
10	Edreï	
11	En-Hazor	
12	Jiron	
13	Migdal-El	
14	Horem	
15	Bet-Anat	
16	Bet-Schemesch	

Vers 38b gibt die Gesamtzahl an: *neunzehn Städte und ihre Dörfer*. Die Diskrepanz zwischen der eigentlichen Anzahl der Städte und der Gesamtzahl lässt sich nicht mit Bestimmtheit erklären.

314 Diese Ansicht wird dargestellt in: Drucker, *Yehoshua*, S. 388.

315 Cohen, „Joshua and Judges", *Soncino Books of the Bible*, S. 116.

Vers 39 fasst den Abschnitt bezüglich des Erbteils Naftalis folgendermaßen zusammen: *Das war das Erbteil des Stammes der Söhne Naftali nach ihren Sippen, die Städte und ihre Dörfer.*

N. Der Stamm Dan (19,40-48)

Genau wie Asser und Manasse erhielt Dan ein Gebiet, das sich entlang des Mittelmeers erstreckte. Es war der südlichste dieser Küstenstämme. Die Verse 40-46 beschreiben sein Gebiet, beginnend in Vers 40 mit einer einleitenden Erklärung: *Für den Stamm der Söhne Dan nach ihren Sippen kam das siebte Los heraus.* In den Versen 41b-46 werden die Städte und Grenzen dieses Gebietes wie folgt aufgelistet:

Liste der Grenzen und Städte von Dans Gebiet (Verse 41b-46)		
#	Name	Kommentar
1	Zora	beginnt die Liste der östlichen Städte von Dan
2	Eschtaol	
3	Ir-Schemesch	
4	Schaalbim	
5	Ajalon	
6	Jitla	
7	Elon	
8	Timna	
9	Ekron	
10	Elteke	
11	Gibbeton	
12	Baalat	
13	Jehud	beginnt die Liste der westlichen Städte von Dan
14	Bene-Berak	
15	Gat-Rimmon	
16	Me-Jarkon	
17	Rakkon mit dem Gebiet gegenüber Jafo	

Im Gegensatz zu den anderen Beschreibungen der Landzuteilungen, die mit der Angabe der Summe der Städte oder Grenzen enden, wendet sich der Text nun der speziellen Situation von Dan zu. In Vers 47a heißt es: *Und das Gebiet der Söhne Dan ging ihnen [verloren].*[316] Der Stamm siedelte sich in Gebieten außerhalb seiner Landzuteilung an, und die Aussage bereitet die Bühne für den detaillierteren Bericht über die Wanderung der Daniter, den man im Buch der Richter findet. Der Grund, warum die Daniter in andere Gebiete zogen, ist nicht, dass ihr Erbteil zu klein war. Ganz im Gegenteil, sie zogen in ein Gebiet, das kleiner war als das, was sie durch die Auslosung erhalten hatten. Das Problem war, dass sie nicht in der Lage waren, die Philister aus den üppigen, fruchtbaren Tälern von Sorek und Elah zu vertreiben. Deshalb siedelten sie sich im Land nördlich ihrer Zuteilung an.

Vers 47b erwähnt als nächstes die Stadt Leschem, die in Richter 18,29 Lajisch genannt wird: *Und die Söhne Dan zogen hinauf und kämpften gegen Leschem; und sie nahmen es ein und schlugen es mit der Schärfe des Schwertes, nahmen es in Besitz und wohnten darin. Und sie nannten Leschem Dan nach dem Namen ihres Vaters Dan.* Die Umbenennung der Stadt Leschem ist das späteste historische Ereignis, das in Josua erwähnt wird, was auch bedeutet, dass das Buch spätestens auf die Zeit nach der Wanderung von Dan datiert werden könnte und bevor es einen König in Israel gab. Der Bericht könnte aber auch ein späterer Zusatz zum Buch sein, so wie der Bericht über den Tod von Mose ein späterer Zusatz zum Deuteronomium war. Was das Gebiet von Dan betrifft, so wurde, als die Daniter nach Norden zogen, viel von dem, was ihnen zugeteilt war, vom Stamm Juda eingenommen.

Vers 48 schließt den Abschnitt mit einer zusammenfassenden Aussage: *Das war das Erbteil des Stammes der Söhne Dan nach ihren Sippen, diese Städte und ihre Dörfer.*

O. Das Erbteil Josuas (19,49-51)

Zur Zeit des Auszugs aus Ägypten hatte es zwei rechtschaffene Männer gegeben, die das verheißene Land auskundschafteten und mit einem ehrlichen Bericht der Lage zurückgekehrt waren. Einer dieser rechtschaffenen Männer war Kaleb, der andere Josua. So wie Kaleb sein eigenes Gebiet erhalten hatte (Jos 14,6-15; 15,13-19), sollte nun auch Josua für seine Treue belohnt werden. Vers 49 verweist auf den Zeitpunkt dieses Ereignisses: *Als sie die Verteilung des Landes nach seinen [einzelnen] Gebieten vollendet hatten, gaben*

316 Anm. der Übersetzerin: Die Elberfelder Bibel bietet als alternative Übersetzung dieses Verses folgenden Wortlaut an: „Und die Grenze der Söhne Dan ging von hier aus weiter." Diese Übersetzung entspricht der englischen Bibel, welche der Autor dieses Kommentars benutzt hat, und so bezieht sich sein Kommentar auch auf diese Formulierung.

die Söhne Israel Josua, dem Sohn des Nun, ein Erbteil in ihrer Mitte. Josua erhielt sein Erbe erst, nachdem die Landzuweisungen an die sieben Stämme vollendet waren. Die Tatsache, dass er der letzte war, der sein Gebiet erhielt, bedeutete, dass niemand ihn beschuldigen konnte, seine Autorität zu missbrauchen, um sich den besten Teil des Landes zu ergattern. Der Kontrast zwischen den beiden rechtschaffenen Kundschaftern aus Kadesch-Barnea, Kaleb und Josua, sollte nicht übersehen werden. Kaleb bekam sein Erbe ganz am Anfang der Landzuweisung; Josua erhielt sein Erbteil ganz am Ende.

Vers 50 liefert die Grundlage für diese Zuteilung: *Nach dem Befehl des Herrn gaben sie ihm die Stadt, die er forderte, Timnat-Serach im Gebirge Ephraim. Und er baute die Stadt und wohnte darin.* Gott hatte in Kadesch-Barnea nicht nur dem Kaleb ein Erbteil versprochen, sondern auch dem Josua. Auf dieser Grundlage gaben die Israeliten Josua die Stadt, um die er bat. Er hätte sie leicht einfordern können, aber der hebräische Text besagt, dass er darum bat, und die anderen Israeliten stimmten zu. Timnat-Serach, die Stadt, die er erhielt, ist auch als Timnat-Heres bekannt (Rich 2,9). Trotz seines hohen Alters gelang es Josua, die Stadt aufzubauen, und er ließ sich dort nieder.

Aus Josuas Leben können drei Lektionen über geistliche Leiterschaft gelernt werden:

1. Ein guter Leiter befolgt Gottes Wort ohne Kompromisse (1Tim 4,11-16; Titus 1,9).
2. Ein guter Leiter bleibt demütig und nutzt seine Position nicht aus (Gal 5,22-26).
3. Ein guter Leiter hat Anspruch auf eine angemessene Vergütung für seine Dienste (1Tim 5,17-18).

Der Abschnitt endet in Vers 51 mit einer zusammenfassenden Aussage: *Das sind die Erbteile, die der Priester Eleasar und Josua, der Sohn des Nun, und die Familienoberhäupter der Stämme der Söhne Israel durch das Los austeilten in Silo vor dem Herrn, an dem Eingang des Zeltes der Begegnung. Und so vollendeten sie die Verteilung des Landes.* Die Männer, die das Land verteilten, waren der Priester Eleasar, Josua und die Oberhäupter der Stammesgruppen Israels. Der Vers wiederholt, dass die Aufteilung durch das Los in der Gegenwart Gottes in der Stiftshütte zu Silo geschah.

P. Die Städte der Zuflucht (20,1-9)

Nachdem in den Kapiteln 13-19 die Aufteilung des Landes besprochen wurde, geht es in den Kapiteln 20-21 um Städte, die für bestimmte Zwecke ausgewählt werden sollten. Kapitel 20 behandelt Zufluchtsstädte und Kapitel 21 levitische Städte.

Kapitel 20 beginnt in den Versen 1-6 mit der Behandlung von Totschlagsdelikten. Vers 1 berichtet von einer göttlichen Offenbarung: *Und der Herr redete zu Josua.* Das hebräische Wort für „redete" in diesem Vers ist *dabar*, und es ist das einzige Mal, dass dieses Verb im Buch Josua vorkommt. Normalerweise taucht es nur an den Stellen auf, in denen Gott zu Mose sprach. Der Talmud macht die folgende Beobachtung bezüglich dieses Verbs:

> § Rabbi Ḥama bar Ḥanina sagt: Aus welchem Grund wurde der Teil, in dem es um Totschlag geht, mit harter Sprache angegeben, wie es geschrieben steht: „Und der Herr redete (*vayedabber*) zu Josua: Rede (*dabber*) zu den Söhnen Israel: Bestimmt für euch die Zufluchtsstädte, von denen ich durch Mose zu euch geredet (*dibbarti*) habe" (Jos 20,1-2). Warum verwendet die Tora wiederholt den Begriff *dibbur*, der eine harte Rede bezeichnet, im Gegensatz zum Begriff *amira*, der eine neutrale Rede bezeichnet? Es liegt an der Tatsache, dass die Zufluchtsstädte eine Mitzwa der Tora sind, und deshalb verdienen sie eine Betonung.[317]

Mit anderen Worten: Die göttliche Offenbarung war so geschrieben, dass sie den dezidierten Befehl an Josua betonte, eine Vorschrift der Tora zu erfüllen. Diese Vorschrift betraf die Städte der Zuflucht. In seinem Kommentar zu der talmudischen Passage bemerkte Raschi, „dass nirgendwo sonst in den späteren Büchern der Bibel die Erfüllung einer Anordnung aus dem Pentateuch aufgezeichnet ist."[318] Diese Ausnahme veranlasste den Talmud zu der Bemerkung, dass Josua 20 „Tora ist, auch wenn das Kapitel in den Propheten steht".[319]

---

317 *bT. Makkot* 10b-11a.

318 Cohen, „Joshua and Judges", *Soncino Books of the Bible*, S. 120.

319 Drucker, *Yehoshua*, S. 396. Um die rabbinische Auseinandersetzung zu verstehen, sei erneut darauf hingewiesen, dass die hebräische Bibel in drei Teile aufgeteilt ist: die *Tora* (die fünf Bücher Mose), die *Nevi'im* (Propheten) und die *Ketuvim* (Schriften). Das Buch Josua gehört zu den Propheten, und so überrascht die Wahl eines Verbes, welches normalerweise nur in der Tora verwendet wurde.

Die Gemara zitiert einen weiteren Streitfall in Bezug auf den Anteil der Zufluchtsstädte im Buch Josua. Es steht geschrieben: „Und Josua schrieb diese Worte in das Buch der Tora Gottes“ (Jos 24,26). Rabbi Jehuda und Rabbi Neḥemya sind sich in dieser Angelegenheit nicht einig. Der eine sagt: Der Hinweis bezieht sich auf die letzten acht Verse in der Tora, die den Tod von Mose aufzeichnen und von Josua in der Torarolle aufgezeichnet wurden, zusätzlich zu dem Rest der Tora, der von Mose geschrieben wurde (siehe *Bava Batra* 15a). Und man sagt: Gemeint ist der Teil mit den Zufluchtsstädten, der im Buch Josua erscheint.

Die Gemara erörtert diese beiden Meinungen: Zugegeben, laut dem, der sagt, dass sich dies auf die letzten acht Verse in der Tora bezieht, das ist der Grund, warum geschrieben steht: „Und Josua schrieb diese Dinge in die Schriftrolle der Tora Gottes“, da er diese Verse schrieb und sie in die Tora aufgenommen wurden. Aber gemäß demjenigen, der sagt, dass der Hinweis auf den Anteil der Zufluchtsstädte im Buch Josua ist, was ist die Bedeutung des Ausdrucks „im Buch der Tora Gottes“? Sie erscheinen im Buch Josua, nicht in der Tora. Die Gemara antwortet: Das ist es, was der Vers sagt: Und Josua schrieb in sein Buch Dinge, die auch in der Schriftrolle der Tora Gottes geschrieben sind.[320]

Die Auslosung der Zufluchtsorte basierte auf einem Gesetz des Mose, welches in 5. Mose 4,41-43 und 19,1-10 dargelegt ist. Die in Josua 20 beschriebenen Ereignisse sind die Erfüllung von 4. Mose 35,9-15.

Die Verse 2-6 enthalten die konkreten Anweisungen, beginnend in Vers 2 mit einem Auftrag: *Rede zu den Söhnen Israel: Bestimmt für euch die Zufluchtsstädte, von denen ich durch Mose zu euch geredet habe.* Der Soncino-Kommentar zu Josua merkt an, dass dies die einzige Stelle ist, an der die Formulierung „Rede zu den Söhnen Israel“ außerhalb der Tora verwendet wird.[321]

Der Zweck der Zufluchtsstädte wird in Vers 3 angegeben: *damit dorthin ein Totschläger fliehen [kann], der jemanden aus Versehen, unabsichtlich, erschlagen hat! Sie sollen euch als Zuflucht vor dem Bluträcher dienen.* Diese Städte sollten dazu dienen, diejenigen, die versehentlich oder unabsichtlich jemanden getötet haben, davor zu schützen, selbst aus Rache ermordet zu werden.

---

320 *bT. Makkot* 11a. Bezüglich der rabbinischen Antwort auf diese talmudische Passage, siehe: Drucker, *Jehoschua*, S. 396-397.

321 Siehe: Cohen, „Joshua and Judges“, *Soncino Books of the Bible*, S. 120.

In den Versen 4-6 werden die spezifischen Gesetze zum Schutz des Totschlägers dargelegt. Vers 4 beschreibt vier Schritte, die zu befolgen sind: *Und er soll in eine von diesen Städten fliehen und am Eingang des Stadttores stehen und vor den Ohren der Ältesten jener Stadt seine Sache vorbringen. Und sie sollen ihn zu sich in die Stadt aufnehmen und ihm einen Ort geben, damit er bei ihnen wohnt.* Die vier Schritte lassen sich wie folgt zusammenfassen:

1. Der Totschläger sollte in die nächstgelegene Zufluchtsstadt fliehen.
2. Dort angekommen, sollte er sich an den Eingang des Stadttores stellen.
3. Dort sollte er dann seine Angelegenheit vor den Ältesten der Stadt vortragen.
4. Nach Anhörung des Falls sollten die Ältesten den Totschläger in die Stadt aufnehmen und ihm eine Wohnung zur Verfügung stellen.

In Vers 5 wird das Gesetz über die Blutrache vorgestellt: *Und wenn der Bluträcher ihm nachjagt, dann sollen sie den Totschläger nicht in seine Hand ausliefern; denn er hat seinen Nächsten unabsichtlich erschlagen und hat ihn vorher nicht gehasst.* Niemand hatte das Recht, sich an dem Totschläger zu rächen.

In Vers 6 wird die Aufenthaltsdauer angegeben: *Und er soll in jener Stadt wohnen, bis er vor der Gemeinde vor Gericht gestanden hat, bis zum Tod des Hohen Priesters, der in jenen Tagen sein wird. Dann mag der Totschläger zurückkehren und in seine Stadt und in sein Haus gehen, in die Stadt, aus der er geflohen ist.* Der Totschläger sollte bis zu seinem Prozess in der Zufluchtsstadt wohnen bleiben. Während des Prozesses wurde der Sachverhalt dargelegt und es wurde festgestellt, ob er des Totschlags oder des vorsätzlichen Mordes schuldig war. Der Tod des Hohepriesters diente als Verjährungsfrist, die das Exil eines Flüchtigen in der Zufluchtsstadt beendete.

Die Verse 7-8 beschreiben die Auswahl der Zufluchtsstädte. Vers 7 nennt die Orte auf der cisjordanischen Seite: *Und sie heiligten Kedesch in Galiläa auf dem Gebirge Naftali, und Sichem auf dem Gebirge Ephraim, und Kirjat-Arba, das ist Hebron, auf dem Gebirge Juda.* Kedesch lag im äußersten Norden des Landes, Sichem in der Mitte und Kirjat-Araba im Süden. Vers 8 nennt die drei Städte jenseits des Jordan: *Und jenseits des Jordan, östlich von Jericho, bestimmten sie Bezer in der Wüste, in der Ebene, aus dem Stamm Ruben, und Ramot in Gilead, aus dem Stamm Gad, und Golan in Baschan, aus dem Stamm Manasse.* Diesmal sind die Städte von Süden nach Norden aufgelistet. Bezer lag im Süden, Ramot Gilead in der Mitte und Golan im Norden.

Vers 9 fasst das Kapitel über die Zufluchtsstädte zusammen: *Das waren die bestimmten Städte für alle Söhne Israel und für den Fremden, der in ihrer Mitte weilte, dass dorthin jeder fliehen konnte, der jemanden aus Versehen erschlagen hatte, damit er nicht durch die Hand des Bluträchers starb, bevor er vor der Gemeinde gestanden hatte.* Wiederum wird darauf hingewiesen, dass jeder Israelit, der versehentlich jemanden tötete, in diese Städte fliehen konnte und dort Schutz vor dem Bluträcher fand. Der Vers besagt auch, dass das Gesetz auch für Ausländer galt, die sich unter den Israeliten aufhielten.

Es gibt keine Aufzeichnungen in der biblischen Geschichte, dass diese Städte jemals für diesen Zweck verwendet wurden. Das bedeutet nicht, dass es keinen Totschlag gab oder dass die Städte nicht für diesen Zweck genutzt wurden, sondern nur, dass es keine Aufzeichnungen über einen solchen Fall gibt.

Q. Der Stamm Levi (21,1-42)

Kapitel 21 schließt die Verteilung des verheißenen Landes ab. Es beschreibt das Erbteil des Stammes Levi, welches ausschließlich aus Städten bestand. Die priesterliche Sippe innerhalb dieses Stammes sollte 13 Städte erhalten, und die anderen Leviten bekamen 35 Städte. Insgesamt wurden diesem Stamm also 48 Städte zugeteilt.

1. Die levitischen Städte (21,1-8)

Wie Simeon sollten auch die Leviten wegen des Gemetzels, welches sie in Sichem begangen hatten (1Mo 34), kein eigenes Gebiet erhalten (1Mo 49,5-7). Stattdessen gehörten die Städte, in denen sie wohnen sollten, den anderen Stämmen und wurden ihnen aus deren Erbe zugeteilt. In Vers 1 näherten sich die Leviten dem Josua und den anderen Anführern der Israeliten: *Da traten die Familienoberhäupter der Leviten zum Priester Eleasar und zu Josua, dem Sohn des Nun, und zu den Familienoberhäuptern der Stämme der Söhne Israel.*

Vers 2 berichtet von ihrer Bitte: *und sagten zu ihnen in Silo, im Land Kanaan: Der Herr hat durch Mose geboten, uns Städte zum Wohnen zu geben sowie deren Weideplätze für unser Vieh.* Auf der Grundlage des Befehls Gottes an Mose baten die Leviten um Städte und Weideland.

In Vers 3 wurde die Bitte erfüllt: *Da gaben die Söhne Israel den Leviten von ihrem Erbteil nach dem Befehl des Herrn diese Städte und ihre Weideplätze.*

Der Vers bekräftigt, dass die Verteilung dieser levitischen Städte auf Gottes Befehl beruhte. Um welche Orte es sich genau handelte, wird in den folgenden Versen angegeben.

Die Verse 4-5 handeln von den Kehatitern, die eine der drei levitischen Sippen bildeten. Vers 4 offenbart, dass auch im Umgang mit den Leviten das Los eingesetzt wurde: *Und das Los kam heraus für die Sippen der Kehatiter. Und die Söhne des Priesters Aaron von den Leviten erhielten vom Stamm Juda und vom Stamm der Simeoniter und vom Stamm Benjamin durch das Los dreizehn Städte.* Zu der Sippe Kehats gehörten die Aaroniter, also die direkten Nachkommen Aarons. Sie bildeten die priesterliche Linie des Stammes Levi und auch einen besonderen Teil der Sippe Kehats. Das Los bestimmte das Stammesgebiet, in dem die Aaroniter leben würden. Es gehörte den Judaitern, den Simeonitern und den Benjamitern. Von ihnen erhielten die Aaroniter insgesamt 13 Städte.

Vers 5 befasst sich dann mit dem Rest der Sippe der Kehatiter: *und die übrigen Söhne Kehats erhielten von den Sippen des Stammes Ephraim und vom Stamm Dan und vom halben Stamm Manasse durch das Los zehn Städte.* Kehat war der zweite Sohn von Levi (1. Mose 46,11). Nach 2. Mose 6,18 zeugte er Amram, Jizhar, Hebron und Usiël. Deren Nachkommen, Kehatiter genannt, waren während der Wüstenwanderung für den Transport der Bundeslade und anderer Gegenstände der Stiftshütte zuständig. Jetzt, da die Stiftshütte einen festen Sitz in Silo hatte, war ihre Rolle nicht mehr notwendig. Deshalb erhielten sie Städte im Gebirge, dem Kernland des frühen Israel. Das Los fiel auf drei Stämme, die die Kehatiter aufnehmen sollten: den Stamm Ephraim, den Stamm Dan und den halben Stamm Manasse. In diesen Gebieten sollten die Kehatiter insgesamt zehn Städte erhalten.

Vers 6 konzentriert sich auf die nächste levitische Sippe: *Und die Söhne des Gerschon [erhielten] von den Sippen des Stammes Issaschar und vom Stamm Asser und vom Stamm Naftali und vom halben Stamm Manasse in Baschan durch das Los dreizehn Städte.* Gerschon (auch Gerson genannt) war der erstgeborene Sohn von Levi. Nach 2. Mose 6,17 zeugte er Libni und Schimi. Deren Nachkommen, Gersoniter genannt, transportierten während der Wüstenwanderung die Textilien und die Bedeckungen der Stiftshütte. Das Los fiel nun auf Issachar, Asser, Naftali und den halben Stamm Manasse. Diese Stämme mussten den Gersonitern Städte überlassen, und so lebten die Gersoniter sowohl in Galiläa, westlich des Flusses, als auch in Baschan, östlich des Flusses. Sie erhielten insgesamt 13 Städte.

Vers 7 erwähnt die dritte Sippe: *die Söhne des Merari nach ihren Sippen vom Stamm Ruben und vom Stamm Gad und vom Stamm Sebulon zwölf Städte.* Merari war der dritte Sohn von Levi. Nach 2. Mose 6,19 zeugte er Machli und Muschi. Deren Nachkommen, Merariter genannt, bewachten während der Wüstenwanderung die Stiftshütte und transportierten ihre baulichen Bestandteile. Sie erhielten 12 Städte im Gebiet von Sebulon und in Transjordanien und lebten dort unter den Stämmen Ruben, Gad und Sebulon.

Vers 8 schließt den Abschnitt mit den folgenden Worten: *So gaben die Söhne Israel den Leviten diese Städte und ihre Weideplätze durch das Los, wie der Herr durch Mose geboten hatte.*

Die Verse 1-8 können als zusammenfassende Aussagen dessen betrachtet werden, was im Rest des Kapitels ausführlich beschrieben wird.

2. Die Kehatiter (21,9-26)

a. Der Clan der Aaroniter (21,9-19)

Die Verse 9-19 beschreiben detailliert die Städte, die den Aaronitern gegeben wurden. Wie bereits erwähnt, waren die Kehatiter Nachkommen Aarons, die eine besondere Rolle unter den Leviten spielten, da nur sie als Priester dienen konnten, und so werden sie noch einmal separat behandelt. Die folgende Grafik zeigt, dass die Abstammungslinie der Kehatiter bis zu Levi zurückreicht:

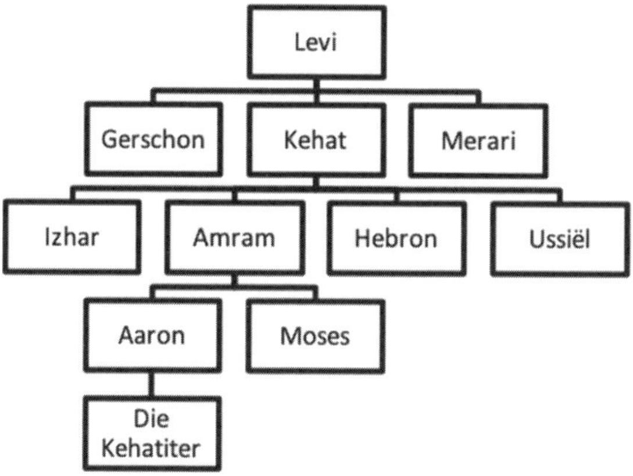

Vers 9 wiederholt, dass die Kehatiter Städte aus den Stämmen Juda und Simeon erhielten: *Und sie gaben vom Stamm der Söhne Juda und vom Stamm der Söhne Simeon folgende Städte, die man mit Namen nannte.* Bevor jedoch die Städte aufgezählt werden, widmet sich Vers 10 den Aaronitern und erwähnt sie namentlich: *Und sie wurden den Söhnen Aarons von den Sippen der Kehatiter aus den Söhnen Levi [zuteil], denn für sie war das erste Los.*

Die Verse 11-12 zeigen, dass die wichtigste Stadt, die den Aaronitern gegeben wurde, Hebron war. Vers 11 berichtet von der Übergabe dieser Stadt: *Und sie gaben ihnen die Stadt des Arba, des Vaters Enaks, das ist Hebron, im Gebirge Juda, und ihre Weideplätze rings um sie her.* Vers 12 nennt den Besitzer: *Aber das Feld der Stadt und ihre Dörfer gaben sie Kaleb, dem Sohn des Jefunne, als sein Eigentum.*

In den Versen 13-16 werden dann die Städte aufgeführt, die die Aaroniter von den Stämmen Juda und Simeon erhielten. Der Abschnitt beginnt mit den Worten: *Den Söhnen des Priesters Aaron gaben sie* (Vers 13a). Dann folgt die Liste der Städte:

Liste der Städte, die den Aaronitern von Juda und Simeon gegeben wurden (Verse 13b-16a)	
#	Name
1	die Zufluchtsstadt für den Totschläger: Hebron
2	Libna und seine Weideplätze
3	Jattir und seine Weideplätze
4	Eschtemoa und seine Weideplätze
5	Holon und seine Weideplätze
6	Debir und seine Weideplätze
7	Ajin und seine Weideplätze
8	Jutta und seine Weideplätze
9	Bet-Schemesch und seine Weideplätze

Vers 16b gibt die Gesamtzahl an: *neun Städte von diesen beiden Stämmen.*

Die Verse 17-18 listen die nächste Gruppe von Städten auf. Der Abschnitt beginnt in Vers 17a mit den Worten: *Und vom Stamm Benjamin.* Von Benjamin erhielten die Aaroniter die folgenden Ortschaften:

#	Liste der Städte, die den Aaronitern von Benjamin gegeben wurden (Verse 17b-18a) Name
1	Gibeon und seine Weideplätze
2	Geba und seine Weideplätze
3	Anatot und seine Weideplätze
4	Almon und seine Weideplätze

Vers 18b gibt die Gesamtzahl an: *vier Städte.*

Schließlich fasst Vers 19 den Abschnitt über die aaronitische Sippe zusammen: *Alle Städte der Söhne Aarons, der Priester: dreizehn Städte und ihre Weideplätze.*

b. Die anderen Kehatiter (21,20-26)

Die nicht-priesterlichen Kehatiter werden in Vers 20 vorgestellt: *Und was die Sippen der Söhne des Kehat, der Leviten, [und zwar] die Übrigen von den Söhnen des Kehat, betrifft, so waren die Städte ihres Loses vom Stamm Ephraim.*

Die Städte selbst werden dann in den Versen 21-22a namentlich aufgeführt:

#	Liste der Städte, die den nicht-priesterlichen Kehatitern von Ephraim gegeben wurden (Verse 21-22a) Name
1	Und sie gaben ihnen die Zufluchtsstadt für den Totschläger: Sichem und seine Weideplätze auf dem Gebirge Ephraim
2	Geser und seine Weideplätze
3	Kibzajim und seine Weideplätze
4	Bet-Horon und seine Weideplätze

Vers 22b gibt eine Gesamtzahl an: *vier Städte.*

Vers 23a offenbart eine zweite Quelle von Städten, die den Kehatitern zugeteilt wurden: *Und vom Stamm Dan.* Die Städte sind in den Versen 23b-24b aufgeführt:

Liste der Städte, die den nicht-priesterlichen Kehatitern von Dan gegeben wurden (Verse 23b-24a)	
#	Name
1	Elteke und seine Weideplätze
2	Gibbeton und seine Weideplätze
3	Ajalon und seine Weideplätze
4	Gat-Rimmon und seine Weideplätze

Vers 24b gibt die Gesamtzahl an: *vier Städte.*

Vers 25a offenbart die dritte Quelle von Städten, die den Kehatitern zugeteilt wurden: *Und von der Hälfte des Stammes Manasse.* Die Städte sind in den Versen 25b aufgeführt:

Liste der Städte, die den nicht-priesterlichen Kehatitern von Halb-Manasse gegeben wurden (Vers 25b)	
#	Name
1	Taanach und seine Weideplätze
2	Gat-Rimmon und seine Weideplätze

In Vers 25c wird die Gesamtzahl genannt: *zwei Städte.*

Vers 26 gibt die Gesamtzahl der Städte an, die den nicht-priesterlichen Kehatitern zugeteilt wurden: *Alle Städte [waren] zehn und ihre Weideplätze für die Sippen der übrigen Söhne des Kehat.*

3. Die Gerschoniter (21,27-33)

Die Verse 27-33 beschreiben die 13 Städte der Gerschoniter, wobei Vers 27a den Abschnitt mit den folgenden Worten einleitet: *Und den Söhnen Gerschon aus den Sippen der Leviten [gaben sie] vom halben Stamm Manasse.*

Vers 27b listet die Städte auf, die die Gerschoniter vom halben Stamm Manasse erhielten:

Liste der Städte, die Gerschon vom halben Stamm Manasse erhielt (Vers 27b)	
#	Name
1	die Zufluchtsstadt für den Totschläger: Golan in Baschan und seine Weideplätze
2	Beeschtera und seine Weideplätze

Vers 27c gibt die Gesamtzahl an: *zwei Städte.*

Vers 28a offenbart die zweite Quelle der Städte für die Gerschoniter: *Und vom Stamm Issachar.* Darauf folgt in den Versen 28b-29a die Aufzählung der Städte:

Liste der Städte, die Gerschon von Issaschar erhielt (Verse 28b-29a)	
#	Name
1	Kischjon und seine
2	Daberat und seine Weideplätze
3	Jarmut und seine Weideplätze
4	En-Gannim und seine Weideplätze

Vers 29b gibt die Gesamtzahl an: *vier Städte.*

Vers 30a offenbart die dritte Quelle der Städte für die Gerschoniter: *Und vom Stamm Asser.* Darauf folgt in den Versen 30b-31a die Aufzählung der Städte:

Liste der Städte, die Gerschon von Asser erhielt (Verse 30b-31a)	
#	Name
1	Mischal und seine Weideplätze
2	Abdon und seine Weideplätze
3	Helkat und seine Weideplätze
4	Rehob und seine Weideplätze

Vers 31b gibt die Gesamtzahl an: *vier Städte.*

Vers 32a offenbart die vierte Quelle der Städte für die Gerschoniter: *Und vom Stamm Naftali.* Vers 32b listet die Städte mit Namen auf:

Liste der Städte, die Gerschon von Naftali erhielt (Vers 32b)	
#	Name
1	die Zufluchtsstadt für den Totschläger: Kedesch in Galiläa und seine Weideplätze
2	Hammot-Dor und seine Weideplätze
3	Kartan und seine Weideplätze

Vers 32c gibt die Gesamtzahl an: *drei Städte.*

Schließlich fasst Vers 33 den Abschnitt über die Gerschoniter zusammen und gibt die Summe aller ihrer Städte an: *Alle Städte der Gerschoniter nach ihren Sippen: dreizehn Städte und ihre Weideplätze.*

4. Die Merariter (21,34-40)

Die Verse 34-40 beschreiben die Städte, die den Meraritern von verschiedenen Stämmen gegeben wurden. Vers 34a gibt den Rahmen vor: *Und den Sippen der Söhne des Merari, den übrigen Leviten, [gaben sie].* Vers 34b offenbart die erste Quelle ihrer Zuteilung: *vom Stamm Sebulon.* Die Städte sind in den Versen 34c-35a namentlich aufgeführt:

Liste der Städte, die Sebulon den Meraritern gab (Verse 34c-35a)	
#	Name
1	Jokneam und seine Weideplätze
2	Karta und seine Weideplätze
3	Dimna und seine Weideplätze
4	Nahalal und seine Weideplätze

Vers 35b gibt eine Gesamtzahl an: *vier Städte.*

Vers 36a offenbart die zweite Quelle der Städte, die den Meraritern zugeteilt wurden: *Und vom Stamm Ruben.* Die Städte sind in den Versen 36b-37a aufgeführt:

Liste der Städte, die Ruben den Meraritern gab (Verse 36b-37a)	
#	Name
1	Bezer und seine Weideplätze
2	Jahaz und seine Weideplätze
3	Kedemot und seine Weideplätze
4	Mefaat und seine Weideplätze

Vers 37b gibt eine Gesamtzahl an: *vier Städte.*

Vers 38a offenbart die dritte Quelle von Städten, die den Meraritern zugeteilt wurden: *Und vom Stamm Gad.* Die Städte sind in den Versen 38b-39a aufgeführt:

Liste der Städte, die Gad den Meraritern gab (Verse 38b-39a)	
#	Name
1	die Zufluchtsstadt für den Totschläger: Ramot in Gilead und seine Weideplätze
2	Mahanajim und seine Weideplätze
3	Heschbon und seine Weideplätze
4	Jaser und seine Weideplätze

Vers 39b gibt eine Gesamtzahl an: *alle Städte [waren] vier.*

Schließlich fasst Vers 40 den Abschnitt über die Merariter zusammen und gibt die Summe aller ihrer Städte an: *Alle [diese] Städte [gehörten] den Söhnen Meraris nach ihren Sippen, den übrigen von den Sippen der Leviten, sodass ihr Los zwölf Städte umfasste.*

Der Soncino-Kommentar zu Josua merkt an:

> Eine parallele Liste der levitischen Städte findet sich in 1 Chronik 6 mit einer Reihe von Varianten. In einigen Fällen sind sie nichts anderes als verschiedene Formen desselben Namens; in anderen werden verschiedene Städte angegeben. Das liegt daran, dass einige der Städte, die den Leviten zugelost wurden, damals noch in Feindeshand waren und durch andere ersetzt werden mussten.[322]

322 Cohen, „Joshua and Judges", *Soncino Books of the Bible*, S. 129.

5. Die Zusammenfassung der levitischen Städte (21,41-42)

Die Verse 41-42 fassen den Abschnitt über die levitischen Städte zusammen, beginnend in Vers 41 mit der Gesamtzahl: *Alle Städte der Leviten inmitten des Eigentums der Söhne Israel: 48 Städte und ihre Weideplätze.* Der Vers zeigt erneut, dass, entsprechend dem Fluch Jakobs, den Leviten kein eigenes Gebiet innerhalb des Landes zugewiesen wurde. Vielmehr lebten sie in Bezirken, die zu den anderen Stämmen gehörten. Die Zahl 48 stimmt mit 4. Mose 35,6 überein, wo Israel den folgenden Befehl erhalten hatte: *Und die Städte, die ihr den Leviten geben sollt: Sechs Zufluchtsstädte sollen es sein, die ihr [ihnen] geben sollt, damit dorthin fliehen kann, wer einen Totschlag begangen hat. Und zu diesen hinzu sollt ihr [noch] 42 Städte geben.*

Vers 42 schließt den Abschnitt mit einer grundlegenden Beschreibung ab: *Diese Städte hatten, Stadt für Stadt, ihre Weideplätze rings um sich her: so war es bei allen diesen Städten.*

Während Levi und Simeon keine eigenen Gebiete erhielten, gab es für Levi einen besonderen Segen, der Jakobs Fluch entgegenwirkte. Den Leviten wurde die Aufgabe übertragen, die geistlichen Lehrer Israels zu sein, denn in jenen Tagen war es nicht möglich, dass jede jüdische Familie eine Abschrift der Heiligen Schrift besaß. Um diese Berufung zu erfüllen, wurden die Leviten unter die anderen Stämme verstreut. So hatte jeder Stamm levitische Städte, und die Leviten, die diesen speziellen Stämmen zugeteilt waren, waren dafür verantwortlich, denen biblische und geistliche Wahrheit zu lehren, unter denen sie lebten.

Die Zufluchtsstädte (hervorgehoben durch Fettschrift) und die levitischen Städte (Jos 20-21)		
Levitische Familie	Stammesgebiete	Städte
Kehatiter	Juda und Simeon Benjamin	**Hebron**, Libna, Jattir, Eschtemoa, Holon, Debir, Ajin, Jutta, Bet-Schemesch Gibeon, Geba, Anatot, Almon
Die nicht-priesterlichen Kehatiter	Ephraim	**Sichem**, Geser, Kibzajim, Bet-Horon
	Dan	Elteke, Gibbeton, Ajalon, Gat-Rimmon
	westliches Manasse	Taanach, Gat-Rimmon
Gerschoniter	östliches Manasse	**Golan** in Baschan, Beeschtera
	Issachar	Kischjon, Daberat, Jarmut, En-Gannim
	Asser	Mischal, Abdon, Helkat, Rehob
	Naftali	**Kedesch** in Galiläa, Hammot-Dor, Kartan
Merariter	Sebulon	Jokneam, Karta, Dimna, Nahalal
	Ruben	**Bezer**, Jahaz, Kedemot, Mefaat
	Gad	**Ramot** in Gilead, Mahanajim, Heschbon, Jaser

R. Die Zusammenfassung der Eroberung (21,43-45)

Vers 43a konzentriert sich auf das verheißene Land und erklärt: *So gab der Herr Israel das ganze Land, das er ihren Vätern zu geben geschworen hatte.* Der Kontext des Buches Josua hat bereits gezeigt, dass nicht jeder Teil des verheißenen Landes tatsächlich erobert wurde. Daher geht es in diesem Vers um die Ausdehnung des Landes, wie es in 4. Mose 34 umrissen wird, und nicht um alles, was den Israeliten im abrahamitischen Bund versprochen worden war. Außerdem bezieht sich der Vers in seinem unmittelbaren Kontext auf die Verteilung des Landes in den Kapiteln 13-21. Dieses Land war Teil der Verheißung Gottes an Israels Väter, und der Vers muss vor dem Hintergrund der Berichte über die Patriarchen betrachtet werden. Ihnen war das Land verheißen, aber noch nicht gegeben worden. Vers 43b offenbart das Ergebnis: *Und sie nahmen es in Besitz und wohnten darin.* Die Israeliten nahmen Kanaan in Besitz und siedelten sich dort an.

Ein jüdischer Kommentar bemerkt, dass die Israeliten leicht das ganze von Gott verheißene Land hätten erobern können, wenn sie es versucht hätten. „Sie waren jedoch nachlässig und eroberten nur das, was sie zum Wohnen brauchten.“[323]

Vers 44 offenbart, dass die Verheißung der Ruhe erfüllt wurde: *Und der Herr verschaffte ihnen Ruhe ringsumher, ganz wie er es ihren Vätern geschworen hatte. Und keiner von allen ihren Feinden hielt vor ihnen stand; alle ihre Feinde gab der HERR in ihre Hand.* Dieser Vers wiederholt ein Konzept, welches in zwei der Bücher Mose eingeführt wurde, nämlich in 2. Mose 33,14 und in 5. Mose 12,9-10. In Josua war es auch schon zweimal erwähnt worden, nämlich in Josua 1,13 und 1,15. Dieses Konzept war das der Ruhe. Es wird noch einmal in Josua 22,4 und 23,1 erwähnt, aber in diesem Zusammenhang bedeutet es in erster Linie „Ruhe vom Krieg“. Diese Ruhe basierte auf den Eiden Gottes an die Patriarchen, und ihr Inhalt war, dass Gott den Israeliten den Sieg über ihre Feinde geben würde.

Hier sind vier Beobachtungen zu machen:

1. Vers 44 spiegelt die tatsächlichen Eroberungsfeldzüge wider, wie sie in den Kapiteln 1-12 erzählt wurden.
2. Es gab nun keine einheitliche Opposition gegen Josua mehr und auch keinen landesweiten Krieg.
3. Dennoch mussten die Israeliten das ihnen zugewiesene Gebiet erobern.
4. Im Buch der Richter geschah dies in erster Linie durch Stammeskriege und nicht durch nationale Kriege.

Vers 45 schließt diesen Abschnitt ab und stellt das ganze Buch in den Rahmen der Treue Gottes: *Es fiel kein Wort dahin von all den guten Worten, die der Herr zum Haus Israel geredet hatte. Alles traf ein.* In ihrem Kommentar zu diesem Vers legten die Rabbiner Wert darauf, das Versagen Israels aufzuzeigen: „Obwohl bestimmte Teile des Landes noch zu erobern waren, lag das an der Nachlässigkeit Josuas und Israels, nicht daran, dass der Allmächtige sein Wort nicht erfüllt hätte.“[324]

Wiederum lassen sich zwei Beobachtungen machen. Die erste Beobachtung bezieht sich auf die Verse 43-45. Das hebräische Wort für „alle“ in diesem Abschnitt ist *kol.* Es wird in diesen Versen sechsmal verwendet, und zwar, wie Hess betont, in einer chiastischen Weise:[325]

323 Raschi, *The Book of Joshua*, S. 144.

324 Ebd.

325 Hess, *Tyndale Old Testament Commentaries, Vol. 6 – Joshua*, S. 312.

A. „das ganze [*kol*] Land“ (Vers 43)
  B. „nach allem [*kol*], was er ihren Vätern geschworen hat“ (Vers 44)
    C. „Und keiner von allen [*kol*] ihren Feinden hielt vor ihnen stand“ (Vers 44b)
    C. „Der HERR gab alle [*kol*] ihre Feinde in ihre Hand“ (Vers 44c)
  B. „Es fiel kein Wort dahin von all [*kol*] den guten Worten“ (oder „nicht eine der guten Verheißungen Gottes fehlte“, Vers 45a)
A. „Alles [*kol*] traf ein“ (Vers 45b)

Die zweite Beobachtung bezieht sich auf die Größe des eroberten Gebiets. Genau wie Vers 43 muss auch Vers 45 im Licht des gesamten Buches interpretiert werden, und das Buch Josua als Ganzes sieht die Eroberung sowohl als vollständig als auch als unvollständig an. Die Vollständigkeit findet sich in Josua 10,40-42; 11,23; 12,7-24. Aber die Unvollständigkeit findet sich in Josua 13,1-6; 14,12; 17,12-18; 18,2; 23,5.7.12. Die Verse, die sich mit der Unvollständigkeit der Eroberung befassen, müssen als die Ausnahmen von den Aussagen gesehen werden, die von ihrer Vollständigkeit sprechen, und so ist erneut zu beachten, dass die Landverheißungen zur Zeit Josuas nicht in ihrer Gesamtheit erfüllt wurden.

In diesem Zusammenhang muss eine Stelle aus dem Buch der Richter betrachtet werden. In Richter 2,20-22 heißt es:

> 20 *Da entbrannte der Zorn des HERRN gegen Israel, und er sprach: Weil diese Nation meinen Bund übertreten hat, den ich ihren Vätern geboten habe, und sie meiner Stimme nicht gehorcht haben,* 21 *so werde auch ich nicht länger irgendeinen vor ihnen vertreiben aus den Nationen, die Josua übrig gelassen hat, als er starb,* 22 *um Israel durch sie auf die Probe zu stellen, ob sie den Weg des HERRN bewahren werden, darauf zu gehen, wie ihre Väter [ihn] bewahrt haben, oder nicht.*

Diese Verse zeichnen eine göttliche Erklärung auf, in der Gott auf die Sünde Israels hinweist. Der Angeklagte war „diese Nation“, oder auf Hebräisch *ha-goi ha-zeh*. Der Begriff *goi* bedeutet „Nation“ oder „Heide“. Er wird selten für Israel verwendet, aber wenn, dann impliziert er oft (nicht immer) einen Tadel, weil das Volk wie eine heidnische Nation geworden ist.[326] Daher zeigt der hebräische Ausdruck die Entfremdung Gottes von Israel. Gott warf Israel vor, seinen Bund, d.h. den mosaischen Bund, übertreten zu haben. Deshalb beschloss er in Vers 21 ein Moratorium für seine Beteiligung

326 Die Implikation ist, dass die Israeliten so taten, als hätten sie keine Bundesbeziehung zu Gott.

an der Durchführung des Krieges gegen die Kanaaniter. Folglich wurde in keinem der Kriege im Buch der Richter ein völlig neues Gebiet erobert. Wann immer eine unterdrückende Macht gestürzt oder ein Gebiet besetzt wurde, handelte es sich lediglich um die Rückgewinnung dessen, was Josua bereits eingenommen hatte. Jedes „neue Gebiet", das die Israeliten im Buch der Richter einnahmen, war in Wirklichkeit nur ein Teil eines bestimmten Stammesgebiets, das der Stamm nicht erobern konnte, wie das Jesreel-Tal. Aber es gab nirgendwo in diesem ganzen Buch eine Erweiterung der Grenzen Israels. Dies steht nicht im Widerspruch zu 2. Mose 23,29-30 oder 5. Mose 7,22. Es ist ein Unterschied, ob man die Kanaaniter nicht in einem Jahr besiegt oder ob man sie überhaupt nicht besiegt. Gott hatte angekündigt, dass er nicht alle Bewohner des Landes auf einmal vernichten würde, sondern Schritt für Schritt, damit das Land selbst nicht verwüstet würde. Das eine Motiv hat also mit dem Wohlergehen des Landes zu tun, das andere aber mit göttlichen Disziplinierungsmaßnahmen. All dies zeigt die Natur des mosaischen Bundes: Göttlicher Segen war an Bedingungen geknüpft. In Vers 22 ist die Begründung für Gottes Moratorium, dass er die feindlichen Nationen benutzen wollte, um die Israeliten zu prüfen, ob sie seinen Weg einhalten und darin wandeln würden, wie es ihre Vorfahren getan hatten. So vertrieb Gott die Kanaaniter aus zwei Gründen nicht: Der erste Grund war, Israel für seine Sünde zu bestrafen, und der zweite Grund war, das Volk zu prüfen. Würden sie dem Götzendienst abschwören und das Gesetz des Mose halten?

Ersatztheologen zitieren gerne 2. Mose 23,29-30 und 5. Mose 7,22, wo Gott Mose (und Mose dem Volk Israel) erklärte, was sie vom verheißenen Land erhalten sollten. Sie fahren dann fort, Josua 11,23 und 21,43-45 zu zitieren, um zu zeigen, dass alle Verheißungen in den Tagen Josuas erfüllt wurden. Dies erfordert, dass diese Theologen den Kontext des Buches Josua ignorieren, der sowohl kleinere als auch größere Ausnahmen auflistet. So erkennen sie nicht, dass das, was sie behaupten, innerhalb des Buches Josua widersprüchlich ist, sogar im Kontext der Josua-Passagen, die sie zitieren. Es wird auch durch Richter 2,23 im Kontext der Verse 20-23 widerlegt. Wenn man einfach Dr. David Coopers Interpretationsregel folgt, gibt es überhaupt keinen Widerspruch. Diese Regel besagt: Jeder Vers wird wörtlich interpretiert, es sei denn, der Kontext deutet eindeutig auf etwas anderes hin (und Josua deutet eindeutig auf etwas anderes hin). Zudem wird der Vers im Licht verwandter Abschnitte (wie im Buch der Richter) ausgelegt.

5. Kapitel

Abschließende Ansprachen und Ermahnungen (Jos 22,1–24,33)

Nachdem jeder Stamm sein Gebiet (Kap. 13-19) und die Leviten ihre Städte erhalten hatten (Kap. 21), war die Zeit der Eroberung vorbei. Wie die restlichen Abschnitte von Josua zeigen werden, traten jedoch schnell Probleme auf, die gelöst werden mussten (Kap. 22). Das Buch endet mit der Beschreibung von Josuas letzten Tagen, einer weiteren Bundeszeremonie und mehreren Abschiedsreden.

A. Die Rückkehr der transjordanischen Stämme (22,1-34)

Die Zeit kam für die transjordanischen Stämme Ruben, Gad und Halb-Manasse, in ihre eigenen Gebiete zurückzukehren. Sieben oder mehr Jahre lang hatten sie ihren Brüdern auf der anderen Seite des Flusses geholfen, das Land zu erobern. Wie Josua 22 jedoch zeigen wird, verschwand das Vertrauen, das sie verdient hatten, schnell, und „ein unüberlegtes und ungestümes Urteil“[327] der cisjordanischen Stämme führte beinahe zu einem Bürgerkrieg.

1. Josuas Abschiedsrede (22,1-6)

In Josua 1,12-18 hatten sich die transjordanischen Stämme Ruben, Gad

327 Walvoord, *The Bible Knowledge Commentary*, S. 365.

und Halb-Manasse verpflichtet, den anderen Stämmen bei der Eroberung und Besiedlung des verheißenen Landes zu helfen. Nun, da ihre Pflichten erfüllt waren, bestellte Josua sie ein: *Damals rief Josua die Rubeniter und die Gaditer und den halben Stamm Manasse [zusammen]* (Vers 1).

In den Versen 2-5 hielt er seine Ansprache, beginnend in Vers 2 mit der Anerkennung des Gehorsams der transjordanischen Stämme: *und er sprach zu ihnen: Ihr habt alles gehalten, was Mose, der Knecht des Herrn, euch geboten hat, und habt meiner Stimme gehorcht in allem, was ich euch befohlen habe.* Sie hatten nicht nur Mose gehorcht, sondern auch Josua, und dafür wurden sie gelobt.

In Vers 3 legte Josua den Inhalt dieses Gehorsams dar: *Ihr habt eure Brüder nicht verlassen diese lange Zeit bis zum heutigen Tag und habt das Gebot des Herrn, eures Gottes, treu gehalten.* Sieben Jahre lang standen die transjordanischen Stämme ihren Brüdern treu zur Seite und führten den Auftrag aus, den Gott ihnen gegeben hatte.

In Vers 4 gab Josua den Stämmen die Erlaubnis, nach Hause zurückzukehren: *Nun aber hat der Herr, euer Gott, euren Brüdern Ruhe verschafft, wie er zu ihnen geredet hatte. Nun denn, kehrt um und geht wieder zu euren Zelten, in das Land eures Eigentums, das Mose, der Knecht des Herrn, euch jenseits des Jordan gegeben hat!* Nachdem die Kriege beendet waren, war die Mithilfe der transjordanischen Stämme nicht mehr vonnöten.

In Vers 5 spricht Josua eine Warnung aus: *Nur achtet genau darauf, das Gebot und das Gesetz zu tun, das Mose, der Knecht des Herrn, euch befohlen hat; den Herrn, euren Gott, zu lieben und auf allen seinen Wegen zu wandeln und seine Gebote zu halten und ihm anzuhängen und ihm zu dienen mit eurem ganzen Herzen und mit eurer ganzen Seele!* Josua nennt hier sechs Punkte:

1. Die transjordanischen Stämme sollten darauf achten, das mosaische Gesetz zu halten.
2. Sie sollten Gott lieben.
3. Sie sollten im Gehorsam zu ihm wandeln.
4. Sie sollten seine Gebote halten.
5. Sie sollten an ihm festhalten.
6. Sie sollten ihm mit ihrem ganzen Wesen dienen.

Die rabbinische Auslegung versucht zu erklären, was es bedeutet, Gott „anzuhängen“:

> Ist es möglich, dies (im körperlichen Sinne) zu sagen? Ist er [Gott] nicht ein verzehrendes Feuer? Vielmehr bedeutet die Tora, sich an die Gelehrten der Tora und an die Weisen zu klammern, und ich betrachte

es so, als ob du dich an ihn geklammert hättest. – R[ashi] E [Rabbi Abraham Ibn Esra] sieht im „Festhalten an ihm“ eine Anspielung auf das Jenseits, d.h. liebe ihn [Gott], wandle auf seinen Wegen, halte seine Gebote, damit deine Seele im Jenseits an ihm festhält.[328]

Vers 6 schließt mit einem Abschiedssegen: *Und Josua segnete sie und entließ sie; und sie gingen zu ihren Zelten.* Die transjordanischen Stämme kehrten in ihre Zelte zurück, und damit begann der Prozess des Aufbruchs. Der Kreis, der in Josua 1,12-18 begonnen hatte, war nun geschlossen.

2. Der Aufbruch der Stämme (22,7-9)

Nach dieser Ansprache Josuas an alle drei transjordanischen Stämme beschreibt der Text wieder die besondere Situation Manasses: *Dem halben Stamm Manasse hatte Mose in Baschan [ein Erbteil] gegeben; aber seiner [anderen] Hälfte gab Josua [ein Erbteil] bei ihren Brüdern jenseits des Jordan, nach Westen zu* (Vers 7a). Der Vers spricht sowohl die cisjordanische als auch die transjordanische Seite an.

Die Verse 7b-8 beschreiben die Kriegsbeute für alle transjordanischen Stämme, beginnend in Vers 7b mit einem Segen: *Und als Josua sie in ihre Zelte entließ, segnete er sie.* Womit er den Stamm segnete, wird in Vers 8 erwähnt: *und sagte zu ihnen: Kehrt zu euren Zelten zurück mit großem Reichtum und mit sehr viel Vieh, mit Silber und mit Gold und mit Bronze und mit Eisen und mit Kleidern in großer Menge! Teilt die Beute eurer Feinde mit euren Brüdern!* Weil sie den cisjordanischen Stämmen bei der Eroberung des Landes geholfen hatten, erhielten die transjordanischen Kämpfer Beute. Nach ihrer Rückkehr in ihre eigenen Stammesgebiete sollten sie diese mit den Männern teilen, die sie zum Schutz der Frauen und Kinder zurückgelassen hatten. Das Prinzip lautet: Diejenigen, die mit dem Besitz zurückbleiben, teilen zu gleichen Teilen mit denen, die in den Krieg ziehen. Unter David wurde dieses Prinzip zu einem Gesetz des Königreichs gemacht.

Vers 9 beschreibt den Aufbruch: *Da kehrten die Söhne Ruben und die Söhne Gad und der halbe Stamm Manasse zurück und zogen fort von den Söhnen Israel, von Silo, das im Land Kanaan [liegt], um ins Land Gilead, in das Land ihres Eigentums zu ziehen, in dem sie sich ansässig gemacht hatten auf Befehl des Herrn durch Mose.* Die zweieinhalb Stämme verließen ihre Geschwister im cisjordanischen Gebiet und kehrten nach Gilead in Transjordanien zurück, gemäß dem Befehl Gottes.

328 Raschi, *The Book of Joshua*, S. 146.

3. Der Bau des Altars (22,10)

Der Ärger begann, als die transjordanischen Stämme auf dem Heimweg waren. Vers 10 beschreibt, was geschah: *Und als sie in die Bezirke des Jordan kamen, die [noch] im Land Kanaan [liegen], da bauten die Söhne Ruben und die Söhne Gad und der halbe Stamm Manasse dort einen Altar am Jordan, einen Altar, groß von Aussehen.* Die zurückkehrenden Stämme begannen mit dem Bau des Altars, bevor sie tatsächlich den Jordan überquerten. Das kann man an der Formulierung „im Land Kanaan" erkennen. Sie befanden sich noch am Westufer des Jordan, weil der Fluss die Grenze zwischen den Gebieten im Westen und denen im Osten markierte. Die Tatsache, dass der Altar am Westufer gebaut wurde, zeigt, dass die Absicht nicht darin bestand, in Konkurrenz mit dem Altar zu Silo zu treten, denn dann hätten die transjordanischen Stämme ihn in ihrem eigenen Gebiet jenseits des Flusses errichtet.

Der hebräische Ausdruck, der in diesem Vers verwendet wird, um den Altar zu beschreiben, ist *gadol lemareh*, was „großartig beeindruckend" bedeutet. Die Worte ähneln denen, die in 2. Mose 3,3 bei der Beschreibung des brennenden Busches verwendet werden. Die Absicht, einen so imposanten Altar zu bauen, war, Aufmerksamkeit zu erregen. Er war so groß, dass man ihn von beiden Seiten des Jordans aus sehen konnte. Die Größe des Altars beweist auch, dass die Absicht nicht das Opfern, sondern die Sichtbarkeit war. Das Bauwerk war als Denkmal und nicht als Altar gedacht. Dennoch sahen die cisjordanischen Stämme den Altar nicht auf diese Weise, wie man an ihrer Reaktion sehen kann.

4. Die Antwort der anderen Stämme (22,11-20)

Der Bericht über die Reaktion der cisjordanischen Stämme beginnt in Vers 11, als die Nachricht vom Bau des Altars sie erreichte: *Und die Söhne Israel hörten sagen: Siehe, die Söhne Ruben und die Söhne Gad und der halbe Stamm Manasse haben den Altar gebaut vor das Land Kanaan in den Bezirken des Jordan nach der Seite der Söhne Israel.* Die Tatsache, dass der Altar auf der cisjordanischen Seite des Flusses gebaut worden war, wurde als eine Bedrohung für die Stiftshütte als dem Zentrum der Anbetung Gottes in Silo angesehen.

Folglich kam in Vers 12 die Antwort: *Und als die Söhne Israel es hörten, versammelte sich die ganze Gemeinde der Söhne Israel nach Silo, um gegen sie zum Krieg hinaufzuziehen.* Offensichtlich interpretierten die cisjordanischen Stämme das Errichten des Altars auf ihrer Seite des Flusses anders, als es wahrscheinlich beabsichtigt war.

Die Verse 13-14 listen die Delegierten auf, die ausgesandt werden sollten, beginnend in Vers 13 mit Pinhas, dem Priester: *Und die Söhne Israel sandten zu den Söhnen Ruben und zu den Söhnen Gad und zu dem halben Stamm Manasse, ins Land Gilead, Pinhas, den Sohn des Priesters Eleasar.* Die Tatsache, dass die Delegation den Jordan überqueren musste, zeigt, dass zu diesem Zeitpunkt Ruben, Gad und der halbe Stamm Manasse bereits in ihre Gebiete zurückgekehrt waren. Pinhas war der Anführer der Delegation. Das bedeutet, dass ein Führungswechsel von Eleasar zu Pinhas stattgefunden hatte, der die Bühne für das Buch der Richter bereitete.

Vers 14 listet auf, wer den Priester begleitete: *und zehn Fürsten mit ihm, je einen Fürst für ein Vaterhaus von allen Stämmen Israels. Und jeder von ihnen war das Haupt seines Vaterhauses in den Tausendschaften Israels.* Die Fürsten oder Obersten kamen aus jedem Stamm und leiteten die einzelnen Familien aller israelitischen Sippen.

In Vers 15 wandte sich die Delegation an die transjordanischen Stämme: *Und sie kamen zu den Söhnen Ruben und zu den Söhnen Gad und zu dem halben Stamm Manasse ins Land Gilead und redeten mit ihnen.*

Der Inhalt dessen, was sie sagten, wird in den Versen 16-20 wiedergegeben. Wie wir sehen werden, formulierte die Delegation vier spezifische Probleme. Das erste Problem steht in Vers 16: *So spricht die ganze Gemeinde des Herrn: Was ist das für eine Untreue, die ihr gegen den Gott Israels geübt habt, dass ihr euch heute abwendet von dem Herrn, indem ihr euch einen Altar baut, um euch heute gegen den Herrn aufzulehnen?* Die Sünde war die der Untreue. Das hebräische Wort, das hier verwendet wird, ist *maal.* Es bedeutet „untreu oder verräterisch handeln". Dasselbe Wort wird in Josua 7,1 für die Sünde von Achan verwendet. Die Gefahr, die die cisjordanischen Stämme sahen, war, dass der Bau eines Altars bedeutete, dass sich ihre Mitisraeliten in Rebellion von Gott abwandten.

In den Versen 17-18 listeten die Delegierten das zweite Problem auf. Um die Größe der Sünde durch den Abfall vom Herrn zu zeigen, erinnerten sie die transjordanischen Stämme in Vers 17-18a an eine frühere Sündentat, die ein schweres Gerichtsurteil über die Nation gebracht hatte: *Haben wir noch nicht genug an der Sünde mit Peor, von der wir uns bis zum heutigen Tag [noch] nicht gereinigt haben –, worauf doch die Plage über die Gemeinde des Herrn kam? Und ihr, ihr wendet euch heute vom Herrn ab!* Das hebräische Wort für „Sünde" ist in diesem Fall *avon,* und es bezieht sich auf die Art von Sünde, die Israel mit Baal-Peor begangen hatte. Diese Sünde wird in 4. Mose 25 beschrieben. Sie bestand aus dem Ungehorsam des Volkes gegenüber Gottes Willen in Bezug auf Anbetung. Am Ende ihrer Wüstenwanderung hatten sich die Israeliten in Schittim niedergelassen. Dort begannen sie, sich der sexuellen Unzucht mit moabitischen Frauen hinzugeben und opferten sogar fremden Göttern. Auf diese Weise verbanden sie sich mit dem Götzen Baal-Peor. Pinhas wird für diese Sünde besonders empfänglich gewesen sein, weil er in 4. Mose 25 eine entscheidende Rolle dabei gespielt hatte, ihr ein Ende zu setzen. Als Folge dieser Sünde fiel eine Plage auf Israel, die 24.000 Menschen das Leben kostete. Vers 18b verdeutlicht das gegenwärtige Problem: *Und es wird geschehen, wenn ihr euch heute gegen den Herrn auflehnt, dann wird er morgen über die ganze Gemeinde Israels zürnen.* Die Gefahr bestand darin, dass die Rebellion der transjordanischen Stämme Gottes Zorn gegen ganz Israel provozieren würde. Das war bei der Sünde des Baal-Peor so, und das war bei der Übertretung Achans so, denn die Sünde eines oder einiger weniger konnte die ganze Nation ins Gericht bringen.

In Vers 19 stellte die Delegation das dritte Problem vor: *Jedoch wenn das Land, das euch gehört, unrein ist, dann kommt herüber in das Land, das dem Herrn gehört, wo die Wohnung des Herrn steht, und macht euch unter uns ansässig! Aber gegen den Herrn dürft ihr euch nicht auflehnen, und [auch] gegen uns dürft ihr euch nicht auflehnen, indem ihr euch einen Altar baut neben dem Altar des Herrn, unseres Gottes.* Wenn der Grund für den Bau des Altars die Unreinheit des transjordanischen Gebiets, welches außerhalb der Grenzen des verheißenen Landes lag, gewesen sein sollte, dann mussten sie eben über den Jordan ziehen, denn der richtige Ort für die Anbetung Gottes war in Silo. Die transjordanischen Stämme in das cisjordanische Gebiet einzuladen, war kostspielig, weil dadurch die einzelnen Erbteile geschmälert worden wäre. Dennoch waren die cisjordanischen Stämme bereit, ihre Gebiete um der religiösen Reinheit Israels willen aufzugeben. Das hebräische Wort für „auflehnen“ ist *marad.* Es bedeutet „rebellieren“. Einen Altar in Konkurrenz zur Stiftshütte in Silo zu errichten, entsprach der Sünde der Rebellion.

Auf der Grundlage dieses Verses haben die Rabbiner eine Liste von angeblichen Vorteilen eines Lebens auf der cisjordanischen Seite zusammengestellt:

- Die Luft von *Eretz Israel* lässt einen weise werden (*Bavra Basra* 158b).
- Prophezeiung tritt nur im Land Israel auf (*Moed Katan* 25a).
- Wer nicht in der Lage ist, Kinder zu bekommen, sollte nach *Eretz Israel* ziehen (*Jevamos* 64a).
- Wer in *Eretz Israel* lebt, lebt ohne Sünde (*Kesubos* 111a).
- Jemand, der in *Eretz Israel* begraben wird, erhält Sühne für seine Sünden (*Kesubos* 111a).[329]

329 Drucker, *Yehoshua*, S. 433.

In Vers 20 stellte die Delegation das vierte Problem vor: *Hat nicht Achan, der Sohn Serachs, Untreue an dem Gebannten geübt? Und über die ganze Gemeinde Israels erging der Zorn; und er kam nicht als Einziger wegen seiner Schuld um.* Achan wird mit dem Namen seines Großvaters genannt.[330] Das hebräische Wort für „das Gebannte" ist *cherem*. Achans Sünde, die in Josua 7 beschrieben wurde, führte zu einem Urteilsspruch Gottes, welcher drohte, ganz Israel zu vernichten.

Mit diesen Worten stellte die Delegation ihre Sicht der Dinge dar und listete vier Probleme auf, die der Altar am Ufer des Jordan ihrer Meinung nach verursachte. Es ist klar, dass die cisjordanischen Stämme davon ausgingen, dass dieser Altar zum Opfern benutzt werden sollte und so eine Konkurrenz für die Opferstätte in Silo darstellte.

5. Die Erläuterung (22,21-29)

In den Versen 21-29 erklärten die Transjordanier den wahren Grund, aus dem sie den Altar gebaut hatten. Vers 21 leitet den Abschnitt mit den folgenden Worten ein: *Und die Söhne Ruben und die Söhne Gad und der halbe Stamm Manasse antworteten und redeten zu den Häuptern der Tausendschaften Israels.*

In Vers 22a brachten die transjordanischen Stämme ihren Glauben an den Gott Israels zum Ausdruck: *Der Gott der Götter, der Herr, der Gott der Götter, der Herr, er weiß es.* Der hebräische Text lautet: *El, Elohim, JHWH, El, Elohim, JHWH.* Der erste Name *El* ist ein Singularwort und bedeutet „Gott". Der zweite Begriff, *Elohim*, steht im Plural. Das Tetragramm *JHWH* ist der Name Gottes. Wörtlich kann der Ausdruck also übersetzt werden mit „Gott, Götter, Jahwe; Gott, Götter, Jahwe." Er deutet klar auf die Pluralität der Gottheit hin.

Da die Rabbiner diese Pluralität nicht lehren, müssen sie sich eine alternative Erklärung einfallen lassen. Die orthodoxe jüdische Bibelübersetzung von Isaac Leeser lautet: „Gott, der Gott der Götter, der Herr, (Gott, der Gott der Götter, der Herr)." Andere Rabbiner behandeln den Satz als „Allmächtiger, Gott, HASHEM",[331] wobei HASHEM „der Name" bedeutet. Wieder andere interpretieren den Ausdruck so, als bedeute er: „HASHEM ist der höchste Gott aller Engel, denn *El* bedeutet ‚der Starke', *Elohim*, das höchste

330 Dies könnte eine mögliche Erklärung für das Problem des Secharjas aus Matthäus 23,35 sein. Der Vers verweist auf Sacharja als den Sohn Berechjas. In 2. Chronik aber wird er „Secharja, Sohn des Priesters Jojada" genannt. Es handelt sich also entweder um einen Schreibfehler, oder Matthäus bezog sich auf einen Großvater.

331 Drucker, *Yehoshua*, S. 435.

Wesen, das zu fürchten ist', und *JHWH* ist ‚der wahrhaft Existierende, der Bundesgott.'"[332] Raschi lehrte, dass *Elohim* „die Mächtigen" bedeutet, und so interpretierte er den Ausdruck als „der Gott der Mächtigen". Dieser jüdische Gelehrte glaubte auch, dass der Satz wiederholt wurde, um zu bekräftigen, dass Gott der höchste Herr sowohl in dieser als auch in der kommenden Welt ist: „Der *allmächtige Gott ist Adonoi.* Er ist Gott über alle göttlichen Wesen. Er ist Adonoi, der weiß, dass unsere Absicht keine Rebellion war usw. Indem sie diese Erklärung zweimal wiederholten, (erklärten sie), dass er Gott in dieser Welt und in der zukünftigen Welt ist."[333] Der Soncino-Kommentar merkt an:

> *Gott, Gott, der Herr.* Besser: „der Mächtige, Gott, der Herr" […] Die Titel sind zusammengeführt und der Ausdruck wurde doppelt aufgeführt, um die Feierlichkeit der Äußerung zu erhöhen, die am besten als aus drei parallelen und unabhängigen Titeln bestehend verstanden wird. Der erste von ihnen (*El*) ist der allgemeinste, der dritte der speziellste, der zweite der gewöhnliche Name für die Gottheit bei den Hebräern.[334]

Der Ausdruck „El, Elohim, JHWH" erscheint auch in Psalm 50,1, wo es heißt: *Ein Psalm. Von Asaf. Gott, Gott, der Herr, hat geredet und die Erde gerufen, vom Aufgang der Sonne bis zu ihrem Niedergang.* Nach Ansicht der Rabbiner sprachen die transjordanischen Stämme diese drei Namen in Josua 22,22 wiederholt aus, „denn mit diesen Namen hat Gott die Welt erschaffen und die Tora gegeben. Er hat die Welt erschaffen, wie es heißt: *Allmächtiger Gott, HASHEM, hat gesprochen und die Erde gerufen* (*Psalm* 50,1), und er hat die Tora gegeben, wie es in den Zehn Geboten heißt: *Denn ich, HASHEM, dein Gott, bin ein eifersüchtiger Gott […]* (*2Mo* 20,5)."[335] Die Rabbiner schlossen daraus, dass die transjordanischen Stämme mit den Worten „El, Elohim, JHWH" ihren Glauben an den einen wahren Gott bekräftigten, der die Welt erschaffen und Israel sein Gesetz offenbart hatte. Mit dieser Bekräftigung versuchten sie, die Verdächtigungen gegen sie zu widerlegen. Da sie glaubten, dass der Allmächtige selbst die Welt erschaffen hat, konnte man sie nicht des Götzendienstes beschuldigen. Da sie außerdem fest an die Offenbarung der Tora glaubten, die jede Anbetung außerhalb der Stiftshütte oder des Tempels verbot, waren ihre Absichten, den Altar zu bauen, missverstanden worden.[336]

332 Ebd.

333 *Raschi zu Josua* 22,22; abgerufen von www.sefaria.org.

334 Cohen, „Joshua and Judges", *Soncino Books of the Bible*, S. 136.

335 Drucker, *Yehoshua*, S. 435, mit einem Kommentar zu *m. Tehillim* 50.

336 Siehe: Raschi, *The Book of Joshua*, S. 151.

Nachdem die transjordanischen Stämme ihren Glauben an den einen wahren Gott unterstrichen hatten, fuhren sie in Vers 22b fort: *und Israel soll es wissen: Wenn [das] in Auflehnung oder in Untreue gegen den Herrn [geschehen ist], [dann] sollst du uns heute nicht retten.* Was Gott bereits wusste, würde auch den Israeliten bewusst werden. Wenn ihre Absichten tatsächlich rebellisch waren, dann sollte Gott die transjordanischen Stämme bestrafen.

In Vers 23 fuhren sie fort, die Anschuldigung und die falsche Motivation zu widerlegen: *[Und wenn es so ist,] dass wir uns einen Altar gebaut haben, um uns vom Herrn abzuwenden, und wenn [es geschehen ist], um Brandopfer und Speisopfer darauf zu opfern, und wenn [es geschehen ist], um Heilsopfer darauf darzubringen, dann möge uns der Herr zur Rechenschaft ziehen!* Wenn die transjordanischen Stämme tatsächlich all die Dinge begangen haben, die ihnen vorgeworfen wurden, und sich so von Gott abwandten, dann sollte Gott selbst sie zur Rechenschaft ziehen.

In den Versen 24-25 fuhren die transjordanischen Stämme fort, die positive Antwort und die richtige Motivation darzustellen, beginnend in Vers 24 mit ihren eigentlichen Absichten: *Vielmehr taten wir dies aus Besorgnis, aus einem [bestimmten] Grund, als wir [uns] sagten: Künftig werden eure Söhne zu unseren Söhnen sagen: Was habt ihr mit dem Herrn, dem Gott Israels, zu tun?* Sie bauten den Altar aus Angst, dass ihre Nachkommen sie eines Tages fragen könnten, was sie mit dem Gott Israels zu tun hätten. Schließlich war der Jordan, wie Vers 25 zeigt, eine natürliche Grenze, die die Stämme trennte: *Der Herr hat ja eine Grenze zwischen uns und euch gesetzt, ihr Söhne Ruben und ihr Söhne Gad, nämlich den Jordan. Ihr habt keinen Anteil am Herrn! So könnten eure Söhne unsere Söhne [davon] abbringen, den Herrn zu fürchten.* Mit anderen Worten befürchteten die transjordanischen Stämme, dass die geographische Trennung des Volkes dazu führen könnte, dass ihre Nachkommen Gott nicht mehr fürchten würden.

Also präsentierten sie in den Versen 26-27 ihre Lösung, beginnend in Vers 26 mit der Tatsache, dass der Altar nie als Opferstätte gedacht war: *Darum sagten wir: Wir wollen uns daranmachen, den Altar zu bauen, nicht für Brandopfer und nicht für Schlachtopfer.* In Vers 27 wiesen sie darauf hin, was der wahre Zweck war: *sondern ein Zeuge soll er sein zwischen uns und euch und zwischen unseren Generationen nach uns, damit wir den Dienst des Herrn vor ihm verrichten mit unseren Brandopfern und mit unseren Schlachtopfern und mit unseren Heilsopfern und damit nicht eure Söhne künftig zu unseren Söhnen sagen: Ihr habt keinen Anteil am Herrn!* Ihr Ziel war es, beide Seiten des Jordans in der Anbetung desselben Gottes zu vereinen.

In Vers 28 setzten die transjordanischen Stämme ihren Gedankengang fort: *Und wir sagten [uns]: Geschieht es, dass sie künftig zu uns oder zu unseren [nachfolgenden] Generationen [in dieser Weise] sprechen, dann werden wir antworten: Seht die Nachbildung des Altars des Herrn, die unsere Väter gemacht haben, [und zwar] nicht für Brandopfer und nicht für Schlachtopfer, sondern ein Zeuge [soll sie sein] zwischen uns und euch!* Der Altar sollte ein Zeugnis für alle Generationen sein, dass auf beiden Seiten des Jordan derselbe Gott angebetet wurde. Der Altar am Flussufer war dem in Silo nachempfunden, und die Tatsache, dass er das gleiche Muster hatte, mag der Grund dafür gewesen sein, dass die anderen Stämme ihn für eine Konkurrenz hielten. Aber die Nachbildung am Ufer des Jordan war viel größer als das, was in Silo stand, und diente einfach dem Zweck, einen vereinten Glauben zu demonstrieren.

Vers 29 schließt diesen Abschnitt ab: *Fern von uns sei es, uns gegen den Herrn aufzulehnen und uns heute vom Herrn abzuwenden, indem wir einen Altar bauen für Brandopfer, für Speisopfer und für Schlachtopfer neben dem Altar des Herrn, unseres Gottes, der vor seiner Wohnung [steht]!* Mit diesen Worten bekräftigten die transjordanischen Stämme ihre Treue zum Altar von Silo.

Zusammengefasst boten die transjordanischen Stämme drei Gründe an, warum ihr Altar nur als Denkmal und nicht als Konkurrenz angesehen werden sollte:

1. Er wurde am Westufer des Flusses erbaut. Deshalb hätte er den transjordanischen Stämmen gar nicht als Stätte zur Darbringung regelmäßiger Opfer dienen können.
2. Er war mit Absicht so groß gebaut worden, dass man ihn von weitem sehen konnte, was wiederum darauf hinwies, dass das Bauwerk ein Denkmal sein sollte.
3. Er war als Nachbildung des ursprünglichen Altars in Silo gebaut worden und nicht in Konkurrenz zu ihm.

6. Der friedliche Aufbruch (22,30-33)

Nachdem die transjordanischen Stämme ihre wahren Absichten dargelegt und ihre Treue zum Gott Israels bekräftigt hatten, reiste die Delegation in den Versen 30-33 friedlich ab. Vers 30 berichtet von ihrer Zufriedenheit: *Und als der Priester Pinhas und die Fürsten der Gemeinde und die Häupter der Tausendschaften Israels, die bei ihm waren, die Worte hörten, die die Söhne Ruben und die Söhne Gad und die Söhne Manasse redeten, war es gut in ihren Augen*. Die Erklärung der transjordanischen Stämme wurde von Pinhas, seiner Delegation und dem Rest der cisjordanischen Stämme voll akzeptiert.

Nach Vers 31 reagierten sie mit Erleichterung: *Und Pinhas, der Sohn des Priesters Eleasar, sagte zu den Söhnen Ruben und zu den Söhnen Gad und zu den Söhnen Manasse: Heute erkennen wir, dass der Herr in unserer Mitte ist, weil ihr diese Untreue am Herrn nicht geübt habt. Nun habt ihr die Söhne Israel vor der Hand des Herrn gerettet.* Da die transjordanischen Stämme keine Sünde begangen hatten, als sie den Altar bauten, würde es kein göttliches Gericht geben.

Vers 32 berichtet von der Rückkehr und dem Bericht der Delegierten: *Da kehrten Pinhas, der Sohn des Priesters Eleasar, und die Fürsten zurück von den Söhnen Ruben und von den Söhnen Gad, aus dem Land Gilead ins Land Kanaan, zu den Söhnen Israel und brachten ihnen Antwort.* Pinhas und seine Delegierten überquerten den Jordan und kehrten von Gilead ins cisjordanische Gebiet zurück. Dann berichteten sie den Israeliten, was sich zugetragen hatte.

Vers 33 zeigt die Reaktion des Volkes: *Und die Sache war gut in den Augen der Söhne Israel. Und die Söhne Israel dankten Gott und sprachen nicht mehr davon, gegen sie hinaufzuziehen zum Krieg, um das Land zu vernichten, in dem die Söhne Ruben und die Söhne Gad wohnten.* Die Reaktion war dreifach:

1. Die Israeliten waren froh, den Bericht zu hören.
2. Sie lobten Gott.
3. Niemand dachte mehr an einen Bürgerkrieg.

7. Die Benennung des Altars (22,34)

Das Kapitel endet damit, dass die Transjordanier dem Altar, den sie errichtet hatten, einen Namen gaben: *Und die Söhne Ruben und die Söhne Gad nannten den Altar [»Zeuge«, indem sie sagten]: Denn Zeuge ist er zwischen uns, dass der Herr Gott ist.* Eigentliche sollte man den Satz so übersetzen: „Und die Söhne Ruben und die Söhne Gad nannten den Altar *Ed*." Dies ist das hebräische Wort für „Zeuge", und so wurde im Hebräischen der Altar „Ed", also „Zeuge" genannt.

Bevor wir dieses Kapitel verlassen, können zwei Beobachtungen gemacht werden. Die erste Beobachtung ist, dass aus diesem Vorfall fünf grundlegende Lehren gezogen werden können:

1. Es ist gut, eifrig für den Glauben zu sein, denn ein Kompromiss im Glauben kann heftige Folgen haben.
2. Es ist falsch, Motive auf der Grundlage von Indizien zu beurteilen, und es ist wichtig, alle Fakten zu kennen, bevor man jemanden der Sünde oder des Abfalls vom Glauben bezichtigt. Zu jeder Geschichte gibt es immer zwei Seiten.
3. Eine offene und ehrliche Diskussion kann helfen, die Luft zu klären.
4. Wenn eine Person zu Unrecht beschuldigt wird, ist es gut, sich an Sprüche 15,1 zu erinnern: *Eine sanfte Antwort wendet Grimm ab, aber ein kränkendes Wort erregt Zorn.*
5. Wenn sich eine Person irrt, sollte sie auch bereit sein, dies zuzugeben.

Die zweite Beobachtung ist, dass die Verse 10-34 einen Chiasmus bilden:

A. Die Transjordanier bauten einen Altar (Vers 10).
  B. Die Cisjordanier drohten mit Krieg (Verse 11-12).
    C. Die Cisjordanier schickten eine Delegation (Verse 13-15a).
      D. Die Delegation erhob ihre Anklage gegen die Transjordanier (Verse 15b-20).
        E. Die Transjordanier schworen ihre Unschuld (Verse 21-23).
          F. Die Transjordanier erklärten den Altar (Vers 27a).
          F. Die Transjordanier erklärten den Altar (Verse 27b-28).
        E. Die Transjordanier erklärten ihre Unschuld (Vers 29).
      D. Die Delegation akzeptierte die transjordanische Erklärung (Verse 30-31).
    C. Die cisjordanische Delegation kehrte nach Hause zurück (Vers 32).
  B. Die Cisjordanier zogen ihre Drohung zurück (Vers 33).
A. Die Transjordanier gaben dem Altar einen Namen (Vers 34).

B. Josuas Abschiedsrede (23,1-16)

Kapitel 23 behandelt Josuas Abschiedsrede und letzte Herausforderung an die Leiterschaft Israels.

1. Die Vorladung (23,1-2)

Vers 1 erklärt die Umstände: *Und es geschah nach vielen Tagen, nachdem der Herr Israel Ruhe verschafft hatte vor allen seinen Feinden ringsumher und Josua alt geworden und hochbetagt war.* Hess bemerkt:

Die Verheißung der Ruhe findet sich in 5. Mose (3,20; 20,10; 25,19) und kommt in der Ermahnung von Josua 1 (Verse 13 und 15) und inmitten der Zusammenfassungen der Kapitel 21,42 und 22,4 vor. In 5. Mose und in Josua 1 ist diese Ruhe Teil der Verheißung Gottes an das Volk und an Josua als Belohnung für ihre Treue. In Josua 22-24 ist sie das Ergebnis von Gottes Segen über Israel und eine Belohnung für die Treue des Volkes.[337]

Wie schon in 13,1 wird Josua erneut als hochbetagt beschrieben, und auch hier folgt auf diese einleitende Aussage eine Beschreibung des noch nicht von Israel besetzten Landes. In Kapitel 23 wird das Thema der Trennung in drei Zyklen entwickelt, die aus Aufrufen zum Gehorsam gegenüber dem Bund bestehen, wobei Gottes Treue zu Israel und die entsprechende Verantwortung der Israeliten, ihm treu zu sein, erklärt werden.

Vers 2 berichtet über ein Treffen, das Josua nun einberief: *da rief Josua ganz Israel zusammen, seine Ältesten und seine Häupter und seine Richter und seine Aufseher und sagte zu ihnen: Ich bin alt geworden, [und] ich bin hochbetagt.* Der Ruf an die Leiter Israels war allumfassend, denn die Ältesten, Häupter, Richter und Aufseher übten Autorität über alle Stämme aus. Josua bestätigte, was in Vers 1 gesagt wurde, nämlich, dass er alt war. Während die Verse an dieser Stelle nicht sein genaues Alter angeben, spekulierten die Rabbiner, dass er zu diesem Zeitpunkt entweder 108 oder 110 Jahre gewesen sein muss.[338] Das brachte sie in eine Zwickmühle, denn sie glaubten, dass ihm in Josua 1,5 versprochen worden war, er würde 120 Jahre alt werden und sich bis zum letzten Tag seines Lebens bester Gesundheit erfreuen würde. Um dieses Dilemma zu lösen, lehrten die Rabbiner: „Josua erlebte die Erfüllung dieser Verheißung nicht, denn er war bei der Eroberung des Landes zögerlich […] und als Folge davon lebte er nur 110 Jahre und war im Alter in einem geschwächten Zustand."[339]

2. Der erste Aufruf zum Bundesgehorsam (23,3-8)

In Vers 3 leitete Josua den Aufruf zum Bundesgehorsam ein, indem er die Anführer Israels daran erinnerte, dass ihre Feinde besiegt worden waren, weil Gott für sie gekämpft hatte: *Und ihr, ihr habt alles gesehen, was der Herr,*

337 Hess, *Tyndale Old Testament Commentaries, Vol. 6 – Joshua*, S. 324.
338 Siehe: Drucker, *Yehoshua*, S. 442.
339 Ebd.

euer Gott, allen diesen Nationen euretwegen getan hat. Denn der Herr, euer Gott, er ist es, der für euch gekämpft hat.

Nach dem Blick in die Vergangenheit spricht Josua in den Versen 4-5 die Verheißungen für die Zukunft an. Die erste Verheißung findet sich in Vers 4 und betrifft die Landzuteilung: *Seht, ich habe euch diese übrigen Nationen durchs Los als Erbteil zugeteilt nach euren Stämmen, vom Jordan an, sowie alle Nationen, die ich ausgerottet habe, bis an das große Meer gegen Sonnenuntergang.* Die Formulierung „diese übrigen Nationen" erscheint erneut in den Versen 7 und 12. Sie ist ein Hauptthema von Josuas Ansprache. Die von ihm erwähnte Geografie umfasst sowohl die Ost- als auch die Westseite des Jordan.

Vers 5 enthält die zweite Verheißung: *Und der Herr, euer Gott, er selbst wird sie vor euch ausstoßen und sie vor euch vertreiben. Und ihr werdet ihr Land in Besitz nehmen, wie der Herr, euer Gott, zu euch geredet hat.* Das Versprechen des Sieges würde sich deshalb erfüllen, weil Gott für sein Volk kämpfte. Die Rolle der Israeliten bei dieser Verheißung war Gehorsam. Sie mussten das Land, das Gott ihnen gab, in Besitz nehmen.

In den Versen 6-8 werden drei weitere Verpflichtungen genannt, beginnend in Vers 6 mit dem Gehorsam gegenüber dem Gesetz des Mose: *So haltet denn ganz fest daran, alles zu befolgen und zu tun, was in dem Buch des Gesetzes Moses geschrieben ist, dass ihr nicht davon abweicht, weder zur Rechten noch zur Linken.* Das Wort „denn" verbindet die Liste der Verpflichtungen mit dem, was Josua zuvor gesagt hat. Aufgrund der Verheißung Gottes, Israel das Land zu geben, musste das Volk seinem Gesetz gehorchen. Vers 7 enthält die zweite Verpflichtung: *damit ihr nicht in diesen Nationen aufgeht, [in] denen, die bei euch übrig geblieben sind! Den Namen ihrer Götter sollt ihr nicht nennen! Ihr sollt nicht [bei ihnen] schwören! Ihr sollt ihnen nicht dienen, und ihr sollt sie nicht anbeten!* Es sollte keine Assimilation geben, und Israel sollte den Götzendienst ablehnen. Vers 8 formuliert die dritte Verpflichtung: *Sondern dem Herrn, eurem Gott, sollt ihr anhängen, so wie ihr es getan habt bis zum heutigen Tag!* Israel sollte weiterhin an seinem Gott festhalten.

3. Der zweite Aufruf zum Bundesgehorsam (23,9-13)

Josuas zweiter Aufruf zum Gehorsam gegenüber dem Bund wird in den Versen 9-13 behandelt. Vers 9 beginnt mit einer weiteren Erinnerung an Gottes vergangene Taten: *Und der Herr hat große und starke Nationen vor euch vertrieben. Ihr aber – niemand hat vor euch standgehalten bis zum heutigen Tag.* Gott hat für sein Volk gekämpft, mit dem Ergebnis, dass niemand den Israeliten widerstehen konnte. Vers 10 enthält die Verheißung für die

Zukunft: *Ein Mann von euch jagt tausend. Denn der Herr, euer Gott, er ist es, der für euch kämpft, wie er zu euch geredet hat.*

Die Verse 9-10 bilden einen Chiasmus:

A. „Gott hat große und starke Nationen vor euch vertrieben."
  B. „Kein Mensch hat bis heute vor euch standgehalten."
  B. „Einer eurer Männer wird tausend jagen."
A. „Gott ist es, der für euch kämpft."

Im A-Teil des Chiasmus ist es Gott, der die Siege erringt; aber im B-Teil sind die Siege etwas, zu dem Gott die Israeliten befähigt.

Wie im vorigen Abschnitt folgt auf die Erinnerung an die Vergangenheit und die Verheißung der Zukunft die Erwähnung der Verpflichtungen, die Israel auferlegt waren. Vers 11 enthält eine düstere Ermutigung: *So achtet um eures Lebens willen genau darauf, den Herrn, euren Gott, zu lieben!* Angesichts all dessen, was Gott für Israel getan hat, war sein Volk verpflichtet, mit Liebe zu ihm zu antworten.

Die Verse 12-13 enthalten eine strenge Warnung, die in Vers 12 mit der Erwähnung eines sündigen Verhaltens beginnt: *Denn wenn ihr euch abwendet und euch an den Rest dieser Nationen hängt, an die, die bei euch übriggeblieben sind, und euch mit ihnen verschwägert und in ihnen aufgeht und sie in euch.* Sich von Gott abzuwenden und sich mit dem Überrest der kanaanäischen Völker zu verbünden, wäre eine Sünde.

Vers 13 listet drei Konsequenzen auf: *dann sollt ihr mit Sicherheit wissen, dass der Herr, euer Gott, nicht fortfahren wird, diese Nationen vor euch zu vertreiben. Und sie werden euch [dann] zum Fangnetz und zur Falle werden, zur Geißel in euren Flanken und zu Stacheln in euren Augen, bis ihr aus diesem guten Land weggerafft werdet, das der Herr, euer Gott, euch gegeben hat.* Die erste Konsequenz ist, dass Gott die kanaanitischen Völker nicht mehr vor seinem Volk vertreiben würde. Die zweite Konsequenz besteht darin, dass die Völker zu Schlingen und Fallen für die Israeliten werden würden. Laut den Rabbinern deutet das Wort „Fangnetz" darauf hin, dass die Kanaaniter Israel zum Götzendienst verführen würden.[340] Außerdem würden die Nationen zu Geißeln auf dem Rücken der Israeliten und zu Dornen in ihren Augen werden. Ein jüdischer Kommentar merkt an: „Das hebräische Wort für *Stacheln* ist das übliche Wort für *Dornen.* Sie verursachen zuerst nur Schmerz, dann Eiterung und schließlich, wenn sie nicht rechtzeitig entfernt werden, den Verlust der Sehkraft. So werdet ihr unter den Kanaanitern

340 Siehe: Cohen, „Joshua and Judges", *Soncino Books of the Bible,* S. 141.

leiden, bis ihr eures Landes beraubt werdet."[341] Die dritte Konsequenz ist, dass die Israeliten aus dem Land, das Gott ihnen versprochen hat, gänzlich verschwinden würden. Der Soncino-Kommentar bestätigt die Wahrhaftigkeit dieser Warnung: „*bis ihr weggerafft werdet* [...] vgl. 5. Mose xi. 17. Die Drohung hat sich in der Geschichte Israels tragisch bewahrheitet."[342]

Vers 12 spricht das Gleichgewicht zwischen dem abrahamitischen Bund und dem Landesbund von 5. Mose 29-30 an. Der abrahamitische Bund lehrt, dass der Besitz des Landes nicht an Bedingungen geknüpft ist. Der Landesbund aber lehrt, dass der Genuss des Landes an den Gehorsam gebunden ist.

4. Der dritte Aufruf zum Bundesgehorsam (23,14-16)

Wie bei den beiden vorherigen Aufrufen zum Bundesgehorsam beginnt auch der dritte Aufruf wieder mit einem Rückblick: *Und siehe, ich gehe heute den Weg der ganzen Erde. Und ihr wisst mit eurem ganzen Herzen und mit eurer ganzen Seele, dass [auch] nicht ein Wort hingefallen ist von all den guten Worten, die der Herr, euer Gott, über euch geredet hat: Alle sind sie eingetroffen für euch; kein einziges Wort davon ist hingefallen* (Verse 14). Josua deutete an, dass er bald sterben werde. Die von ihm verwendete Formulierung wurde später in 1. Könige 2,2 von David wiederholt. Dann erinnerte Josua die Israeliten erneut an die vergangenen Taten Gottes. Was er sagte, muss im größeren Kontext des Buches Josua interpretiert werden, wie der folgende rabbinische Kommentar zeigt:

> *Kein einziges Wort davon ist hingefallen.* Josua sagte dies, obwohl er betont hatte, dass die Eroberung unvollständig gewesen war und einige der ursprünglichen Bewohner noch unterworfen werden mussten. Für ihn war damit kein Widerspruch verbunden. Trotz der Unvollständigkeit der Eroberung hatte sich die Verheißung Gottes erfüllt: Die Sklaven Ägyptens waren nun Herren im eigenen Land. Das war die herausragende Tatsache, und im Gegensatz dazu waren die Misserfolge triviale Rückschläge, die ihr Gefühl der Verpflichtung gegenüber Gott nicht beeinträchtigen konnten und sollten.[343]

341 Ebd.
342 Ebd., S. 142.
343 Cohen, „Joshua and Judges", *Soncino Books of the Bible*, S. 142.

Vers 15 verlegt die Erzählung von der Vergangenheit in die Gegenwart und enthält eine weitere Androhung des Gerichts: *Aber es wird geschehen: Wie jedes gute Wort über euch gekommen ist, das der Herr, euer Gott, zu euch geredet hat, ebenso wird der Herr jedes böse Wort über euch kommen lassen, bis er euch aus diesem guten Land ausgerottet haben wird, das der Herr, euer Gott, euch gegeben hat.* So wie all das Gute, das Gott seinem Volk versprochen hat, tatsächlich eingetreten ist, so würde auch alles Böse eintreten.

In Vers 16 wird die Bedingung genannt, unter der diese Drohung wahr werden würde: *Wenn ihr den Bund des Herrn, eures Gottes, den er euch geboten hat, übertretet und hingeht und anderen Göttern dient und sie anbetet, dann wird der Zorn des Herrn über euch entbrennen, und ihr werdet schnell weggerafft aus dem guten Land, das er euch gegeben hat.* Die Sünde, die durch die obigen Konsequenzen bestraft werden würde, war der Ungehorsam gegenüber dem Bund. Wenn die Israeliten Götzendienst betrieben und anderen Göttern nachliefen, dann würde Gottes Zorn gegen sie entbrennen und sie würden aus dem verheißenen Land verschwinden. Wie die Rabbiner feststellten, würden die Israeliten, wenn sie „dem Bund untreu waren, kraft dessen sie allein das verheißene Land in Besitz genommen hatten“,[344] ein ähnliches Schicksal erleiden wie die Nationen, die sie enteignet hatten.

Hier können drei Beobachtungen gemacht werden. Die erste Beobachtung ist, dass Josua fünf Voraussetzungen auflistete, damit die Israeliten das verheißene Land besitzen und genießen konnten:

1. Gehorsam gegenüber dem Gesetz des Mose;
2. Ablehnung von Götzendienst;
3. Ablehnung der Mischehe;
4. Liebe zu Gott;
5. Sich an Gott klammern.

Die zweite Beobachtung ist, dass Josua in seiner Ansprache an die Leiterschaft Israels vier Begriffe verwendete, die die geistliche Bedrohung vermitteln sollten, welche die Kanaaniter, falls sie im Land blieben, für Israel darstellten. Sie würden ihnen zu Fangnetzen, Fallen, Geißeln und Stacheln werden.

Die dritte Beobachtung ist, dass die Erwähnung der Kanaaniter im Land zeigt, dass ein Großteil des Gebiets noch von Israel eingenommen werden musste.

344 Ebd., S. 143.

C. Die Erneuerung des Bundes in Sichem (24,1-28)

Dieses Kapitel folgt dem Format eines hethitischen Vasallenvertrags. Auf dem Höhepunkt ihrer Macht im 14. Jahrhundert v.Chr. unterhielten die Hethiter Beziehungen zu vielen Völkern des Alten Orients, von denen sie die meisten unterworfen hatten. Um diese internationalen Beziehungen zu standardisieren und zu vereinfachen, entwickelten sie eine Reihe von schriftlichen Kodizes. Einer dieser Kodizes bezog sich auf einen Vertrag, der die Interaktionen mit unterworfenen Völkern regelte. Zu den Parametern dieser Verträge gehörten eine Präambel, ein historischer Prolog, Bestimmungen, Flüche und Segnungen, Bestimmungen für die jährliche Verlesung, Zeugen, die Hinterlegung im Tempel und Dokumentenklauseln.[345] Josua 24 weist große Ähnlichkeiten zu diesen Suzeränitätsverträgen auf, da es die folgenden Teile hat:

1. Eine Präambel (Verse 1-2a);
2. Einen historischen Prolog, der auf die guten Dinge hinweist, die Gott für Israel getan hat (Verse 2b-13);
3. Eine Reihe von Bedingungen, einschließlich einer Liste von Verantwortlichkeiten und Konsequenzen für Ungehorsam (Verse 14-24);
4. Zeugen und die Hinterlegung des Vertrages in einem Heiligtum (Verse 25-27).

1. Die Versammlung (24,1-2a)

Das Kapitel beginnt in Vers 1 mit einer Vorladung: *Und Josua versammelte alle Stämme Israels nach Sichem und berief die Ältesten Israels, seine Häupter, seine Richter und seine Aufseher. Und sie traten vor Gott.* Silo war der Ort der nationalen Anbetung und damit das geistliche Zentrum Israels. Sichem dagegen war in Josua 8,30-35 der Ort, an dem Israel einen Bund mit Gott schloss. So wählte Josua Sichem als Treffpunkt für die Erneuerung dieses Bundes. In Sichem hatte Jakob seine Familie ermahnt, allen Götzen abzuschwören (1Mo 35,2), und so war es nach rabbinischer Tradition angebracht, dass dies auch der Ort war, an dem Josua Israel ermahnen würde, dasselbe zu tun:

345 Für eine detaillierte Beschreibung der hethitischen Suzeränitätsverträge, siehe: Wayne Brouwer, *Splitting the Day of the Lord: The Cornerstone of Christian Theology* (Eugene, OR: Wipf & Stock, 2018), S. 5-6.

Er folgte dem Präzedenzfall des Patriarchen Jakob, der sein Haus in Sichem ermahnte: „Entfernt die fremden Götter, die unter euch sind", genau die Sprache, die Josua verwendet. Genau an dieser Stelle entkamen Jakob und seine Familie auf wundersame Weise den Hewitern und ihren Verbündeten, die entschlossen waren, sie zu vernichten. Vielleicht würde die Erinnerung an dieses Wunder das Volk dazu bewegen, sich an den Allmächtigen zu halten und die Götzenanbetung abzulehnen. Außerdem war dies der erste Ort, an dem Abraham beim Einzug in das Gelobte Land gerastet hatte, und das erste Stück Land, das Jakob gehörte. Es war daher der passende Ort für den Bund zwischen Israel und dem Allmächtigen.[346]

Also versammelte Josua alle Stämme Israels in Sichem und rief die Ältesten Israels, ihre Häupter, Richter und Aufseher zusammen. Daraufhin traten diese vor Gott, wie es ihre Vorfahren in 2. Mose 19,17 getan haben, um die Bedingungen des Bundes zu hören, ihnen zuzustimmen und das Bündnis in einer Zeremonie zu ratifizieren.

Vers 2a enthält die Präambel: *Und Josua sprach zu dem ganzen Volk: So spricht der Herr, der Gott Israels.*

2. Gottes Bündnistreue in der Vergangenheit (24,2b-13)

Der zweite Teil dieses Kapitels umfasst die Verse 2b-13 und behandelt den historischen Prolog, indem er Gottes vergangene Bundestreue detailliert beschreibt.

Die Verse 2b-4 decken die Zeit der Patriarchen ab, wobei in Vers 2b Terach erwähnt wird: *Jenseits des Stroms haben eure Väter vorzeiten gewohnt, [und zwar] Terach, der Vater Abrahams und der Vater Nahors, und sie dienten anderen Göttern.* Gott erinnerte die Israeliten daran, dass ihre Vorfahren in einem Land jenseits des Euphrat gelebt hatten, wo sie Götzendienst betrieben und andere Götter anbeteten.

In Vers 3 erinnerte Gott sein Volk als nächstes an seine Beziehung zu Abraham: *Und ich nahm euren Vater Abraham von jenseits des Stroms und ließ ihn im ganzen Land Kanaan umherziehen, und ich mehrte seine Nachkommen und gab ihm Isaak.* Rabbiner wie Mosche Alschich (1508-1593) interpretierten diesen Vers, indem sie darauf hinwiesen, dass Gott Abraham und nicht Terach ausgewählt hatte. Den Grund dieser Wahl sahen sie in Abrahams Frömmigkeit:

346 Raschi, *The Book of Joshua*, p. 159.

> Nur Abraham nenne ich euren Stammvater, nicht Terach, denn ich verfolge die Abstammungslinie eines Menschen nicht durch seine natürlichen Vorfahren, sondern durch seine geistigen Vorfahren. Abraham wird als euer erster geistlicher Vater betrachtet, weil er zwei Glaubensprüfungen bestanden hat. Die erste Prüfung war, als ihm gesagt wurde, *verlasse dein Land* (*1Mo* 12,1), und die zweite, als ihm gesagt wurde, er solle sich beschneiden (*1Mo* 17,11), woraufhin Gott ihn in Abraham umbenannte.[347]

In Galater 3,29 lehrte Paulus etwas Ähnliches, als er sagte, dass Abraham der geistige Vater aller Gläubigen ist.

In Vers 4 ging Gott über zu Isaak: *Und dem Isaak gab ich Jakob und Esau, und dem Esau gab ich das Gebirge Seïr, es zu besitzen. Jakob aber und seine Söhne zogen nach Ägypten hinab.* Die Betonung liegt auf Gottes Handeln. Er war derjenige, der garantierte, dass jeder der Patriarchen Nachkommen hatte.

Die Verse 5-7 behandeln den Exodus, beginnend in Vers 5 mit den zehn Plagen: *Und ich sandte Mose und Aaron und schlug Ägypten, so wie ich es unter ihnen getan habe; und danach führte ich euch heraus.* Als Ergebnis der Plagen durften die Israeliten Ägypten verlassen, wie in Vers 6 beschrieben ist: *Und ich führte eure Väter aus Ägypten, und ihr kamt ans Meer. Ägypten aber jagte euren Vätern mit Wagen und mit Reitern bis ans Schilfmeer nach.* In Vers 7 erinnerte Gott sein Volk daran, wie er es gerettet hatte, als es um Hilfe schrie: *Da schrien sie zum Herrn, und er setzte Finsternis zwischen euch und die Ägypter und ließ das Meer über sie kommen, und es bedeckte sie. Und eure Augen haben gesehen, was ich an Ägypten getan habe. Dann wohntet ihr eine lange Zeit in der Wüste.*

Die Verse 8-10 setzen die Zusammenfassung der Geschichte Israels fort, indem sie sich mit der Zeit in Transjordanien beschäftigen. Gott ermöglichte es den Israeliten, das Gebiet zu erobern, wie in Vers 8 zu sehen ist: *Und ich brachte euch in das Land der Amoriter, die jenseits des Jordan wohnten, und sie kämpften gegen euch. Und ich gab sie in eure Hand, und ihr nahmt ihr Land ein, und ich rottete sie vor euch aus.* Dann, in Vers 9, versuchte Bileam, die Juden in Transjordanien zu verfluchen: *Da erhob sich Balak, der Sohn des Zippor, der König von Moab, und kämpfte gegen Israel. Und er sandte hin und ließ Bileam, den Sohn des Beor, rufen, euch zu verfluchen.* Gott griff ein, und so musste Bileam die Juden segnen, anstatt sie zu verfluchen: *Aber ich wollte nicht auf Bileam hören, und er musste euch segnen. Und ich rettete euch aus seiner Hand* (Vers 10). Es war Gott, der wieder einmal sein auserwähltes Volk errettet hatte.

---

347 Drucker, *Yehoshua*, S. 451.

Die Verse 11-13 fassen die Eroberung der cisjordanischen Seite zusammen, beginnend in Vers 11 mit der Schlacht von Jericho: *Ihr habt den Jordan überschritten und seid nach Jericho gekommen. Aber die Bürger von Jericho, die Amoriter, die Perisiter, die Kanaaniter, die Hetiter, die Girgaschiter, die Hewiter und die Jebusiter kämpften gegen euch, und ich gab sie in eure Hand.* Dieser Vers macht einen Punkt deutlich, der in Josua 6 ausgelassen wurde: Die Krieger von Jericho trafen auf die Israeliten und bekämpften sie. Nachdem die Stadtmauern gefallen waren, kam es also zu einer bewaffneten Auseinandersetzung. Der Vers erwähnt auch die Kriege gegen die Kanaaniter und zählt sieben Stämme auf, die die Israeliten besiegen konnten. Doch wie Vers 12 zeigt, wurden die Kriege nicht nur mit Menschenkraft geführt: *Und ich schickte Entsetzen vor euch her, und es vertrieb sie vor euch, die beiden Könige der Amoriter; [es geschah] nicht durch dein Schwert und nicht durch deinen Bogen.* Das hebräische Wort für „Entsetzen" bedeutet eigentlich „Hornisse". Dieses Insekt ist ein Symbol für die Panik erzeugende Kraft Gottes, die sowohl Sihon als auch Og überwältigte. So wird in 2. Mose 23,27-30 die Hornisse mit Schrecken gleichgesetzt. Sie wird auch in 5. Mose 2,25 und 7,20 erwähnt. Daher symbolisiert die Hornisse die Panik, welche in das Lager des Feindes geschickt wurde, und die Erfüllung findet sich in Josua 2,9.11; und 5,1.[348]

Die Rabbiner präsentieren andere Erklärungen für die Hornisse. Einige von ihnen zitieren einen Kommentar zum 5. Buch Mose aus dem Jahr 1895, der von dem englischen Gelehrten Samuel Rolles Driver geschrieben wurde:

> Die Hornisse wird [in 5. Mose 7,20] [...] als eine besonders schreckliche Plage genannt, durch die Israel bei der Vertreibung der Kanaaniter unterstützt werden sollte; sie drang sogar in die Verstecke ein, in die sich „die Übriggebliebenen" der Kanaaniter geflüchtet hatten, und zwangen sie, aufzugeben. Zwei der vier in Palästina vorkommenden Hornissenarten bauen ihre Nester unterirdisch oder in Felsenhöhlen, und sollte ein Pferd auf ein Nest treten, muss man mit aller Eile fliehen, denn der gemeinsame Angriff eines solchen Schwarms ist bekanntlich tödlich.[349]

In seinem Kommentar zu 2. Mose 23,28 lehrte Raschi, dass die Hornisse

348 Für weitere Informationen bezüglich der symbolischen Verwendung des Begriffs „Hornisse" in der Heiligen Schrift siehe: Hess, *Tyndale Old Testament Commentaries, Vol. 6 – Joshua*, S. 334.

349 Samuel Rolles Driver, *A Critical and Exegetical Commentary on Deuteronomy* (Edinburgh, Schottland: T & T Clark, 1895), S. 104.

primär die Augen des Feindes angreift, ihn blendet und tötet: „Das ist eine Art Insekt, das ihre Augen verwundet und ihnen Gift einspritzt, sodass sie sterben."[350] Ebenfalls in einem Kommentar zu 2. Mose 23,28 schrieb der französische Rabbi Hezekiah Ben Manoa, genannt Chizkuni, im 13. Jahrhundert:

> „Und ich schickte die Hornisse vor euch her, und sie vertrieb sie vor euch" usw.; laut Raschi handelt es sich dabei um eine Kategorie von stechenden Wespen, die nie den Jordan überquert haben. Bezüglich dessen, was im Talmud Sotah, Folio 36 geschrieben steht, dass wir hier lesen, dass Gott die Hornissen aus dem Land der Chivi und der Kanaaniter, die am Westufer des Jordan leben, vertreiben wird, sodass sie zuerst dort gewesen sein müssen oder wie könnten sie sonst von dort vertrieben werden?, schlägt der Talmud zwei verschiedene Lösungen für diesen scheinbaren Widerspruch vor: Die eine Lösung ist, dass es zwei verschiedene Arten von Hornissen gab, eine zur Zeit Moses, eine andere zur Zeit Josuas (Jos 24,12). Ein Gelehrter im Talmud behauptet, dass, als die Israeliten am Ostufer des Jordan waren und bereit waren, ihn zu überqueren, der Herr die Hornissen auf der anderen Seite veranlasste, sich zu erschrecken und wegzufliegen. Alternativ ist der gesamte Vers ein Gleichnis, das dem jüdischen Volk sagt, dass sie die lokalen Bewohner nicht vertreiben müssen, indem sie sie mit dem Schwert bekämpfen, sondern dass Gott dafür sorgen wird, dass sie sich keine Sorgen machen müssen, Verluste zu erleiden, wenn sie versuchen, diese Länder zu erobern.[351]

Der in diesem Zitat erwähnte talmudische Traktat *Sotah* 36 stellt fest:

> Es wird in einer *Baraita* gelehrt (*Tosefta* 11,10): Die Hornisse (*tzira*) ging nicht mit ihnen über den Jordan. Die Gemara fragt: Und tat sie es nicht? Aber steht nicht geschrieben: „Und ich will die Hornisse vor euch herschicken, die soll die Hewiter und Kanaaniter vertreiben" (2. Mose 23,28)?
>
> Rabbi Schimon Ben Lakisch sagt: Die Hornisse stand an den Ufern des Jordan und warf ihr Gift auf die Bewohner des Landes, und sie blendete ihre Augen von oben und kastrierte sie von unten, wie es heißt: „Und ich, ich hatte doch den Amoriter vor ihnen vernichtet,

350 *Raschi zu Exodus* 23,28.

351 *Chizkuni zu Exodus* 23,28; abgerufen von www.sefaria.org.

dessen Höhe wie die Höhe der Zedern war und der stark war wie die Eichen, und ich hatte seine Frucht droben vertilgt und seine Wurzeln drunten" (Amos 2,9).

Rav Pappa sagte: Es gab zwei Hornissen. Eine war die Hornisse von Mose, die half, die Ostseite des Jordan zu erobern, und eine war die Hornisse von Josua. Die Hornisse von Mose überquerte den Jordan nicht, aber die Hornisse von Josua überquerte ihn.[352]

Das alles ist jedoch nicht die Bedeutung der Hornisse in Josua 24,12. Es ist am besten, sie als ein Symbol für Gottes Panik erzeugende Kraft zu verstehen.

In Vers 13 erinnerte Gott die Israeliten schließlich daran, dass das Land ihr Besitztum war: *Und ich gab euch ein Land, um das du dich nicht gemüht hattest, und Städte, die ihr nicht gebaut hattet und in denen ihr [nun doch] wohnt. Von Weinbergen und Ölbäumen, die ihr nicht gepflanzt habt, esst ihr.* Die Israeliten sollten ein Land bevölkern, welches ihnen geschenkt worden war und für das sie nicht arbeiten mussten. Sie sollten in seinen Städten wohnen und von seinen Erzeugnissen essen, denn Gott hatte es ihnen gegeben.

3. Die Bundesverpflichtungen (24,14-24)

Der dritte Teil des Vertrages Gottes mit Israel wird in den Versen 14-24 behandelt. Er besteht aus einer Reihe von Bestimmungen, einschließlich einer Liste von Verantwortlichkeiten und Konsequenzen für Ungehorsam. Vers 14 zeigt Israels Hauptverpflichtung: *So fürchtet nun den Herrn und dient ihm in Aufrichtigkeit und Treue! Und tut die Götter weg, denen eure Väter jenseits des Stroms und in Ägypten gedient haben, und dient dem Herrn!* Die Formulierung „so fürchtet nun" verbindet das, was jetzt gesagt werden sollte, mit den Wohltaten, die Gott Israel in der Vergangenheit erwiesen hatte. Da er all diese guten Dinge getan hatte, waren die Leute verpflichtet, ihm zu dienen. Diese Verpflichtung schloss ein, dass sie ihn allein fürchteten und alle anderen Götter, die sie vielleicht hatten, ablegten. Der Soncino-Kommentar verbindet diese Warnung mit 3. Mose 17,7 und Hesekiel 20,8 und stellt fest, dass diese Verse implizieren, dass die Israeliten weiterhin den Götzen opferten. „Nach der rabbinischen Tradition waren die Israeliten in Ägypten in Götzendienst versunken"[353], was die Erneuerung der Verpflichtung, nur Gott zu dienen, notwendig machte.

352 *bT. Sotah* 36a. Für weitere rabbinische Traditionen, siehe: Drucker, *Jehoschua*, S. 456.
353 Cohen, „Joshua and Judges", *Soncino Commentary of the Bible*, S. 147.

In Vers 15 forderte Josua die Israeliten heraus: *Ist es aber übel in euren Augen, dem Herrn zu dienen, dann erwählt euch heute, wem ihr dienen wollt: entweder den Göttern, denen eure Väter gedient haben, als sie [noch] jenseits des Stroms waren, oder den Göttern der Amoriter, in deren Land ihr wohnt! Ich aber und mein Haus, wir wollen dem Herrn dienen!* Die Israeliten wurden vor die Wahl gestellt. Sie sollten entweder dem einen wahren Gott dienen oder den vielen falschen Göttern, die ihre Väter jenseits des Euphrat angebetet hatten, oder denen der Amoriter, deren Land sie nun besaßen. Josuas Wahl war klar. Er und sein Haus würden dem Gott Israels dienen.

Die Verse 16-18 zeigen die Reaktion Israels, beginnend in Vers 16 mit der Verkündigung des Volkes: *Da antwortete das Volk und sagte: Fern von uns sei es, den Herrn zu verlassen, um anderen Göttern zu dienen!* Der Grund für dieses Bekenntnis wird in Vers 17 genannt: *Denn der Herr, unser Gott, er ist es, der uns und unsere Väter aus dem Land Ägypten, aus dem Sklavenhaus, heraufgeführt hat und der vor unseren Augen diese großen Zeichen getan und uns behütet hat auf dem ganzen Weg, den wir gingen, und unter all den Völkern, deren Mitte wir durchzogen.* Da Gott die Israeliten mittels des Exodus aus Ägypten herausgeführt hatte und weil er sie während der Wüstenwanderung beschützt hatte, wollten sie ihm dienen. In Vers 18 fügten sie einen weiteren Grund hinzu: *Und der Herr hat alle Völker und die Amoriter, die Bewohner des Landes, vor uns vertrieben. Auch wir wollen dem Herrn dienen, denn er ist unser Gott!* Sie wollten Gott dienen, weil er das Land für sie erobert hatte.

Die Verse 19-20 enthalten Josuas Antwort auf Israels Verpflichtung, beginnend in Vers 19 mit ihrer Unfähigkeit: *Da sagte Josua zum Volk: Ihr könnt dem Herrn nicht dienen. Denn er ist ein heiliger Gott, er ist ein eifersüchtiger Gott. Er wird euer Vergehen und eure Sünden nicht vergeben.* Josuas Worte sollten weder verharmlost noch als absolut verstanden werden. Vielmehr stellten sie eine Herausforderung dar. Das Volk musste mit der Ernsthaftigkeit des feierlichen Eides konfrontiert werden, den es gerade abgelegt hatte, denn Gott ist heilig. Seine Eifersucht wird diese Heiligkeit verteidigen. Die Gefahr war, dass er ihre Rebellion und ihre Sünden nicht vergeben würde. In Vers 20 führte Josua als Nächstes genauestens aus, welche Gefahr ein Bruch des Bündnisses hervorrufen würde: *Verlasst ihr den Herrn und dient fremden Göttern, dann wird er sich wenden und euch Böses antun und euch vernichten, nachdem er euch Gutes getan hat.* Israel würde unter den Zorn Gottes fallen, wenn es ihn verließ und anderen Göttern folgte.

Die Verse 19-20 sind in einer chiastischen Struktur geschrieben:

A. „Gott ist ein heiliger und eifersüchtiger Gott."
B. „Er wird die Rebellion und die Sünden Israels nicht vergeben."
B. „Wenn die Israeliten Gott verlassen und fremden Göttern dienen,"
A. „dann wird er sich gegen sie wenden und Unheil über sie bringen und ihnen ein Ende bereiten."

Der Tyndale-Kommentar zu Josua erklärt den Sinn dieses Chiasmus:

Der äußere „Umschlag" beschreibt die heilige Natur Gottes und den Einfluss, den diese auf Israels Sünde haben wird. Die inneren beiden Zeilen konzentrieren sich auf die Hauptsünde, von der Josua befürchtet, dass Israel sie begehen wird, nämlich die Anbetung fremder Götter. Josua möchte, dass Israel sich mit diesem speziellen Thema auseinandersetzt, weil das Volk, wie Richter 2,11-13 zeigt, für diese Sünde anfällig war. Josuas Warnung, dass Gott Israels Sünden nicht vergeben wird, ist als die vielleicht schockierendste Aussage im Alten Testament beschrieben worden. Die Personalpronomen und Suffixe, die an *euer Vergehen und eure Sünden* angehängt sind, legen nahe, dass ganz Israel gemeint ist. Wie bei den Kanaanitern wird Gott die Sünden seines Volkes nicht übersehen. Das Gericht wird über eine sündigende Nation kommen, auch wenn einige Mitglieder dieser Nation Reue zeigen (Jes 6,9-13). Gott *ist ein eifersüchtiger Gott.*[354]

Die Bedeutungsschwere des Eides verstehend bekräftigte Israel in Vers 21 seinen Entschluss: *Und das Volk antwortete Josua: Nein, sondern dem Herrn wollen wir dienen!*

Als Antwort auf diese Bestätigung gab Josua in Vers 22 eine Erklärung ab: *Da sagte Josua zum Volk: Ihr seid Zeugen gegen euch selbst, dass ihr selbst euch den Herrn erwählt habt, um ihm zu dienen. Und sie sprachen: Wir sind Zeugen!*

Vers 23 gibt die Ermahnung Josuas wieder: *So tut nun die fremden Götter weg, die unter euch sind, und neigt euer Herz zum Herrn, dem Gott Israels!* Dieser Vers weist darauf hin, dass ein gewisser Abfall bereits begonnen hatte und nun sofort beendet werden musste.

Vers 24 schließt diesen Abschnitt mit der Antwort des Volkes ab: *Und das Volk sagte zu Josua: Dem Herrn, unserem Gott, wollen wir dienen, und auf seine Stimme wollen wir hören!*

---

354 Hess, *Tyndale Old Testament Commentaries, Vol. 6 – Joshua*, S. 336-337.

4. Die Ratifizierung des Bündnisses (24,25-27)

Der vierte Teil dieses Abschnitts umfasst die Verse 25-27 und handelt von den Zeugen und der Hinterlegung des Vertrages in einem Heiligtum. Der Bund, der nun ratifiziert werden sollte, wird in Vers 25 genannt: *Und Josua schloss einen Bund für das Volk an diesem Tag und setzte ihm Ordnung und Recht in Sichem fest.*

In Vers 26 werden die zwei Zeugen und die Hinterlegung des Vertrages aufgeführt: *Und Josua schrieb diese Worte in das Buch des Gesetzes Gottes. Und er nahm einen großen Stein und richtete ihn dort auf unter der Terebinthe, die bei dem Heiligtum des Herrn steht.* Als Josua die Worte des Bundes niederschrieb, erfüllte er jenen Teil eines Suzeränitätsvertrags, bei dem die Vertragsklauseln formuliert und niedergeschrieben werden. Dann werden die Zeugen aufgelistet: Der erste war das Buch selbst, und der zweite war der Stein. Die Tatsache, dass Josua diesen Stein unter einer Eiche aufstellte, die beim Heiligtum Gottes stand, entspricht der Hinterlegung des Vertrages in einem Tempel. Die Heiligkeit dieser Eiche und dieses Ortes wurde zuvor von Abraham in 1. Mose 12,6 festgestellt und von Jakob in 1. Mose 35,2-4 bestätigt.

In Vers 27 steht, was der Zweck dieses Steins war: *Und Josua sagte zum ganzen Volk: Siehe, dieser Stein soll Zeuge gegen uns sein; denn er hat alle Worte des Herrn gehört, die er mit uns geredet hat. Und er soll Zeuge gegen euch sein, damit ihr euren Gott nicht verleugnet.* In Suzeränitätsverträgen war es üblich, sich auf das Zeugnis von Göttern zu berufen. Da die Israeliten gerade bekräftigt hatten, dass sie nur dem einen wahren Gott folgen würden, konnten sie sich nicht auf das Zeugnis von Götzen berufen, und so sollte der Stein als ihr Zeuge dienen. Es muss daran erinnert werden, dass die Ratifizierung des Bundes mit Gott in Sichem stattfand, wo Jakob das Vergraben der Götzen anordnete, die seine Familie aus Haran mitgebracht hatte (1Mo 35,2-4). Dieser Stein, der das Zeugnis von Götzen ersetzte, hatte alle Worte gehört, die Gott zu Israel gesprochen hatte, und war daher ein Zeuge gegen die Israeliten, wenn sie ihrem Gott untreu wurden.

In der rabbinischen Tradition waren die Statuten und Gesetze dieses Bundes nicht die gleichen wie die des mosaischen Bundes. Vielmehr waren es neue Gesetze, die Josua selbst erließ. In diesem Kommentar sind die zehn von Josua erlassenen Gesetze oder Vorschriften im 1. Kapitel, Punkt O aufgeführt. Im Talmud sind sie in Bava Kamma 80b-81a aufgezeichnet.

5. Die Abreise (24,28)

Der Abschnitt über die Erneuerung des Bundes in Sichem endet in Vers 28 mit dem Aufbruch des Volkes: *Und Josua entließ das Volk, jeden in sein Erbteil.*

In der rabbinischen Tradition ging zu diesem Zeitpunkt jeder Stamm in sein Gebiet, um seinen Stammvater zu begraben:

> Und Josua schloss an jenem Tag einen Bund mit dem Volk, und er ließ die Kinder Israel weggehen, und sie zogen hin, ein jeder zu seinem Erbteil und zu seiner Stadt. Und es begab sich zu der Zeit, da die Kinder Israel sicher in ihren Städten wohnten, dass sie die Särge der Väter ihrer Stämme begruben, die sie aus Ägypten heraufgebracht hatten. Ein jeglicher der zwölf Söhne Jakobs wurde von den Kindern Israel begraben in dem Erbteil seiner Nachkommen. Und dies sind die Namen der Städte, in denen die zwölf Söhne Jakobs begraben wurden, die die Kinder Israel aus Ägypten heraufgebracht hatten. Und sie begruben Ruben und Gad diesseits des Jordan in Rumia, welches Mose ihren Kindern gegeben hatte. Und Simeon und Levi begruben sie in der Stadt Manda, die den Kindern Simeon gegeben war und von der ein Teil den Söhnen Levis zugewiesen wurde. Und Juda begruben sie in der Stadt Benjamins gegenüber Bethlehem. Und die Gebeine Issachars und Sebulons begruben sie in Sidon, in dem Teil, der ihren Kindern zum Los gegeben war; und Dan begruben sie in der Stadt seiner Kinder, der Stadt Eschtael. Und Naftali und Asser begruben sie in Kadesch-Naftali, ein jeglicher an dem Ort, der seinen Kindern gegeben war. Und die Gebeine Josefs begruben sie zu Sichem in dem Teil des Feldes, das Jakob von Hamor gekauft hatte und das den Kindern Josefs zum Erbteil geworden war. Und Benjamin begruben sie zu Jerusalem gegenüber dem Jebusiter, der den Kindern Benjamin gegeben war. Also begruben die Kinder Israel ihre Ahnen, ein jeglicher in der Stadt seiner Nachkommen.[355]

D. Die drei Begräbnisse (24,29-33)

Das Buch Josua endet in den Versen 29-33 mit der Beschreibung von drei Beerdigungen. Sie fanden alle in Ephraim statt, und jede hatte etwas mit den Verheißungen Gottes zu tun. Josua ist jedoch die Hauptperson, die Gott benutzte, um das verheißene Land zu erobern, und so wird seinem Begräbnis die größte Aufmerksamkeit gewidmet.

Da Josua nicht über seinen eigenen Tod und sein Begräbnis geschrieben haben kann, lehrten die Rabbiner, dass die letzten Verse seines Buches von anderen verfasst wurden:

355 *m. Sefer HaYashar*, Buch Josua, 10; abgerufen von www.sefaria.org.

> In der *Baraita* heißt es, dass Josua sein eigenes Buch geschrieben hat. Die Gemara fragt: Aber steht da nicht gegen Ende des Buches geschrieben: „Und Josua, der Sohn Nuns, der Knecht des Herrn, starb" (Jos 24,29)? Ist es möglich, dass Josua dies geschrieben hat? Die Gemara antwortet: Aarons Sohn Eleasar hat es vollendet. Die Gemara fragt: Aber steht da nicht auch geschrieben: „Und Eleasar, der Sohn Aarons, starb" (Jos 24,33)? Die Gemara antwortet: Pinhas hat es vollendet.[356]

1. Das Begräbnis Josuas (24,29-31)

Das Begräbnis Josuas wird in den Versen 29-31 aufgezeichnet. Der Abschnitt beginnt in Vers 29 mit Josuas Tod: *Und es geschah nach diesen Dingen, dass Josua, der Sohn des Nun, der Knecht des Herrn, im Alter von 110 Jahren starb.* Das hebräische Wort für „Knecht" ist *eved.* Dies ist das einzige Mal, dass Josua im Buch Josua mit diesem Titel bezeichnet wird, und es ist eine letzte Verbindung zu Mose, der selbst an mehreren Stellen in diesem Buch *eved* genannt wird.[357] Josua starb im Alter von 110 Jahren und war somit jünger als Mose, als er verschied (5Mo 34,7). Allerdings war er genauso alt wie Josef (1Mo 50,26).

Vers 30 offenbart den Ort seines Begräbnisses: *Und man begrub ihn im Gebiet seines Erbteils in Timnat-Serach, das im Gebirge Ephraim [liegt], nördlich vom Berg Gaasch.* Anders als Mose wurde Josua im gelobten Land begraben. Anders als die Patriarchen musste er sein Grab nicht von den Bewohnern des Landes kaufen. Seine Beerdigung war die erste im Gebiet Josefs. Der Vers sagt aus, dass der besondere Ort *Timnat-Serach* genannt wurde und im Gebirge von Ephraim an der Nordseite des Berges Gaasch lag. *Gaasch* bedeutet „ausbrechen".[358] Da dies das einzige Mal ist, dass dieser Berg in der Heiligen Schrift erwähnt wird, führte seine Identifizierung zu bestimmten rabbinischen Spekulationen. Raschi bemerkte zunächst, dass der eigentliche Name von Josuas Begräbnisort nicht Timnat-Serach, sondern Simnas-Serach war:

> *In Simnas-Serach.* Dies war sein eigentlicher Name. Andernorts wird der Begräbnisort Simnas-Cheres genannt, weil eine Figur der Sonne auf dem Grab Josuas errichtet wurde [in Richter 8,13 bezieht sich das Wort *cheres* auf die Sonne], um anzuzeigen, dass er derjenige ist, der

356 *bT. Bava Batra* 15a.
357 Josua 1,1.2.7.13.15; 8,31.33; 9,24; 11,12.15; 12,6; 13,8; 14,7; 18,7; 22,2.4.5.29.
358 So: Drucker, *Yehoshua*, S. 468.

die Sonne zum Stillstand gebracht hat, und alle, die daran vorbeigehen, sagen: „Wehe dem Verlust dieses einen, der eine so große Sache getan hat und gestorben ist." Andere sagen, der *eigentliche* Name der Begräbnisstätte sei Simnas-Cheres gewesen, und warum wurde sie Simnas-Serach genannt? Weil ihre Früchte wegen ihres Überflusses verfaulen würden.[359]

In Bezug auf den Berg lehrten die Rabbiner, dass *Gaasch* kein Eigenname ist, sondern „herbeistürmen" bedeutet. Raschi erklärte: „*Der herbeistürmende Berg*. Er wurde so benannt, um uns zu lehren, dass der Berg stürmte [...] und drohte, sie zu töten, weil die Menschen keine richtige Lobesrede auf Josua gehalten hatten."[360] Mit anderen Worten: Die Erde bebte, möglicherweise aufgrund eines Erdbebens oder eines Vulkanausbruchs, weil die Israeliten der Lobesrede, die während der Beerdigung für Josua gehalten wurde, nicht beiwohnten. „Die unzureichende Wärme, die beim Verlust eines so großen Anführers und einer Figur der jüdischen Geschichte demonstriert wurde, wurde als schwere Sünde angesehen."[361] Die Heilige Schrift schweigt zwar in der Tat über die traditionelle 30-tägige Trauerzeit für Josua, aber das bedeutet nicht, dass eine solche Trauerperiode nicht stattgefunden hat.[362] Dennoch lesen die Rabbiner in den Text hinein, dass die Trauerzeit nicht erwähnt wurde, weil die Israeliten sich einfach weigerten, um Josua zu trauern. Sie taten dies angeblich, um ihre Missbilligung seiner Heirat mit Rahab

359 *Raschi zu Josua* 24,29; abgerufen von www.sefaria.org.

360 Ebd.

361 Raschi, *The Book of Joshua*, S. 167.

362 Anm. der Übersetzerin: Im Judentum werden drei Trauerperioden eingehalten. Der Zentralrat der Juden beschreibt diese so: „Das Judentum kennt drei verschiedene Trauerzeiten: sieben Tage, dreißig Tage und ein Jahr. Die ersten sieben Tage nach der Beerdigung heißen ‚Schiwa' (‚sieben'). Man spricht dabei vom ‚Schiwa-Sitzen', da die nächsten Angehörigen des Verstorbenen (Eltern, Ehepartner, Kinder, Geschwister) auf niedrigen Stühlen sitzend zusammen trauern. Männliche Trauernde rasieren sich nicht, man schneidet sich nicht die Haare und Frauen schminken sich nicht. Auf Vergnügen wird verzichtet und die Trauernden gehen nicht zur Arbeit. Haushaltstätigkeiten werden vermieden. Freunde und Bekannte besuchen die Trauernden und sorgen für die Mahlzeiten. Am Schabbat und den biblischen Feiertagen wird das Schiwa-Sitzen ausgesetzt.
Die zweite Trauerperiode heißt ‚Schloschim' (‚dreißig'). Sie dauert vom Ende des Schiwa-Sitzens bis zum 30. Tag nach der Beerdigung. In manchen Gemeinden wird dann der Grabstein auf das Grab gesetzt, in anderen erst nach einem Jahr. Auch in dieser Zeit schneidet man sich keine Haare und rasiert sich nicht. Damit endet die Trauer für die Angehörigen. Nur für die Eltern trauert man noch länger.
Verstirbt die Mutter oder der Vater, trauern die Kinder zwölf Monate lang. In dieser Zeit besuchen sie keine Feiern oder festlichen Veranstaltungen. Die Trauer endet ein Jahr nach dem Todestag (nach jüdischem Kalender) und heißt ‚Jahrzeit'. Wenn sich der Todestag jährt, wird wieder das Kaddisch gesagt und das Grab besucht." (Siehe: https://www.zentralratderjuden.de/judentum/riten-und-gebraeuche/tod-und-trauer-im-judentum/)

zu zeigen, die vierzig Jahre lang eine Prostituierte gewesen war.[363] Aus dieser Interpretation von Josua 24,29 leiteten die Rabbiner folgende Anwendung ab: Jeder, der sich weigert, einen *talmid chacham* („frommen Gelehrten") angemessen zu würdigen, verdient es, lebendig begraben zu werden:

> Wer zu faul ist, einen Toragelehrten zu preisen, dem gebührt es, lebendig begraben zu werden, wie es heißt: „Und man begrub ihn im Gebiet seines Erbteils in Timnat-Serach, das im Gebirge Ephraim liegt, nördlich vom Berg Gaasch" (Jos 24,30). Dies lehrt, dass der Berg gegen sie wütete und sie töten wollte, weil sie ihn nicht angemessen gepriesen haben. Rabbi Ḥiyya bar Abba sagte, dass Rabbi Joḥanan sagte: Wer bei der Lobpreisung eines Weisen nachlässig ist, lebt nicht lange, und seine Strafe ist Maß für Maß. Weil ihm der Tod des Weisen gleichgültig war, wird sein Tod dem Himmel auch gleichgültig sein.[364]

Vers 31 beendet diesen Abschnitt über Josuas Tod und Begräbnis, indem er den geistlichen Zustand des Volkes beschreibt: *Und Israel diente dem Herrn alle Tage Josuas und alle Tage der Ältesten, die Josua überlebten und die das ganze Werk des Herrn kannten, das er für Israel getan hatte.* Die Israeliten dienten Gott weiterhin während der gesamten Lebenszeit Josuas und der Ältesten, die Zeugen von Gottes großem Werk geworden waren. Dieser Vers stellt die Weichen für das Buch der Richter, in dem der Abfall des Volkes tatsächlich beginnt.

2. Das Begräbnis Josefs (24,32)

In Vers 32 geht es weiter mit dem Begräbnis Josefs: *Und die Gebeine Josefs, die die Söhne Israel aus Ägypten heraufgebracht hatten, begruben sie in Sichem auf dem Feldstück, das Jakob von den Söhnen Hamors, des Vaters von Sichem, für hundert Kesita gekauft hatte; und es wurde den Söhnen Josef zum Erbteil.* Dies war die zweite Beerdigung in Josefs Gebiet. Der Kauf seines Begräbnisplatzes wird in 1. Mose 33,19 beschrieben. Als Jakob die Parzelle erwarb, begründete er einen Rechtsanspruch auf diesen Teil des Landes. Nun aber, da Israel das ganze Land besaß, war es nicht mehr nötig, weiteres Land zu kaufen.

Bei dem Versuch, eine Antwort darauf zu finden, warum Sichem als Josefs Begräbnisort gewählt wurde, kamen die Rabbiner auf mehrere Erklärungen, von denen eine lautet:

---

363 Siehe: Drucker, *Yehoshua*, S. 469.

364 *bT. Schabbat* 105b.

Die Gemara fragt: Was ist anders an Sichem, dass sie sich extra dafür entschieden haben, Josef dort zu begraben? Rabbi Ḥama, der Sohn von Rabbi Ḥanina, sagt, dass das jüdische Volk sagte: Seine Brüder haben ihn aus Sichem entführt (siehe 1. Mose 37,12-28), und nach Sichem sollten wir seinen verlorenen Körper zurückbringen.[365]

Was das Erbteil der Söhne Josefs betrifft, so stellten die Rabbiner fest: „Josefs Überreste in ihrem Gebiet zu haben, machte es zu einem guten Erbteil."[366]

3. Das Begräbnis Eleasars (24,33)

Das dritte Begräbnis, das in diesem Abschnitt erwähnt wird, ist das des Hohepriesters Eleasar, beschrieben in Vers 33: *Und Eleasar, der Sohn Aarons, starb. Und sie begruben ihn auf dem Hügel seines Sohnes Pinhas, der ihm auf dem Gebirge Ephraim gegeben worden war.* Eleasar hatte bei der Verteilung des Landes geholfen (Jos 14,1), und er war für Josua das, was Aaron für Mose gewesen war (Jos 14,1; 17,4; 19,51; 21,1; 4Mo 9,6; 13,26; 15,33; 26,64; 33,1). Seine Beerdigung war die dritte in Josefs Gebiet. Die Erwähnung von Pinhas stellt die Weichen für die nächste Generation und das Buch der Richter.

Raschi spekulierte über die Identifizierung des „Hügels von Pinhas" und bemerkte:

> *Auf dem Hügel seines Sohnes Pinchos.* (Diese Worte scheinen zu implizieren, dass der Hügel schon zu Lebzeiten seines Vaters dem Pinchos gehörte. Aber wenn er ihn nicht von Elozor geerbt hat, woher könnte er ihn dann bekommen haben? Es gibt andere, die sagen, dass Pinchos das Land von Elozor geerbt hat, und da die Vererbung sofort wirksam wird, gehörte es Pinchos bereits, bevor Elozor begraben wurde.) Woher hatte Pinchos einen Anteil an dem Land? Er hat es von seiner Frau geerbt.[367]

Raschis Lehre basierte auf einem talmudischen Traktat, in dem es heißt:

> Und in dem Vers bei den Propheten heißt es: „Und Eleasar, der Sohn Aarons, starb. Und sie begruben ihn auf dem Hügel seines Sohnes

365 *bT. Sotah* 13b. Für weitere rabbinische Traditionen, siehe: Drucker, *Jehoschua*, S. 470.
366 Drucker, *Yehoshua*, S. 470.
367 *Raschi zu Josua* 24,33; abgerufen von www.sefaria.org.

Pinhas, der ihm auf dem Gebirge Ephraim gegeben worden war" (Jos 24,33). Und woher hatte Pinhas Land, das sein Vater Elasar nicht hatte? Vielmehr lehrt dies, dass Pinhas eine Frau heiratete, die das Land ihres Vaters erbte, und sie starb, und er erbte von ihr, so dass er sein eigenes Land besaß. Dies zeigt auch, dass ein Ehemann von seiner Frau erbt.[368]

Andere Rabbiner schlugen vor, dass „das Volk dem Pinhas diesen Hügel schenkte, so wie Kaleb und Josua Land erhalten hatten."[369]

E. Schlussbemerkungen

Dieser Kommentar zum Buch Josua neigt sich nun dem Ende zu und zum Abschluss sollen drei Beobachtungen gemacht werden. Erstens haben die letzten drei Kapitel des Josuabuches ein verbindendes Thema: die richtige Anbetung des Gottes Israels. Zusammengefasst lehren diese drei Kapitel das Folgende:

- ✡ Das Gesetz des Altars zeigt, dass die richtige Anbetung die Stämme vereinen und nicht trennen würde (Jos 22,29-30).
- ✡ Richtige Anbetung bedeutete, dem Gesetz des Mose zu gehorchen (Jos 23,6).
- ✡ Die Erneuerung des Bundes in Sichem brachte die Stämme ein weiteres Mal zusammen, und in Sichem nahmen die Israeliten öffentlich das Joch des Bundes an (Jos 24,15-16).

Die zweite Beobachtung ist, dass die Kapitel 23-24 die Abschiedsreden Josuas enthalten, die den Vergleich mit Mose auf fünf Arten vervollständigen:

1. Sowohl Mose als auch Josua überquerten mit dem Volk Israel ein Gewässer (2Mo 14; Jos 3-4).
2. Beide hatten ein Erlebnis mit der *Schechina*, der Herrlichkeit Gottes (2Mo 3; Jos 5).
3. Beide hielten zu einem entscheidenden Zeitpunkt während einer Schlacht einen Stab oder Speer hoch (2Mo 17,11; Jos 9,18).

368 *bT. Bava Batra* 111b.
369 Drucker, *Yehoshua*, S. 470.

4. Beide bauten einen Altar (2Mo 17,15; Jos 8,30).
5. Beide hielten Abschiedsreden (5Mo 31-33; Jos 23).

Als dritte Beobachtung sind drei Gegensätze zu beachten:

1. Das Buch Josua beginnt außerhalb des Landes und schließt innerhalb des Landes (Jos 1,11; 2,1; 24,1.33).
2. Es beginnt mit Josua, der seine Führungsrolle einnimmt, und schließt mit Josua, der sie beendet (Jos 1,1; 24,28).
3. Es beginnt mit dem Erteilen von Zusagen und schließt mit erfüllten Versprechen (Jos 1,1-9; 24,1.33).

Nachwort und Danksagung

Die Geschichten, die im Buch Josua aufgezeichnet sind, gehören zu den spannendsten in der hebräischen Schrift. Der Leser begegnet dem Gott Israels, wie er mächtige Wunder für Josua vollbringt, zu dem er eine sehr persönliche Beziehung hat. Es gibt Berichte über dramatische Schlachten, über Siege und Niederlagen und über Bundeszeremonien, bei denen sich das ganze Volk Israel vor Josua versammelt und seine Bindung an Gott erneuert. Sobald das Land erobert ist, wird seine Verteilung in akribischer Kleinarbeit beschrieben.

Genauso wichtig wie die sich schnell bewegende Erzählung des Buches Josua ist seine zeitlose Botschaft für den Gläubigen heute: Gott ist der bundestreue, zuverlässige Gott Israels. Inmitten von unmöglichen Umständen bringt seine liebevolle Führung seinem Volk den Sieg. Den strengen Warnungen vor den verheerenden Folgen der Sünde für Einzelne und ganze Gemeinschaften steht die Verheißung der Ruhe für Gehorsam und Vertrauen gegenüber. Die Eigenschaften, die sich in seiner Beziehung zu Israel zeigen, bringen der Gemeinde, dem Leib seines Sohnes Jeschua, des jüdischen Messias, Trost und Hoffnung, denn Gott ändert sich nie.

Ich bin dankbar, dass ich die Gelegenheit hatte, Josuas Geschichte mit einer Gruppe besonderer Menschen zu teilen. Mein Dank geht an meine Lektorin Christiane Jurik für ihre fachkundige redaktionelle Arbeit und für ihre akribische Sorgfalt, mit der sie dieses Werk zur Veröffentlichung gebracht hat. Sie hat ihr Produktionsteam mit großer Sorgfalt betreut. Der Dank des Autors gilt auch den folgenden Korrektoren: Pauline Ilsen, Julie Peterson, Laurie Combs, Valerie Cearley, Sharon Phinney, und Steve Knapp. Er dankt Udaya Thangasamy und Vincent Morgan für die Überprüfung jedes einzelnen im Kommentar aufgeführten Verses. Debra Riley hat ansprechende und hilfreiche Landkarten erstellt, wofür wir sehr dankbar sind.

Für den Autor war es ein Privileg, seinem Gott gemeinsam mit diesen Menschen zu dienen.

Arnold G. Fruchtenbaum
Januar 2021

Anhang

Karte 1: Die geographische Zonen des Landes

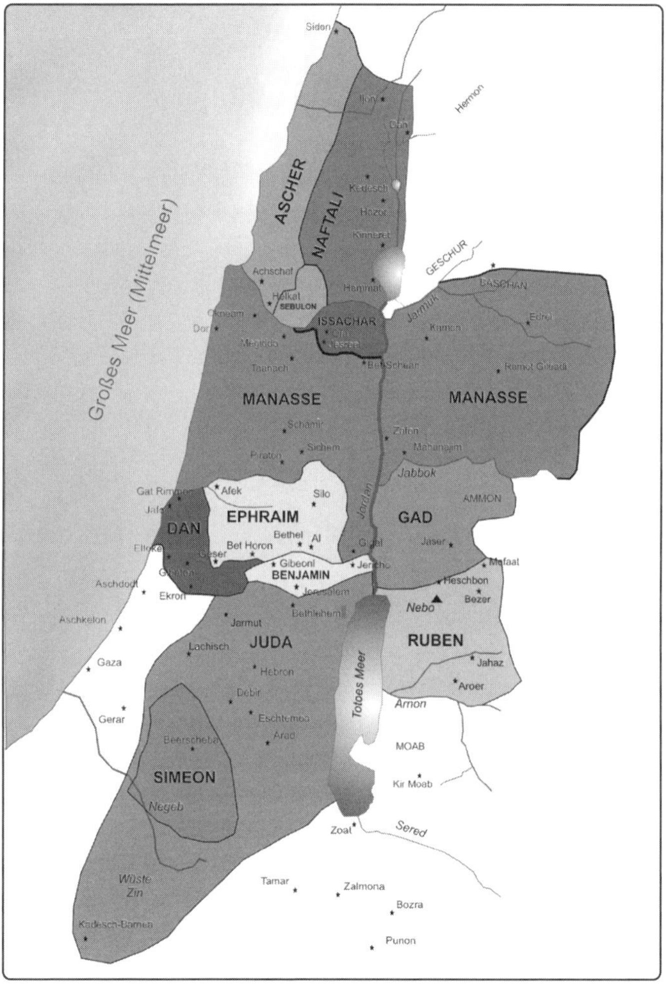

Karte 2: Das Fernstraßensystem

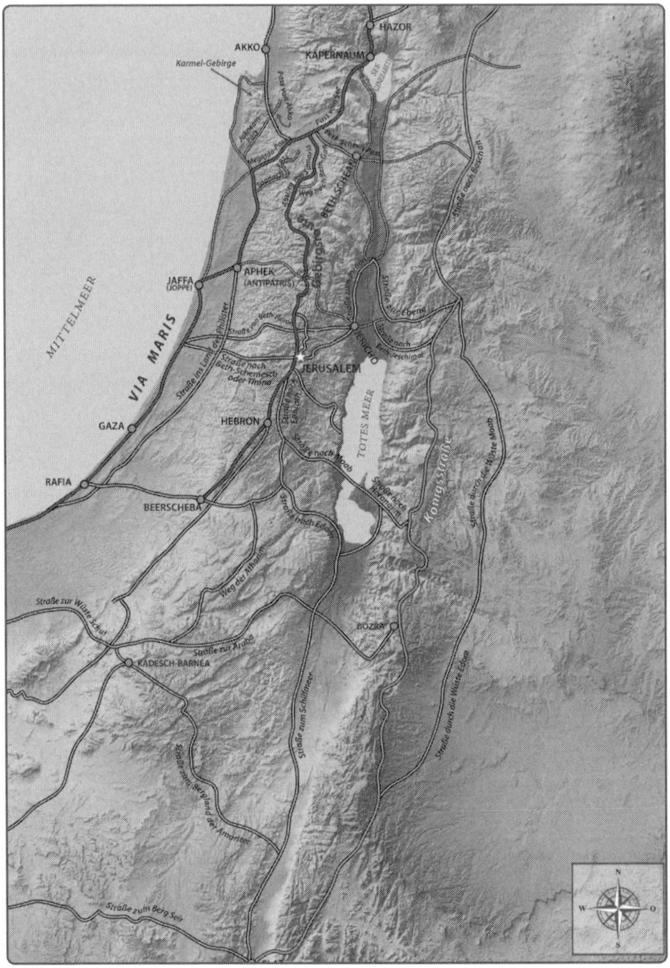

Karte 3: Die kanaanitischen Städte

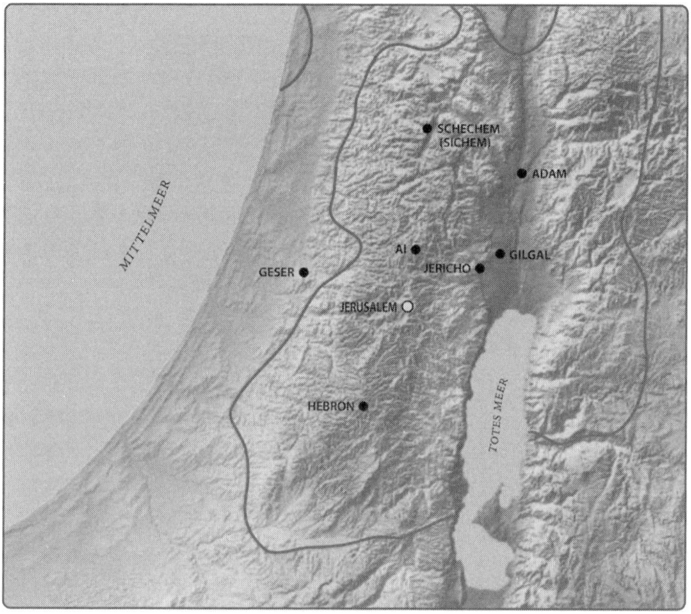

Karte 4: Feldzüge im Zentralgebiet und im Süden

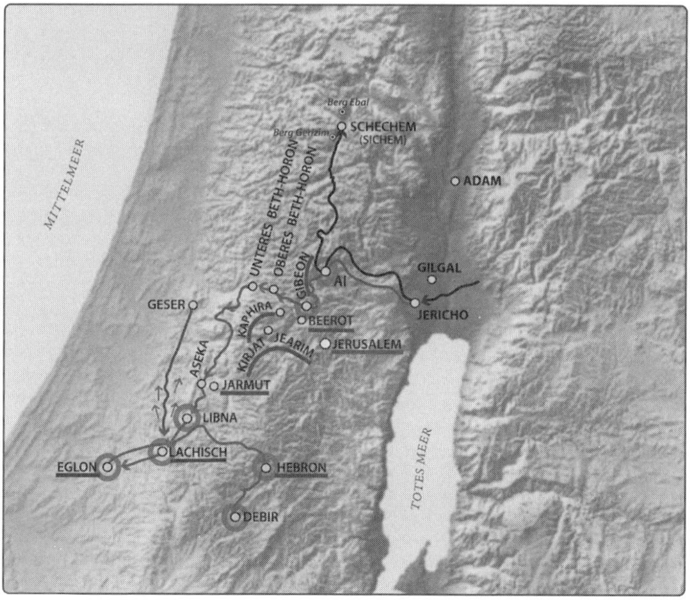

Karte 5: Der Feldzug im Norden und das Gebiet Israels nach Josua

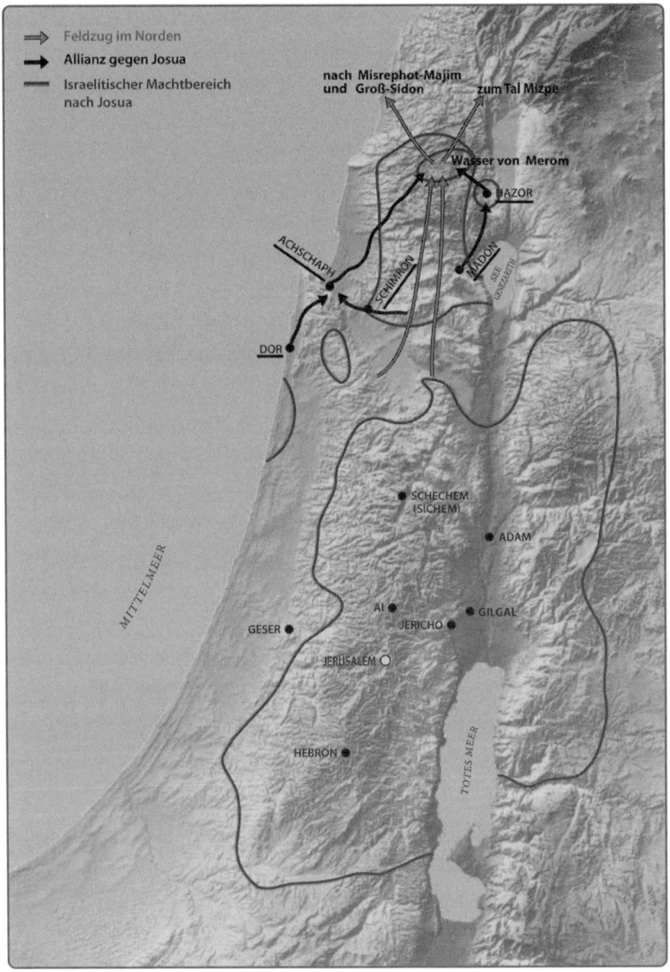

Karte 6: Das Gelobte Land während des messianischen Königreichs

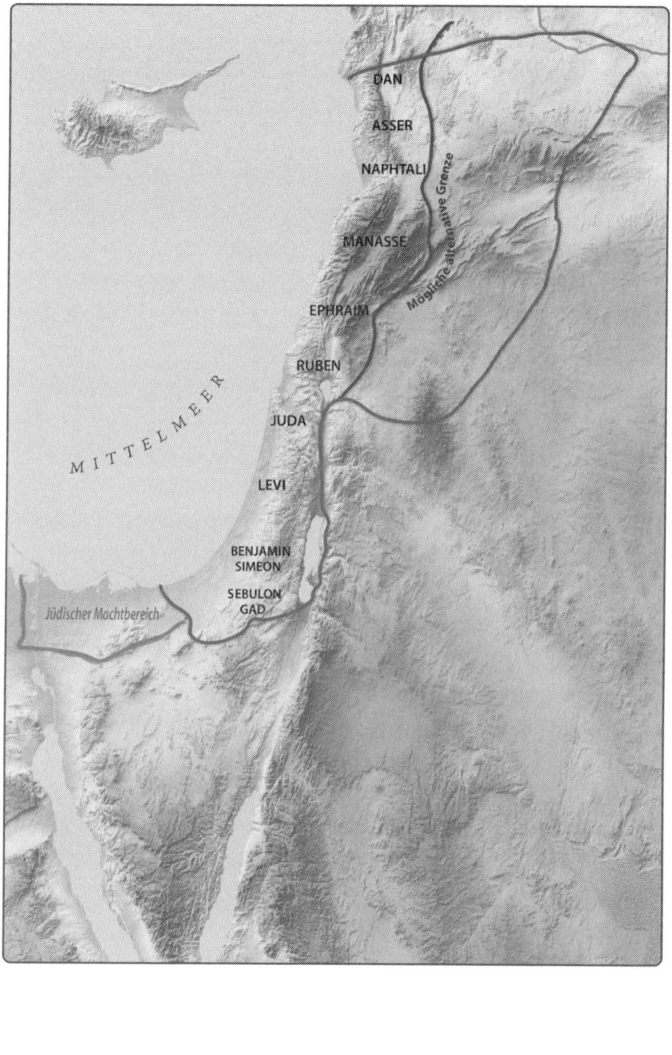

Ausgewählte Bibliographie

Baxter, J. Sidlow. *Explore the Book – A Basic and Broadly Interpretative Course of Bible Study from Genesis to Revelation*. Vol. 1. Grand Rapids, MI: Zondervan, 1960.

Blackman, Philip. *Mishnayoth*. 6 vols. Gateshead, England: Judaica Press, Ltd. 3rd ed., 1973.

Brouwer, Wayne. *Splitting the Day of the Lord: The Cornerstone of Christian Theology*. Eugene, OR: Wipf & Stock, 2018.

Campbell, Donald K. *Joshua: Leader Under Fire*. Wheaton, IL: Victor Books, 1981. *No Time for Neutrality*. Wheaton, IL: Victor Books, 1981.

Chisholm Jr., Robert B. *Interpreting the Historical Books: An Exegetical Handbook* (Handbooks for Old Testament Exegesis Series). Edited by David M. Howard Jr. Grand Rapids, MI: Kregel Publications, 2006.

Cohen, A., ed. *Soncino Books of the Bible – Joshua, Judges: Hebrew Text & English Translation With Introductions and Commentary*. London, Great Britain: The Soncino Press, 1967.

Davis, John J. *Conquest and Crisis – Studies in Joshua, Judges and Ruth*. Winona Lake, IN: BMH Books, 1969.

Davis, John. J. and John C. Whitcomb. *A History of Israel: From Conquest to Exile*. Winona Lake, IN: BMH Books, 1971. *Israel – From Conquest to Exile: A Commentary on Joshua–2 Kings*. Grand Rapids, MI: Baker Book House, 1989.

Driver, Samuel Rolles. *A Critical and Exegetical Commentary on Deuteronomy*. Edinburgh, Scotland: T & T Clark, 1895.

Drucker, R. *Yehoshua – The Book of Joshua / A New Translation with a Commentary Anthologized from Talmudic, Midrashic, and Rabbinic Sources* (ArtScroll: Tanach Series). Brooklyn, NY: Mesorah Publications, 1982.

Duff-Forbes, Lawrence. *Journeying with Joshua*. Book One. Whittier, CA: Congregation of the Messiah within Israel, 1975. *Journeying with Joshua*. Book Two. Whittier, CA: Congregation of the Messiah within Israel, 1976.

Eisenberg, Ronald L. *What the Rabbis Said: 250 Topics from the Talmud*. Santa Barbara, CA: Praeger, 2010.

Enns, Paul P. *Joshua: Bible Study Commentary*. Grand Rapids, MI: Zondervan, 1981.

Epstein, Isidore. *The Babylonian Talmud*. 12 vols. London: Soncino Press, 1961.

Fleming, Ken. *Joshua – The Conquest of Canaan*. Dubuque, IA: ECS Ministries, 2006.

Fruchtenbaum, Arnold G. *Ariel's Bible Commentary: Judges & Ruth*. San Antonio, TX: Ariel Ministries, 2015.

Gangel, Kenneth O. *Holman Old Testament Commentary – Joshua*. Nashville, TN: Holman Reference, 2002.

Harris, Katherine. *Nelson's Foundational Bible Dictionary with the New King James Version Bible*. Nashville, TN: Thomas Nelson, 2004.

Hess, Richard S. *Joshua – An Introduction and Commentary* (Tyndale Old Testament Commentaries, Vol. 6). Leicester, England; Downers Grove, IL: Intervarsity Press, 1996. „Non-Israelite Names in Joshua." *The Catholic Quarterly*, Vol. 58, No. 2 (April 1996), pp. 205-214. „West Semitic Texts and the Book of Joshua." *Bulletin for Biblical Research* 7 (1997), pp. 63-76.

Holdcroft, L. Thomas. The Historical Books. Abbotsford, Canada: CeeTeC Publishing, 2000.

Howard, David Jr. An Introduction to the Old Testament Historical Books. Chicago, IL: Moody Press, 1993.

Jensen, Irving L. *Joshua – A Self-Study Guide*. Chicago, IL: The Moody Bible Institute of Chicago, 1968.

Joshua – Rest-Land Won. Everyman's Bible Commentary. Chicago, IL: Moody Press, 1966.

Junkkaala, Eero. *The Conquests of Canaan: A Comparative Study of Two Egyptian Military*

Campaigns and Joshua 10-12 in the Light of Recent Archaeological Evidence. Åbo, Finland: Åbo Akademi University Press, 2006.

Kaufmann, Yehezkel. *The Biblical Account of the Conquest of Canaan*. Jerusalem, Israel: The Magnes Press and The Hebrew University, 1985.

Keil, C.F. *Commentary on the Book of Joshua*. Edinburgh: T. & T. Clark, 1857.

Keil, C. F. and F. Delitzsch. *Biblical Commentary on the Old Testament: Joshua, Judges, Ruth*. Grand Rapids, MI: Eerdmans, 1963.

Biblical Commentary on The Old Testament: Joshua, Judges, Ruth. Grand Rapids, MI: Eerdmans, 1970.

Keller, Phillip W. *Joshua – Mighty Warrior and Man of Faith*. Grand Rapids, MI: Kregel Publications, 1992.

Loken, Israel P. *The Old Testament Historical Books: An Introduction*. Xulon Press, 2008.

MacDonald, William. *Believer's Bible Commentary*. Edited by Art Farstad. Nashville, TN: Thomas Nelson Publishers, 1989.

Mazar, Benjamin. *The Early Biblical Period: Historical Studies*. Jerusalem, Israel: Israel Exploration Society, 1986.

McGee, J. Vernon. *Have You Crossed Over Jordan? Ai and I*. Los Angeles, CA: Thru the Bible Books, 1977.

Mendenhall, George E. *Law and Covenant in Israel and the Ancient Near East*. Presbyterian Board of Colportage of Western Pennsylvania, 1955.

Merrill, Eugene H. *Kingdom of Priests: A History of Old Testament Israel*. Grand Rapids, MI: Baker Book House Company, 1987.

Moran, William L. *Amarna Studies: Collected Writings*. Winona Lake, IN: Eisenbrauns, 2003.

Patai, Raphael. *The Messiah Texts: Jewish Legends of Three Thousand Years*. Detroit, MI: Wayne State University Press, 1988.

Pink, Arthur W. *Gleanings in Joshua*. Chicago, IL: Moody Press, 1978.

Rashi. *The Book of Joshua; a New English Translation of the Text and Rashi with a Commentary Digest* [*Sefer Yehoshua*]. Edited by Sidney B. Hoenig, A. J. Rosenberg, P. Oratz, and Sidney

Shulman. Translation of Text by Rabbi P. Oratz. Rashi Translation and Commentary Digest by Rabbi A. J. Rosenberg and Rabbi Sidney Shulman. New York, NY: Judaica Press, 1980.

Rast, Walter E. Proclamation Commentaries – Joshua, Judges, Samuel, Kings. Edited by Foster R. McCurley. Philadelphia, PA: Fortress Press, 1978.

Scherman, Nosson. *The Prophets: Joshua / Judges* (The ArtScroll Series / Rubin Edition). Brooklyn, NY: Mesorah Publications, 2000.

Scroggie, W. Graham. Joshua in the Light of the New Testament. Grand Rapids, MI: Kregel Publications, 1950.

Shaklover, Hillel. *The Voice of the Turtledove*. Petach Tikva, Israel: Rabbi Yechiel Bar Lev, n.d.

Singer, Isidor, and Cyrus Adler. *The Jewish Encyclopedia: A Descriptive Record of the History, Religion, Literature, and Customs of the Jewish People from the Earliest Times to the Present Day*. New York, NY: Funk and Wagnalls, 1903.

Unger, Merrill F. *Unger's Commentary on the Old Testament, Volume I: Genesis - Song of Solomon*. Chicago, IL: Moody Press, 1981.

Walvoord, John F. and Roy B. Zuck, eds. *The Bible Knowledge Commentary – An Exposition of the Scriptures by Dallas Seminary Faculty: Old Testament*. Wheaton, IL: Victor Books, 1985.

Woudstra, Marten H. *The Book of Joshua*. Grand Rapids, MI: Eerdmans, 1981.

Yerushalmi, Shmuel. *The Book of Joshua – Me'am Lo'ez*. Brooklyn, New York: Moznaim Publishing, 1990.

Youngblood, Ronald F., ed. *Nelson's Illustrated Bible Dictionary: New and Enhanced Edition*. Nashville, TN: Thomas Nelson, 2014.